楚风汉韵文库

湖北方言文化传播研究

第一辑

A Study of Cultural Communication in Hubei Dialect

顾 问◎汪国胜
主 编◎盛银花

華中科技大學出版社
http://www.hustp.com
中国·武汉

图书在版编目(CIP)数据

湖北方言文化传播研.第一辑/盛银花主编.—武汉：华中科技大学出版社，2018.4
(楚风汉韵文库)
ISBN 978-7-5680-3486-9

Ⅰ.①湖…　Ⅱ.①盛…　Ⅲ.①西南官话-方言研究-湖北　Ⅳ.①H172.3

中国版本图书馆 CIP 数据核字(2017)第 287359 号

湖北方言文化传播研究(第一辑)　　盛银花　主编
Hubei Fangyan Wenhua Chuanbo Yanjiu(Di yi ji)

策划编辑：周晓方　杨　玲
责任编辑：唐诗灵
装帧设计：原色设计
责任校对：马燕红
责任监印：周治超
出版发行：华中科技大学出版社(中国·武汉)　电话：(027)81321913
武汉市东湖新技术开发区华工科技园　邮编：430223
录　　排：华中科技大学惠友文印中心
印　　刷：湖北新华印务有限公司
开　　本：710mm×1000mm　1/16
印　　张：22.5　插页：2
字　　数：419 千字
版　　次：2018 年 4 月第 1 版第 1 次印刷
定　　价：98.00 元

序

Preface

湖北方言文化资源丰富，是中华文化的重要组成部分。调查、整理、研究湖北方言文化资源，契合党的十七届六中全会和十八大关于大力推广和规范使用国家通用语言文字，科学保护各民族语言文字的精神，符合《国家中长期语言文字事业改革和发展规划纲要（2012—2020年）》的任务要求，也契合《教育部、国家语委关于启动中国语言资源保护工程的通知》（教语信〔2015〕2号）精神，目的是更好地了解语言国情，保护国家语言资源，传承和弘扬中华优秀传统文化，为国家建设和发展战略提供服务。

湖北方言文化研究中心自成立以来，一直致力于调查、整理、研究湖北方言文化传播资料，以科学研究、资源建设、人才培养、学术交流、政策咨询五大功能建设为核心，围绕湖北方言比较研究、湖北方言文化与湖北文艺传承创新研究、湖北方言文化资源与湖北文化传播发展研究三大方向，关注研究前沿，进行田野调查，取得了丰富的研究成果。

研究成果分为三大板块来结集。

第一板块为湖北方言比较研究。湖北境内方言处于全国方言的过渡地带，分属西南官话、江淮官话和赣方言，内部情况复杂，文化积淀深厚，呈现出交融性、多层次性、跳跃性等语言特征，已经越来越受到学者们的重视。成果集重点关注湖北方言特色词语，如生产活动、饮食文化、水文化、民俗文化等，借以显示方言词语的民俗文化内涵。成果集还关注湖北方言的语法现象。这些研究有助于从内部和外部深入推进湖北方言的整体研究，深化湖北方言文化人才的培养；有助于揭示湖北人民的文化心理和价值观念，提升民众的文化自觉和文化自信，使外界更加准确地了解湖北，从而优化社会发展和经济建设的人文环境，为湖北科学发展和跨越式发展提供强有力的精神动力、智力支持和文化条件。

第二板块为湖北方言文化与湖北文艺传承创新研究。方言的合理运用自古以来就是湖北各地文学凸显特色的重要手段。楚辞即有“书楚语，作楚声，纪楚地，名楚物”的鲜明特征。在清代，以西皮、二黄为主的楚声楚韵成为京剧的母体，促成了近代戏曲的繁盛。当代的汉味系列、神农架系列小说又是湖北小说的亮丽风景。经过提炼的湖北方言融入各种文类之中，反映了丰富的湖北语言文化风貌，具有鲜明的湖北气象，体现了各个时代的湖北方言文化和地域特征。成果集在湖北民俗文化、湖北文艺等方面进行探讨，从方言的角度审视珍贵的文化遗产，求索湖北文化的历史源头与湖北精神的深层底蕴，归纳湖北文学的风采与气韵。这些研究有助于显示湖北文化的地域特色，深化中国文学的研究，有助于提升湖北文化的软实力。

第三板块为湖北方言文化资源与湖北文化传播发展研究。湖北方言文化资源具有鲜明的地域色彩。湖北省提出了建设区域经济的战略构想，乡音乡情是湖北区域协同建设的润滑剂和黏合剂，是海内外湖北人彼此认同、寻根寻梦的重要渠道。注重将湖北方言文化资源与大众媒介传播体系对接，利用现代技术建立完备的湖北方言数据库资源，将方言这种人力资本通过电视、报纸、网络等媒介进行传播，使之成为湖北经济发展的“微观助力器”，把湖北丰富的方言文化资源转化为强大的文化力量，促进湖北文化的大繁荣与大发展，形成湖北文化影响力的高地。成果集关注的方言电视节目、新媒体时代方言文化传播、农民工方言文化传播与身份认同等研究，将湖北方言文化与媒体传播有机结合并进行深入的探讨，成为语言文化与媒体传播相结合的有益尝试，也让湖北方言文化资源与湖北文化传播发展相结合的研究成为湖北地方文化建设研究的新的交叉点。

成果集汇集了2015年湖北方言文化研究中心专职研究员及其指导的学生完成的有关湖北方言文化传播的研究成果，包括部分已经发表的成果。限于成果集篇幅，本中心出版的著作介绍以及调研报告没有列入。

湖北方言文化研究中心的成果集统一纳入湖北第二师范学院“楚风汉韵文库”，每年结集出版。

盛银花

2017年12月20日

目录

Contents

湖北方言比较研究

楚风汉韵

安陆方言词语的民俗文化透视

盛 银 花

引言：从两份营养套餐名称说起

2014年，我带儿子参加高考，住在酒店里。酒店推出了两份“赢考营养套餐”。其中，A套餐的名称是：

金榜题名——回锅牛腱子，鱼跃龙门——清蒸鲈鱼，百尺竿头——蛋白烧排骨，出类拔萃——清炒时蔬，青云直上——冬瓜虾米汤，激流勇进——绿豆粥，才高八斗——白米饭。

B套餐的名称是：

金榜题名——藕元烧蛋白，力争上游——清蒸鲈鱼，德才兼备——青椒肉丝，清华北大——清炒时蔬，御笔封侯——玉米排骨汤，状元及第——绿豆粥，功成名就——白米饭。

从这两份营养套餐的名称里，我们看到了人们的某种心理期待。从酒店方来说，他们既迎合了老百姓讨一个好口彩的心理期待，又宣传推广了自己的产品。这反映了人们趋吉避凶的民俗心理，这种心理通过语言形式体现出来，形式上包括两部分：成语和菜名（除了“清华北大”外），形式类似歇后语。这些成语都是褒义的，而且与高考关联度大，都有祝福之意。

现代汉语如此，方言更是如此。方言作为汉语的地域变体，是一个地方政治、经济、文化等信息的载体，是风俗习惯、群体性格、文化传承等地方文明的百科全书。具有浓厚地域色彩的民俗文化可以通过方言词语体现出来，如饮食、礼俗、游艺、婚丧、服饰、房舍、烹饪、生育、家谱、食具、石艺、玉器、印玺等民俗文化都是通过方言词语展示出来的。湖北是楚文化的发祥地，辉煌灿烂的楚文化曾在历史上大放异彩。楚文化的重要组成部分和重要标志就是楚地方言——楚语。安陆方言属江淮官话黄孝片，“楚香楚色”浓厚。研究安陆方言对研究楚文化，研究湖北历史文化，帮助人们了解丰富多彩、璀璨多姿的中华文明，都具有重要意义。本文主要从湖北安陆婚嫁、生育、丧葬等方言词语探究其中蕴含的民俗文化。

一、安陆方言词显示的嫁娶礼俗

在湖北安陆方言里，女方嫁女儿叫作嫁姑娘，男方娶亲叫作接媳婆儿。无论是嫁还是娶，安陆方言都有一系列方言词，反映了嫁娶的不同阶段礼俗。

（一）安陆方言女儿出嫁的方言词反映的礼俗

（1）定亲：又叫"做亲戚"，是嫁娶最初的一道程序，媒人拿八字帖到女方家，如果八字相合，则亲戚可以定下来。现在多为自由恋爱，或者有介绍人介绍。

（2）查家：女方委托媒人到男方家里去看看对方家底是否殷实，男子长得怎么样，品性如何，男方在当地是否有声望、地位等。

（3）过门：旧时男方到女方家，拿一道盒礼，包括肉、鱼、面、布等。

（4）上门：可以结婚时，男方在端午节送端阳，即买肉、桃子、蒸的三角包子等，包子三十个叫一盒。送端阳总称为"一道盒礼"。

（5）送日子：一般选在八月，不选七月，因为七月的日子是鬼日子。送日子时也要送一道盒礼，并定好结婚的具体日期。此外，女方要的衣服、金银首饰等都要定下来。

（6）过盒：旧时姑娘出嫁的前两天过盒，亲戚朋友来吃酒席，要送礼钱。男方把女方家的陪嫁物品抬回家。现在已经简单化了，过盒改在结婚的前一天，与待媒（专门招待媒人）合二为一了。

（7）压袋钱：亲戚朋友在过盒吃酒席时除了要送礼钱，还要单独给待嫁的姑娘礼钱，叫压袋钱。

（8）送折饭：过盒的那一天，姑娘家要给姑娘的舅舅送一道礼，即砍两斤半猪肉（男方家送来的），叫送折饭。有几个舅舅就送几个折饭。

（9）闹嫁妆：过盒的那一天，搬嫁妆时亲戚朋友也可以闹嫁妆，即拿着某一件嫁妆，如一床被子，男方要拿一个封子（红包）或一包烟把这一床被子换过去。

（10）待媒：专门招待媒人。在姑娘出嫁的前一天晚上，亲戚朋友都来吃酒席，酒席通常要吃到晚上十一二点，酒席上有女婿、媒人、男方家来的两个打灯的（相当于伴郎）。

(11) 闹媒人：待媒的酒席上大家都可以闹媒人，无论怎么闹她，她都不能生气。

(12) 熬夜：吃完待媒的酒席后是熬夜。

(13) 发亲：出嫁，姑娘出嫁叫发亲。

(14) 送亲：通常是姑娘的舅爷、叔叔、舅妈、姑妈、姐妹送姑娘到婆家去，这叫作送亲。

(15) 接亲：女方送亲的有几个人，男方接亲的就有几个人。安陆有一个习俗，说姑娘出嫁越早越好，现在有的凌晨两点就发亲了。

(16) 回门：姑娘出嫁的第三天，姑娘、女婿回娘家，要早去早回。有说法认为，早去早回早发财。回门时要提一篓子东西，包括面、肉、点心等，但娘家一般不接受，直接让姑娘提回婆家去感谢媒人。

(17) 谢媒：姑娘回门时带的礼品，有的还带上娘家的礼物一起拿去感谢媒人。

(18) 转九：回门后的第四天娘家的兄弟接姑娘回娘家，叫转九。在娘家住两天后女婿要来接姑娘回家。有说法，转九要在娘家少住，意为在娘屋里少住一天，在婆家多住一天。转九之后，姑娘就可以随意回娘家了。

（二）安陆方言男子接媳婆儿（娶媳妇）的方言词反映的礼俗

从男方角度来看，定亲、查家、过门、上门、送日子这些程序之后，有专属男方娶亲的方言词。

(1) 开猪：过盒的前一天开猪，杀一头猪。还要接媒人过来，砍折饭给女方的舅舅。把猪头、猪脚、猪尾巴砍下来一套，外加半边猪肉，全部送到女方家。

(2) 过盒：早餐的酒席，是男方家的过盒。男方吃完早上的酒席后把姑娘结婚穿的衣服、鞋等送到女方家。在女方家吃完中饭酒席后把女方家的嫁妆抬回来。男方晚上在自己家吃待媒的酒席后又到女方家去吃一次酒席，通常很晚。之后是熬夜。

(3) 接媳婆儿：男方娶亲在安陆方言里叫接媳婆儿。过盒的第二天，很早就把姑娘接回家，有早上、中午两顿酒席。

(4) 喝茶：这是男方娶亲的一道程序，中午的酒席过后是喝茶，新姑娘（新媳妇）给公婆及所有的亲友倒茶喝。

(5) 倒茶的钱：新媳妇给公婆及其亲友倒茶喝，被敬茶的人要给礼钱，多少不等。

(6) 过日子:儿子娶媳妇叫“过日子”。

(7) 闹洞房:喝完茶后,主要的亲戚,如七大姑八大姨以及老表们(新郎的表兄弟姐妹)和弟兄伙里(堂兄弟姐妹)闹洞房。现在也有同事、朋友参与闹洞房的。据说是三天无大小,越闹越发。有闹新娘、新郎的,有闹公公的。闹新娘、新郎的就说“四言八句”,要押韵。有雅的,有俗的,由闹房的人先说,新娘新郎跟着重复说。闹公公的要准备两样东西,一样是小盆子,由新娘拿着在公公耳旁边敲边问:“想(响)不想(响)?”闹房人群逼着公公一定要回答“想(响)”。另一样是鲜艳的帽子,闹房人将帽子戴在公公头上,上写“灰爹”二字。“灰爹”就是“扒灰佬”。

(8) 响房的:迎亲时吹号打锣鼓的人。

(9) 再醮:寡妇再嫁。

(10) 续弦:男方二婚再娶。

(11) 填房:女方二婚再嫁。

二、安陆方言词展示的生育庆生礼俗

(1) 有喜:怀孕了。

(2) 害伢:怀孕初期的呕吐等生理反应。

(3) 大肚子:孕妇。

(4) 月母子:生完孩子的产妇。

(5) 小残了:小产。

(6) 掉了:流产。

(7) 生伢儿:生孩子。

(8) 过:动物生仔。

(9) 接生婆:帮助孕妇分娩的妇人。

(10) 衣胞儿:胎盘。

(11) 洗三:小孩出世的第三天由外婆给小孩洗澡。

(12) 做月母子:坐月子。

(13) 过满月:孩子出生满一个月要办酒席,亲友送礼庆贺。

(14) 住满月:婴儿满月时去外婆家小住。

(15) 头胎:生的第一胎。

（16）刮伢儿：打胎。

（17）吃妈儿：吃奶。

（18）妈嘴儿：奶头。

（19）过生：过生日。

（20）长尾巴：过生日。

（21）过周岁：孩子一岁生日要办酒席大庆，亲朋好友祝贺并送贺礼。

（22）抓周：孩子一岁生日时，在孩子周围摆满各种物件，如算盘、文房四宝、首饰等，让孩子随意抓，抓到什么，就预示孩子将来朝哪个方面发展。

（23）过十岁：孩子十岁生日要办酒席大庆，亲朋好友祝贺并送贺礼。

（24）祝寿：通常是六十、七十、八十整寿要庆祝，儿女祝贺为主，亲朋可来可不来。

（25）寿星：年纪大的人过生日时人们称他（她）为寿星。

三、安陆的丧事礼俗

（1）铺草：安陆的风俗是，人在家里不能死在床上，而是在死之前在家里铺稻草打地铺，叫作铺草，人在地铺上咽气。

（2）牵床铺草：人死后把打地铺的稻草烧掉，意为“牵床铺草”，有人死后再投胎寿命长的寓意。如果死在床上，就要把床敲掉一块板子烧掉，有的甚至把整个床都烧掉。如果是上吊死的，则要把上吊处的横梁凿一块下来。

（3）白喜事：老人去世办酒席叫白喜事。

（4）奔丧：亲友死亡去吊唁。

（5）死了：死亡的通常说法，人、动物都可以这么说。

（6）过世：老人死亡的委婉说法。

（7）老了：老人死亡的委婉说法。

（8）跑了：小孩子夭折。

（9）“丢了”或“折了”：喂养的家畜病死。

（10）吃豆腐：人死后，酒席每餐主菜的主要食材是豆腐，需求量很大。所以“吃豆腐”又是人死的别称。

（11）灵：人死后设的灵位。

（12）灵床：人死后停放在灵床上，用门板搭成，类似床。

（13）棺材：由木板做成的，用于装殓死者。

(14) 寿器:生前预制的棺材。

(15) 壳娃儿:如果是出难事而死,比如车祸,或过年期间死的,那么放在家里的时间短,有的第二天就埋掉。小孩夭折,如掉在塘里淹死的,或者生病死的,有的做一个小棺材,叫"壳娃儿",有的直接用衣服被子一裹,当天就埋掉。

(16) 土料:做棺材用的木料。

(17) 灵堂:人死后家人布置的供亲友拜祭的场所,通常有挽联、香炉、供果、死者的遗照。

(18) 守夜:人死后亲人在灵堂里守候,期间焚香、烧纸。

(19) 守孝:死者子女或配偶在三年期限内不能婚嫁或做其他享乐的事。

(20) 戴孝:死者子女头戴白花、白布,或者手臂戴黑色的袖套,以示哀思。旧时戴孝时间一年到三年不等,现在只在办丧事期间戴孝。

(21) 除孝:守孝期满,在死者坟前烧掉一切与死者相关的挽联等东西。

(22) 孝匠:死者的子女。

(23) 停丧:不管是以前的土葬还是现在的火化,最终都是土埋。埋葬之前的一段时间是停丧,一般人死后视家庭情况,停放在家里的时间长短不一。家庭情况较好的,儿女有孝心的,则停放在家里的时间长,有的甚至长达一个星期。如果家庭情况一般或较差,则停放在家里的时间短,有的两天,有的三天,有的头一天去世,第二天就土埋了。这是因为人死后所有的亲戚朋友及族人都在死者家里吃喝,开销很大,一般家庭承受不了。

(24) 重山:人死后找八个重山(男性,负责挖坟坑、抬棺材)挖坟坑,旧时重山一天把坟坑挖好,现在重山延长到两天才把坟坑挖好。

(25) 送山酒:死者家属在重山挖坟坑期间要送山酒,即要供应三餐酒菜,还要给每个重山一条毛巾、一双鞋、一条烟、若干糖。

(26) 砌阁:重山把坟坑挖好后,要在坟坑里面砌上砖头,叫"砌阁"。据说,旧时只有有钱人死后才会砌阁,普通人就是一个土坑,而现在,一般人的坟坑都会砌阁,因为砌阁要费工、费料,还要给砌阁的重山钱。如果死者家属对重山态度不好,重山就不会重视死人,那就会对死者家人不利。重山的费用由死者女儿负担。

(27) 挂幛子:人死后,让主要的亲戚(娘家的人)来看看遗体,第二天火化,然后把骨灰盒拿回家里,设灵堂,亲戚朋友前来拜祭。拜祭时要带三斤纸钱、一串鞭炮、一个花圈、挂幛子。旧时的幛子是一块布料。改革开放后生活水平提高了，幛子的规格高了，买一床毯子，现在干脆送钱，几百上千不等。旧时认为幛子多就是田多，外侄、舅侄最重，现在不讲究这些。

(28) 本家：本族人。人死后，本家都来帮忙，有的帮忙通知亲友，有的招待重山，有的负责采购吃、用的东西，有的帮忙烧火做饭和招待亲友，等等。

(29) 报信：又叫把信，旧时由本家亲戚分头通知所有的亲友前来吊唁。现在通信发达，一个电话就能解决这一问题。

(30) 孝子：死者的子女称为孝子，所有事情都由本家或朋友帮忙，孝子戴孝，招待亲朋的钱都由孝子出。

(31) 灵件：下葬的头一天，女儿要送灵件，灵件是用红绸子、白纸做成的用竹竿挂起的长条状的东西，灵件要覆盖在埋入土里的棺材上。要请响房，要扎大轿、大马、车子、电视等(用纸扎)。如果死者没有女儿就由娘家的舅侄儿送灵件。下葬的头一天晚上要开追悼会。

(32) 响房：民间艺人及其吹、拉、弹、唱的总称。

(33) 大轿大马：旧时用纸扎的车马，现在除了纸扎的车马外，还有家电等，烧给死者。

(34) 出丧：出殡。

(35) 上山：下葬的那一天，早上四点多钟吃早点，然后上山。一路上，各亲友一人拿一个花圈，不停地放鞭炮，丢纸钱，响房一路吹吹打打，通常绕一个大圈子，再到坟地下葬。

(36) 下土：下葬土埋。

(37) 复山：下葬的第二天天还未亮，死者的儿子、媳妇、女儿、女婿、姨侄、舅侄等到坟头去拜祭，放鞭炮、烧纸钱，叫“复山”。有一种说法认为，复山是死者见亲人最后一面。

(38) 头七：复山后烧“头七”。人死后七天为一七，头七就是第一个七天。依次类推。烧纸钱给死者，主家放鞭炮。女儿、女婿一直烧到“五七”。

(39) 烧百日：人死的第一百天，亲戚到场，焚香、烧纸钱、放鞭炮。

(40) 兴香：人死后的第二年大年初一烧纸钱，放鞭炮，叫“兴香”，亲戚都要去烧。死者家里贴白对联。

(41) 叫饭：人死后，死者家属每天每餐饭都要叫饭，即桌上摆菜，盛一碗饭，把筷子架在碗上，然后叫死者吃饭。一直要叫三年。有一个说法，死者是父亲，需要叫两年半；死者是母亲，需要叫三年满。

(42) 除灵：三年孝满后除灵，把家里设的灵位、挽幛等烧掉。

安陆方言里，人们从结亲到婚嫁，再到生育，直到死亡的这个过程里，有一系列的方言词。这些方言词直接记录了安陆人民生老病死的过程，由此反映了湖北安陆的乡情民俗，折射出湖北安陆人民的婚姻观、人生价值观等。

（原文载于《安陆方言研究》，2015 年第 1 期）

湖北安陆方言的“随”字及其相关句式

盛　银　花

引　言

安陆市地处湖北省东北部，涢水中游。地跨东经113°19′至113°57′，北纬31°4′至31°29′。安陆市东邻孝感，西接京山，南临云梦，北接广水。东西长61公里，南北宽46公里，版图呈蝴蝶状。总面积为1355平方公里，东南距武汉市116公里。

安陆方言属于湖北境内的江淮官话黄孝片。安陆方言内部具有很强的一致性，它的差异主要体现在语音上。按照语音差异，安陆方言内部可分为3个小片，即城关片、东北片和西北片。城关片范围最大，包括北城办事处、洑水、烟店、雷公、王店、桑树、棠棣、府城办事处、南城办事处、巡店、辛榨、李店、陈店。东北片包括与广水交界的接官和赵棚。东北片跟城关片在语音上的差异主要体现在声母和声调方面，声母里主要是x和f相混，声调主要是调值不同。西北片包括与随州、京山交界的孛畈、王义贞和双河。西北片与城关片在语音上的差异主要体现在声调调值的不同。老百姓在日常生活中一般说安陆话，但在学校一般要求说普通话。此外，部分服务行业及会议等正规场合要求用普通话。

本文关注的“随”字在《湖北方言调查报告》（赵元任，1948）里有其读音记载，不过，安陆方言的读音记载不全面，相关的词义及其用法还未见研究。对于安陆方言的“随”字研究，涉及语音、词汇、语法三个方面，与“随”字相关的句式描写，尤其是“随”字构成的复句关联标记及其表达的复句关系意义，都值得探讨。这些研究有助于我们认识方言语法中的复句问题，也有助于我们进一步认识汉语的复句问题。

一、安陆方言的“随”字

“随”在安陆方言中的文读为[sei31]，白读为[ɕi31]，属于声母和韵母都白读的音。“随”字的文读音反映了湖北方言韵母丢失介音 u 的普遍现象。在安陆方言里，这一类文白读对应有规律可循，且呈现出系统性，即精组蟹摄合口三等字、止摄合口三等字和知照组梗摄开口二等字，今安陆方言文读声母是舌尖前音 ts、tsʰ、s，白读声母是舌面音 tɕ、tɕʰ、ɕ。例如：

字	文读	白读
嘴	tsei51（嘴脸）	tɕi51（嘴唇）
醉	tsei35（醉酒）	tɕi35（喝醉了）
罪	tsei55（罪犯）	tɕi55（有罪）
随	sei31（随便）	ɕi31（随你搞么事）
岁	sei35（岁月）	ɕi35（压岁钱）
虽	sei44（虽然）	ɕi44（虽然）
髓	sei31（骨髓）	ɕi31（脑髓）

现代安陆人白读字的使用频率逐渐降低，在日常生活中，说话时碰到文白字多倾向于选择文读，比如“很”和“[xɛ51]（很）”。近指代词读[niɛ35]，远指代词读[niɛ55]，现在一些人尤其在比较正式的场合都选择读[tʂɛ35]和[na55]。再比如，“睡了一觉”中的“觉”一般读[kau35]，但是现在多读[tɕiau35]。“随”字念文读的也多是年轻人，年纪大的人多念白读。

“随”字的白读音[ɕi31]在湖北方言里分布比较广泛，据《湖北方言调查报告》（商务印书馆中华民国三十七年）记录，“随”念 sei 音的有属于西南官话区的汉阳、汉川、天门、宜昌、郧县（今十堰市郧阳区）、房县、保康、南漳、襄阳、枣阳、随州，有属于江淮官话区的安陆、应城、广济，还有属于赣语区的咸宁、阳新、监利、松滋、鹤峰。“随”字念 ɕi 音的主要分布在湖北江淮官话区的竹山、应山、云梦、孝感、黄陂、红安、黄冈、鄂州、麻城、罗田、英山、浠水、黄梅，也分布在属于赣语区的崇阳、蒲圻（赤壁）、通城。远在鄂西北，被西南官话包围的竹山方言也读 ɕi，因为竹山也属于江淮官话区（赵元任，1948）。

二、安陆方言与“随”字相关的句式

（一）“随”字的词性及其用法

安陆方言里，“随”字有三种不同的词性，表达不同的含义，有不同的用法。

1. “随”字作动词

安陆方言里，“随”字作动词，表示“跟随”的动作意义。例如：

（1）各人随喜。

（2）你莫去随大流，搂倒裤子跑。

“随”字还表示“任凭”“由着”的动作意义。例如：

你们哈莫耳他，随他去搞个么羹。（你们都别理他，随便他去搞什么名堂。）

2. “随”字作介词

“随”构成介词“随倒”，意即“随着”。例如：

（1）随倒国家政策改变，老百姓的日子越过越好了。

（2）莫总是随倒别个跑，要有自己的主见。

“随”字作介词用时，在句中构成介词结构，作句子的状语。

3. “随”字作连词

“随”字作连词，意思是“无论”或“不管”。作连词使用时，构成复句，可以单用，也可以与副词“都”或“也”连用。例如：

（1）随他去怎么搞。

（2）随哪个来说，你都莫松口。

（3）随几好的身体，也禁不起乜样这样版彪折腾吵。

“随”字作连词，构成复句，可以和“都”“也”等副词配套使用构成复句，也可以单独使用构成复句。

（二）“随”字构成的相关句式

1. “随”字构成的单句

“随”字构成单句主要是它的动词、介词用法构成的句子。例如：

（1）随他去怎么搞。

（2）菜园的菜随你摘。

(3) 乜个自助早餐5块钱随你吃。

答话中的"随"是省略后的简单句式。例如：

甲：我想把屋里的场清了再来。(我想把家里收拾后再来。)

乙：随你。

"随"字作动词用，在句中作谓语，整个句子是单句。

2. "随"字构成的复句

"随"字作连词用时，和副词"都""也"配套构成条件复句。用P表示复句的前一分句，用Q表示复句的后一分句，那么"随"字条件复句格式有"随P，都Q"或"随P，也Q"。例如：

(1) 随不管哪个劝他，他都不听。

(2) 随不管你几好的关系，都冇得用。

(3) 你们随不管怎么说他，他都不出言。

(4) 随你有几多钱，也不能乜样大手大脚地乱花钱吵。

三、"随"字复句

(一)"随"字复句关联标记模式

"随"字作为复句的关联标记，位置比较灵活。"随"字通常出现在偏句中，可以出现在偏句首，也可以出现在偏句中。如果联系偏句的主语来看，"随"字复句的关联标记模式有如下几种。

1. 随+S+VP，都+VP

格式中的"S"表示偏句的主语，"VP"表示动词性短语。这一格式的复句是关联标记"随"位于主语之前。例如：

(1) 随几好的脾气，都禁不住他来磨。

(2) 随几拐的学生，到了他的班上，都得乖乖地听话。

(3) 随哪个来找他，都冇讨倒便宜。

(4) 随哪个来求情，他都不松口。

(5) 随你怎么说他，他都不出言说话。

2. S+随+VP，还是+VP

在这一格式中，和"随"配套的关联词是"还是""都"。尽管偏句主语位于"随"前，但"随"后还出现表示虚指的"他"，偏句主语和"他"是总分复指关系，主语是总体，用“他”来虚指总体中的任何一个人。例如：

（1）学生伢随他几调皮，到了考试的时候，还是要紧张下的。

（2）村里的人随他几拐，到了关系到自己好处的时候，还是蛮团结的。

（3）学校的老师随他住得几远，都要按时到校上课。

（4）下乡知青屋里的条件随他几好，到了生产队，都必须下地干活。

3. 随＋VP，也＋VP

在这一格式的复句中，偏句省略主语，与“随”配套的关联词语是“也”。例如：

（1）他脑壳高头的毛光了，随么样梳，也梳不出个花样来哟。

（2）随么样搞，也搞不出个名堂来。

（3）随有几好的身体，也禁不住乜样夹磨折磨啰。

当然，这类复句中的主语可以补出来，可以出现在“随”的前面，也可以出现在“随”的后面。上面的例子也可以说成：

（1a）他脑壳高头的毛光了，随他么样梳，也梳不出个花样来哟。

（2a）他随么样搞，也搞不出个名堂来。

（3a）你随有几好的身体，也禁不住乜样夹磨折磨啰。

4. 随＋VP，S＋VP

这一格式的复句，前一分句主语可以省略，后一分句出现主语，可以不出现配套的关联词“都”或“也”。例如：

（1）随么样说，我要等到他们人来了着。

（2）随么样说，我总是你的长辈吵。你怎么乜样对于对待我嘞？

（3）考试答题的时候，随写几好的字，错了总是错了，不会得分。

（二）“随”字复句关系

1. “无论”类“随”字条件复句

“随”字作为关联词语，表示无条件关系，构成条件复句，相当于普通话的“无论”复句。通常是前一分句提出对各种条件的总体性让步，后一分句表示不受前一分句任何影响的结果。通常情况下，安陆方言的“随”字条件的前一分句具有“任指性”的特点（邢福义，2002），形式上用任指词“哪个、么事、怎么”等。例如：

（1）随你有几好的条件，都不能吸引他过来。

（2）随哪个喊你，都莫开门。

（3）他随么事都要管，哪个都烦他。

(4) 随怎么说，我总是个你的长辈吵。

2. “任凭”类“随”字条件复句

这类无条件复句中，“随”字引出已然的事实，表示容认性的让步，后一分句带有转折的性质。前一分句用“怎么”强调容认，后一分句用“还是”或“都”表达否定性的结论，前后分句间隐含着转折关系，这种复句常通过后一分句里的否定词来实现转折(吕叔湘，1978)。例如：

(1) 随我们怎么留他，他最后还是走了。

(2) 她几狠的心啰，随她的伢怎么哭，她都不迩理睬她的伢，自己照样打自己的麻将。

(3) 随我们怎么劝她，她都不张理睬我们。

(4) 随你怎么说他，他都不齿理睬你。

安陆方言里，在偏句中出现的条件不具有任指性，而是具有选择性时，用“不管”表示。例如：

(1) 不管落雪还是下棱，他从不迟到。

(2) 不管几黯晚，他都要回家。

(3) 从火车站到我们住的喏儿这儿，不管坐公汽还是打的，费用都不高。

(4) 不管是好的还是拐坏的，哈都拿回来再说。

这些“随”字复句表示无条件。前一分句表示排除一切条件，后一分句表示在任何条件下都会产生相同的结果。“随”可以位于主语前，也可以位于主语后。从意义方面来看，前一分句P表示一种让步，具有任指性，后一分句提出让步的结果，与前一分句隐含着转折关系。

与普通话无条件复句不同的是，安陆方言的“随”字无条件复句和“不管”复句共同表达无条件复句，或者表达让步复句，二者从形式到内容都分工合作。也就是说，“随”字复句表达无条件中的“无论”类和“任凭”类，其前一分句表示任指性让步，而“不管”类的前一分句表达选择性让步。

安陆方言“随”字无条件复句的特点是：形式上，无条件复句的偏句一定得用“随”，正句可以用“都”“也”或“还是”相配合，也可以不用。另外，在偏句中，“随”的位置可以在主语之前，也可以在主语之后。这显示出安陆方言“随”字句关联词语位置的灵活性。意义上，“随”字复句虽然表达无条件的让步，但范围比较窄，它只表示任指性的让步，与“不管”无条件的选择性让步共同构成无条件复句，也叫“让步复句”。

参考文献

[1] 吕叔湘. 汉语语法分析问题[M]. 北京：商务印书馆，1979.
[2] 邢福义. 汉语复句研究[M]. 北京：商务印书馆，2001.
[3] 赵元任. 湖北方言调查报告[M]. 上海：商务印书馆，1948.

（原文载于《方言语法论丛》，2016 年第 7 期）

竹山、竹溪方言的撮口呼读音及其价值

盛银花

引　言

竹山、竹溪紧邻，二者位于鄂、渝、陕交汇处，西北接陕西平利、镇坪、旬阳，南邻重庆的巫溪、湖北神农架林区，东邻湖北房县，东北与湖北郧县（今十堰市郧阳区）接壤。竹山、竹溪方言的撮口呼古鱼虞韵今读 ɥ 类韵和 i 韵、ou 韵。撮口呼的读音对竹山、竹溪方言具有重要的价值，因为竹山、竹溪到底归属哪一方言区，方言学界历来众说纷纭。赵元任、丁声树等（1948）将湖北省东部地区的 17 个县和西北角的竹山、竹溪共 19 县的方言都划在第二区，即现在所说的江淮官话区。中国社会科学院和澳大利亚人文社会科学院共同出版的《中国语言地图集》（1987）将竹山、竹溪方言划归江淮官话，它与鄂东南的黄孝片共同构成湖北境内的江淮官话区。周政（2002；2006）认为陕西平利方言与竹山、竹溪的方言比较接近，应划入江淮官话。刘兴策（2005）提出竹山、竹溪方言应该归西南官话成渝片。刘祥柏（2007）在《中国语言地图集》中，将竹山、竹溪方言和陕西南部商洛市的柞水、镇安、商南、丹凤和山阳，安康市辖区、旬阳、平利、白河等 9 个市县的方言作为一个特殊的区域，称为鄂西北陕南江淮官话区，叫“竹柞片”。李蓝（2009）认为，竹山、竹溪方言面貌比较独特，在《中国语言地图集》中，暂根据语言地理分布的关系将竹山、竹溪与陕西的白河、平利合并为鄂西小片，放在西南官话湖广片内。朱丽师（2014）提出竹山方言为中原官话与江淮官话的过渡方言，在方言区的划分上应把竹山方言归到中原官话的南鲁片。总之，学者们已经注意到，竹山、竹溪方言与其周边方言相比，有其独特之处，得出的不同结论正说明竹山、竹溪方言的复杂性。本文拟根据竹山、竹溪方言的撮口呼读音，通过与江淮官话黄孝片和陕南方言的比较，说明撮口呼古鱼虞韵的今读音 ɥ 类韵和 i 韵、ou 韵在竹山、竹溪方言归属方面的重要价值。

一、竹山、竹溪方言撮口呼的读音及其分布

（一）竹山、竹溪方言撮口呼读ɥ类韵

竹山、竹溪方言撮口音读ɥ，为舌尖后圆唇元音，共有8个ɥ类韵母，即ɥ女橘、ɥa刷、ɥe靴决、ɥai帅、ɥei追锤、ɥan专船、ɥən春永、ɥaŋ床。

如果与古音比较，这8个ɥ类韵与声母的具体组合分布为：

果摄开口三四等日母ɥe，果摄合口三四等见系ɥe。

遇摄合口三四等泥组、知章组、日母、见系ɥ。

蟹摄合口三四等知章组、止摄合口三四等知章组ɥei。

止摄合口三四等庄组ɥai。

咸摄开口三四等日母ɥan。

山摄合口二等庄组、三四等知章组、日母、见系ɥan。

宕摄开口二等知庄组、三四等庄组ɥaŋ。

臻摄开口三四等日母、合口三四等知章组、日母、见系ɥən。

梗摄合口三四等见系ɥən。

山摄入声开口三四等日母、山摄入声合口三四等知章组、见系ɥe。

深摄入声开口三四等日母ɥ。

臻摄入声合口三四等知章组、见系ɥ。

曾摄入声合口三四等见系ɥ。

梗摄入声合口三四等见系ɥ。

通摄入声合口三四等见系ɥ。

由此可知，能与8个ɥ类韵相拼的声母为tʂ、$tʂ^h$、ʂ，大部分来自古知庄章日组、见晓组三四等合口字，一部分来自古知庄章日组、见系二、三四等开口字，如：著＝句、船＝权、顺＝训、如＝鱼。

（二）竹山、竹溪方言撮口呼读i韵母

在竹山、竹溪方言中，撮口呼中古遇摄鱼虞韵除了大部分读ɥ类韵以外，还有一部分读i韵母，主要分布在端组来母、精组同鱼虞韵相拼的时候，韵母相同。与止摄合口泥组、精组同音。如：全＝前、旬＝行、律＝力、履＝礼、须恤＝西希、徐＝席、聚＝季、去＝气、序＝系、虑＝例。

（三）竹山、竹溪方言撮口呼读 ou 韵母

竹山、竹溪方言的撮口呼中古遇摄鱼虞韵还有一小部分读 ou 韵母，主要分布在端组来母、精组细音与鱼虞韵相拼的时候。如：绿＝鹿、续＝素。

二、竹山、竹溪言方撮口呼读音与陕南、鄂东江淮官话的比较

竹山、竹溪方言的撮口呼古鱼虞韵今读 ɥ 类韵和 i 韵、ou 韵是它的典型特征之一，这一典型特征在陕南、鄂东江淮官话中较为常见。

（一）撮口呼古鱼虞韵今读 ɥ 类韵的分布

以 ɥ 类韵为例，蕲春话 ɥ 类韵有 9 个，罗田、英山、应山、安陆、孝感等地的方言里各有 8 个，黄冈、麻城、黄陂、云梦的方言里各有 7 个。（刘兴策，2010）在江淮官话方言区中，有的地方如江西九江，安徽舒城、桐城的“雨”念 ɥ 韵，巢县、郎溪、和县的“冤”念 ɥe 韵等。（袁家骅，1983）

除鄂东及以东的江淮官话里常见 ɥ 类韵外，陕西南部的平利、白河等地的 ɥ 类韵也很丰富。以竹山、竹溪紧邻的陕南平利为例，周政（2006）认为，以平利、白河南山话为代表的陕南江淮官话老派读音明显保留了一套 ɥ 类韵母，主要表现在五个方面。

其一，知系遇、蟹、止、山、臻、通摄合口字，以及少数江、效、宕摄开口字，平利话读 tʂ 等。如：书、缀、吹、软、准、叔、撞、抓、霜、水。

其二，遇合三、山合三四等见组、精组字和通三入（屋三烛）见组字声母，平利话读 tʂ 等。如：居、虚、区、渠、惧、曲、菊、局、卷、劝。

其三，遇摄、山摄知系合口三等字与见系合口三等字声母，平利话读音相混，读 tʂ 等，如：书＝虚 ʂɥ、篆＝倦 tʂɥan、注＝句 tʂɥ、串＝劝 $tʂ^hɥan$。

其四，平利话相邻的汉旬话、紫岚话有 y 韵和以 y 开头的撮口呼，平利话则对应为 ɥ 韵和以 ɥ 起头的合口呼。

其五，日母开口字平利话多变合口，如：“染、冉”都读为 ɥan，“惹”读为 ɥe。

（二）竹山、竹溪撮口呼古鱼虞韵今读ɥ类韵、i韵、ou韵在湖北境内的分布

竹山、竹溪方言撮口呼古鱼虞韵读音除了ɥ类韵外，还读i韵、ou韵，主要分布竹山、竹溪、安陆、云梦、孝感、英山、罗田、黄冈、黄陂、麻城、蕲春。① 湖北境内各地ɥ类韵、i韵、ou韵对照如表1所示。

表1 湖北境内各地ɥ类韵、i韵、ou韵对照表

点字	竹山竹溪	安陆	云梦	孝感	英山	罗田	黄冈	黄陂	麻城	蕲春
著	ɥ	ɥ	ɥ	ɥ	ɥ	ɥ	ɥ	ɥ	ɥ	ɥ
句	ɥ	ɥ	ɥ	ɥ	ɥ	ɥ	ɥ	ɥ	ɥ	ɥ
菊	ɥ	ɥ	ɥ	ɥ	ɥ	ɥ	ɥ	ɥ	ɥ	ɥ
区	ɥ	ɥ	ɥ	ɥ	ɥ	ɥ	ɥ	ɥ	ɥ	ɥ
鱼	ɥ	ɥ	ɥ	ɥ	ɥ	ɥ	ɥ	ɥ	ɥ	ɥ
许	ɥ	ɥ	ɥ	ɥ	ɥ	ɥ	ɥ	ɥ	ɥ	ɥ
如	ɥ	ɥ	ɥ	ɥ	ɥ	ɥ	ɥ	ɥ	ɥ	ɥ
月	ɥe	ɥe	ɥe	ɥe	ɥe	ɥe	ɥe	ɥe	ɥe	ɥe
船	ɥan	ɥan	ɥan	ɥan	ɥan	ɥan	ɥan	ɥan	ɥan	ɥan
权	ɥan	ɥan	ɥan	ɥan	ɥan	ɥan	ɥan	ɥan	ɥan	ɥan
顺	ɥən	ɥən	ɥən	ɥən	ɥən	ɥən	ɥən	ɥən	ɥən	ɥən
训	ɥən	ɥən	ɥən	ɥən	ɥən	ɥən	ɥən	ɥən	ɥən	ɥən
徐	i	i	i	i	i	i	i	i	i	i
聚	i	i	i	i	i	i	i	i	i	i
取	i	i	i	i	i	i	i	i	i	i
全	ian	ian	ian	ien	ian	ian	ian	ien	ian	ian
旬	in	in	in	in	in	in	in	in	in	in
律	i	i	i	i	i	i	i	i	i	i
履	i	i	i	i	i	i	i	i	i	i

① 竹山读音调查自竹山人敖有志，安陆读音调查为笔者本人，安陆是笔者的母语，见《安陆方言研究》。云梦读音调查自云梦人陶小林，孝感读音调查自孝感人王求是，英山读音调查自英山人项菊，罗田读音调查自罗田人金殿中，黄冈读音调查自黄冈人汪化云，黄陂读音来自《湖北方言调查报告》，麻城读音来自《湖北方言调查报告》，蕲春读音调查自蕲春人高翔。

续表

点字	竹山竹溪	安陆	云梦	孝感	英山	罗田	黄冈	黄陂	麻城	蕲春
须	i	i	i	i	i	i	i	i	i	i
去	i/ɥ	i/ɥ	i/ɥ	i/ɥ	i	i	i	i/ɥ	i	i
序	i	i	i	i	i	i	i	i	i	i
续	ou	ou	ou	ou	iəu	iəu	ou	ou	iəu	iəu
绿	ou	ou	ou	ou	ou	ou	ou	ou	ou	ou

在表 1 中，英山、罗田、麻城、蕲春四个点的“续”韵母读 iəu，属于中古遇摄合口三等鱼虞韵的精组、见晓组及泥母字，为 16 世纪以前遇摄合口三等韵韵母的保留。王力(2004)根据 17 世纪末潘耒《类音》的四呼相配，认为模、鱼、虞分化为 u、y 两音，最迟在 16 世纪就已经完成了。黄典诚(1993)认为，中古合口三等韵的特点是保留 iəu，这些韵从中古发展到现代基本上变成撮口呼，其演变顺序为 iəu→yu→y。因此，我们可以认为，英山、罗田、麻城、蕲春四个点的“续”韵母读 iəu，是保留了 16 世纪以前的遇摄合口三等韵韵母。中古遇摄合口三等鱼虞韵的精组、见晓组及泥母字韵母读 iəu 的还见于其他方言，如四川西充方言(杜玄图，2014)、晋语五台片(乔全生，2008)。至于 ɥ、i、iəu、ou 的演变关系及其语音层次，将另文讨论。

三、竹山、竹溪方言撮口呼读音的价值

竹山竹溪方言撮口呼古鱼虞韵的今读音有助于我们判定其方言分区的归属。

1987 版《中国语言地图集》将竹山、竹溪归入江淮官话区。2012 版《中国语言地图集》中，对于竹山、竹溪方言分区的处理有两种不同的意见，刘祥柏根据竹山、竹溪方言与陕南平利、白河方言具有的同一特征，将竹山、竹溪归入江淮官话区，称其为“竹柞片”。李蓝(2009)认为，竹山、竹溪、郧西 3 处的方言面貌比较独特，和周围的方言有明显的差异，但与处于陕南的白河、平利比较接近。他着眼于语言分布的整体性原则，暂将这 5 处合并为一个鄂西小片，放在西南官话湖广片内。

在同一文献《中国语言地图集》(2012 版)中，对于同一区域的方言，存在

不同的处理意见，说明这个区域的方言非常复杂、特殊。因为竹山、竹溪方言同陕南平利、白河有相同的语音特点，表现在五个方面。

第一，无入声调，古清入、次浊入今多读阴平，全浊入今多读阳平，与江淮官话黄孝片和部分北部赣语类似。

第二，古今声调对应一致（见表 2）。（李蓝，2009）

表 2　古今声调对应表

	平		上		去		入	
	清	浊	清次浊	全浊	浊	清	清次浊	全浊
竹山	阴平 24	阳平 53	上声 44	阳去		阴去 313	阴平 24	阳去 33
白河	阴平 31	阳平 44	上声 35	阳去		阴去 213	阴平 31	阳去 22
商南	阴平 31	阳平 35	上声 55	阳去		阴去 212	阴平 31	阳去 22

第三，去声分阴阳，古清去字读阴去，古浊去字读阳去。这和江淮官话黄孝片和部分北部赣语类似。

第四，普通话撮口呼字、[tʂ、tʂh、ʂ、ʐ]声母的合口呼字读 ɥ 类韵母，拼 tʂ、tʂh、ʂ 声母。即古知系二三等合口字和见系三四等字合流，读 ɥ 类韵母。这个特点与江淮官话黄孝片和部分北部赣语类似。例如，下面各组字声母、韵母相同：

猪＝菊 tʂɥ｜船＝权 tʂɥan｜顺＝训 ʂɥn｜如＝鱼 ɥ。

第五，古蟹止山臻摄端系合口字，今多读开口呼韵母。这个特点与江淮官话和部分北部赣语相近。例如：

对 tei｜罪 tsei｜醉 tsei｜乱 lan｜短 tan｜墩 tən｜孙 sən。

正因为“竹柞片”有这五个共同特征，有别于周围的其他方言，与鄂东的江淮官话黄孝片有诸多类似之处，因而赵元任等（1948）、周政（2002;2006）、邢向东和郭沈清（2005）、刘祥柏（2007）等学者将这一区域的方言划归江淮官话。赵元任等（1948）曾明确指出，湖北省东部地区的 17 个县和西北角的竹山、竹溪共 19 县的方言为第二区。第二区占东部跟东北部，约占全省四分之一，但是西北角的竹溪、竹山两处像东部而不像西部，所以竹溪、竹山被归于第二区。

当然，持不同意见者认为江淮官话方言的共同特征是有入声，而竹山、竹溪这个特殊的区域没有入声。竹山、竹溪的西北部接陕西平利（1987 版地图集将其划归中原官话秦陇片）、镇坪（西南官话成渝片），南邻重庆的巫溪（西南官话成渝片）、湖北神农架林区（西南官话成渝片），东邻湖北房县（西南官话鄂北片），东北与湖北郧县（西南官话鄂北片）接壤。可以说，竹山、竹溪被其周边的西南官话和中原官话所包围，所以根据语言地理关系，将竹山和竹溪划归西南官话区。我们姑且不论这种处理方式是否科学、是否合理，单就“古入声字的今调类”（李荣，1985）作为划分官话的标准而言，还有讨论的空间。李荣先生在《官话方言的分区》中明确提出以“古入声字的今调类”作为划分官话的标准。根据这一标准，现代汉语官话分为东北官话、北京官话、冀鲁官话、胶辽官话、中原官话、兰银官话、西南官话和江淮官话八个区。这一标准基本上可以把官话方言区分开来。作为划分大方言区的标准，这样的划分是科学的、合理的。可是，汉语方言不止一两个，甚至多达十多个，有的方言又分为若干个次方言，同一次方言中还可以分为不同的地方话。因此，在划分方言、次方言时，除了“古入声字的今调类”这一主要标准外，还需要以声母、韵母、词汇等方面的特点作为次要的补充标准。竹山、竹溪方言虽然没有入声，但是该地区方言撮口呼古鱼虞韵今读 ʮ 类韵、i 韵、ou 韵这一典型的区别性语音特征完全可以作为江淮官话黄孝片的划片标准。如果这一标准不够充分的话，竹山、竹溪方言的声母还有另一个有别于其周边方言的特征，即 tʂ 组声母与 ts 组声母对立，这与江淮官话黄孝片完全一致，而在湖北境内的西南官话里，tʂ 组声母与 ts 组声母合流，大部分地区合流为 ts 组声母，其拼 ʮ 类韵母的 tʂ 组声母“著猪处书状”等字，西南官话读 tɕ 组 y 类韵母。鉴于此，竹山、竹溪方言应归属江淮官话。

虽然竹山、竹溪作为江淮官话的“竹柞片”，周围被西南官话区和中原官话区所包围，但是它的典型性语音特征——撮口呼古鱼虞韵的读音及 tʂ 组声母与 ts 组声母对立，明显区别于西南官话，不妨把竹山、竹溪看作是一个处在西南官话中的方言岛。这样处理，一方面可以显示竹山、竹溪方言的特殊性，另一方面可以显示湖北境内方言的丰富性、复杂性，从而引起我们对竹山、竹溪方言的关注，重视研究竹山、竹溪方言的来源及其与周边方言接触后所产生的变异性特点。就像客家话，大本营是在广东梅县，但在福建省，客家话汀州片散见于闽语泉漳小片达 5 处之多。虽然江淮官话黄孝片本来就跨省，甚至隔省隔县，并没有完全按地域连成一片，如江西的九江、瑞昌与黄孝片紧邻，而安徽的桐城、枞阳、安庆，则与黄孝片在地理上远隔，但这并不妨碍它们归属为江淮官话黄孝片。

参考文献

[1] 崔荣昌.四川省西南官话以外的汉语方言[J].方言,1986(3).

[2] 杜玄图.论现代汉语方言中的[iu]类韵母的历史语音层次——以四川西充方言为例[J].现代语文(语言研究版),2014(9).

[3] 黄典诚.汉语语音史[M].合肥:安徽教育出版社,1993.

[4] 李蓝.六十年来西南官话的调查与研究[J].方言,1997(4).

[5] 李蓝.西南官话的分区(稿)[J].方言,2009(1).

[6] 李荣.官话方言的分区[J].方言,1985(1).

[7] 刘祥柏.江淮官话的分区(稿)[J].方言,2007(4).

[8] 刘兴策.刘兴策文集[M].武汉:武汉大学出版社,2010.

[9] 乔全生.晋方言语音史研究[M].北京:中华书局,2008.

[10] 盛银花.安陆方言研究[M].武汉:华中师范大学出版社,2015.

[11] 王力.汉语史稿[M].北京:中华书局,2004.

[12] 袁家骅,等.汉语方言概要[M].北京:文字改革出版,1983.

[13] 赵元任,等.湖北方言调查报告[M].上海:上海商务印书馆,1948.

[14] 中国社会科学院语言研究所.中国语言地图集[M].2版.北京:商务印书馆,2012.

[15] 周政.陕西平利话的归属[J].陕西教育学院学报,2002,18(3).

[16] 周政.关于安康方言分区的再调查[J].方言,2006(2).

[17] 朱丽师.从语音学角度看竹山方言的归属问题[J].郧阳师范高等专科学校学报,2015,35(2).

(原文载于《湖北第二师范学院学报》,2016 年第 1 期)

英山方言的指代范畴研究

肖　莽

指导教师：盛银花

引　言

英山方言区属于江淮官话黄孝片。伍铁平先生认为，英山方言区内部分为东河、西河、南河三个土语区。[①] 陈淑梅先生在《湖北英山方言志》中介绍了英山方言的调值和土语分区情况。英山方言有六个调值：阴平 31、阳平 55、上声 34、阴去 35、阳去 33、入声 213。[②] 英山方言的指代范畴有其系统性和特殊性。关于英山方言的指代范畴，已有的研究大多是囊括在鄂东方言研究的范围内，汪化云先生在《鄂东方言研究》中讲述了英山方言指示代词属于三分。[③] 陈淑梅先生在《鄂东方言语法研究》中相对系统地描述了鄂东方言代词系统，其中涉及部分英山方言代词，并对英山方言代词“箇”的用法进行了说明。[④] 刘晓然先生的关于黄冈方言的中指代词和疑问代词的研究，也涉及部分英山方言代词。[⑤⑥] 童健介绍了黄冈（包括周围部分县市）方言特殊代词“莫”的用法，主要是与“叫”搭配，形成“叫他莫”的结构。[⑦]

学界关于英山方言指代范畴的研究并不全面系统，英山方言代词大多数以与鄂东其他方言对比研究的形式出现。同时，学界涉及的有关英山方言代词的研究基本以西河土语为英山方言代表点，还没有关注东河土语区代词情况的细化说明（东河主音区与西河、南河主音区距离近百里），也没有关注英

① 伍铁平．普通语言学概要[M]．2 版．北京：高等教育出版社，2006：154．

② 陈淑梅．湖北英山方言志[M]．武汉：华中师范大学出版社，1989：29．

③ 汪化云．鄂东方言研究[M]．成都：巴蜀书社，2004：135-137．

④ 陈淑梅．鄂东方言语法研究[M]．南京：江苏教育出版社，2001：28-46．

⑤ 刘晓然．黄冈方言的疑问代词[J]．湖北师范学院学报（哲学社会科学版），2002，22(4)：66-71．

⑥ 刘晓然．黄冈方言的中指代词[J]．海南师范学院学报（人文社会科学版），2002，15(5)：128-131．

⑦ 童健．黄冈方言特殊代词“莫”研究[J]．江汉大学学报（人文科学版），2006，25(4)：81-83．

山方言的特色代词短语。本文将立足于英山方言东河土语,拟研究英山方言的指代系统及其用法,描写英山方言的特色代词短语,探讨英山方言代词的连用及其表达效果。

一、英山方言人称代词

(一) 人称代词的基本形式

英山方言人称代词保留了中古时期后鼻韵母“ŋ”做声母的用法,“ŋ”做声母没有脱落从而使音节形成零声母音节,“我”的读音为[ŋo],“你”的读音为[n],“他”的读音为[t'A]。按照李蓝提出的汉语方言人称代词复数表示法[①],英山方言人称代词复数表示法为“增标法”,人称代词复数形式为单数形式后加“得”。

	第一人称	第二人称	第三人称
单数	我	你	他
复数	我得	你得	他得
	大势:大家	自家[kA]:自己	别个:别人　人家[ke]

(二) 英山方言人称代词调值细化说明

陈淑梅在《鄂东方言语法研究》一文中指出,表示“我家”“你家”“他家”等称代的所属,英山、罗田、红安、麻城在人称代词后加“的”,同时将人称代词变读为入声。[②] 我们认为这是对英山方言人称代词较为笼统的说法,在英山方言的东河、西河、南河三个土语区内,人称代词在入句后表示领属关系时的调值稍有不同。东河、南河区在独词成句,“你”“我”“他”做主语、宾语、定语时,读作[n33]、[ŋo33]、[t'A55],它们的复数形式、调值和单数相同。例如:

(1) 问:谁来了?

答:我。[ŋo33]

(2) 我的苹果。[ŋo33]

(3) 你的苹果。[n33]

---

① 李蓝.汉语的人称代词复数表示法[J].方言,2008(3):224-243.

② 陈淑梅.鄂东方言语法研究[M].南京:江苏教育出版社,2001:29-30.

(4) 他的苹果。[t'A55]

(5) 问:谁吃饭?

答:他。[t'A55]

(6) 问:谁考第一?

答:你。[n33]

西河区单数人称代词"你""我""他"在单独成句和做句子主语、宾语时,读做[n33]、[ŋo33]、[t' A55]。在做定语时,"你""我"变调读作[n31]、[ŋo31],第三人称单数他[t'A55]不变。西河区复数人称代词表领属时的读音又不变:你得[n33]、我得[ŋo33]、他得[t'A55]。此时同东河、南河表示复数的调值一样。

(三) 英山方言人称代词的用法

英山方言人称代词与普通话人称代词的语法功能近似,有体词性。

1. 做主语

人称代词做主语,例如:

(1) 我一脚你。

(2) 我得去学校。

(3) 你吃饭有?

(4) 你得搞么事?

(5) 他到哪地去啊?

(6) 他得到哪地去啊?

(7) 他得大势说了算,你说的不算。

(8) 别个搞不赢他啊。

(9) 自家去不了。

2. 做定语

人称代词做定语,例如:

(1) 这是我的书。嗯,是你的笔。那是他的课桌。

(2) 这是我得的书。嗯,是你得的笔。那是他得的课桌。

(3) 自家的事自家做。别个的东西莫动。

3. 做宾语

人称代词做宾语,例如:

(1) 小明欺负我。同学打你。小华踢他。

(2) 高年级的同学欺负我得。一群同学打你得。班长骂他得。

(3) 我得都是靠大势啊。百么事只能靠自家。没事别去惹别个。

4. 在其他结构中的特殊用法

在兼语句中。例如:

(1) 叫他/他得/你/你得/我/我得去吃饭。

人称代词做“叫”的宾语,做“去吃饭”的主语。

(2) 叫大势帮会儿忙。

人称代词做“叫”的宾语,又做“帮忙”的主语。

在连谓结构中。例如:

(3) 我得去提水。

“我得”做“去”“提水”的主语。

(四) 英山方言人称代词构成的特殊短语及其表达效果

英山方言中存在一些未受到关注的、由代词构成的固定短语的表达,现对“你端我来”“你么样儿咧”“我怕是”三个固定短语进行形式描写和语用说明。

1. 你端我来

在这个固定短语中,“你”是受事主语,这个短路的意思是“把你端到我面前来,随我处置”。它表示对某人或者某物的强烈憎恨,欲惩之而后快。使用该句必须在语境中设有预设机制,即对话双方事先知道彼此发生了某些不愉快的事,他们不会平白无故地使用这句话。如对于曾经让自己吃过亏的人,现在自己有机会报复他,就会使用这句话。

成分一般不可更换,除了“你”可根据需要换成“你得”,其余的部分都不可更换,如“我”以及动词、语序都不可更换。

这一短语格式用于表达对某人或动物的强烈不满,且对不满之事采取相应行动的情形。例如,虫子把庄稼都吃了,农民会说:“你得这些虫儿,你得端我来,一股子药闹不死你!”这是农民将虫子比喻成人,表达强烈的憎恨之情。

在“表达强烈的愤恨之情”的意义固定后,在生活中人们也将其活用为表示喜爱的表达方式。一般用于对顽皮小孩子的喜爱,同时会有一些小小的惩罚。例如,一个家人很喜欢的顽皮小孩子将家里弄乱了,大人过来说“你个细鬼儿,你端我来”,说完大人就去挠小孩子的痒。该短语格式表达强烈的憎恨或喜爱的感情。

2. 你么样儿咧

该固定短语由带反问色彩的“咧”表示反问,在预设背景下,此句用作答句。它表示一种讽刺和责备语气。

该短语成分不可更换，语序不可变更，只有这样才有此表达效果。若将“你”换成“他”，那么表示的是一般的询问意义，并非此处意义。

该固定短语用于口语中，且前文或者语境中有交代，说话者 A 前面受到 B 的建议或者警告，但是 A 没有听从，结果造成相应的损失，此时 B 会说：“你么样儿咧？”

该短语格式还可以用来表示强烈的责备与嘲讽。

3. 我怕是

该短语对别人建议的拒绝，而且对别人提出的这个建议带有较强的不满。它比“不”更带有强烈的拒绝色彩，没有商量的余地，同时对建议的提出者提出如此低水平的建议而稍有不满。

该短语成分不可换，不可换成“你怕是”“他怕是”。用于拒绝别人的建议，只用于答句中。例如：

我得走到光谷去，要得不？（我们走到光谷去，怎么样？）

我怕是！嗯大死老远在的。

“嗯”指代的是前文说的从学校到光谷的距离，后面的几个副词的连用突出距离远，整个句子表示的是从学校到光谷的距离非常远，绝不可能答应从学校走到光谷的要求。

（五）英山方言人称代词的特点

我们将英山方言与普通话进行比较，发现英山方言人称代词有以下几个特点。

1. 英山方言人称代词第二人称单数敬语缺乏

在普通话中，人们一般用“您”表示对对方的尊敬，谢俊英先生认为，该用法是北京土语的用法，后来普通话吸收这个用法[①]。英山属于江淮官话区、赣方言区、西南官话区的交界处，在第二人称敬语的用法上，英山方言并没有受到北京土语的影响。英山方言中第二人称敬语用短语“你老儿”来表示。例如：

你老儿到哪里去咧？

2. 英山方言第一人称代词复数形式对说话者无排除义

普通话中，“我们”既可以表示包括说话人，也可表示听众，但不包括说话

---

① 谢俊英.汉语人称代词“您”的变异研究[J].语文研究，1993(4).

者。例如：

吃完饭我们一起上学吧。

此时“我们”包括说话者与听话者，此处的“我们”相当于“咱们”。

老师说：“我们大学生一定要有理想。”

此时“我们”只包括大学生，并不包括老师。

英山方言人称代词第一人称复数形式没有排除义，指的是英山方言中只有普通话中的[①]的用法。

我得一路去学校吧。

此处说话者与听者一起去学校，若要排除说话者，则用“你得”。普通话中用“我们”来表示“你们”的用法，是基于拉近听者与自己的心理距离。英山方言中若要拉近听者心理距离，就要用上“你得”后加上一定的肢体语言进行补充。

3. 三身代词单数形式+“的”

我/你/他+“的[ti]”表示我/你/他的家，限于三身代词的单数形式，表示一般的描述或者陈述。在此用法中，“的”[ti]中的元音 i 要重读，不同于表示领属时的弱化的“的”[te]。例如：

（1）我的有三头猪。（我家养了三头猪。）

（2）你的有几口人？

二、英山方言疑问代词

英山方言疑问代词由“么”“几”“哪”这几个语素与其他成分组合，从而完成疑问代词的功能。

（一）“么 X”式

在“么 X”式疑问代词中，X 包括“事”“利”“意儿”“样儿”“早（慢）儿”“（事）东西”“憋”“裸”“搞”“伙去儿”等。

1. 么事

“么事”表示对人的行为、物体的疑问，通常做宾语。例如：

你在搞么事啊？这是么事啊？

“么事”可用于泛指。例如：

有么事就吃么事，我不挑食。我么事都不怕。

“么事”用于动词后，表示对事物的否定，而且说话者不满意。例如：

你管个么事？

“么事”也可以用作主语。例如：

么事是你最怕的？

2. 么利

“么利”对人或事物的状态的疑问，一般充当谓语。例如：

你么利了哇？你的猪么利了？

在另外一种情况下，“么利”做宾语，但不表示疑问，而表示责备。例如：

你一天到黑哭得箇烦人法，你是么利啊？

3. 么伙去儿

“么伙去儿”表示对别人正在做的事产生疑问，仅用于熟人之间的口语交际，做宾语。例如：

你搞么伙去儿啊？几天冇看到你的人。

4. 么搞

“么搞”相当于普通话中的“怎么办”，用作谓语。例如：

你看你么搞，一天到黑玩，以后么搞喔？

5. 么裸

“么裸”做宾语，较为粗俗的词语，可以用于对事物的询问。例如：

这是么裸啊？

还可以用于对人正在进行的动作的询问。例如：

你在搞么裸啊？

也可以表示责备意义。例如：

一天到晚照镜子，像个么裸社？＝一天到晚照镜子，长得那么丑，像个什么东西？

“么裸＋东西”也有两种用法。一种是表示粗俗地询问。例如：

这是么裸东西啊？

一种是表示骂人。例如：

他是么裸东西社，天天批评这个批评那个地。

6. 么(事)东西

“么(事)东西”代指未知事物，用于对未知事物的询问。例如：

这是么(事)东西啊？

表示对某人的鄙视。例如：

你是个么事东西啊？

7. 么憋

“么憋”粗俗用词,其使用者局限于地痞流氓,此语一出,尽显流氓之气。

它可以用于对某未知事物的询问。例如:

这是么憋啊?

它还表示对某人的鄙视,和“么事东西”功能相同,但是语气较前者强,粗俗程度最高。例如:

这是么憋啊?

8. 么早儿、么慢儿

“么早儿”“么慢儿”指代时间,表示对时间的疑问,在句中充当状语。

二者均可用于完成体。例如:

你么早(慢)儿回来的?

二者也可用于未完体。例如:

你么早(慢)儿出去打工?

9. 么意儿

“么意儿”用于指代时间,表示对事情进展的询问,在句中充当宾语,只用于将来体中。

你还有么意儿搞完工作?

10. 么样

“么样”用于指代进度状态,在句中可以做补语、宾语。例如:

你事儿搞得么样了?

用于指代意图,在句中充当宾语。例如:

你想么样?

用于指代满意程度,在句中充当补语。例如:

你觉得这个事儿搞得么样儿?

(二)“几 X”式

X 包括“多儿”“多时儿”“一伙儿”“长儿”“远儿”“重儿”。

“几”加上相应的形容词,表示对事物的长度、宽度、高度、时间、状态等情况的询问。“几+形容词”的用法有限制,即反义词的不平衡现象。如可以问“几多儿”,却不可以问“几少儿”;可以问“几长儿”,却不可以问“几短儿”。“几”表示一种普遍的疑问功能,对于具体对象的疑问,则由后面的形容词与之对应。

1. 几多儿

“几多儿”在句中做宾语，一般表示对数量的询问。例如：

这个教室可以装几多儿人呐？

2. 几多时儿

“几多时儿”在句中做宾语，用于对未然进度的询问。例如：

你还有几多时儿走啊？

用于对进行体的询问。例如：

这个电影还有几多时儿放完呵？

3. 几一伙儿

“几一伙儿”做状语，用于对已然动作或事物的询问。

这电影架势几一伙儿了啊？

4. 几长儿、几远儿、几重儿

三者在句中做宾语，分别表示对长度、距离、重量的疑问。其中，由于“长”与“远”的细微差别，“几长儿”与“几远儿”的问题对象不完全相同，这里不予讨论。

注意：在英山方言中，不是所有的“几”都是疑问代词，“几”是不是疑问代词，要看后面是否有“儿”。因为“几＋形容词＋儿”用于疑问句中，此处的“几”表示疑问，“儿”是一种疑问语气的标志，若没有“儿”，则此处的“几”并不表示疑问，而是表示程度，表“很，非常”之意。“这条鱼几大喔！”“这条鱼几大儿？”前者的“几”是程度副词，后者的“几”才是本处的疑问代词。

（三）“哪 X”式

X 包括“个”“地”“汉儿”“（个）场儿”。

1. 哪个

“哪个”用于指代人，表示“谁”的意思。在句中做主语、宾语、定语、谓语，也可用于兼语句中。例如：

（1）哪个来了连？（做主语）

（2）这是哪个的衣裳？（做定语）

（3）你打电话给哪个啊？（做宾语）

（4）你打电话叫哪个吃饭啊？（兼语句中）

“哪个”指代事物。例如：

这两个哪个好看些？（做谓语）

“哪个”还可以表示任指，表示“无论是谁”。例如：

哪个来说情都没益，我今天非打死你。

“哪个”还有非疑问用法。哪个有时候并不表示疑问，而是代指未知的人或者没有必要知道的人。例如：

我听到哪个在屋的简哭。

2. 哪地、哪汉儿、哪个场儿

“哪地”一般用于表示对地点的疑问。它可以做主语、宾语、定语。例如：

(1) 哪地是你的屋？（做主语）

(2) 你在哪地住啊？（做宾语）

(3) 你是哪地人呐？（做定语）

“哪地”也可表示任指，意为“无论什么地方”。例如：

我哪地都不去，就在屋的蹲哒。

“哪个场儿”“哪汉儿”也是地点疑问代词，句法功能和“哪地”差不多。陈淑梅先生认为，在鄂东方言区，三者区别在于指代事实远近的区别。[①] “哪个场儿”只用于较大的地方，比如说“你是哪个场儿的人？”。“哪地”“哪汉儿”用于较小的地方，如“你把书放哪汉儿/哪地去了？”。这只是鄂东方言的用法，在英山东河土语区，三者并没有区别，“这个水瓢放哪地/哪汉儿/哪个场儿放哒咧？”都是可以说的，这是表示小地点的情况。“光谷在哪地/哪个场儿/哪汉儿啊？”光谷属于大地点，但是同样可以用这三者。

3. 英山方言东河土语区“哪个”的单音化趋势

根据20世纪由赵元任、杨时逢等主编的《湖北方言调查报告》的声母表记载，湖北英山方言中存在声母“n”。当初杨时逢先生选择的是以英山金家铺镇人作为发音人，这是在西河土语区主音区的情况，西河到现在确实仍然存在声母“n”，“努力”在部分西河土语区被读为[nou li]，在东河土语区被读为[lou li]。在东河土语区中，声母中没有鼻音“n”，只有边音“l”。在东河土语区中，“哪”读作[lA]，“个”读作[ko]。“哪个”发音为[lA ko]，在语流音变中，[A]与[k]弱化甚至脱落，形成的结果就是合音为[lo]，但是没有对应的词语形式。在东河土语区中，依然存在“哪个”与[lo]都可使用的情况，哪个来了＝[lo]来了。但是受汉语双音节化规律的作用，“哪个”可以单说，但是[lo]一般不单说，[lo]要与语气词“连”“哇”连用。

① 陈淑梅. 鄂东方言语法研究[M]. 南京：江苏教育出版社，2001：41.

三、英山方言指示代词

英山方言指示代词核心词有“这[te]”“嗯[n]”“那[lA]”，在表示相应的时间、处所、数量、形状、方式等方面，与相应的词语配合使用。

（一）“这”的用法

1. 指示时间

这＋么(早)儿，相当于普通话中的“这个时候”，在句中做主语、状语、宾语。例如：

(1) 这么(早)儿你到哪里去啊？(做状语)

(2) 这么儿的鱼儿还真好吃咧。(做宾语)

(3) 这么(早)儿到哪里去啊？(做主语)

以上的用法都是表示一般的时间指示。“这”还有表示时间较晚的用法，如“这＋箇样儿了”。这个结构中这必须与“了”搭配来表示时间，如果仅用“这箇样儿”，则表示的是状态，不是本处的用法。例如：

(1) “这箇样儿了你到哪里去啊？”(做状语)＝“已经这个时候了你到哪里去啊？”

(2) 这箇样儿了还没回哎？(做主语)

2. 指示处所

这的/这汉儿，相当于普通话中的“这里”，在句中可以做主语、状语、定语。例如：

(1) 这的/这汉儿有条蛇。(做主语)

(2) 这的/这汉儿你来过冇？(做状语)

(3) 这的菜真便宜。(做定语)

3. 表示数量

“这些”在重读的时候表示强调数量多，在句中可做宾语、主语、定语。例如：

(1) 你给这些，么吃得了。(重读做宾语)

(2) 这些是我的东西。(重读做主语)

(3) 这些的粮食，花了不少钱吧。(重读做定语)

（二）那的用法

1. 指示时间

那个时儿。在句中可以做状语、主语、定语。例如：

（1）那个时儿屋的没粮食吃。（做状语）

（2）那个时儿没粮食吃。（做主语）

（3）那个时儿的他一餐吃三碗。（做定语）

2. 指示处所

那的/那个场儿。在句中可以做状语、主语、宾语、定语。例如：

（1）那的/那个场儿你去过冇？（做状语）

（2）那的/那个场儿有好多鱼儿。（做主语）

（3）你到那的/那个场儿去啊？（做宾语）

（4）那个场儿/那的饼子好吃得很。（做定语）

“嗯”和“那”充当句法成分的能力相同，按照汪化云先生的观点，二者的区别在于指示的远近不同。

（三）“嗯”和“那”的区别

汪化云先生认为，英山方言代词“嗯”表示中指，“那”表示远指。[①] 我们认为“嗯”与“那”还有以下区别。

1. 一般情况下，我们用“嗯个＋名词”，而不用“那个＋名词”

（1）“妈，昨儿你的嗯个东西咧？”

（2）“嗯个东西没么吃势，丢他的。”

“嗯个＋名词”可表示对某事物的评价。

“嗯个苹果好吃。”

这是对苹果的主观评价。

2. “那”一般替代前文所提到的较长的短语或句子，且多用于否定句或反问句中

问：“你知道小明到哪里去了吗？”

答：“那我不晓得咧。”

在此句中，“那”指代“小明到哪里去了”，这使得答句的表达更加简单、

---

① 汪化云．黄冈方言的指示代词[J]．语言研究，2002(4)：88-96．

经济。

问："你晓得瓶盖儿在哪里不？"

答："那我哪晓得社？"

在此句中，"那"指代"瓶盖儿在哪里"。

3. "那"表示泛指

你哪汉儿箇多这那那这的啊？（你怎么这么多挑剔的啊？）

在英山方言东河土语区中，"那"用于反问句"那哪是晒（表音）?"中时，一般用"那"的情况要多于用"嗯"的情况。因为东河土语区中没有 n 做声母，"哪"和"那"读音相同，只是调值不一样，"那哪是的晒?"只需要改编调值而无须改动音质，表达更加经济、方便。

4. "嗯"的憎恶意义

在英山方言中，"嗯"可表示一般的指代意义，也表示憎恶意义。例如，"我一爪把嗯个细裸鬼儿把捏死他的（我一爪子把那个可恶的小孩子捏死）。"此时只能用"嗯"，不可以用"那"，因为用了"那"就没有憎恶的感情色彩了。我们认为原因在于"嗯"的指代对象要比"那"近，说话者的行为意图决定要用"嗯"，只有小孩近在手边，才能够"一爪把细裸鬼儿把捏死"。一般指代意义时，用"嗯"或"那"都可以。例如，"我失错把嗯/那个瓶儿打破了"。

5. "那"的虚化

"那"和"嗯"都可以用于句首且充当主语，即在主语和主题的一致的情况中，"嗯"与"那"都表示指代。"那"一般重读，并延长，它不仅表示指代，而且有语气化趋势。

在"嗯不是箇样搞的"与"那不是箇样搞的"两个句子中，"那"会重读延长，即"那——不是箇样搞的"。此时的"那"不仅是指代前文中的内容，而且附着了推测或判断、强调的语气，且人们在感知上倾向于语气方面而非指代方面了。

我们认为"那"的虚化原因有两个：音色特征，说话者心理认知所需时间。

"那"在英山方言的音为[lA]，是开音节；"嗯"的音为[n]，是由辅音独自形成的音节。一方面，元音的特点之一是响亮、可唱且能延长，在稍微远距离的日常交际中，若"嗯"发辅音，听者由于距离较远而不能听清楚，而且说话者费力，所以选择开音节[lA]来满足发音响亮的需要；另一方面，说话者需要时间进行思考，组织语言，"那"的可以延长的语音特点，能给予说话者心理思考的时间。

"那——我还有听说咧。""那"的发音延长，不仅指代前文中的内容，而且在说话者思维中进行了“听说了没有”的判断。

音色为心理认知的延时提供了可能，心理认知所需的时间决定了“那”的指代意义的弱化，表推测等语气的意义增强。

6. “嗯”表示量多

“你给我嗯些苹果”与“你给我那些苹果”意义不同，“嗯”不仅带有指代性，还有“数量多”的意思。前者表示苹果的数量很多，带有一种评价性质；后者则只是一般的描述性质，表示“你给我一些苹果了”。

7. “嗯”指代禁忌或羞于出口的东西

在英山，如果家里某人突发疾病，迷信的人会认为这是逝世的亲人的魂魄来“摸他”。他们说：“哟，莫不是嗯个东西回来摸他喔？”

父母关心子女的终身大事，向女儿打听女儿的男朋友情况。父母会问她：“你的嗯个家里情况怎么样儿啊？”

（四）箇

“箇”是带有评价色彩的指示代词。“箇”在英山方言中的用法类似于普通话中的“这”，但是又带有评价色彩。

1. “箇”的消极评价色彩

郭沫若曾经写婵娟骂宋玉：“你这无用的文人。”普通话中的“你＋这”结构可表示对人的消极评论意义，在英山方言中，与之对应的就是“箇”。例如：

你箇个没用的东西。

这句话对应着普通话中的“你这个没用的东西”。

箇也可以用来构成主语部分，表示对物体的评价。例如：

箇个东西哪个要？

这句话即表示这个东西不好，没人要。此处的箇是用在反问句中，若要表示一般的疑问用法，则用“这[te]个东西哪个要？”“箇”相对于英山方言中的“这”，但多了一层消极评价意义。

2. “箇”表示积极意义的评价

（1）你考试考得箇样儿还可以呀。（做补语）＝你考试能考得这个样子还可以。

（2）箇样儿么要不得咧？（做主语）＝这个样子怎么要不得？挺好的。

（五）指示代词“莫”

童健曾指出，黄冈方言中存在“叫他莫”的句型，在英山方言中也存在这种句型。

在“叫他莫”句型中，“莫”代替的是前文中的特指对说话人造成不利影响的行为，同时表达出对这种行为的不屑一顾，因为对自己不会构成重大威胁。例如：

(1) 问：听说隔壁老王在别个面前说你坏话。

答：叫他莫。（让他说我坏话又怎样？又不会对我造成啥损失。）

(2) 问：叶家的人把你家门外的柴火抱走了。

答：嗯叫他得莫。（就让他们抱，难道对我造成啥大损失？）

另外，在英山方言中，“莫”与语气词“喂”“连”搭配，或者与程度副词“真”搭配，用于“真”后。用于口语中表示对某种行为的反对，含有劝慰意义。例如：

说：妈妈，弟弟把饭撒在沙发上了。

答：真莫（真不要把饭撒在沙发上了），我昨天刚洗的沙发。

又如，孩子玩尖端的竹棍儿，另一个小孩在他旁边玩。母亲怕竹棍儿伤着旁边的小孩子，会说：“莫咧。”

“莫”指代前面玩竹棍儿小孩的行为，同时又否定小孩的行为。

根据汉语词语的双音节化规律，“莫”一般与副词“真”或者语气词搭配使用。

四、代词的连用情况

关于代词的连用，本处讨论人称代词的连用和指示代词的连用情况。

(一) 人称代词的连用

1. 三身人称代词与非三身人称代词的配合使用

1) 人称代词的单复数形式＋非三身代词“自家”表示排他义

(1) 你自家去街上吧。

(2) 你得自家搞连，莫指望别个。

(3) 让他自家去玩。

(4) 这个东西是他得自家弄的啊？

(5) 我自家吃，你别夹。

(6) 这个事还得靠我得自家啊。

我们认为这是由两个方面决定的。其一，这个结构表示排他义是由代词的指代作用决定的。在“A：这个东西是他弄的啊？”与“B：这个东西是他自家弄的啊？”两个句子中，B句比A句更强调“这个东西”的施事者。A句表示的是询问义，B句表示的是“询问义＋惊讶义/责备义/赞叹义”，B句强调的内涵就是增加该结构的内部附加意义。人称代词的复指使用了意义范畴的重叠的词法手段，扩大了该结构的意义范畴。在诸多的意义范畴中，询问义是基本义，惊讶义/责备义/赞叹义则由语境决定。其二，这是由“自家”的意义决定的。“自家”的意义与普通话“自己”意义相同，但是语义指向不明，它用在三身人称代词之后，指向人称代词，表示突出强调。

2）人称代词复数“你得”“他得”＋非三身代词“大势”

此句型表示对某事的评价，表积极赞扬义。“大势”的概念意义相当于“大家”，但是“大家”一般可以作为主语使用，比如普通话中“大家一起喊”。但是在英山方言中，“大势”一般不单独作为主语使用，在需要进行此类描述性表述时，一般用“你得”“他得”作为主语使用。例如：

（1）问：你儿箇有用咧。

答：沾了你得大势的光啊。

（2）问：你的屋么做得箇好咧？

答：那是他得大势会搞，帮了大忙啊。

我们认为，“大势”与“大家”的使用存在不平衡现象，原因在于英山方言的“大势”有积极意义：[大势＋多人的统称，＋积极评价][大家＋多人的统称，－积极评价]。“大势”的这个特点，也导致英山方言没有“我得＋大势”的用法。因为无论从中国传统文化的谦卑角度，还是从语言学中格莱斯的同情性原则角度解释，“我得大势”的用法都不会成立。若要表达普通话中的“我们大家”的意义，英山方言中一般使用“我得箇多人一阵（我们这么多人一起）”。

（二）指示代词“这那那这”的连用

英山方言存在“这那那这”的连用。例如：

（1）你一会儿说蒜苗太老了，一会儿又说鱼不新鲜，你么箇多这那那这的啊。

（2）她这那那这地箇多理由，一瞄哒就是读书不认真找借口。

“这那那这”表示的是泛指，只用于表示主观的不满评价的情况中。首先，从语法手段来分析，“这那那这”选择重叠的词法手段，重复使用“这”与

"那",赋予了新的语法意义,扩大了"这""那"的语法范畴,使其泛指一切事物,这体现的是某个平面上的范畴,并不指示某个个体,而是指示一大片。

其次,从心理认知来看,"这"与"那"都体现的是距离,不管是物理距离还是心理距离,"这"与"那"都有一个参照物,没有这个参照物就无所谓"这"与"那"。人们在内心中设定一个参照物后,从"这"到"那",囊括其中一切物体,再从"那"回到"这",这体现的是从"这"到"那",再由"那"到"这"的线性角度。无论是以由重叠形成的平面还是从由距离形成的线性角度看,"这"与"那"的结合能够表示泛化与囊括的意义。

五、结　　语

本文立足于英山方言东河土语,描写了英山方言人称代词、疑问代词、指示代词的形式,包括三身代词"你""我""他"及其复数形式、非三身代词"大势""自家""别个","这""嗯""那",以及"几X式""哪X式""么X式";描述充当主语、宾语、定语和兼语、连谓成分的句法功能;讲述代词的连用,包括"这""那"连用、"你得"/"他得"与"大势"的连用、人称代词的单复数形式与"自家"的连用;分析了东河区"哪个"的单音化趋势,"箇"的褒贬色彩问题,由"莫"构成的"叫他莫"结构和"莫"替代语境与程度副词"真"以及与语气词搭配的用法;总结了指示代词"嗯""那"的区别,在与名词搭配表评价意义,替代禁忌或难以启齿之物,表示量多义时一般用"嗯",在虚化、泛指和在否定环境中替代前文短语和句子时一般用"那";探讨了由代词构成的"这那那这",它用于主观的消极评价中,表达抱怨不满的效果,人称代词复数"你得"、"他得"+非三身代词"大势"用于积极环境中,表达对他人的赞美之情,而"人称代词的单复数形式+非三身代词'自家'"用于普通叙述,表示排他意义。本文的价值在于补充了英山方言代词系统的描写。

参考文献

[1] 伍铁平.普通语言学概要[M].2版.北京:高等教育出版社,2006.
[2] 陈淑梅.湖北英山方言志[M].武汉:华中师范大学出版社,1989.
[3] 汪化云.鄂东方言研究[M].成都:巴蜀书社,2004.
[4] 陈淑梅.鄂东方言语法研究[M].南京:江苏教育出版社,2001.

[5] 刘晓然.黄冈方言的疑问代词[J].湖北师范学院学报(哲学社会科学版),2002(4).

[6] 刘晓然.黄冈方言的中指代词[J].海南师范学院学报(人文社会科学版),2002,15(5).

[7] 刘晓然.黄冈方言的疑问代词[J].湖北师范学院学报(哲学社会科学版),2002,22(4).

[8] 童健.黄冈方言特殊代词"莫"研究 [J].江汉大学学报(人文科学版),2006(4).

[9] 李蓝.汉语的人代词复数表示法[J].方言,2008(3).

[10] 陈淑梅.鄂东方言语法研究[M].南京:江苏教育出版社,2001.

[11] 谢俊英.汉语人称代词"您"的变异研究[J].语文研究,1993(3).

[12] 汪化云.黄冈方言的指示代词[J].语文研究,2002(4).

罗田方言亲属称谓研究

何　杜　菲

指导教师：童琴

一、绪　　论

（一）选题意义及研究现状

由于我国长期受封建社会宗法制度的影响，亲属称谓表现出强烈的稳固性，从古至今亲属称谓都遵循一套严格的称说规范。各方言的亲属称谓体系也都是从古汉语称谓体系沿袭而来的，在表现形式上都呈现出一定的传承性和保守性。但由于各方言区所处的人文地理环境和社会历史背景不同，亲属称谓又往往呈现出不同的发展趋势和表现形式，各个地区的亲属称谓各自构成了具有自己特点的体系，通常表现为同一亲属关系的称谓名称在不同方言区的用词上存在着许多差异，或者同一称谓名称所指的亲属关系不尽相同，又或者相同的亲属制度反映在不同的方言中，表现出独具特色的亲属称谓系统。

通过将普通话中的亲属称谓与罗田方言的亲属称谓进行对比，我们会发现许多不一样而又十分有趣的称谓，这些形式不一的亲属称谓，折射出了不同方言区人们的文化习俗和社会心理。通过对方言中的亲属称谓进行深入细致的调查和分析，我们不仅可以洞悉这种繁衍的亲属制度的构成状况，也可以了解这种方言的语言系统的面貌与特点。

人类学家路易斯·亨利·摩尔根首先发现了亲属称谓的类型和重要性，他认为，每个称谓系统都起源于远古时期的某个婚姻习俗和家庭模式，并一直延续下来。[①] 虽然我们可以找到大量有关方言研究的文献，但是大多数研究文献只着重于亲属称谓词语的罗列和词义的解释，对于亲属称谓蕴含的社会、文化等多重意义的探析的研究并不多。近几十年来，学者对罗田方言的

① 刘丽.大冶方言的亲属称谓[D].武汉：华中师范大学，2006.

研究也有所收获,但主要集中在语音、词汇和语法方面的研究。本文以罗田方言亲属称谓为突破口,研究罗田方言亲属称谓的特点及其所反映出来的文化特征。

(二)本文思路及研究方法

罗田县隶属于湖北省黄冈市,位于湖北省东北部、大别山南麓,东邻英山,南连浠水,西与团风、麻城接壤,北与安徽省金寨县交界。在元末明初和明末清初的人口大迁移中,罗田是"江西填湖广"的重要地区之一,外人称罗田人"江西老表"就来源于此。

罗田县境内多山,地势自东北向西南倾斜,中部地势渐趋开阔,丘陵广布,多为海拔 200 米以下的呈波状起伏的浑圆浅丘。全县山脉以天堂寨为主体,分 4 支向南偏西方向延伸,纵贯全县。由于过去罗田县的交通十分闭塞,该地区方言一直保持着相对封闭的状态,因此,与鄂东其他许多方言相比,它较多地保留着较为独特的语音特点和体貌特征。赵元任、丁声树等将罗田、黄冈、英山、浠水、蕲春、武穴、黄梅、红安、麻城等县市的方言划在第二区,并认为它们是典型的楚语。中国社会科学院和澳大利亚人文科学院《中国语言地图集》等文献将其划归江淮官话黄孝片方言。

由于以往对罗田方言的亲属称谓缺乏研究,所以本文对罗田方言的亲属称谓的研究采取调查的方式,主要采取问卷和采访的方式进行了解,从调查对象的实际出发,以语言理论作为指导,通过分析词义来揭示其与普通话亲属称谓的异同,阐述罗田方言亲属称谓的使用特点,并深入分析其中的文化特征,主要调查了罗田县内包括大崎乡、胜利镇、九资河镇、三里畈镇、大河岸镇等五个地区,主要以 40 岁至 80 岁的在罗田常住以及长期使用罗田话进行交流的居民为主要调查对象,具体情况如表 1 所示。

表 1　罗田方言亲属称谓调查表

姓名	性别	年龄	文化程度	职业	居住地	调查时间
何　连	女	71	小学	无	三里畈	2014 年 12 月
戴金枝	女	52	小学	农民	大崎乡	2014 年 12 月
徐金刚	男	41	初中	商人	胜利镇	2014 年 12 月
史　寒	女	45	高中	教师	九资河镇	2014 年 12 月
邱　文	男	62	初中	农民	大河岸镇	2014 年 12 月

在采访的过程中,笔者主要考虑以下三个方面的因素:

(1) 将被采访者的语音资料录下来，作为语料分析其语音特色；

(2) 了解被调查者在整个家族关系中所处的地位，清楚其与其他亲属之间的关系；

(3) 参考被调查者的文化程度、知识结构、素质水平等。

作者在撰写论文的过程中，运用描写的方法，将罗田方言亲属称谓准确地描写出来；运用比较法，在描写分析的基础上，从与普通话亲属称谓、古代亲属称谓的比较，找出某些亲属称谓系统中某些共性和个性的东西，从而促进对罗田方言亲属称谓的了解。

二、罗田方言亲属称谓研究概说

(一) 亲属称谓系统的分类

考察称谓需要区分面称与背称、口语称谓与书面语称谓。在现代汉语中，凡为完成表述功能而具有指称作用的皆为指称语，指称语中指人的那部分为称谓语。称谓语又分为一般称谓语和亲属称谓语。亲属称谓语又分为面称语和背称语，面称是称呼人与被称呼人面对面交谈时使用的直接称呼语，背称又称为叙称，是在听话者不是被称呼者时使用的间接称呼语。[①] 人们对面称与背称的运用受到的社会风俗的影响是不同的，在亲属称谓中，面称和背称有很大的差别。例如，在姻系亲属称谓语中，女婿对公婆的称谓，面称一般是“爸、妈”，但在背称时却说“岳父、岳母”或“公公、婆婆”。在父系亲属称谓中，我们对爸爸的弟弟面称为“二爷”“三爷”“细佬儿”等，在背称时，我们都可以称之为“叔爷”。罗田方言亲属称谓与现代汉语最大的共同之处，就是二者都有面称和背称。因为面称是称呼人与被称呼人面对面的交流，与背称相比，面称受到更严格的礼俗要求，更能反映人与人之间的感情与关系，所以本文的考察对象主要是面称，兼及背称。

赵元任在《汉语称谓》中强调将面对面交谈时使用的直接称呼语与指称他人的间接称呼语、口头用语与书面用语区分开。费孝通在 1939 年出版的《江村经济》中也提到了这两个角度的区分，他认为中国亲属称谓从语言处境来说大致可分为四类：①某人直接与亲属说话；②某人说话时间接提到亲属；

① 刘丽. 大冶方言的亲属称谓[D]. 武汉：华中师范大学，2006.

③某人用通俗口语描述亲属关系；④用书面语表述亲属关系。在称谓研究中区分口语与书面语也是有必要的，但有些书面称谓词语虽能表明这一地区民众观念中的亲属分类，却不能反映称谓礼俗。① 本文主要考察的是罗田民众称谓习俗的实际情况，所以本文从考察口语入手，兼顾个别重要的书面用语。

本文将按照父系亲属称谓、母系亲属称谓、夫系亲属称谓和妻系亲属称谓四大部分对罗田方言亲属称谓进行分类。

（二）罗田方言亲属称谓系统的分类

国内外按照法律关系角度对现代亲属关系的分类基本上是一致的。一是配偶，二是血亲（包括自然血亲、法律血亲、直系血亲、旁系血亲），三是姻亲（一般包括血亲的配偶、配偶的血亲、配偶的血亲的配偶）。田惠刚先生在《中西人际称谓系统》中把汉语亲属称谓语分为父系、母系、夫系、妻系四个系列。由于此种方法系统地概括了亲属称谓，并且较为广泛地被人们接受，所以本文采用此种方法对罗田方言亲属称谓进行分类，并进行研究。

根据上文亲属称谓系统分片标准以及分类原则，本文将罗田方言亲属称谓与普通话的亲属系统进行对比，从而得出罗田方言亲属称谓的特点与相关结论，表2是罗田方言亲属称谓与普通话亲属称谓比较，表中罗田方言称呼主要以面称为主，个别背称如括号所示。

表2　罗田方言亲属称谓与普通话亲属称谓比较

称呼 / 亲属称谓系统	普通话称呼	罗田方言称呼
父系称谓	曾祖父	老爹
	曾祖母	老婆
	祖父（爷爷）	爹
	祖母（奶奶）	婆
	父亲（爸爸）	爷
	母亲（妈妈）	大
	伯父（伯伯）	伯伯
	伯母	大爷
	叔父	二爷、三爷、细佬儿……

① 刘丽．大冶方言的亲属称谓[D]．武汉：华中师范大学，2006.

续表

亲属称谓系统 \ 称呼	普通话称呼	罗田方言称呼
父系称谓	叔母	小二爷
	姑母	姑姑
	姑父	姑爷
	自己	我
	妻子	直呼其名、媳妇儿
	哥	哥
	嫂	嫂子
	弟	直呼其名、小名
	弟媳	直呼其名、小名
	姐	姐
	姐夫	哥、姐夫哥
	妹	直呼其名、小名
	妹夫	直呼其名、小名
	儿子	直呼其名、小名
	儿媳	直呼其名、小名
	女儿	直呼其名、小名
	女婿	直呼其名、小名
	孙子	直呼其名、小名
	孙媳	直呼其名、小名
	孙女	直呼其名、小名
	孙女婿	直呼其名、小名
母系称谓	外曾祖父	老爹
	外曾祖母	老婆
	外祖父	家家(读作 gaga)
	外祖母	家家、家婆
	舅父(舅舅)	舅爷
	舅母(舅妈)	舅娘、舅母娘
	姨母	姨大、二姨大、三姨大……
	姨父	姨伯
	表哥、表姐	老表、姨老表
	表堂哥、表堂姐	老表、舅老表

续表

亲属称谓系统 \ 称呼	普通话称呼	罗田方言称呼
夫系称谓	公公	爷
	婆婆	大
	丈夫	直呼其名、小名
	夫之兄（伯）	哥
	伯之妻	姐、嫂子
	夫之弟（叔）	直呼其名
	叔之妻	直呼其名
	夫之姐（姑）	姐
	姑之夫	哥
妻系称谓	岳父	爷
	岳母	大
	舅兄	二舅、三舅
	侄儿	直呼其名、姨侄儿（背称）
	侄女	直呼其名、姨侄女（背称）
其他	小孩	直呼其名、小鬼

三、罗田方言亲属称谓的特点

（一）遵循汉语亲属称谓的基本规则

1. 用词男女有别

人类语言中亲属分辨的基本要求之一就是有性别之分，罗田方言在每个称谓中分出了男女不同的两个相对应的称呼。此外，罗田方言亲属称谓对长幼的区分相当细致，不同辈分的区分是一目了然的。

2. 脉系分明

这是汉语亲属称谓的最大的一个特点。罗田方言亲属称谓对各个不同谱系之间做了非常严格的区分,同一辈分同一性别的人,如按女性可分为父系中的"大姨""二姨",按男性可分为父系中的"大爷""二爷"。

(二)罗田方言亲属称谓的语音特点

语音上多使用单音节亲属称谓。罗田人多使用单音节亲属称谓,不用叠字的双音节亲属称谓,例如,用"哥""姐""弟""爷""大",而不使用"哥哥""姐姐""爸爸""妈妈",不过现在许多新生代的罗田人趋向于使用"爸爸""妈妈"等双音节的一类词语,这是受普通话的影响。

(三)罗田方言亲属称谓的构词特点

1. 丰富性

罗田方言在构词方面喜欢运用词头和词尾,如"儿""细""老"等,长辈对晚辈或者平辈之间喜欢用带有儿化音的小名进行称呼,比如"土豆儿""牛儿""二苕儿""狗脸儿",这些小名称呼不带有任何的嘲笑或者歧视成分,有的小名都是父母取的,甚至会被从小叫到大,这是因为罗田人认为小孩叫带有动物名称的小名更容易被养活。构词上,除了词尾"儿"之外,还有词头"细"。罗田方言中,称兄弟姐妹中排行最小的被称为"老细",不分男女,如"细妹儿""细伢儿""细爷"等,甚至最小的哥哥和姐姐也可被分别称为"细哥儿""细姐儿"。称谓词前加"老",是构成长一辈亲属称谓词的主要方式,"老"是个实词性语素,因而它不能随意用于亲属称谓之前,如老爹(曾祖父)、老婆(曾祖母)。

2. 复杂性

各方言区对父母的称呼都比较复杂,并且主观性较大。例如,对父亲的称呼有"爷""父",对母亲的称呼有"大""娟",对外婆的称呼有"家家""家婆"等,这些差异与各地的风俗以及个人的愿望相联系。

3. 逻辑性

罗田方言带有明显的逻辑性,在罗田方言中,通常除了排行最大和最小者外,其余的都是用数词作为排行标志。比如,当父亲排行老大时,称其弟弟们为"二爷""三爷""四爷"……"细佬儿";当父亲排行第二时,称其兄弟为"伯伯""三叔""四叔"……"细佬儿";当父亲排行最小时,称其哥哥们为"伯伯""二爷""三爷"等,余者依此类推。母系亲属也是如此,称呼母亲是"大",母亲的姐姐则是"二姨大""三姨大",以此类推。

（四）罗田方言亲属称谓的使用特点

1. 从他称谓

从他称谓是亲属称谓中比较独特的构成部分，它指的是说话人、发话人在称呼自己的亲属时，不是按照自己与被称呼人之间的亲属关系来称呼，而是依从同样也是自己的亲属的其他人与被称呼人的关系来称呼的一种称谓形式。[①] 从他称谓表现出的是人与人之间的一种间接关系，而不是直接亲属关系，借用他人的称谓以供自己使用。这种借用的从他称谓最开始是个别的，后来才逐渐推广并被人们所接受。我们可以把从他称谓分为从父母称谓、从夫妻称谓、从兄姐称谓、从弟妹称谓、从子女称谓、从侄子侄女称谓和从孙子孙女称谓等。在罗田方言亲属称谓中，常见的从他称谓主要有从父母称谓、从夫妻称谓、从子女称谓。

2. 部分辈分颠倒

普通话里的“爷”和“爹”分别是指“祖父”和“父亲”，而在罗田方言中的亲属称谓却是颠倒的，不过在辈分相同的情况下，会按照年龄的大小来进行称谓，比如，称呼父亲的弟弟也是按照年龄叫“大爷”“二爷”……

3. 平辈或小辈直呼其名

在罗田方言中，对于平辈之间或者年龄比自己小的，不会过多顾及亲属间的差别，一般都会直呼对方的姓名或者直接叫小名。

4. 父系、母系之别

罗田方言里有个词语叫“老表”，在普通话里的“堂姐、堂哥”在罗田方言里都成了老表的关系。如果是妈妈的姐姐或妹妹的孩子，则称之为“姨老表”；如果是妈妈的哥哥或弟弟的孩子，则称之为“舅老表”；如果是爸爸的姐姐或妹妹的孩子，则称之为“姑老表”。不过不管是“老表”“姨老表”“舅老表”还是“姑老表”，这些都是背称。面称时，不管是姑的、表的还是舅的，都是按照年龄的大小并带上名字中的字称呼“姐”“哥”，比如“芳姐”“二虎哥”。对于祖父、祖母辈的兄弟姐妹也会按照姑、表、舅的不同，区分为“舅婆”“姨婆”“姑婆”。

5. 与普通话逐渐趋同

由于时代的进步和现代教育的作用，亲属称谓普遍受到现代汉语普通话

---

① 吴洁. 潮州方言亲属称谓研究[D]. 广州：暨南大学，2007.

的影响，许多“80 后”和“90 后”人群特别是城镇居民采用“爸爸”“妈妈”“爷爷”“奶奶”“外公”“外婆”等称呼，老一辈人的亲属称谓在新一辈人里已不多见。

四、罗田方言亲属称谓表现出的文化特征

（一）亲属称谓表现出的等级色彩

亲属称谓是社会亲属制度的反映。它和社会的经济制度、家庭结构、风俗习惯等因素都有密切的关系[①]，罗田方言的亲属称谓也体现出了明显的辈分性。每个姓氏中每一代人有每一代的辈分，根据上一辈和下一辈的不同来区分长辈和晚辈，很多姓氏都会给自己的辈分命名。在罗田《何氏十一修家乘》的何氏本源堂辈表中，何氏有 60 个辈分，分别是“彦伯亨恭、千万小仲、季志礼文、单绍单大、其凤天士、兴勇世登、科弟乘先、国恩家庆、集义行仁、发祥有道、锡福咸臻、金贵昌盛、基德辉煌、群裕贤尚、惠泽久长”，这些辈分读起来朗朗上口，体现了对于这一姓氏的美好祝愿。辈分的不同，形成了曾祖父母辈、祖父母辈、父母辈、同辈、子女辈、孙子孙女辈、曾孙曾孙女辈等不同的辈分。而且，在实行计划生育制度之前，罗田县许多家庭育有许多子女，有的家庭甚至达到十多个，同一父母的兄弟姐妹之间年龄可能差上十几岁或二十几岁。又因为老一辈人没有结婚年龄限制，所以许多人结婚时的年龄普遍比较小。这样就很容易造成晚辈的年龄实际上比长辈还大的情况，但这并没有改变彼此的辈分关系。也就是说，亲属称谓一方面受辈分的制约，另一方面却和年龄的大小无关。一个年长的人很可能叫一个年轻人“叔叔”，他也可能会有一个比他小很多的小姨。如果被称呼的亲属之间是同辈关系，那么所使用的亲属称谓词便按照年龄大小条理分明地排列。如父辈中，父亲的兄弟为“伯伯”“二爷”“三爷”“四爷”“细佬儿”。

（二）亲属称谓对古代称谓的继承

在罗田方言中，有一部分的亲属称谓词是对古代称谓的继承。

---

① 陈新文.休宁方言亲属称谓的文化内涵[J].西昌学院学报(社会科学版)，2009，21(1)：29-31.

1. 细

罗田方言称呼爸爸的最小的弟弟时，常常要在称谓前加“细”。汉语“细”有最小的意思，不过普通话亲属称谓没有这种用法。但是，古代文献中却多有记载。宋代袁文《翁牖闲评》卷一载：“世有娘惜细儿之语。”《黄帝内经·灵枢·禁服》载：“雷公问于黄帝曰：细子得受业，通于《九针》六十篇。”上述“细儿”和“细子”都指最小的儿子。[①] 罗田方言中也是称最小的儿子为“细子儿”。

2. 爷

罗田方言称父亲为“爷”，以爷称呼父亲，在唐代以前就已经出现。如《篇海类编·人物类·父部》记载：“爷，俗呼父为爷，通作耶。”唐以后，“爷”与“耶”开始混用。比如杜甫的《兵车行》“耶娘妻子走相送”和《北征》“见耶背面啼”，指的就是父亲。[②]

（三）亲属称谓表现出的亲密的人际关系

为了强调人际关系的亲密，罗田方言亲属称谓经常出现“随称”或“直称”的现象。比如，一旦两个人形成了姻亲关系，其称谓就会随着对方而发生变化。例如，女方不叫对方“公公、婆婆”，而是直接叫“爷、大”，这表明罗田人喜欢以直系亲属称谓来表示关系的亲密。又如“亲家”在普通话里面是夫妻一方的父母对另一方父母的称谓，但是在罗田方言里，会把特别好的朋友称呼为“亲家”。亲属称谓在实际生活中的普遍运用，既体现了社会的亲属称谓的等级色彩，又体现了中国传统文化中向来重视人际交往的主张。

五、结　　语

随着信息、交通的发展，人们精神生活的丰富，普通话推广的力度进一步加强，罗田方言亲属称谓逐渐与普通话趋同，同姓之间不再刻意追求辈分的差别，而是按照年龄的大小来进行称呼。在这个激烈竞争的社会，随着经济的快速发展，人们的生活节奏越来越快，在不断接受新事物和异质文化的过程中，罗田方言也悄无声息地发生着变化。

---

① 陈新文. 休宁方言亲属称谓的文化内涵[J]. 西昌学院学报（社会科学版），2009，21(1)：29-31.

② 陈晓云. 鄂东南方言称谓词使用情况考察[J]. 湖北经济学院学报（人文社会科学版），2004(5)：99-100.

通过上述分析，对于罗田方言的亲属称谓系统，我们可以得出以下几点基本认识。

第一，罗田方言亲属称谓与普通话存在着一些共同点，主要表现为两方面：一是男女有别，罗田方言在每一个称谓中都分出了男女不同的两个相对应的称呼；二是脉系分明，罗田方言亲属称谓对各个不同谱系之间做了非常严格的区分。

第二，罗田方言亲属称谓虽然与普通话亲属称谓存在共同点，但是其自身在语音、语义、语用上体现出其特有的特点。语音上表现为经常使用单音节亲属称谓，如"哥""姐""弟""爷""大"。

第三，罗田方言亲属称谓在构词上表现出三个特点：一是构词的丰富性，罗田方言在构词方面喜欢运用词头和词尾，如"儿""细""老"等；二是复杂性，罗田县内部有些地方因为风俗和个人的愿望的不同而在个别称谓上存在差异；三是逻辑性，罗田方言亲属称谓有的用数词作为排行标志。

第四，罗田方言亲属称谓在语用上表现出四个特点：一是从他称谓，在罗田方言亲属称谓中，常见的从他称谓主要有从父母称谓、从夫妻称谓、从子女称谓；二是部分辈分颠倒，如"爹"和"爷"；三是平辈或小辈直呼其名；四是父系、母系之别，罗田方言亲属称谓存在"姑、姨、舅"的区分。

第五，罗田方言亲属称谓表现出三个文化特征：一是亲属称谓表现出等级色彩，罗田方言的亲属称谓也体现出了明显的辈分性；二是罗田方言亲属称谓中个别词语体现了对古代亲属称谓的继承；三是罗田方言的亲属称谓体现了人际关系的亲密。

参考文献

[1] 王婷. 武汉方言亲属称谓研究[D]. 绵阳：西南科技大学，2013.

[2] 王清. 罗田方言的进行体和持续体[D]. 武汉：华中科技大学，2007.

[3] 王倩蕾. 现代汉语亲属称谓研究综述[J]. 连云港师范高等专科学校学报，2013，30(3).

[4] 刘铮. 明《万密斋医学全书》中诗词用韵研究与现代罗田方言[D]. 武汉：中南民族大学，2012.

[5] 刘丽. 大冶方言的亲属称谓[D]. 武汉：华中师范大学，2006.

[6] 朱新颖. 淮安方言亲属称谓研究[D]. 上海：上海师范大学，2014.

[7] 李军. 明代湖北罗田方言语音的若干特征[J]. 语言科学，2012，11

(2).

[8] 张志华.湖北罗田方言的体标记连用格式[J].方言,2014(3).

[9] 张志华.湖北罗田方言中“差”的重叠形式[J].汉语学报,2005(3).

[10] 张志华.罗田方言表主观大量的形容词“厚”[J].黄冈师范学院学报,2009,29(4).

[11] 吴洁.潮州方言亲属称谓研究[D].广州:暨南大学,2007.

[12] 居锦文.武穴方言称呼与普通话称呼之比较[J].荆门大学学报(哲学社会科学版),1996(4).

[13] 陈晓云.鄂东南方言称谓词使用情况考察[J].湖北经济学院学报(人文社会科学版),2014(5).

[14] 陈新文.休宁方言亲属称谓的文化内涵[J].西昌学院学报(社会科学版),2009,21(1).

[15] 徐英,萧红.罗田方言乡村绰号语言学研究[J].湖北社会科学,2014(9).

[16] 易维.宜春方言称谓研究[J].宜春学院学报,2010,32(5).

[17] 喻黎.仙桃方言亲属称谓研究[D].武汉:华中师范大学,2008.

[18] 喻黎.仙桃方言亲属称谓词的形式特点[J].时代文学月刊,2009(2).

[19] 湖北省地方志编纂委员会.湖北省志·民俗方言[M].武汉:湖北人民出版社,1996.

房县方言亲属称谓语研究

林　翠

指导教师：童琴

引　言

亲属称谓语是指引着一种文化时代的方向标。随着社会文化的发展，亲属称谓语系统也一样在发展和变化。亲属称谓语的变化和发展能够折射出社会生活、时代背景和人们的心理等文化特征，从而可以让我们更准确地把握方言亲属称谓语的本质特征，也可以让我们解读出民族文化的某些个性特征以及各种民族文化的某些价值层面。受我国古代的特殊的宗法制度及婚姻制度还有社会制度的影响，普通话和方言产生了数以万计的称谓词，而其中的亲属称谓词更是异常的复杂，这就自然而然地引起了人们研究的兴趣。学者们对亲属称谓词做了很多的研究工作。目前关于湖北方言称谓语的研究文章也有很多，成果颇丰。笔者所搜集到的有王婷的《武汉方言亲属称谓研究》、喻黎的《仙桃方言亲属称谓语研究》、刘春华的《湖北恩施方言的亲属称谓》、刘丽的《大冶方言的亲属称谓》、万献初的《咸宁—武汉方言亲属称谓词的接触与变异——以"女称男化"的消变为例》等。这些文章都从一定的角度研究了湖北方言区的亲属称谓词的特点。

关于房县方言的特征，学术界也有少量研究，比如郝文华、谭文勇的《十堰方言中"谓词＋得＋看"式结构》，鲁杰的《湖北房县方言中的"子"尾词》，房县有一批方言志也对房县方言词的亲属称谓特点进行了一定的研究。本文所做的研究主要是在借鉴其他学者对于方言亲属称谓语的研究方法的基础上，运用描写法、分析法和比较法对房县方言亲属称谓语的特点、变化发展以及变化发展的原因等方面进行简单的调查研究，以期待在方言亲属称谓语的基础上了解房县本地的文化特征及社会学意义。

一、房县方言的亲属称谓系统

（一）房县简介

房县，在湖北省的西北方向、十堰市的南方，东临保康和谷城县，东北交丹江口市，南临神农架林区，西与竹山县毗邻。房县的古称是“房陵”，因“纵横千里、山林四塞、其固高陵、如有房屋”而得名。房县留存着旧石器时代和新石器时代的文化遗址，同时它也是楚文化的发源地之一。房县还是全国著名的“木耳之乡”“黄酒之乡”。房县方言属于北方方言中的西南官话，由于其独特的历史渊源和地理环境，再加上多民族的长期杂居相处，房县方言亲属称谓语系统独具特色。本文主要是对房县方言亲属称谓系统进行初步调查，以进一步了解房县人们的生产和生活、人文地理和风俗习惯。

（二）亲属称谓的定义

汉语词典对“亲属”一词的解释是：“跟自己有血统关系或婚姻关系的人。”（《现代汉语词典》1988 年版）现代汉语词典解释对“称谓”一词的解释是：“人们由于亲属和别的方面的相互关系，以及由于身份、职业等而得来的名称，如父亲、师傅、厂长等。”[①]根据交际的具体使用类型，汉语称谓语可以细分为亲属称谓、社交称谓和姓名称谓。其中，亲属称谓语指互相有血缘、婚姻等关系而形成的亲属之间的称谓语。亲属称谓语不仅可以反映出一个人在亲属关系体系里的地位及作用，还可以反映出人的社会属性、人际关系以及人的价值观念，和整个社会文化及政治背景、传统习惯密切相关。[②] 它属于语言体系的范畴，也是人类思维高度进步的直接表现。

（三）亲属称谓语的分类

汉语有一个庞大而复杂的亲属称谓系统。从最初有专门的著作记述亲属称谓语直到今天，学者们对于亲属称谓语的分类都各执己见，莫衷一是。亲属称谓语的分类标准也各有不同，而本文的分类只是总结了大部分学者所

---

① 喻黎．仙桃方言亲属称谓语研究[D]．武汉：华中师范大学，2008.

② 喻黎．仙桃方言亲属称谓语研究[D]．武汉：华中师范大学，2008.

做的分类，分类的标准主要是从称谓语的使用功能、称谓语的使用场合，以及说话人与被说话人的关系等。

1. 亲属间称谓和非亲属间称谓

从亲属称谓语的使用功能上来看，亲属称谓语可以分为亲属间称谓和非亲属间称谓。亲属间称谓主要是在亲属关系之间使用，而非亲属间称谓多半在社会上交际使用。例如，“爸爸、妈妈”是纯粹的亲属间的亲属称谓词，“大哥、大姐”等亲属称谓词既可以用于亲属间打招呼，也可以在社会交际时用于非亲属间，而“大妈、大婶”这一类社交称谓词则只能用于非亲属间。姻亲和血亲不相同，姻亲称谓除了“伯母、嫂子”之外，一般都不使用于非亲属成员之间。

2. 面称和背称

面称指说话人与听话人在面对面的交谈时所使用的直接的称呼语；背称指在听话人并不是被称呼的对象时所使用的间接的称呼语。之所以要把亲属称谓语分面称和背称，是因为人们在日常生活的交际中，面称和背称所受到的限制是不一样的。[①] 例如，如果我们在路上遇到了一位非亲属关系的长辈，当面打招呼时，我们就要按照由双方的辈分关系确定的拟亲属称谓语来称呼，背称时则可以直接说出他的姓名或者在他的姓名后面加上相应的拟亲属称谓语。而在亲属关系中，姻亲称谓语的面称和背称会有很大的差异，比如大部分北方人，媳妇对丈夫的爸妈当面称呼为“爸、妈”，背后则叫为“公公、婆婆”，而对丈夫的弟弟、妹妹当面从夫称为“弟弟、妹妹”，背后则叫“小叔子、小姑子”。由于面称是称呼人与被称呼人面对面的直接打交道，所以要比背称受到更多且更严格的礼数要求。而且在使用面称的时候，通常是以单音节的形式出现，在必要的时候可以加上行辈来具体分类。另外，书面语中多使用背称，而口语中多使用面称。

3. 血亲称谓和嫡亲称谓

血亲称谓是对有血缘关系的亲属成员的称谓。而嫡亲称谓是因婚姻关系而产生的称谓。这两种称谓是亲属称谓系统中最大的两类，也是最普遍、最常见的分类形式。根据亲属称谓所指称的亲属关系的不同，可将血亲称谓再细分为父系亲属称谓，如爷爷—爸爸—自己—儿子—孙子，和母系亲属称谓，如姥爷—舅舅—自己—表(或表外甥)；可将嫡亲称谓再分为夫妻称谓(老

① 李丹丹. 汉语亲属称谓词研究[D]. 哈尔滨：黑龙江大学，2012.

派夫妻在称呼时多半从儿称谓,新派夫妻在称呼时多半直呼其名)、夫系称谓(已婚妇女多半从夫称谓或从儿称谓)和妻系称谓(已婚男子从妻称或从儿称)。受封建宗法制的影响,血亲称谓在一定程度上要比嫡亲称谓复杂。①

4. 谦称和尊称

谦称是指向别人用谦恭的词语来称呼自己或自己的亲属。尊称是指用尊重的词语来称呼听话人或听话人的亲属。无论是谦称还是尊称,都是出于对听话人的尊重。谦称是在称谓前多带有"家、小、愚、拙"等表示谦卑的字,例如,家父、家母、家兄、家弟、拙荆、贱内、愚夫、犬子、小女、愚兄、小弟、小侄等。尊称是在称谓前多冠以"令、尊、贤、仁"等表示赞美的字样,例如,令尊、令堂、令子、令爱、贤侄、贤弟、仁兄等。尊称有时也可以用来称呼自己的长辈亲属,比如父亲大人、母亲大人、高堂等。

(四)房县方言的亲属称谓词语

房县方言亲属称谓系统如表1至表3所示。

表1 长辈亲属称谓

称谓语	面称	背称	亲属间的/非亲属间的	血亲/嫡亲	谦称/尊称
曾祖父	太太、太爷	老太	亲属间的	血亲	尊称
曾祖母	太奶奶	老太、太奶奶	亲属间的	血亲	尊称
祖父	爷爷	爷爷、从子称	亲属间的	血亲	尊称
祖母	奶奶	奶奶、从子称	亲属间的	血亲	尊称
外祖父	未爷	未爷、从子称	亲属间的	嫡亲	尊称
外祖母	婆婆	婆婆、从子称	亲属间的	嫡亲	尊称
父亲	爸爸、伯伯、爹	伯伯、爸、老头儿、从子称	亲属间的	血亲	尊称
母亲	妈妈、娘	妈、从子称	亲属间的	血亲	尊称
公公	爸爸、伯伯	从夫称、从子称	亲属间的	嫡亲	尊称
婆婆	妈妈	从夫称、从子称	亲属间的	嫡亲	尊称
岳父	爸爸、伯伯	从妻称、从子称	亲属间的	嫡亲	尊称
岳母	妈妈	从妻称、从子称	亲属间的	嫡亲	尊称

① 李丹丹.汉语亲属称谓词研究[D].哈尔滨:黑龙江大学,2012.

续表

称谓语	面称	背称	亲属间的/非亲属间的	血亲/嫡亲	谦称/尊称
伯父	伯伯、排行＋伯	伯伯、排行＋伯、从子称	亲属间的	血亲	尊称
伯母	伯母、排行＋妈	排行＋妈、从子称	亲属间的	血亲	尊称
叔叔	排行＋爹	排行＋爹、从子称	亲属间的、非亲属间的	血亲	尊称
婶婶	排行＋妈	排行＋妈、从子称	亲属间的、非亲属间的	血亲	尊称
舅父	舅舅、排行＋舅	舅舅、排行＋舅、从子称	亲属间的	嫡亲	尊称
舅母	舅妈、排行＋舅妈	舅妈、排行＋舅妈、从子称	亲属间的	嫡亲	尊称
姑父	姑父、排行＋姑父	姑父、从子称	亲属间的	嫡亲	尊称
姑母	姑姑、排行＋姑	姑姑、从子称	亲属间的	血亲	尊称
姨父	姨父、排行＋姨父	姨父、从子称	亲属间的	嫡亲	尊称
姨母	姨、排行＋姨	姨、从子称	亲属间的	嫡亲	尊称
姑祖父	姑爷	姑爷、从子称	亲属间的	嫡亲	尊称
姑祖母	姑奶奶	姑奶奶、从子称	亲属间的	嫡亲	尊称
姨祖父	姨爷	姨爷、从子称	亲属间的	嫡亲	尊称
姨祖母	姨奶奶	姨奶奶、从子称	亲属间的	嫡亲	尊称

表 2　平辈称谓系统

称谓词	面称	背称	亲属间的/非亲属间的	血亲/嫡亲	尊称/谦称
丈夫	名字、哎等口语词	老公、名字、从子称	亲属间的	嫡亲	尊称
妻子	名字、哎等口语词	老婆、媳妇、名字、孩子妈	亲属间的	嫡亲	尊称
哥哥	哥哥、排行＋哥	排行＋哥、名字最后个字＋哥	亲属间的/非亲属间	血亲	尊称
嫂子	嫂子、排行＋嫂、姐姐	排行＋嫂、嫂子、从子称	亲属间的/非亲属间的	嫡亲	尊称
姐姐	姐姐、排行＋姐	排行＋姐、名字最后个字＋姐	亲属间的/非亲属间的	血亲	尊称

续表

称谓词	面称	背称	亲属间的/非亲属间的	血亲/嫡亲	尊称/谦称
姐夫	哥哥、姐夫	姐夫、从子称	亲属间的	嫡亲	尊称
弟弟	弟弟、名字	弟弟、直接叫名字	亲属间的	血亲	尊称
弟媳	直接叫名字	直接叫名字、兄弟媳妇	亲属间的	嫡亲	尊称
妹妹	妹妹、直接叫名字	妹妹、直接叫名字	亲属间的/非亲属间的	血亲	尊称
妹夫	直接叫名字	直接叫名字、从子称	亲属间的	嫡亲	尊称
堂兄	哥哥、排行＋哥、名字最后个字＋哥	排行＋哥、堂哥	亲属间的	血亲	尊称
堂弟	弟、直接叫名字	直接叫名字、从子称	亲属间的	血亲	尊称
堂姐	姐姐、排行＋姐、名字最后个字＋姐	排行＋姐、从子称	亲属间的	血亲	尊称
堂妹	妹妹、直接叫名字	直接叫名字	亲属间的	血亲	尊称
表兄	表哥、排行＋哥、名字最后个字＋哥	表哥、从子称	亲属间的	嫡亲	尊称
表弟	表弟、直接叫名字	表弟、直接叫名字、从子称	亲属间的	嫡亲	尊称
表姐	表姐、排行＋姐、名字最后个字＋姐	表姐、从子称	亲属间的	嫡亲	尊称
表妹	妹、直接叫名字	直接叫名字、从子称	亲属间的	嫡亲	尊称

表 3　晚辈亲属称谓

称谓语	面称	背称	亲属间的/非亲属间的	血亲/嫡亲	谦称/尊称
儿子	直接叫名字	儿子、直接叫名字、	亲属间的	血亲	尊称
儿媳	直接叫名字	儿媳妇、直接叫名字	亲属间的	嫡亲	尊称
女儿	直接叫名字	女儿、姑娘、俩子	亲属间的	血亲	尊称
女婿	直接叫名字	女婿、直接叫名字	亲属间的	嫡亲	尊称
孙子	直接叫名字	孙儿、直接叫名字	亲属间的	血亲	尊称
孙媳	直接叫名字	孙儿媳妇、直接叫名字	亲属间的	嫡亲	尊称

续表

称谓语	面称	背称	亲属间的/非亲属间的	血亲/嫡亲	谦称/尊称
孙女	直接加名字	孙女、直接叫名字	亲属间的	血亲	尊称
孙女婿	直接叫名字	孙女婿、直接叫名字	亲属间的	嫡亲	尊称
外孙	直接叫名字	外孙、直接叫名字	亲属间的	血亲	尊称
外孙女	直接叫名字	外孙女、直接叫名字	亲属间的	嫡亲	尊称
外甥	直接叫名字	外甥、直接叫名字	亲属间的	嫡亲	尊称
外甥女	直接叫名字	外甥女、直接叫名字	亲属间的	嫡亲	尊称
侄儿	直接叫名字	侄儿、直接叫名字	亲属间的	血亲	尊称
侄女	直接叫名字	侄女、直接叫名字	亲属间的	血亲	尊称

二、房县方言亲属称谓的特点

(一) 房县方言亲属称谓的形式特点

1. 附加式

房县方言亲属称谓词的附加造词法主要分为两种：附加前缀或者后缀。

附加的前缀主要是表示排行：大、二、三、小（幺）。排行最大的前加“大”，如“大伯”“大爹”；排行次大的前加“二”，如“二伯”“二爹”；排行最小的前加“幺”或“小”，如“幺爹”“幺爷”。“幺”和“小”还带有宠爱的感情色彩，如称呼“小儿子”为“幺娃子”。

附加的后缀主要是以“子”结尾以及复数词尾。普通话中的“大伯子”“小叔子”在房县方言中也是同样运用，“大姨子”“小姨子”在房县方言中叫“姨姐子”“姨妹子”。而普通话中带词根“子”的“孙子”和“侄子”，在房县方言中通过增加词根语素变成“孙娃子”和“侄儿子”。普通话中不用“子”尾的在房县方言中也有使用，如“媳妇子（老婆）”“妹夫子”“女娃子（女儿）”“老婆子（婆婆）”等。

2. 叠加式

在房县方言中，不同的亲属称谓语语素叠加，可以展现出亲属关系的细微差别：一是异类关系的叠加。例如，“姨姐子”和“姨妹子”，通过“姨”表示妻子的姐妹关系，通过“姐”和“妹”来区分长幼；“叔伯弟兄”和“叔伯姊妹”，“叔伯”主要是表示父亲的兄弟关系，“弟兄”“姊妹”用来表示同辈之间的长幼关系。二是同类关系的叠加。例如，“公公老头子”和“婆子妈”，“公公”和“婆子”是指丈夫的父母，而“老头子”和“妈”是用来称呼亲生父母的，两种相同类别的称谓语叠加，可以区别出丈夫的父母和自己的父母，运用同样的方法的还有“姐夫哥哥”等。

（二）房县方言亲属称谓的语用特点

房县方言亲属称谓语在语用方面的特点是从他称谓词丰富。从他亲属称谓并不是在称呼人与被称呼人之间的直接亲属关系的基础上形成的称谓，它也可以被看作是一种具有临行性和个别性的“借用性”称谓，但是这种称谓形式经过广泛的流传和使用后，不但可以固定，还有可能成为人们的称谓习惯和社会的称谓风俗。房县方言在称呼长辈和平辈时也多用从他称谓，这主要在背称时体现出来，有从子称、从妻称、从夫称等。如果有多代同堂，那么还有从孙称。例如，“爷爷”在背称时从子称为“他爷爷”，“姨妹”在从妻称时称为“她妹妹”。从他称谓词主要是为了引起注意，指明交谈的对象，使交际更好地进行下去。

（三）房县方言亲属称谓中的性别歧视现象

我国民族传统文化中一直都重视男尊女卑的观念，加上夫为妻纲的道理以及三从之道、四德之仪，所以观念形态和社会生活的方方面面都大量表现出男性对女性的歧视。在亲属称谓语中的性别歧视现象也表现出了男尊女卑的文化体系。

1. 重视父系、轻视母系

房县方言亲属称谓系统中表示父系男性的称谓语比较丰富，而母系亲属称谓相比简单得多。一些称呼父系亲属的称谓前面加“侄”或“堂”，而称呼母系亲属的称谓前则加“外”或“表”。“侄”主要是指“至”，有至亲的意思；“堂”的本义是“殿堂”，一般来说，中国传统建筑正中为堂、后为室、室旁为房，堂居中间且高处，用于祭祀祈福，召开宗族或家庭会议，是整个家族的象征，古有尊称他人父亲为“高堂”；“外”和“表”均表室外，不是核心内里的一部分，有疏远之义。通过对四个不同的词缀的语义分析，我们不仅可以看出房县方言称谓系统内外有别、宗族观念强烈，还可以看出它们对女性有很大的排斥性和歧视义。

2. 合称中的“男前女后”

在房县方言亲属称谓系统中，可以确定男女性别的词语在合称时不管语义有没有偏向，在语序排列上一定是“男前女后”。比如：父母、公婆、夫妻、夫妇、儿女、兄妹、弟妹等。特别是“叔嫂”这个称谓，嫂本来长于叔，但是“叔”还是排在了“嫂”前面，原因就是在男权社会，历代的辈分都是按父亲来排列的，都将重要的信息放在首要位置，这样比较容易引起他人的注意。因此，“男前女后”这个现象也反映了人们脑海中的那种“理所当然”的男尊女卑的思维方式。

三、房县方言亲属称谓的演变及原因

(一) 房县方言亲属称谓语的演变

1. 方言亲属称谓语总体数量的简化

亲属称谓语作为一种特殊的语言符号，和一定的家庭婚姻制度、宗法伦理观念以及地域文化背景都息息相关，在不断的对外扬弃与自我调节中形成一个严密而又稳定的结构系统。从古至今，亲属称谓系统主要以由繁到简的方式发展，亲属称谓语的数量逐步减少。《尔雅》中的“高祖、玄孙、来孙、晜孙、仍孙、雲孙”等在普通话亲属称谓语中已经逐渐消失。现在社会大力提倡晚婚晚育，大力推行计划生育政策，从而导致独生子女越来越多，大家庭不断减少，大部分家庭都是三口之家了。四世同堂或者人口更多的大家庭在大城市中也越来越少，这样就使亲属称谓语的简化速度加快。因此，一些相关的亲属称谓语慢慢地淡出了人们的视线，最终成为历史词语。

2. 血缘系别特征的简化

汉语的亲属称谓系统可以细分为血亲和姻亲。血亲是指有血缘关系的家庭成员或亲属，如“爸爸”“妈妈”；姻亲是指因婚姻关系而建立的家庭成员或者亲属，如“公公婆婆”“岳父岳母”。血亲又可以细分为宗亲和外亲。宗亲是指与自己同姓的亲属关系，如“哥哥”“弟弟”；外亲是与自己有血缘关系但是不同姓的亲属关系，如“表哥”“表弟”。姻亲是指与自己没有血缘关系但是因为婚姻关系而建立的亲属关系，如“舅妈”“姨父”。受宗法制度和家族观念的影响，我国传统的亲属称谓重视血亲、宗亲，而不重视姻亲、外亲。目前血缘系别特征的简化，主要表现为以血亲为基础，以直系、父系为中心，旁系、母系、夫系、妻系向直系、父系靠拢，姻亲称谓语血亲化，运用传统文化中亲密程度高的直系。父系的血亲称谓语称呼或指称亲密程度低的母系、夫系、妻系、旁系姻亲或血亲称谓语的指称对象。①

在房县，现在还有很多人“忽视”血缘特征，直接将自己的“公公”和“岳父”统一称呼为“爸爸”，将“婆婆”“岳母”统一称呼为“妈妈”，只有在背称时偶尔区分一下。并且，中国人从心底认为父系亲属要亲于母系亲属，主要体现在称呼父亲的兄弟的子女为“堂＋哥/姐/弟/妹”，而称呼母亲的兄弟姐妹的子女为“表＋哥/姐/弟/妹”。“堂”和“表”的区别主要是在于，“堂”代表的是一个家庭里以父亲为中心而繁衍而来的直系亲族，“表”则是指血系以外的亲属，包括与父母有关的直系或旁系亲属。但是人们现在把“堂哥、堂姐、表哥、表姐”都直接呼作“哥哥、姐姐”，无论是直系的还是旁系的亲属，在称呼时并没有做具体的区分。这是因为从 20 世纪 80 年代以后的子女大多出生于小家庭，在自家就没有什么兄弟姐妹了，于是就理所当然地和为数不多的堂哥、堂姐、表弟、表妹亲近起来。

3. 房县方言亲属称谓语的泛化

汉民族特别注重血缘家族的关系，但同时具备“四海之内皆兄弟”的博大情怀，这一点在房县方言里更是得到了很好的诠释，其亲属称谓语的泛化十分显著。因此，在社交场合中经常会用亲属称谓来称呼无血缘关系的人，甚至是陌生人，但是大部分情况下都还是按照辈分这个标准来选择称呼用语。如果听话者与自己年龄差不多时，我们可以称对方为“大哥、大姐、弟弟、妹妹”等；如果对方是和自己的父辈年龄相近时，我们可以称呼为“大爷、大妈、大叔、大婶”等；如果是和自己的祖辈年龄相当，我们就可以称呼为“爷爷、奶奶”。泛化的亲属称谓并不是随意的，它有一定的选择性，并不是所有亲属称谓都可以泛化使用，泛化并且已经固定下来的亲属称谓语主要有“伯伯”“叔叔”“阿姨”，我们在平时的生活交流过程中也会经常用到这些称谓语，这时它们已经不再用来表示亲属关系，而只是日常交往。

（二）房县方言亲属称谓语简化的原因

亲属称谓语逐渐趋于简化，主要的原因有以下几个方面。

① 潘攀.论亲属称谓语的简化[J].江汉大学学报,1999(4):74-78.

1. 社会的发展、社会生活及人们观念的改变

从简化特征中我们可以看出，区别亲疏关系的语义特征是被简化的主要内容，中国社会结构、社会生活以及人们的生活观念的变化是造成这种变化的主要原因。在中国传统的社会里，家庭不仅是一个生产和经营单位，而且是整个社会结构的基础，是极其缺乏以生产发展及职业分工为基础的社会化组织。在这种社会结构中，我们赖以生存的群体是家庭而不是社会，个人的生产、生活交际等活动都会受到家庭的影响，因而一切社会行为的伦理规范就是父子有亲、夫妇有别、长幼有序。汉语传统的亲属称谓系统亲疏分明、关系繁复，就是汉民族这种传统社会结构、社会生活特点以及人们强烈的家庭观念和等级观念等在语言中的反映。20 世纪 40 年代末，中国的社会结构、社会制度发生了巨大的变化，尤其是 20 世纪 80 年代初以来，随着全面的改革开放，人们的生产、生活、人际交往等活动迅速由以家庭为中心走向社会化，家庭观念、等级观念逐步淡化，社会意识逐渐增强。这些变化对亲属称谓语的影响就是亲疏观念的淡化和区分亲疏差别的语义特征的简化。①

2. 亲属关系在社会生活中作用的减弱

人们在认识、把握自然和社会现象时，总是对那些与日常生活联系密切，在社会生活中起着重要作用的事物进行深入的认识和精细的区别。相反的，对于那些在社会生活中不太重要，作用不大的事物的认识就比较模糊，区别就比较笼统。在语言中表现为前者表示的词语多，彼此间的区别很小，而后者表示的词语少，区别就相对比较笼统。

3. 汉语称谓系统中从夫称谓、从妻称谓传统的影响

语言的词汇系统随着社会的发展变化而变化，是人类语言发展变化的一种普遍规律。亲属称谓作为一种语言词汇系统内严密的子系统，其发展变化除了受到上述普遍规律支配以外，还具有自身发展变化的特殊规律。在汉语亲属称谓系统的发展过程中，从儿称谓、从夫称谓、从妻称谓等发挥着重要的作用。伍铁平教授在论述汉语亲属称谓的来源时也曾指出，从儿称谓、从夫称谓、从妻称谓、从父（母）称谓、从孙称谓、从弟（妹）称谓等都是亲属称谓语的来源。② 这些从儿、夫、妻、父（母）、孙、弟（妹）称谓不仅创造了众多的亲属称谓语，同时也为亲属称谓系统提供了简化的途径，成为称谓系统简化的动力。

---

① 喻黎. 仙桃方言亲属称谓语研究[D]. 武汉：华中师范大学，2008.

② 潘攀. 论亲属称谓语的简化[J]. 江汉大学学报，1999(4)：74-78.

四、总　　结

亲属称谓语是在家庭的婚姻关系和继嗣法则的基础上，经过处理后对社会生活和社会结构的反映，只不过是在语言方面的反映。它属于语言体系的范畴，但也表现出人类思维方式有了很大的进步。称谓语是人们交际和社会生活中必不可少的一种行为，而亲属称谓语也在指示人际关系的亲疏、尊卑及长幼关系等方面发挥着重要的作用。它不仅可以反映一个人在亲属关系中的地位和作用，还可以反映人的社会属性、人际关系和价值观念，与整个社会文化、政治背景、传统习惯密切相关。一定的婚姻制度和一定的社会伦理道德，会产生出相应的亲属关系和亲属称谓。一般来说，有什么样的婚姻制度和社会伦理道德以及价值取向，就会有什么样的亲属称谓系统。

通过对所搜集的房县方言亲属称谓语的描写、分析、比较，作者对房县方言亲属称谓系统得出以下几点基本认识。

第一，房县方言亲属称谓系统整体上继承了汉民族传统的亲属称谓体系，在错综复杂的亲属系统中，围绕以男性为中心，直系为经、旁系为纬，血亲为内、姻亲为外，遵守辈分清晰、长幼有序、亲疏分明的秩序，体现其中深厚的宗法礼制、伦理道德观念，反映出亲属称谓系统的稳定性。但是，房县方言的亲属称谓与普通话也有一定的差异，有的方言亲属称谓表现得更完善细致，而有些称谓系统的亲属称谓又比较简略。主要表现在长辈直系亲属称谓语的差异略大，而平辈、晚辈亲属的称谓语差别较小。这反映出社会生活对亲属称谓系统的不同要求。

第二，在分析房县方言亲属称谓的语用特点时，我们发现房县人有严重的轻视女性的倾向。而且房县方言亲属称谓语是民族语言中一个自成的系统，具有一定的稳定性，所以在与汉民族共同语对话时使用房县方言也是可以的。从房县方言亲属称谓语的简化和泛化特征等各个方面，我们可以看出房县方言正在向汉民族共同语靠拢，终有一天会成为和汉民族共同语相同方向的语言。

冯骥在研究中国亲属制度时指出，决定称谓的构成的原则是语言学的和社会学的原则。从语言学来看，亲属称谓是按汉语的句法规则组成的；从社会学来看，亲属称谓的语义是由其反映的亲属关系以及所处的语境来决定的。① 这里的“语境”包含着十分丰富的社会语言学的内容。虽然本文有所涉及，但由于专业知识的缺乏，作者在本文中反映的内容还不够具体和全面，还有待进一步提高自己的专业知识，以更深入地研究房县方言的亲属称谓语特征。我们可以借助房县方言亲属称谓语来理解房县地区独特的文化特征，研究其所隐含的社会学意义。

参考文献

[1] 周振鹤，游汝杰. 方言与中国文化[M]. 上海：上海人民出版社，1986.

[2] 喻黎. 仙桃方言亲属称谓语研究[D]. 武汉：华中师范大学，2008.

[3] 焦国荣. 陕西方言亲属称谓研究[D]. 西安：陕西师范大学，2006.

[4] 谢林春. 四川方言社会称谓语研究[D]. 成都：四川师范大学，2014.

[5] 刘小清. 湖南新宁方言称谓语研究[D]. 长沙：湖南师范大学，2014.

[6] 伍巧平. 新化方言称谓语研究[D]. 广州：暨南大学，2010.

[7] 范丽荣. 庆阳方言亲属称谓语研究[D]. 兰州：西北师范大学，2012.

[8] 甘红. 四川官话亲属称谓语研究[D]. 大连：大连理工大学，2013.

[9] 刘春华. 湖北恩施方言的亲属称谓[J]. 三峡大学学报(人文社会科学版)，2014(S1).

[10] 范丽荣. 庆阳方言从他亲属称谓语探析[J]. 甘肃高师学报，2012，17(1).

[11] 庞铮. 称谓语的变迁[J]. 科学之友，2010(2).

[12] 肖苏. 现代汉语的称谓语[J]. 商品与质量，2010(1).

[13] 段慧玉. 山西襄陵方言的亲属称谓语[J]. 山西农业大学学报(社会科学版)，2014，13(6).

[14] 王婷. 武汉方言亲属称谓研究[D]. 绵阳：西南科技大学，2013.

[15] 张俊梅. 论亲属称谓语的泛化[D]. 呼和浩特：内蒙古大学，2012.

[16] 朱晓文. 称谓语的多角度研究[J]. 修辞学习，2005(4).

[17] 刘丽. 大冶方言的亲属称谓[D]. 武汉：华中师范大学，2006.

[18] 万献初. 咸宁—武汉方言亲属称谓词的接触与变异——以“女称男化”的消变为例[J]. 长江学术，2009(3).

① 喻黎. 仙桃方言亲属称谓语研究[D]. 武汉：华中师范大学，2008.

[19] 郝文华,谭文勇. 十堰方言中"谓词+得+看"式结构[J]. 理论月刊,2004(10).

[20] 鲁杰. 湖北房县方言中的"子"尾词[J]. 焦作师范高等专科学校学报,2014(2).

鄂州方言的特色词汇研究

苏　莹

指导教师：盛银花

引　言

鄂州市西接"九省通衢"武汉，东连"矿冶之城"黄石，北与黄冈地区隔江相望，南同咸宁地区濒湖毗邻。这里曾为三国吴王故都，又是历史文化名城，是国内有名的"古铜镜之乡"和佛教"净土宗"的发祥地，是驰名海内外的武昌鱼的故乡。在1987年出版的《中国语言地图集》中，鄂州方言即被划入江淮官话黄孝片区。鄂州分鄂城区、华容区、梁子湖区，本文立足于鄂城区下属燕矶方言，描写分析鄂州方言的特色词语。

关于鄂州方言的研究主要有：万幼斌(1990)描写了鄂州方言的儿化现象；童琴(2007)列举了鄂州方言中保留的古音古义词语；吴冰洁(2008)从声韵调三个方面揭示了鄂州话与武汉话之间的关系；刘文攀(2004)对鄂州城区方言词汇进行描写；万幼斌(1987)列举了一些常见的鄂州方言词语，并给词条加了释义及例句；周文(2005)从鄂州方言中选取了一些脚部动作词，对其形音义进行了溯源式的考释；柳翠(2010)主要分析鄂州方言中典型的程度副词，特殊的词汇表达及后缀。学界的这些研究只涉及鄂州方言的语音问题、部分词汇问题、方言考本字问题，较少关注鄂州方言的特色词语，包括鄂州方言的特色固定搭配，也未关注鄂州方言特色词语的民俗文化内涵。

本文拟分类描写鄂州方言的特色词语和特色固定搭配，总结鄂州方言特色词语的特点，分析鄂州方言特色词语的民俗文化内涵。

一、鄂州方言的词汇特色

1987年出版的《中国语言地图集》中，鄂州方言即被划入江淮官话黄孝片区。黄孝片区是指以黄冈方言和孝感方言为代表的江淮官话片区。黄冈—孝感地区地处湖北东部，也可称为鄂东地区，鄂州也应该划归这一地区。汪化云在论著《鄂州方言研究》写道，赵元任(1948)将黄冈和孝感、鄂州等地方的方言一起称为“楚语”。而詹伯慧也认为湖北鄂东一带的楚语，跟以汉口话为代表的西南方言大不相同，跟东面的江淮官话又难以归在一起。这种学术上的争论正体现出了鄂州方言所属的鄂东区域在方言上的多样性。

(一) 鄂州方言与普通话相比的词汇特色

鄂州方言与普通话词汇的差异，主要表现在词语读音方面，其次表现在词的书写形式、词义等方面。鄂州方言词汇与普通话词汇的词形差异有以下两类。

1. 与普通话词形全异

与普通话词形全异，即二者词义相同，而词形不同。这有四种情形。

1) 一般词与普通话词形全异

普通话	毛巾	拳头	疲劳	大腿
鄂州方言	袱子	砣子	吃亏	胯子

这类差异涉及的词虽然不多，但大都是常用词，因而其差异显得比较明显。

2) 反映地域、物产特色的词与普通话全异

由于地域不同，物产各异，各地用以记录的词语互不相同。鄂州水产业发达，是武昌鱼的故乡，故鄂州方言中与水产品相关的词语很多。这类词语鄂州方言与普通话不完全一样，有些渔具甚至在普通话中没有合适的词记录。例如：

普通话	剖(鱼)	鳖	捕虾的网
鄂州方言	治	团鱼、脚鱼	虾捞儿

3) 沿用的“楚语”词与普通话不一致

鄂州为古楚国辖域，“楚语”词的沿用并不鲜见。如“虹”，鄂州或谓之“马银/马扬”。《释名·释天》曰:“虹，又日美人。”《尔雅·释天》曰:“虫带虫东，虹也。”郭璞注:“俗名谓美人虹。”两书均指出了“虹”与“美人”的关系，但未指出是何处之“俗名”。刘敬叔《异苑》卷一载:“古语有之曰:古者有夫妻，荒年菜食而死，俱化为青绛，故俗呼为美人虹。”刘氏为刘宋时彭城人，曾在江州任郎中令，在荆州任参军，所记当为吴楚俗语源。鄂州“马银/马扬”俱与“美人”音近，反映的可能是“美人”在早期的读音。

4）沿用的其他古语词与普通话不一致

鄂州地处南北之交，方言中保存古义的现象屡见诸口语，如“捐”（折裂或环状物被拉断）等都是常用词语。此外，鄂州方言中还存在少数保存古义的语素，如“鼎”“瓦”。例如，“鼎罐”指铁制的大腹两耳烹煮器皿；“瓦壶”指放在灶膛里煨开水的小口大腹陶器。再如“败”，鄂州方言老派可以表示“搞坏”的意思，跟“身败名裂”“成事不足，败事有余”中的“败”意义相近。例如，拖拉机盘败了。

2. 跟普通话词形有同有异

一些合成词，鄂州方言与普通话的主要语素相同而次要语素却不同，还有一些词，鄂州方言跟普通话的主要语素相同而构成方式不同，这就造成了鄂州方言词与普通话词的词形有同有异的现象。这包括以下三种情形。

1）复合式合成词的异同

鄂州方言有一些复合式合成词的构成要素跟普通话有同有异。例如：

普通话	下雨	仔细	无法无天	晚饭	开水	以后
鄂州方言	落雨	过细	无王无法	夜饭	滚水	久后

2）附加式合成词的异同

作为附加式合成词的词缀，“子”“儿”“头”等在鄂州方言和普通话中都广泛使用。但是，具体在某个词根上附加哪个词缀，鄂州方言与普通话却不完全一样。如“桌子”“木头”，普通话与鄂州方言是一致的。但普通话的“雀儿”，鄂州某些地方却称作“雀子”。这里再举几例比较：

普通话	小车儿	药方儿	蛋黄儿	眼珠儿	个儿
鄂州方言	细车子	药方子	蛋黄子	眼睛珠子	身个子

3）构词方式的异同

普通话与鄂州方言表示同一意义的词，有的主要语素相同而构成方式不一样。例如：

普通话	蚊子	烟单	机器	沙子	狗单	尾骨
鄂州方言	蚊虫	烟子	机子	沙子子	狗子	尾脊骨

3. 鄂州方言词汇与普通话词汇的词义差异

1）词义大于普通话的现象

鄂州方言与普通话都能使用某词反映某一对象，而该词在湖北方言中所能概括的对象、范围多于或大于普通话。例如（普通话只有义项①）：

茶：①指茶树、用茶叶做成的饮料；②指开水。

鼻子：①鼻子；②鼻涕。

苕：①红薯；②傻（比喻义）。

夹生：①饭未煮熟；②人不近情理。

2）词义小于普通话的现象

鄂州方言和普通话可用同一词形的词指称同一对象，但在普通话中，该词所概括的对象、范围多于或大于鄂州方言。例如：

蛋：普通话泛指一切蛋；鄂州方言通常只指鸡蛋。

过夜：普通话指度过夜晚，含吃晚饭、睡觉等；鄂州方言仅指吃晚饭。

面：普通话泛指粉末；鄂东方言中指面条。

鄂州方言音系与普通话音系存在一些差异，因而其用同一组汉字记录的词语存在语音差异。二者的这种差异有着较严整的对应关系，例如，在鄂东方言中"就、系、骂、面、地、会、在、避"念阳去声，"救、细、布、气、帝、绘、载、闭"念阴去声，这两类字在普通话中都念去声等。

（二）鄂州方言与其他方言相比的词汇特色

鄂州方言归属于江淮官话片区黄孝片区，《中国语言地图集》指出，江淮官话黄孝片区的主要特点是"书虚、篆卷"两对字同音。黄孝片古入声今读不分阴阳，一律读长调，古去声今读分阴阳。因鄂州处于江淮官话区、西南官话区、赣方言区交汇区，其方言虽然被归入江淮片区，但与周边属于江淮片区的其他县市方言相比，还是有差异的。现以黄冈市团风县方言、武汉新洲区（1983年从黄冈市划归武汉市）方言、鄂州方言的部分词汇为例说明，如表1所示。

表1　普通话、鄂州方言、新洲方言和团风县方言部分词汇比较

普通话	鄂州方言	新洲方言	团风县方言
癫痫	寒暂病	羊儿疯	癫痫
吝啬的人	尖底蛋	狼人	悭雀
谦卑	老实	低头	谦卑
浪费	糟蹋	不晓得把撒	浪费
耍性子	犟不过	发痰	放拽
刁唆	刁持八或儿	刁筋	剥唆
继父	继把佬儿	后来爹	晚老子
黄鼬	黄轴	黄貉	乌嘴巴儿
蝉	给都儿	枷衣儿	吒衣

续表

普通话	鄂州方言	新洲方言	团风县方言
方凳	大椅子	线子凳儿	机儿
汤水壶	汗弹儿	瓦壶	铫子
马桶刷子	法子	茬桶把子	槎(cha)子
拂尘	鸡毛掸子	到刷	刷旗
毽子	鸡毛雁儿	燕子	毽子
留神	招到	几乎	看到来
吵嘴	杠祸	讲嘴	驳嘴
同情	痛心儿	下不得	同情
蓄意	忒味儿	安心	力心
更加	蛮	更发	越发

虽然限于调查的范围和方法，所举例子不够全面，但是表1所反映的鄂州方言的特色也可以略见一斑。

二、鄂州方言的特色词汇分类描写

根据方言调查分类词表，鄂州方言共有29大类，本文只选取了有特色的代表性词语进行描写分析。

(一) 亲属称谓词

(1) 老头儿、百(bǎi)(爸爸)；

(2) 老娘、美(měi)、伊(妈妈)；

(3) 姐(姐姐)；

(4) 老弟(弟弟)；

(5) 熟子(叔叔)；

(6) 大bǎi(伯伯)；

(7) 细舅娘(小舅妈)；

(8) 酒夫哥(姐夫)；

(9) 细姑、细姑爷(小姑)；

(10) 表熟(表叔)；
(11) 郎噶(老人家)；
(12) 鞋子(孩子)；
(13) 孙子儿；
(14) 重孙子儿；
(15) 大老老；
(16) 大姑老老；
(17) 大娘；
(18) 大奶奶；
(19) 大姑爷(大姑父)。

(二) 骂人的话

(1) 苕(傻子)。例如：
你看他,苕里苕气的!
(2) 苕起来(也是不停地,但带有情绪)。例如：
饭吃饱就行,么苕起来扒。
(3) 搓心,差火(烦心、烦人)。例如：
真搓心,车子到底要堵到什么时候?
(4) 翻腔(挑衅、顶嘴)。例如：
你跟老子么翻腔,烦了一毛都不给你。
(5) 者不过(撒娇)。例如：
你是者不过吧? 这大了还在身上赖来赖去的(在身上坐着撒娇)。
(6) 惯事了(宠爱)。例如：
这孩子是惯事了,都界大了,还不会自己洗衣服。
(7) 七了八的(啰嗦)。例如：
说一遍就够了,么总是七了八的。
(8) 噶(说,带很重的贬义色彩)。例如：
他个婊子噶半天冒噶清楚,估计是要老子买票。
(9) 翻敲(挑衅者)。例如：
你么翻敲哈? 我这是给你面子。还不快滚?
(10) 涉个(显摆)。例如：
真是涉个,以为自己能挣几个钱就了不起。
(11) 硬(恩)走(拽、牛气)。例如：

老子看你还硬不硬走。

(12) 出了裸(人在很不耐烦时的口语)。例如:

上了辆6路车,正准备投币,结果发现出了裸,冒带钱。

(13) 裹里昂沙(说话听不清楚)。例如:

司机估计是个裸外地卵子,说话裹里昂沙的。

(14) 扯不撑妥(说不明白,“撑妥”就是清楚明白的意思)。例如:

老子发现跟他扯不撑妥。

(三) 婚嫁词汇

(1) 拜堂;

(2) 提亲(男方家长征得女方同意);

(3) 说亲;

(4) 犯相(男女八字不合);

(5) 犯冲;

(6) 克夫(女方对男方不利);

(7) 克公婆(对公婆不利);

(8) 下红儿(定契约);

(9) 定亲;

(10) 下聘礼(男方给女方钱物);

(11) 成亲帖(信物);

(12) 联门帖子;

(13) 压柜(填装嫁妆);

(14) 迎亲;

(15) 接亲;

(16) 改口钱(女方认男方父母);

(17) 敲门钱;

(18) 茶钱;

(19) 认门(男方认女方父母)。

(四) 饮食词语

(1) 馍;

(2) 死面饼;

(3) 馄饨面;

(4) 疙瘩儿；
(5) 烫饼子；
(6) 烧饼；
(7) 豆糕；
(8) 苕片子；
(9) 蚕豆儿；
(10) 花生米儿；
(11) 油梭儿；
(12) 软饼；
(13) 苕丝儿；
(14) 挂面条儿；
(15) 刘旭饼子；
(16) 发面饼；
(17) 糍粑；
(18) 发糕；
(19) 糯米坨儿；
(20) 红心苕；
(21) 白心苕(白薯)；
(22) 巴；
(23) 肉包子；
(24) 韭菜包面；
(25) 油梭儿；
(26) 疙瘩坨儿；
(27) 挂面子儿；
(28) 刘旭巴(高粱制作的)；
(29) 糠巴(大米壳碾成的粉末做的面食)；
(30) 苕粥；
(31) 疙瘩坨儿(一种用面粉做的糊状)。

(五) 日常口语

(1) 岔的(胸有成竹)。例如：
——你会做这题吗？——岔的。
(2) 一哈子(形容很快)。例如：

我一哈子就把她搞定了。

(3) 止板(听话,乖)。例如:

女孩子要止板点,么一天疯到黑。

(4) 将一门儿(刚刚)。例如:

我将一门儿下班的。

(5) 冒招倒(不是故意的,有抱歉的意味)。例如:

把你的脚踩了,冒招倒哈。

(6) 贴味儿的(故意)。例如:

么斯冒招倒? 你贴味儿的吧?

(7) 真得儿(今天)。例如:

我真得儿非要把这作业干完。

(8) 门得儿(明天)。例如:

门得儿你有什么打算?

(9) 闷得儿(不停地)。例如:

走开! 么闷得儿捣乱。

(10) 说拐话(批评,说不好听的)。例如:

革命靠自觉,莫(别)叫人说拐话。

(11) 朗一下(把杯子冲一下)。例如:

麻烦你把杯子朗一下再喝。

(12) 袱子(毛巾)。例如:

妈,哪个袱子是我的?

(13) 就了系的(无可奈何的,顺其自然的)。例如:

哎! 考都考完了,都就了系的,别叹气了。

(14) 掉的大(完了)。例如:

钥匙忘在家了,这回掉的大。

(15) 困醒(睡觉)。例如:

真是夜猫子,都几点了,还不困醒?

(16) 留隙儿的(快一点)。例如:

留隙儿的,要迟到了。

(17) 灶门口(厨房)。例如:

把灶门口的菜夺(端)出来,吃饭了。

(18) 哈是(都,全部)。例如:

看,花哈是开了。

(19) 冒得(没有)。例如：
别误会,我冒得别的意思。
(20) 蛮德斯哦(很了不起)。例如：
蛮德斯哦你,车子买了,房子也不愁了。
(21) 好厚的蚊子(蚊虫多)。例如：
快点蚊香,好厚的蚊子。
(22) 你就是个瞎的(你不行)。例如：
让我来吧！一看,你就是个瞎的。
(23) 插白溜慌的(骗人)。例如：
小小年纪,怎么就学会插白溜慌的呢?
(24) 长得白弄了的(形容人皮肤很白很好)。例如：
这娃娃长得白弄了的,真独人疼。
(25) 长得真胆痛(长得真可爱)。例如：
这娃娃长得真胆痛,真独人疼。
(26) 细日子(很小的时候)。例如：
她细日子就蛮听话。
(27) 硬走(扎实)。例如：
这床儿硬走啊！可以用好多年估计。
(28) 窟倒(蹲着)。例如：
地震来的时候要窟倒桌子下。
(29) 跻倒(站着)。例如：
跻倒！我的话还没说完呢！
(30) 扯们儿一哈(突然的)。例如：
先也不说一声,扯们儿一哈就来了,我也没准备什么。
(31) 扯不撑妥(说不清楚)。例如：
不跟你说了,扯也扯不撑妥。
(32) 蛮叩(很聪明)。例如：
你还蛮叩呢！晓得先把饭吃了。
(33) 扯由丝儿(找理由)。例如：
是你做的就是撒,扯么斯由丝儿?
(34) 不信话(不听话)。例如：
都界大个人了,么不信话撒。
(35) 在外头莫撩祸(在外面不要打架、惹事)。例如：

外面注意点，在外头莫撩祸啊！

(36) 吸手(顺手)。例如：

把钱包放好啊，别个吸手就拿跑了。

(37) 和耿滴(完全、全部)。例如：

和耿滴，都中了哈。

(38) 挑(个)闭(啊)(转个身、背后)。例如：

这人真是当面一套，背面一套。刚说好的事，挑个闭就变了。

三、鄂州方言的特色固定搭配

鄂州方言词汇的特色除了表现在上述几类特色词中，还体现在鄂州方言词汇中的固定搭配方式上。常见的主要有以下几类。

(一) 与程度副词“几”“界”的固定搭配

例如：

(1) 这菜几多钱一斤？

(2) 你刚才几不给面子啊？

(3) 这不知道几烦啊？

(4) 那牙儿别几灵醒啊？

程度副词“几”可修饰形容词和动宾短语，加深语气，表达强烈的感情色彩。还可以和“不”搭配，如“你刚才几不给面子啊？”。“界”跟“几”差不多，但适用范围没有“几”广泛。例如：

(1) 么斯界多啊？

(2) 你么斯界不听话呢？

(二) 儿化

鄂州方言中的儿化有：几么早儿？(什么时候)；开起头儿(膝盖)；细牙儿(小孩子)等。例如：

(1) 这黄瓜吃起来还蛮有味儿！

(2) 黄瓜要切成细丁丁儿的才好吃。

（三）习惯短语搭配

鄂州方言的习惯短语搭配一般有："V不过""总不是……""我怕……""V个O""给我/跟我……倒"。

(1)"V不过"表心理感受；转折。例如：

烦不过、气不过、吓不过。

(2)"总不是……"表对猜测结果肯定。例如：

总不是你拿去的！总不是你喜欢把东西乱丢！总不是最近太忙了！

(3)"我怕"表责备。例如：

我怕你是吃多了没事干吧？我怕你是搞得好玩吧？我怕你是有钱没处花？

(4)"V个O"式搭配，"个"取代其他量词"次""顿""一""件""首"。例如：

请个假、吃个饭、睡个觉、做个事、听个讲、唱个歌。

(5)"给我/跟我……倒"句式表命令语气。例如：

你跟我跻倒(站住)！你跟我拿杯水来吧！你跟我等倒！你跟我记倒！

四、鄂州方言特色词的民俗内涵

社会民俗具有很强的地域性，它的形成和演变往往受地理环境的影响。民俗学所说的"民俗周圈"与方言学中的方言土语区域，虽然在地域上未必完全重合，但可以肯定地说，二者是相交或部分相叠的，是体现地方文化的重要标志。研究地域方言词汇的民俗文化内涵，有助于开发语言资源，为汉语史的研究提供重要的活素材，还可以为社会学、民俗学、历史学、考古学提供借鉴，同时也有助于民俗语言学和民俗文化的研究。本文以鄂州方言中特色词语为例，论述方言民俗词语与文化之间的关系。

（一）从表示食物的方言民俗词语看鄂州地区的饮食文化

鄂州地处长江沿岸，物产丰富，农作物品种多样。有关食物的词语有许多，例如：馍、发面饼、死面饼、馄饨面、疙瘩儿、烫饼子、烧饼、豆糕、苕片子、蚕豆儿、花生米儿、油梭儿、软饼、苕丝儿、挂面条儿、刘旭饼子、刘旭巴、糍粑、发糕、糯米坨儿。

鄂州方言中有关饮食文化的词语非常丰富。比如，鄂州人称红薯为"红心苕”，称白薯为“白心苕”；把“水饺”叫作“包面”，把“馒头”叫作“馍、巴”；根据不同的馅儿把包子分为“肉包子”“韭菜包面”等。在20世纪六七十年代，人们的生活条件差，他们主要是以生产玉米、高粱、地瓜等粮食，这些粮食产量很低，而由于受到“人多力量大，人多劳动力多”的思想的影响，家庭中孩子很多，但是粮食少，故人们就把粮食磨成面做成稀饭吃或形状较小的窝窝，这样既不影响劳动，也可以减少粮食的消耗，时间一长就作为一种传统的主食流传了下来。最能体现这一点，就是鄂州方言中的“糠巴”，这种食物是用谷的外壳做成的，属于糙粮，一般用来喂养牲口。由于粮食不够吃，所以人们就把它和面粉混在一起，贫穷人家当饭吃。

（二）从表示亲属称谓的方言民俗词看鄂州地区的传统伦理道德文化

鄂州方言中的亲属称谓表现出很强的并且是无法篡改的秩序性。秩序，是政治统治和家政管理的根本。鄂州方言亲属称谓以父系称谓为中心，长幼有序，老少分明，具有鲜明的中华民族的传统的文化特征。

对长辈的称谓——称父亲为“爷”“爹”“爸”“伯”，称母亲为“伊”“美”“娘”“妈”，称祖父为“老爹”“爹”，称祖母为“老奶”，其上每长一辈前加一个“老”字以示区别：称曾祖父为“老老老”，曾祖母为“老奶奶”，高祖父为“老老老老”，高祖母为“老老奶奶”。

对晚辈的称谓——称子为“儿”，女为“闺女”，子之子为“孙子儿”，子之女为“孙女儿”，其下每晚一辈，加一个“重”字以示区别：重孙子儿、重孙女儿、重重孙子儿、重重孙女儿。

对同辈的称谓——称祖父的兄弟姐妹为“大老老”“二老奶”“大姑奶”“二姑奶奶”；称父亲的兄弟姐妹为“大爷”“二大爷”“大叔”“二叔”“大姑”“二姑”；称自己的兄弟姐妹为“大哥”“二哥”“大姐”“二姐”。他们的配偶，也是按他们的排行被称为“大奶奶”“大姑老老”“大娘”“大姑爷”“大姐夫”。这样的排行，对于一个三四代之内的同代人，全按一个顺序排下来，显得人丁非常兴旺，势力非常大，家族统治非常严密。

宗亲、外亲各自成体系。湖北方言的亲属称谓在体系上体现了讲秩序和讲人伦的特点，它沿袭了父系家族为中心的旧俗，以“尊”和“亲”为标准，形成了四大亲属称谓体系：一是父亲亲属称谓，二是母系亲属称谓，三是夫系亲属称谓，四是妻系亲属称谓。之所以形成这么复杂的亲属称谓系统，本文认为这是因为鄂州属于荆楚大地，长久地受到了儒家思想的影响，尤其是与儒家所提倡的“君君、臣臣、父父、子子”之说有着密切联系，同时，这也是中国人传统上注重宗法，遵守长幼有序、兄仁弟恭、尊卑有别的道德准则对语言的影响源远流长的更好的佐证。

（三）从表示红白喜事的方言民俗词看鄂州地区的丧娶文化

在鄂州，传统的婚嫁礼仪非常的复杂。男女结婚前，通常是由媒人说媒。媒人一般选择门当户对的、子女年龄相当的两个家庭，往来其间，为其说和，叫作“说亲”，也叫“提亲”。在媒人上门说亲的时候，女方家长如果很封建的话，就会让男方把生辰八字送往女方，女方家长请算命先生为之合婚，看是否“犯相”。当地人认为，有的人生辰属相相犯，会给自己的亲人或婚姻另一方家带来不幸，如“克夫”“克公婆”等。生辰与属相相犯的情况是：正鼠二蛇三月里猴，四兔五猪六月里狗，七羊八马九月里牛，十月里老虎蹲出头，十一月里惊鸡叫，十二月里老龙不抬头。“取八字”的目的在于查询天意，这一婚姻行为暗寓着“婚姻天定”的观念。如果不相犯，就由媒人安排，男女双方第一次正式见面，叫“相亲”。相亲时，一般情况下是女方在其父母或大娘婶子的陪同下进行，目的是来看看男方是怎样的人以及男方家庭状况怎么样等。相亲以后，如果男女双方觉得合适，就开始“下红儿”，即双方同意订婚，用红纸写好契约（表明同意订婚），相互交换。下红儿时，由男方长辈出面送往女方家中，男方同时送给女方首饰、衣服之类的礼物。下红儿以后，双方家庭会约定一个好日子，邀请亲朋好友来家中，称之为“定亲”，意思就是说女儿找“主儿”了。定亲通常是男方带上烟酒、猪肉、果馅以及给女方的衣物等到女家，为图喜庆和吉利，所带的礼品均为双数。定亲的仪式一般很简单，由媒人主持，参加定亲的有男女双方、双方的家长和一些亲人。大家在一起喝喝酒，吃吃饭，拉拉话，认认亲，定亲的仪式就算结束了，并且双方要达成一种信物，叫作“成亲帖”，表示男女两家确定了姻亲关系，只用准备结婚的事了。

如果男女双方到了结婚的年龄，男方想将女方娶进门，男方须备礼物，此时以酒、肉、烟为主，由父辈或祖辈的德高望重的人前往女方家商量结婚的日子，在前往女方家之前，男方家里请算命先生查看哪天为大吉之日，比较适合举行婚礼，将其写在红纸上，称之为“联门帖子”，在联门帖子上要写上谦己尊人的客套话，男方在此时要送给女方现金、布料、衣服、首饰等作为聘礼。送完联门帖子以后，虽然没有举行婚礼，但女方名分已定，实质上夫妻关系已经确定。以财物为聘，本身包含着一定的买卖的意味在里边，这也是传统的嫁娶风俗留下的糟粕之处。

在结婚的前一天晚上，女方家里请女方的嫂子、姑、姨等人“压柜”，即把女方娘家送的嫁妆填充在用作嫁妆的柜子里。结婚时,一般由男方准备车辆去女方家拉新娘和嫁妆,叫作“迎亲”或“接亲”。结婚当天,在接亲回来的路上,如果碰见桥时,要压上一张红纸和几个零钱;如果碰见电线杆时,要贴上一个双喜字。拜堂的时候男方的家长(包括爷爷奶奶和爸爸妈妈)要准备“改口钱”,因为拜堂时,媳妇儿要改口叫“爷爷”“奶奶”“爸爸”“妈妈”。结婚的第二天,新郎陪同新娘去拜见岳父岳母,称为“新女婿认门”。“认门”的目的在于让女方的亲属承认双方的姻亲关系。

(四) 从表示日常生活的方言民俗词看鄂州地区的风土人情

鄂州话骨骼刚劲,语调铿锵有力。由于说话时发的是“五音”(唇音、齿音、舌音、牙音、喉音)中的“齿音”,说话时有股咬牙切齿的味道。这也反映了鄂州人心地善良,心直口快,不爱拐弯抹角的性格特征。

例如,初到鄂州,人生地不熟,在问路或者找人帮忙时,鄂州人都会十分热情。“岔的”就是鄂州人的口头禅。表示说话人胸有成竹、十分热情,愿意为你效劳的情谊。例如:“师傅,麻烦你给让个座儿吗?”“岔的。”而“一哈子”反射出了鄂州人的“快文化”,表现出他们爽快、耿直的特征。“一哈子”的意思是很快,行动迅速,效率高。例如:我一哈子就把她搞定了。

另外,鄂州话扁平,翘舌卷舌少,这也练就了鄂州人的大嗓门儿。看到久未见面的朋友,鄂州人会很激动地聊个不停。从询问出来办什么事到最近的状态,甚至是最近的一些不快都可以在分分钟向对方一吐而尽。由于大嗓门、语速快,听不懂鄂州话的人还以为他们在吵架呢。带上这些特点,鄂州男人会给人一种“匪气”的感觉,鄂州女人则透露出一种王熙凤的泼辣劲儿。但和凤姐不同的是,鄂州人心直口快,没有王熙凤功于算计的城府。

骂人的话也是鄂州的一大特色,常见于小伙子口中。两个关系好的朋友,不到一根烟的功夫就可以称兄道弟。久未见面的朋友见面可能先打上几拳,然后就真的开口大骂。比如打电话时,你会听到第一句就是“喂!搞么裸啊?个鬼的,界长时间不联系老子”。但是,不要以为他们这是真的在骂,“打是亲,骂是爱”是最合适的解释。关系越“铁”的朋友,骂得越狠。相反,初次见面或者不太熟悉的人可能还会客客气气的。

说到鄂州小伙子,就不得不谈谈鄂州的姑娘。一方水土养一方人,鄂州姑娘个个眉清目秀,外表淑女端庄。但是因为鄂州方言的滋养熏陶,即使温润、秀气的女子,当她开口吐出一串鄂州话时,你也会诧异于她那一份厉色,一份“拐”劲。心直口快、热情豪爽,心地善良,这就是鄂州人身上的本性。所以经常有人这样开玩笑："如果碰上鄂州的小伙子就嫁了吧，遇到鄂州的姑娘就赶紧娶了。"

五、结　语

本文描写了鄂州方言的特色词语，分析了鄂州方言与普通话以及其他方言不同的词汇特色。列举了鄂州方言的特色词汇，如亲属称谓词、骂人的话、饮食词语、婚嫁词语以及日常口语词。总结了鄂州方言特色词汇的具体特征，常与程度副词"几""界"的固定搭配、与固定短语"V不过""我怕……""你跟我……"或儿化后表示特殊意义。本文还探讨了鄂州方言特色词汇背后所蕴藏的民俗文化内涵，鄂州方言中丰富多样的饮食词语不仅反映了鄂州地理位置气候等自然条件的优越性，还可以看出鄂州经济的飞速发展。从鄂州方言的亲属称谓词，我们可以感受传统荆楚文化在鄂州这片土地上留下的历史气息。鄂州方言骨骼刚劲，语调铿锵有力，这正是鄂州人心地善良、心直口快、不爱拐弯抹角的性格特征的写照。

研究鄂州方言中的特色词汇，不仅可以丰富后人研究鄂州方言的材料，有利于学者们对鄂州地区文化的发展历史与现状进行深入研究，还可以挖掘语言背后的历史痕迹，促进鄂州地区文化和语言的继承与发展。

参考文献

[1] 万幼斌．鄂州方言词语举例[J]．方言，1987(2)．

[2] 万幼斌．鄂州方言的儿化[J]．方言，1990(2)．

[3] 汪化云．鄂东方言研究[M]．成都：巴蜀书社，2004．

[4] 周文．鄂州方言本字考略[J]．鄂州大学学报，2004，11(3)．

[5] 周文．鄂州方言脚部动词辑考[J]．鄂州大学学报，2005，12(5)．

[6] 刘祥柏．江淮官话的分区(稿)[J]．方言，2007(4)．

[7] 谈微姣．鄂州方言语音研究[D]．武汉：华中师范大学，2008．

[8] 柳翠．鄂州方言典型语汇表达浅析[J]．大众文艺，2010(18)．

[9] 刘文攀．湖北鄂州市区方言词汇调查[J]．文学教育(中)，2014(3)．

[10] 童琴．《说文解字》和鄂州方言本字考[J]．现代语文(语言研究版)，2007(2)．

[11] 吴冰洁.鄂州话音韵特点及其与武汉话比较研究[D].南宁:广西大学,2008.

[12] 詹伯慧.二十年来汉语方言研究述评[J].方言,2000(4).

[13] 刘兴策.近百年来湖北省汉语方言研究综述[J].方言,1998(3).

[14] 刘兴策.再论近20年的湖北方言研究[J].沙洋师范高等专科学报,2001(1).

[15] 万幼斌.鄂州方言志[M].成都:天地出版社,2000.

恩施方言特殊形容词重叠浅析

张　华
指导教师:盛银花

引　言

汉语形容词是一类很重要的实词,关于形容词的研究自20世纪初一直没有中断。恩施特殊形容词的重叠有两种:一是单音节"A得A式",二是双音节"AB得AB式"。我们在日常生活中使用该类形容词时,会将"AB得AB式"简化为"A得AB"。性质形容词和状态形容词是朱德熙先生(1999)在研究语言时对汉语中的形容词系统的分类。马清华先生在研究语言时认为形容词的重叠是有条件的,他认为条件有形象意义和褒贬性制约。朱景松(2003)认为,形容词重叠式能表现程度的加深或表示一种情感态度或者感情轻微的含义。

罗姝芳(1996)认为在恩施方言中,形容词都能进行"A得A式""AB得AB式(A得AB式)"重叠,与其他的因素无关或关系不大。恩施方言中的"A得A式""AB得AB式(A得AB式)"重叠,都表示量的增加。

语言学家对汉语形容词的无研究论使语法和性质都达到一定的高度,对于现代汉语形容词的研究,我们通过综合各类语言学家的观点便可以得到系统全面的了解,但语言界对各地方言形容词的研究仍有很多不足,对于恩施方言词中形容词特殊重叠式研究不够系统,恩施方言形容词特殊重叠:一是单音节"A得A式",二是双音节"AB得AB式"。人们在日常生活中使用时为方便交流会被简化为"A得AB"。学术界对恩施方言形容词重叠式的语法意义、用法,没有进行详细全面的阐述,对其分类及在交流中的各种功能和意义研究不够系统。本文在立足罗姝芳教授研究的基础上,对恩施方言特殊形容词重叠式分类及语法特殊性进行全面的分析,并简单分析其产生的原因。

一、恩施方言形容词的重叠形式

恩施土家族位于湖北省西北部，当地地域语言的发展受当地传统文化的影响，有其自身的发展规律。恩施方言中形容词的重叠形式与普通话中形容词的重叠形式相同的主要有AA式、AABB式、ABAB式，这些形容词的重叠是一样的。例如，“大→大大”“千万→千千万万”“潇洒→潇洒潇洒”。除了与普通话相同的形容词重叠形式之外，恩施方言还有自己特殊的形容词重叠方式。在该地区土家方言中形容词重叠的特殊形式主要有两种：一是单音节“A得A式”；二是双音节“AB得AB式”。例如：

(1) A得A式：精得精，哈(傻的意思)得哈，帅得帅，酷得酷。

(2) AB得AB式：漂得漂亮，整得整齐，阴得阴险，伟得伟大，恐惧得恐惧。

综上所述，恩施方言中的形容词重叠形式有其特殊性，这一点与现代汉语中的形容词重叠形式是不一样的。只有研究恩施方言中的特殊性，才能更好地了解其文化内涵。

二、恩施方言形容词重叠式的语法意义

朱德熙先生(1999)在研究语言时将汉语中的形容词分为性质形容词和状态形容词两类。关于这一点，恩施方言与普通话是相同的。

性质形容词是最常见的，它主要表现出所描述对象的一个性质，这类形容词数量非常多。例如，好、坏、大、小、美、漂亮、干净、聪明等。性质形容词有三个特点：首先，这类形容词可以被否定词“不”或“没”修饰，例如，不好、不漂亮。其次，大多数表示性质的形容词可以受程度副词“很”“相当”修饰，例如，很苦、相当聪明。再次，这些形容词可以被“太”“非常”等程度副词修饰。

那么，什么是状态形容词呢？依据朱德熙先生的观念，状态形容词是指不能用“不”来进行否定的形容词，此外，这类形容词也不能在前面加“很”等表示程度的副词来修饰的形容词，状态形容词主要可分为：

(1) AA式，如：轻轻、慢慢、皑皑、勃勃。

(2) AB式，如：雪白、漆黑、笔直、冰凉、通红、喷香。

（3）ABB式，如：白茫茫、亮堂堂、红彤彤、懒洋洋。

（4）AABB式，如：干干净净、漂漂亮亮、清清楚楚。

（5）A里BC式，如：稀里糊涂、马里马虎、小里小气。

（6）A不BC式，如：黑不溜秋、酸不溜秋。

根据朱德熙（1999）的观点，性质形容词相对比较简单，经过重叠或加词缀的方法可以构成形式复杂的状态形容词。朱德熙先生在研究中把形容词的重叠形式划分状态范围，AA式、ABB式两种形式的重叠都有包含量的因素，在使用过程中，AA式、ABB式中的重叠的形容词在句中做定语、谓语等语法成分时，表示程度比较轻微，而在句中做状语、补语成分时表示程度加重或者表示说话人在强调某一个部分之意。朱先生对语言的研究及提出的观念在语言研究界占主要地位，这是从语法的角度来说的。

恩施方言中的形容词重叠有两种特殊形式：①"A得A式"，②"AB得AB式（A得AB式）"。它的特殊性体现在：一是它的重叠在句中主要表示量的极致，如"她美得美丽"就是强调的一个极致，在当地居民普遍使用，口语化色彩很浓，这种表达突出她美到了一定的境界，再无法超越。在使用过程中，这类形容词和汉语普通话中的形容词使用方式一样，只是表达的形式不一样。二是恩施方言中不能进行重叠的形容词非常少，在日常使用时基本上可以不去考虑。例如，"丑"是一个贬义词，在汉语普通话中是不能重叠的，但在恩施方言中确实可以重叠。这与普通话形容词重叠有很大的不同，因为这类词的重叠基本上没有什么语法规则，人们在使用时出现过的形容词都能进行这种形式的重叠。我们在使用形容词时一般认为普通话中带有贬义色彩的形容词重叠是错误的，在使用过程中非常少见。但是据调查我们发现，在恩施方言中，形容词能不能够重叠只与这个词是否在恩施方言中使用有很大的关系，与词本身意义无关。它所表现出来的语法上没有诸多严格的限制，突出口语性和日常交际用语。

三、恩施方言特殊形容词重叠的用法

恩施方言中的形容词"A得A式""AB得AB式（A得AB式）"重叠与汉语普通话中的一般重叠式在日常交际用语中的使用有所区别，他们的不同之处具体表现在恩施方言特殊形容词的特殊性上，如下具体分析重点突出这类形容词的特殊性。

(一) 语义条件不同

现代汉语中,形容词重叠的语义条件要求比较严格。形容词的重叠,以单音节词重叠较常见。马清华先生(1996)认为,形容词主要的重叠条件很多,并不单纯指拘泥于某一种条件。他对这种条件的概括如下:

(1) 形容词所表现出来的意义具有形象性,例如,"肥""高兴"等,这类形容词具有较强的形象性,并且可以重叠。

(2) 形容词是表示度量的形容词,如"长""短"等,这类形容词主要用于修饰物的度量,这类形容词重叠能力也非常强。

(3) 形容词本身带有否定或者带有一定程度的修饰,例如,"难受""难闻""可爱""可观"。

(4) 词义褒贬对形容能力的影响,即大多数褒义形容词都可以重叠,例如,"好""美"等,而多数贬义形容词重叠能力弱或不能重叠,例如,"丑""冒失"等。

与普通话形容词相比,在恩施方言中,这类特殊形容词"A 得 A 式""AB 得 AB 式(A 得 AB 式)"的重叠语义条件并没有那么严格。一种语言产生以后就会形成自己相应的语法,并且要在使用过程中遵循相应的语法规则,但在恩施方言中,形容词的重叠基本上不会受语法限制,因为这类形容词主要用于口语交际中。虽然它不像普通话书面语那么正式,但是它也有自己严谨的表达方式。

例如,她的手臂肥得肥。根据马清华先生的观点,"肥"具有形象性意义,在汉语普通话中,这个形容词的重叠能力很强,在表示程度加深时通常在形容词前面加上"很""非常"等程度副词来修饰限定。在恩施方言中,"肥"这个形容词的重叠也能表达"很肥"的意思,这是相通的部分。

再如"难受""难闻""可爱""可观"等,这些词本身带有否定词或者带有一定程度的修饰,这些词在普通话中都是不能够重叠的。可这类词在恩施方言中能够进行"AB 得 AB 式"或者"A 得 AB 式"的重叠,它们的重叠可以表达形容词的极致,并且在表达意义上相当于普通话中形容词前加上"很""非常"修饰。

另外,汉语普通话中形容词能否重叠与该形容词是否表示非观点的形容词有关系,这些形容词在汉语普通话中是不能够重叠使用的。但在恩施方言中,对于那些词本身所表现出来的是非观点,这些形容词能够重叠使用。例如,"对"这个形容词,在回答问题时"对"就是"对",没有什么"更对""最对"的说法，这就表达出说话人的是非观。

我们还发现，现代汉语普通话中很多不能重叠的形容词，在恩施方言中基本上也能重叠，如“次”“够”“假”“枯”“匮乏”等，均能进行“A 得 A 式”或“AB 得 AB 式(A 得 AB 式)”重叠。

(1) 单音节形容词的重叠。例如：

这东西质量次得次。他笑得假得假。颜色紫得紫。

(2) 双音节词的重叠。例如：

匮乏得匮乏。

但在恩施方言中，并不是所有的形容词都重叠使用，如“乏”这个形容词重叠形式不常见，但构成其双音节词之后的重叠式却较为常见。这是因为恩施方言中形容词特殊重叠性是与这个词使用频率有关的，这类形容词的重叠是在人们交往中出现的一种特有的现象，在日常生活中我们是很少用“乏”这个词，而“匮乏”等双音节合成词虽然在方言中使用频率不高，但毕竟还是在使用。

总之，形容词是否能重叠，与这个词是否在恩施方言中使用有很大的关系，与词本身意义没有任何关系。所以在恩施方言中，形容词的语义限制相对宽松，在用法上较为自由，具有特殊性。

(二) 语法功能不同

朱景松(2003)中指出，形容词重叠后可以表示该形容词某种性质会达到适度的、足够的程度。也就是说，形容词重叠式起着加深程度或表示轻微的作用。例如：

(1) 她有一双美的眼睛。(定语)

(2) 她的眼睛美美的。(谓语)

(3) 她把眼睛睁得美美的。(补语)

很显然，上述三个例子的重叠有程度轻微的赞美之意，说话感情流露细腻。

而在恩施方言中，“A 得 A”“AB 得 AB(A 得 AB)”的重叠要宽泛得多，使用起来更加灵活。形容词无论单双音节的重叠，在句中都可做谓语、定语和补语等成分。但与朱景松先生的观点不同，在恩施方言中，形容词的重叠在语法意义上并不是表达轻微的含义，而是一种极致的表达。例如：

(1) 她有一双美的眼睛。(定语)

(2) 她的眼睛美得美。(谓语)

（3）她把眼睛睁得美得美。（补语）

很显然，这里的重叠所表现出来的意义在于夸赞她的眼睛非常美。

吕叔湘先生（1996）从形容词重叠式与助词的搭配来表现其语法功能：

（1）修饰名词性成分，无论哪种格式一般都必须带"的"，如"清清的水"。

（2）修饰动词短语，一般都带"地"，如"随随便便地说"。

（3）做谓语，一般都带"的"，如"眼睛大大的"。

（4）形容词重叠在"得"字后做补语，"AABB 式"重叠的形容词后面可以省掉"的"，其他格式不能省，如"收拾得整整齐齐"。

罗姝芳（1996）认为在恩施方言中，形容词都能进行重叠，不存在不能进行重叠的形容词。笔者认为，恩施方言形容词的重叠在句中做定语、谓语时与普通话中形容词一致，但其中有一部分重叠式不能做状语，这是跟"AA""AABB 式"重叠不一样的地方。在恩施方言中，单音节形容词的重叠在使用过程中不能做状语，双音节形容词重叠如"美丽得美丽"等在句子中也不能做状语。这是因为做状语的形容词不仅要描述主语的状态，还要体现主语所突出的意图，即目的。"美丽得美丽"中形容词的重叠只具有描述主语状态的作用，并不能体现主语的意图。虽然恩施方言中形容词的重叠基本上是不受限制的，主要用于口语中基本上都可以重叠，但也有一些例外，因此，我们在使用的时候不能以偏概全，在研究恩施方言的特殊性时应该具体问题具体分析。

（三）表达功能不同

恩施方言中形容词"A 得 A 式""AB 得 AB 式（A 得 AB 式）"重叠在表达功能上很大程度反映了它的语法意义。

1. 重叠后侧重于表现一种状态，同时强调这种状态

在恩施方言中，"A 得 A 式""AB 得 AB 式"中的形容词重叠后侧重于表现一种状态，同时强调这种状态。例如：

（1）脸蛋红得红。（谓）

（2）脸蛋涂得红得红。（补）

（3）她红得红地涂着脸蛋。（状）

（4）她有红得红的脸蛋。（定）

以上四例分别是在句中做谓语、补语、状语、定语成分的"A 得 A 式"，除第三例"她红得红地涂着脸蛋"不成立外，其余的表现效果突出一种静态的性质说明，强调重点可放在主语、谓语、宾语任意一个成分上，在使用时如果说话人要特别强调某部分可以通过重读某个成分来实现。

2. 形式的叠加对应量的叠加

形容词的这种叠加在表现量的方面要比表现汉语中其他方面大得多。朱德熙先生认为虽然形容词重叠式具有量的意义，但是这和它在句中位置有一定的关系。李宇明(2000)认为，形容词重叠最重要的是要表示量的增加或者表示形容词程度的加深，但这并不是一定的，因为事物都是相对的，可以向两个方向变化。马清华先生对于朱德熙先生的观点是十分赞同的，另外他主要认为"AA 式"重叠在定语位置上有两种情况：如果它用在数量词成分后面，就表示程度的减弱；如果它用在数量词成分前，就表示程度的加深。朱景松(2003)先生认为，如果量的加重能够限制在一定的范围内，那么它所表达的意义是肯定的，如果超出一定的范围，则有相反的意图。但是在恩施方言中的"A 得 A 式""AB 得 AB 式(A 得 AB 式)"重叠形式，重叠之后无论在句中做什么成分都表示量的增大，这和普通话中形容词重叠式有非常大的区别，这一区别也就是恩施方言形容词的特殊性所在。例如：

(1) 浓浓眉毛，大眼睛，高鼻梁，穿着随便。

(2) 他浓浓的眉毛，大大的眼睛，高高的鼻梁，穿着随随便便。

(3) 大得大的眼睛，高得高的鼻梁，穿着随得随便。

例(1)中的四个形容词表现出来的概念都是一个模糊的概念，每个人心中的度都是不一样的，这种模糊的概念不能笼统地去定义。例(2)中的重叠形容词"浓浓""大大""高高""随随便便"在语义上的表达就会显得明确一点，语气相对委婉，表现的范围相对缩小。例(3)属于恩施方言中形容词的特殊重叠式，其表现出来意义的极致，这样的表达给人的概念都带有非常的含义。

在研究形容词重叠的表达功能时我们不能忽略一个表现程度轻微的特殊程度副词——"有点"，这个程度副词对大多数形容词的重叠有一定的限制作用。它可以修饰汉语普通话中形容词的重叠，如"颜色有点(有些)黑黑的"。"有点黑黑的"为"比较黑的"意思。但是这一类表示比较意义的程度副词却不能修饰恩施方言中的形容词"A 得 A 式""AB 得 AB 式(A 得 AB 式)"等特殊重叠式，笔者认为主要原因是"A 得 A 式""AB 得 AB 式"表示的是形容的最高级，与表示比较级的"有点""有些"这些副词是不能联合使用的。实际上，恩施方言中形容词"A 得 A 式""AB 得 AB 式(A 得 AB 式)"的重叠，使被描述的实物本身在表达的性质或状态上达到非常的程度。

(四) 形态意义不同

普通话中形容词重叠"AA 式""AABB 式""ABAB 式"和"ABB 式"的重

叠不存在一个递进的过程,而是相互独立的重叠形式。

恩施方言中形容词重叠与普通话中形容词的重叠是不一样的,在恩施方言中,将原式、"AA式"和"A得A式""AB得AB式(A得AB式)"放在一起,就构成了类似英语中的原型、比较级、最高级三种形态。例如:

原型	比较级	最高级
红(颜色)	红红(的)	红得红
美丽(状态)	美美丽丽	美得美丽

恩施方言形容词通过自身形态重叠的变化来表示级变化的特殊性,这一点类似于英语形容词比较级和最高级的表达方式。汉语和英语最大的区别在于汉语普通话没有形态的变化,恩施方言中的这种形式是其特有的。从这点上讲,"AB得AB式(A得AB式)"重叠式的存在,对增强语言表达的准确性有重要作用。综上所述,我们认为恩施方言中特有的形容词"A得A式""AB得AB式(A得AB式)"重叠与汉语普通话形容词重叠相比较,其最突出的特点是表现了形容词的最高级状态。

四、恩施方言形容词特殊重叠式的原因探析

在对形容词重叠式的研究中,我们发现恩施方言中存在"A得A式""AB得AB式(A得AB式)"重叠,这在其他方言中都不曾出现。笔者认为这与土家族常年居住在山区,与外界联系相对较少有关。当地的居民在日常交往中逐渐形成了自己特殊的语言表达方式,当地的土家语在历史上曾是该地区普遍使用的语言,在这样的语言发展历史背景下,语言的发展与当地文化民俗有很大关系,一种语言受地域的影响因而形成其独有的特色。在恩施土家族的土家语中,形容词有"级"的语法范畴,因而在使用时形容词出现这种重叠式级的变化就不难理解了,也就是说,恩施方言中特殊形容词的重叠表达了级的意义,笔者认为这与土家语原本就有级的意义有关系。恩施方言的特殊性体现了地域特色,因此了解研究其特殊性是十分必要的。

五、结　　语

全文通过对恩施方言中特殊形容词重叠式从形式、语法意义及用法等方

面详细论证了其特殊性。形式上除了普通话中形容词的一般重叠式以外，其特殊性体现在还具有“A 得 A 式”“AB 得 AB 式(A 得 AB 式)”两种特殊形式。语法意义上的特殊性重点在于突出“量”的极致。而用法上的特殊性体现在表达上不受语法条件的限制，在使用时的限度相对于现代汉语形容词重叠用法宽松，没有现代汉语形容词重叠要求严格，在口语中的使用较为灵活，其能否重叠与该形容词的使用频率有关，与形容词本身无关。文章最后简要阐述出现这种特殊型的原因。

参考文献

[1] 朱德熙. 朱德熙文集(第 2 卷)[M]. 北京：商务印书馆，1999.
[2] 朱德熙. 朱德熙文集(第 1 卷)[M]. 北京：商务印书馆，1999.
[3] 李宇明. 汉语量范畴研究[M]. 武汉：华中师范大学出版社，2000.
[4] 吕叔湘. 中国文法要略[M]. 北京：商务印书馆，2014.
[5] 朱景松. 形容词重叠式的语法意义[J]. 语文研究，2003(3).
[6] 马建忠. 马氏文通[M]. 北京：商务印书馆，2010.
[7] 吕叔湘. 汉语语法分析问题[M]. 北京：商务印书馆，1979.

武汉方言词汇与对外汉语教学

赵 慧
指导教师:童琴

引 言

近年来,随着国际交流的加强,来我国学习汉语的留学生越来越多,"汉语热"持续升温。如今国内的对外汉语教学基本上是以普通话教学为主,而中国的语言环境是普通话与方言共存,普通话教学显然已不能满足一些中高级留学生的交际需求。虽然目前方言教学还没有应用到对外汉语教学中,但关于对外汉语方言教学的研究渐渐取得了一些成果,大量文献资料为对外方言教学的研究提供了一定的参考依据。近年来,武汉高校的外国留学生越来越多,由于处在特定的方言区内,他们在学习汉语时必然会受到周围方言环境的影响,方言势必会影响他们的交际,因此,我们应重视武汉方言对留学生学习汉语产生的作用。

自20世纪20年代以来,随着以索绪尔的理论为代表的结构主义语言学等现代语言学理论和方法的传入,我国的汉语方言研究进入一个新的时期,研究的视野和角度都得到启发。关于方言的研究资料开始大量涌现,如丁声树、李荣编写的《方言调查词汇手册》,袁家骅主编的第一部汉语方言学教材《汉语方言学概要》,以及各地的一些方言词典。可以说,汉语方言研究已经趋于成熟。然而,方言问题在对外汉语教学中始终没能引起重视,现在的对外汉语教材几乎没有涉及方言知识,大多数汉语教师在教学时也尽量回避方言问题。

湖北省的汉语方言研究起步较早,并取得了显著的成果,促进了武汉方言的研究。早期关于武汉方言研究的文章,对方言的研究很少涉及方言词汇、语法的研究。通过在中国知网的搜索查询,我们发现关于方言词汇与对外汉语教学的文章寥寥无几,关于武汉方言词汇与对外汉语教学的文章更少。方言词汇到底应不应该进入对外汉语教学,大多数学者对此都持否定的态度，他们认为这是与国家政策相违背的，他们坚持认为对外汉语教学即普通话教学。然而，普通话实际上也是方言的一种，在这样的背景下，本文将以武汉方言为研究对象，就武汉方言词汇与对外汉语教学的关系做出分析和探讨。

在语言的诸要素中，词汇是最敏感的部分，也是最能反映地域文化特色的部分。因此，本文从武汉方言词汇出发，将演绎法与归纳法相结合，尝试运用比较语言学、方言文化学的理论方法，从武汉方言的对外汉语教学的角度，将武汉方言词汇与武汉方言区留学生的学习需求联系起来，探讨武汉方言词汇应用于对外汉语教学的必要性和条件，并对对外汉语教学中武汉方言词汇教学的方法进行分析，针对相关问题提出个人建议。武汉方言属于中原官话的分支——西南官话，地处南方方言和北方方言的交界处。本文所说的武汉方言，是指武汉中心城区的方言，以汉口话为主，不包括远城区所使用的方言。

一、武汉方言词汇

怎样定义方言词，方言区人们口中的方言词汇和编入教材和词典的方言词汇又有什么差别，目前学术界对这些问题还存在不同观点，没有定论。孙常叙在《汉语词汇》中指出，汉语方言词汇有广狭两义，广义的方言词汇是指在一个方言区域所使用的全部词汇，狭义的方言词汇则专指在词汇中地方性造词的部分。[①] 周荐认为，由官话方言区而来的但是已经被全社会所认可、交际时使用的词语都不属于方言词语，方言词不论出现在哪一个方言系统中，都应该意味着独特性，与其他系统的词存在着不同之处，而且这些不同之处表现在语音形式、语义内容、语法构造和搭配关系等四个方面上。[②] 而黄伯荣、廖序东在《现代汉语》中却认为方言词并不是独立存在的，方言词和共同语是相互影响的，方言词会受到共同语的影响，共同语也会吸收部分方言词来丰富和完善自己的词汇。

本文中的方言词语既包括已经进入普通话的词语，也包括当地的一些日常用语方言词。

---

① 孙常叙.汉语词汇[M].北京：商务印书馆，1956：273.

② 周荐.论方言词的确定[M]//周荐.二十世纪现代汉语词汇论著指要.北京：商务印书馆，2004：26.

(一) 武汉方言概况

武汉方言属于中原官话的分支——西南官话，武汉方言以汉口话为代表，中心城区语言较为一致。武汉方言作为重要的语言工具，经过发展演变，其语音、词汇、语法都发生了很大的变化，词汇方面的差异尤其突出。

早期武汉方言的研究主要集中在语音方面，如詹伯慧的《武汉人怎样学习普通话》、朱建颂的《汉口方音与北京语音的对应规律》，关于方言的研究均以语音为主，很少涉及方言词汇、语法的研究。武汉方言音系有 19 个声母(包括零声母)、35 个韵母和 4 个声调。与普通话相比，武汉方言声母有以下特点：n、l 不分；平翘舌不分；尖、团音不分。武汉方言韵母的特点是前、后鼻不分。

受方言研究重语音、词汇，轻语法的影响，关于武汉方言语法研究的文章相对较少。武汉方言作为西南官话方言的代表之一，其语法规则与现代汉语普通话有许多一致之处，但也有不少与普通话相异之处。

词汇方面的研究主要集中在词汇意义的考释、词典编撰等方面的研究上，有关研究成果颇丰。武汉方言中的一些词语，现在已经不用或极少用了，一些反映历史事实的词汇还在使用中。随着时光的流逝，社会的进步，这些词语将逐渐成为历史词语，成为资料，而不再是交际工具了，如：甲头、中人、保人、银楼房、土地庙、牵亲、拜把子、放焰口、逼宝等。武汉方言的一部分词语是随着新事物的产生而产生的，如：顶职、补差、跑月票、打吊针、纱巾、蜂窝煤、酥心糖等。有些词语的意义被改变，由于词语原来的意义已经失去凭借，或跟普通话的意义差别太大，它们便被改变得跟普通话、书面语意义相同或相近了。例如：

脱离：原指离婚，如“打～”；现指离开、断绝，如“～集体”、“～实际”。

倒贴：原指不正当的贴补，含贬义；现泛指该收的一方反向该付的一方提供财物，如“二老(父母)～”。

下马：原指巫师下神，或指发脾气；现指停止或放弃某项重大工作、工程。

包车：原指一种精致的人力车；现指小型的轿车(大型的叫面包车)。

教师：原指拳师，如“乱打三年成～”；现指教员。

饭票：原喻指职业；现指食堂用的餐券。

（二）武汉方言词汇的收集

1. 语料来源

本文中的方言词汇来自朱建颂先生的《武汉方言词典》（江苏教育出版社 1995 年 5 月第 1 版），而《武汉方言词典》是《现代汉语方言大词典》的分卷之一。武汉话除具有西南官话的某些共性之外，还具有其自身的特点，如武汉[d]、[t]、[n]、[c]、[s]、[r]声母不拼[u]韵。武汉"渡"读"豆"、"图"读"投"、"卢"读"楼"、"醋"读"凑"、"苏"读"搜"、"如"读"于"。该词典收录的 8000 多个词条，真实地反映了武汉方言的实际情况。作者注重收集本地的土特产，手工艺品，特有的农、林、牧、副、渔各业的生产方式和生产工具，风味小吃，婚丧喜庆，祭祀活动等有关用语。本文大量采用了当地的谚语、俚语、歇后语、谜语、地方戏以及韵书方志中的材料。

2. 武汉方言词汇列举

1）称谓

爹爹	祖父/爷爷/老头儿	伯伯	伯父
婆婆	祖母/婆母/老太婆	娘屋里	娘家
家公爹爹	外祖父	姑/姨爹	姑/姨父
家家	外祖母	舅娘	母亲的弟妇
姆妈	妈妈	堂客	妻子
后来娘	继母	拐子	哥哥
娘娘	叔母	外外	外甥、外甥女/外孙、外孙女

2）饮食

过早	吃早点	消夜	吃夜宵
过中	下午吃点心	正餐	一日三餐的饭食
歪餐	指吃零食	盐蛋	咸鸭蛋
新鲜饭	刚做的饭	蛋花子	冲或煮成的蛋羹
现饭	剩饭	干子	豆腐干
炒现饭	比喻说重复的话	米泡	炒米花
掏汤	用汤泡饭		
灰面	面粉	麻糖	用芝麻和糖做成，切成片的食品
圆子	丸子		

3）人体、生理

脑壳	脑袋	赚头	舌头；利润

太阳窝子	太阳穴	涎水	口水
酒刺	粉刺	倒拐	胳膊肘儿
长挑针	长针眼	胯子	腿
沙鼻子	鼻子容易流血	参瞌睡	打盹儿
齆鼻子	鼻孔堵塞而发音不清	发梦添	说梦话
作哇	恶心		

4）时间、节令

基日	今天	清时八早	大清早
么日	明天	煞黑	傍晚
切日	前天	挨黑	天黑时
后日	后天	呆(ǎi)哈	等会
艾后日	大后天	开年	年初
麻麻亮	拂晓	长尾巴	儿童过生日

5）动、植物

啰啰	猪的代称	克蟆	青蛙
菢鸡	孵蛋的母鸡	脚鱼	鳖
雀子	鸟的总称	糯谷	糯稻
叫天	云雀	迟谷	晚稻
鸦鹊	喜鹊	苞谷	玉米
黄鼠狼子	黄鼬	洋芋头	土豆
燕老鼠	蝙蝠	峨眉豆	扁豆

6）交际、人事

礼性	礼貌,礼节
劳慰	感谢:这事～您了。
搭白	交谈
扯劝	劝解
招乎	留神:各人～各人的东西。
搭伙	合伙
吵嘴	吵架
反手	还手
扭筋	闹别扭:这个人真～
好生	①放过,便宜:这回～他了。
	②好好儿:刚才还～了的,一下子就变了。

7）程度、范围

仰势/接身　马上；趁势

落后　　　然后：他做完事，～就走了。

三不之　　偶尔：他～来一趟。

稀乎　　　差点儿

得亏　　　幸亏

兴许　　　也许

把得　　　送给

冒得　　　没有

8）性质、状态

松爽　　　①轻松：心里觉得～多了。②宽敞：房子住的蛮～。

宽展　　　宽敞

抻走　　　①平整：床上铺的好～。②宽裕：日子越过越～。③正直：他是～人。

花描　　　鲜艳

乌漆抹黑　光线暗，颜色黑

一抹糊　　模模糊糊：看东西～。

当然，武汉方言词汇远远不止这几个方面，这里只列举其中的一部分作为参考。

3. 武汉方言词汇的构成和特点

武汉方言属于西南官话，与普通话词汇相比，武汉方言词汇主要有以下几个特点。

（1）武汉方言保存了一些普通话中没有继续使用的古汉语和外来语词汇。武汉方言中保留了古汉语词汇。例如：

圿　《广韵》：古黠切；《集韵》：讫黠切，音戛，积垢也。武汉话将附在牙齿上或茶壶等器物内的垢物叫“圿”。

掇　《唐韵》、《集韵》：都括切，音剟，读若朵入声。《说文》：拾掇也。武汉话把端东西的动作叫“掇”。

武汉方言中还保留了一些外来词。如“马达”“坦克”“苏打”“凡士林”“夹克”“沙发”等，也存在于普通话中，但如“赖子水（来苏 lysol）”“颇克（扑克 poker）”“水门汀（混凝土 cement）”“括（刻，十五分钟 quarter）”“梭夯（一种赌博方式 show hand）”等外来词，则是武汉话才有的，普通话中并不存在。

（2）武汉方言中有一部分与普通话词义相同，但词形完全不同的词，即义同形异词。例如：

武汉方言	普通话
家家	姥姥
苕货	傻瓜
强偷	小偷
日头	太阳
名堂	花招
煞黑	傍晚

(3) 武汉方言中有一部分与普通话词义相同，而词形部分不同的词。例如：

武汉方言	普通话
天途	天气
脑壳	脑袋
声气	声音
老表	表兄弟
家门	本家

(4) 武汉方言存在带有后缀“子”，而普通话没有该形式的词汇。例如：

妹夫子	妹夫
刺猬子	刺猬
蟹子	螃蟹
蚂蚁子	蚂蚁

(5) 武汉方言中有一部分与普通话词形相同，而词义不同的词。例如：

词形	武汉方言词义	普通话词义
闷葫芦	一种装钱的用具	不爱讲话的人
环子	耳环	中间空心、内外皆成圆形的东西
麻木	醉汉、交通工具	肢体失去感觉或对事物反应迟钝
规矩	正经、老实	标准、法则

(三) 武汉方言词汇的文化内涵

语言与文化是密不可分的，语言是文化的载体，对文化具有广泛的涵盖力。方言是地方文化的产物，反映了当地的社会生活变化。武汉方言是一种极富地方色彩的语言，武汉方言有三大特色：一是没有卷舌音；二是没有轻声；三是前鼻音和后鼻音分不清。但恰恰是这些特点，使武汉话音调铿锵有力，生动形象，展现出武汉人豪爽奔放、豁达乐观的性格。

1. 与饮食文化相关的方言词汇

武汉水陆交通发达，往来便利，此外，在武汉，南人北客与当地土著居民混杂而居，正是受到这种人文地理环境的影响，武汉文化具有东西结合、南北杂糅的特征。以饮食为例，武汉人嗜甜似江浙，清淡似闽粤，嗜辣似川湘，厚重似徽鲁，其代表作“豆皮”即有包容、兼济的文化特点。

武汉方言“叉的”（武汉话读上声），是“随意、没有约束”的意思。使用这个词语的场合较多，在武汉，我们经常会听到别人说“今天我请客，你们叉的吃”，意思是“随便吃，敞开了吃”。尽管言词让人听起来不是特别“雅”，甚至有点“俗”，但真诚之心是显而易见的。在武汉方言中，还有一个词语“铆起来吃”与“叉”意义相近，这个词语充分体现了武汉人的蛮劲和韧性，以及不达目的决不罢休的精神。“铆起”的意思是“使劲”，是武汉特有的方言词，指不依不饶、紧紧咬住，就像被铆钉铆住一样。反映了武汉人不服输、天不怕地不怕的性格。

武汉人还有一种讲“彩头”、图吉利的文化心理，武汉人习惯把南瓜饼称作“黄金饼”，把玉米粥叫作“金银粥”，把鲫鱼叫作“喜头鱼”，把小孩满月时吃的鸡蛋叫作“红蛋”。他们希望通过谐音给一些普通的事物增添喜庆的色彩，求吉祈福，以此来获得心理上的满足。同时，武汉人也讲究避讳，如果有些字的发音和其他不吉祥的字发音相同，他们就想办法避开。比如“舌头”中的“舌”字，和“折本”中的“折”字同音，武汉人曾为了避讳，将其称为“口条”。但“口条”意思不够清楚，于是他们干脆取“折”反意叫“赚头”。武汉人把这种讲“彩头”、图吉利的文化习俗和文化心理通过方言表达出来，真实地反映了武汉人对生活的美好愿望，反映了极具特色的地域文化。

2. 与交通工具相关的方言词汇

在武汉方言中，“麻木”指三轮车（现为正三轮摩托车）。武汉人喜欢把那些爱喝酒的人称为“酒麻木”，以取笑他们走路踉跄、口齿含糊的醉态。正三轮摩托车也是如痴如醉满街摇晃，和醉汉的姿态很像，武汉人便将其称为“麻木”。

3. 从称谓方言词看武汉文化

在武汉方言中，“拐子”一词在武汉方言中是对“哥哥”的称谓。有种观点认为，武汉话中“拐子”的“兄长”之意，是从“拐子”的原意“支撑”引申而来的，有“兄长扶持”之意；另一种观点则认为“拐子”一词是由英语“Guys”渗透到武汉话里而产生的。20 世纪初，居住在汉口租界里的英美洋人把武汉当时的买办资本家称作“拐子”。到了 20 世纪五六十年代，“拐子”成为武汉年轻人对

"大哥"或"老大"的戏称。

据考证,"拐子"一词本是"江湖黑话"。汉口自清末以来便是繁华码头,而码头往往是各江湖中人的集散地,这使得武汉人或多或少沾染了一些江湖习气,武汉人也带有快意恩仇、精悍泼辣的性格特点。"拐子"这个词,原是江湖帮会中用来称呼"头领""老大"的暗语,武汉人却把它借用来称呼自己的哥哥,显出"兄弟如手足,生死与共"的情感。由于它独特的地方特色、浓厚的感情色彩,又合乎武汉人豪放爽朗的性格,所以"拐子"一词仍被广泛使用着。

二、武汉方言词汇应用于对外汉语教学的必要性和条件

(一)武汉方言词汇应用于对外汉语教学的必要性

由于现代汉民族共同语是普通话,所以对外汉语教学就是教外国人学习普通话,方言不应该进入对外汉语教学——这是目前人们对"对外汉语教学"这个概念的普遍认识。我们认为这个认识不够全面,因为受地理环境等诸多因素的影响,特定方言区的对外汉语教学也带有地域性,所以在方言区的对外汉语教学中适当引入汉语方言的内容很有必要。在语言的各要素中,方言词汇的影响最大,所以在武汉方言区的对外汉语教学中,武汉方言词汇有进入教学的必要性。

1. 从语言本身来看

作为共同语的普通话从来就不是孤立的、一成不变的语言系统,它与其他汉语方言之间关系密切,相互影响,相互渗透。事实上,属于普通话的词汇和属于汉语方言的词汇之间并没有明确的界限。普通话的词汇标准是在一定时期内保持相对稳定,其实质是动态的,只有在动态中才能保持自己的生命力,适应社会向前发展的需要,将方言中独具表现力的词语吸收到普通话中,可以满足人们日益增长的交际需要。那么,对外汉语教学中是否也会涉及方言词汇呢?国家汉语水平考试委员会办公室考试中心制定的《汉语水平词汇与汉字等级大纲》,就编入了一些方言词。而在那些使用于教学的对外汉语教材中,特别是高级阶段的课本,汉语方言词语出现的数量就更多了。在武汉,汉语水平达到高级的外国留学生经常会接触到一些方言词语背后的方言现象,这些方言现象可能会直接影响到留学生对语言的理解以及交际的顺畅性,这使得我们不得不关注它们的教学问题。

2. 从交际角度看

现代汉民族共同语，就是以北京语音为标准音，以北方话为基础方言，以典型的现代白话文著作为语法规范的普通话。[①] 普通话是语言学家人为确定的规范化的汉民族共同语。在实际生活中，除了标准普通话，还有地方普通话。比如在武汉，大部分人说的普通话是带有武汉口音、夹杂着武汉方言词汇的地方普通话。外国人不了解一些武汉方言词汇的意思和用法，就必然会造成交际困难。从这个意义上说，了解一定的武汉方言词汇，能够扩大留学生在武汉的交际范围。

3. 从文化角度看

从社会语言学的角度来看，语言和文化有着密不可分的联系。方言正是地区文化的载体，通过方言，留学生可以了解到独特的地区文化。“对外汉语教学”这一概念有广义和狭义两种定义。狭义的对外汉语教学，是指纯粹作为语言技能的汉语标准语即普通话的教学。广义的对外汉语教学，则指对学习者进行以培养其汉语标准语的能力为主的包含文学文化等方面内容的较为系统的教学体系。[②] 中、高级阶段的留学生在学习语言技能的同时，也有必要了解武汉的文化、历史地理、民风民俗等相关知识。学习武汉方言词汇对留学生进一步学习汉语和地域文化很有帮助。

（二）武汉方言词汇应用于对外汉语教学的条件

首先，要做好方言研究工作，对外汉语方言教学需要汉语方言研究的支持。初级留学生学习汉语时，学习效果的好坏很大程度上取决于教师是否掌握一套成熟的对外汉语教学法。但是对于中高级阶段的留学生来说，他们需要更深入地学习汉语知识，甚至需要通过汉语了解中国的人文历史，这就需要以更专业的汉语研究为指导。而对外国留学生讲古今汉语的变化，讲普通话和方言不同，讲方言背后的文化知识，都需要方言研究的支持。因此，武汉方言研究的某些成果，可以用于武汉方言对外汉语教学中。

其次，要做好师资培养工作，培养出一些同时精通普通话和武汉方言，有丰富的语言学知识和教学经验的教师，只有这样才能更好地进行教学。

最后，要处理好教材编写问题。我们今天的汉语是由普通话和方言共同构成的，虽然普通话得到了广泛的认可，但是汉语内部方言纷繁复杂。武汉

---

① 黄伯荣，廖序东．现代汉语（上）[M]．3版．北京：高等教育出版社，2002：1.

② 丁启阵．论汉语方言与对外汉语教学的关系[J]．语言教学与研究，2003(6)：58-64.

大多数人都说着带有地方性方言的普通话，因此，武汉的对外汉语教学课本的编写应该体现这种地域性区别。首先要对方言词汇做深入的调查研究，只有根据调查研究结果编写教材，才能把课本编写好。编写教材时，词的选择很重要，可以围绕武汉的真实生活，引入许多武汉方言的特殊词汇，使学生能够在真实的情境里很自然地运用这些词语，这将对留学生适应在武汉的生活有很大的帮助。编者要根据课时的多少以及学生的汉语水平来安排适当的词汇量，这些词语并不是作为单独的课程来讲，而是与普通话词语一起，有计划有步骤地循序渐进地安排在课文之中。为了使留学生对于普通话和武汉方言的异同有更深入的了解，词汇对照表是这些课本的一个重要设计环节。词汇对照表即把武汉方言词汇和普通话词汇对照起来，学生在学习时方便进行比较，这样既有利于学生的学习，也有利于教师的讲解。

如果编者能把以上几点工作做好，对外汉语教学中的武汉方言词汇教学就会事半功倍。

（三）武汉方言词汇编入对外汉语教材应遵循的原则

1. 规范性

对外汉语教学中引入方言词汇，首先要考虑的就是规范性。虽然方言和共同语同源，但现在的方言大多数都有了一套自己的完整的语言系统。随着社会的发展，武汉方言词汇也在发展变化，其质量参差不齐，其中就包含一定数量的方言土语和许多有音无字的特有方言词汇，这一类词语不符合规范性原则，是不能进入对外汉语教学的。编入对外汉语教材的方言词汇应具有表达的明确性和表意的稳定性的特点。如果表意不稳定，就会给留学生的汉语学习带来困扰。因此，对外汉语教材不能一味地盲目地引进方言词汇，而是有标准、有取舍地规范性引入。

2. 通用性

通用性原则是尹斌庸和方世增在《词频统计的新概念和新方法》中提出的，文中表述为“通用度”。词语的通用度，是指词语在语言应用的各个领域里常用性的综合指标。顾名思义，通用度已经兼顾词语的分布率和频率两个方面，并且把两者有机地结合起来。通用性在这里有两个意思，即使用范围广和使用频率高两个方面。《武汉方言词典》代表了武汉方言的标准，相对比较稳定，使用范围也比较广。这是满足通用性、使用范围广原则的，《武汉方言词典》中的词汇对留学生来说才会更容易接受。只有坚持通用性原则，通用性强的方言词语才能进入对外汉语教学当中。只有词语利用率和重复率高，方言词汇才有使用意义，不然就是没有价值的、闲置多余的词语。

3. 需要性

需要性有两层含义。一种是指在普通话里没有，而武汉方言却有的词汇。一些词语只在小部分地区流行，或者能在普通话里找到不一样发音但意思表达相近的词语，这样的词显然是不需要的。语言的学习是一个进步发展的过程，而这些词是与发展相背离的，所以并不具备需要性，也就无须甚至杜绝进入对外汉语教学。若是表达概念上的东西，有内涵和外延，有浓厚的地方特色，而普通话中没有的方言词，这些方言词是被需要的。另一种是指在普通话里有相似的表达，但是表达的形象色彩和感情色彩等与普通话里的词汇不一样，它们对普通话起到补充的作用。类似的武汉方言词汇是具有需要性的，应该进入对外汉语词汇教学，要根据留学生交际的需要进行选择。

三、武汉方言词汇应用于对外汉语教学相关问题刍议

通过上面的论述，笔者认为武汉方言词汇应该进入对外汉语教学，尤其是在武汉方言区的对外汉语教学。因此，笔者对武汉方言词汇应用于对外汉语教学时的教学方法进行探讨，并提出相应的建议。

（一）对外汉语教学中武汉方言词汇教学的方法

1. 直观法

直观法[①]就是用卡片、实物、图片等教具解释词语意义的方法，或者直接解释词语的意义的方法，比如“爹爹”可以直接解释成“爷爷”。这种方法适用于跟学生生活比较贴近的方言词汇的教学。

2. 演示法

很多词语尤其是动词，需要我们通过生动形象的表演方法来讲解词语。用动作演示来释义，不仅可以引导学生注意词语之间的差异，而且可以活跃课堂气氛，调动学生的积极性。

3. 对比法

建立词汇对照表，把武汉方言词汇和普通话词汇进行对照，在学习时让

---

① 尹斌庸，方世增．词频统计的新概念和新方法[J]．语言文字应用，1994(2)：69-75.

学生进行比较。此外,可以进行替换练习,将方言词汇与所对应的普通话词语进行替换练习,从而加深学生的印象。

4. 情景法

在课堂教学时,给出各种情景,用提问的方式引导学生运用所学的方言词汇进行组词造句。情景法可以活跃课堂气氛,调动学生的积极性。

(二) 武汉方言词汇应用于对外汉语教学时的建议

1. 教学中如何把握武汉方言词汇的"度"和"量"

对外汉语教学仍然要以标准普通话为主,对于汉语水平处于高级阶段的留学生,在教学中引入武汉方言词汇时,要把握好"度"和"量"的问题。凡是一味地强调对外汉语教学就是教留学生普通话而忽视方言区的地域性,或者一味地强调方言区的地域性而影响到对外汉语教学的真正任务,都是片面的。从对外汉语教学的现状来看,大部分人都忽略了方言区的地域性。对于对外汉语教学的学科性质和任务,我们要有发展的眼光。随着在武汉学习汉语的留学生人数不断扩大,他们学习的要求也开始多样化,现在还把对外汉语教学当作简单的普通话能力培训,是不符合发展趋势的。适当引入武汉方言词汇,也是适应对外汉语教学事业发展趋势的。在普通话和方言的关系上,我们应该形成有主有次的教学格局,要保证普通话在教学上的主体地位,同时适当加入武汉方言词汇,这是"度"的把握。

究竟哪些方言词汇可以进入对外汉语教学,我们应该进行量化处理,确立一个"量"。关于量的把握,上文提到了武汉方言词汇编入对外汉语教材时应遵循的三个原则,即规范性、通用性和需要性。

2. 教学中如何把握词汇与文化之间的联系

语言是文化的载体。一般来说,学习一种语言有两个目的,一是进行交际,二是通过该语言了解、研究它所承载的文化。方言词汇是反映当地文化的重要途径,在对外汉语教学中,特别是高年级的教学中,我们应该把汉语和汉语社会文化联系起来。例如,武汉方言中将"舌头"叫作"赚头",将"南瓜饼"叫作"黄金饼",反映了人们"求吉祥、避凶邪"的民俗心理。在进行对外汉语教学时,应该重视当地文化的讲解,对教材中出现的有意思的方言词汇要进行精讲,通过大量的背景文化介绍,学生们从形到神地理解方言词汇,增强了对方言词汇的理解。

3. 未编入教材的方言词汇教学

对于一些流行一时的方言词汇,因为其更新变化快,不具备编入教材的可行性。但在一定时间内，这些词汇具有交流的需求，留学生不理解这些词汇就很难进行相关话题的交流。因此，这类词汇主要靠教师在课堂中的引入，教师可利用课前的导入、课堂中的轻松环节和课后的词语补充，向学生讲解这类词汇。

另外，学习一门语言不是单纯通过在课堂上的学习就能掌握的，方言词汇的积累更是如此，语言环境对方言词汇学习的影响很大。在生活中，学习者接触到的方言词汇比较多，如果没有相关的专门教材或辅导资料指导，学习者会很难理解这类词语。

四、结　语

外国留学生都处于某个具体的方言区内，方言和地方普通话无处不在，如何更好地融入这种语言环境中，以达到更好地学习、生活的目的，是我们方言区对外汉语教学值得思考的问题。随着武汉的迅速发展，来武汉学习的外国留学生与日俱增，武汉方言区的对外汉语教学事业也迅速发展起来，留学生的学习要求也开始多样化，现在还把对外汉语教学当作简单的普通话能力培训，是不符合发展形势的。外国留学生处于特定的方言区内，因而他们需要掌握这一方言区的一些方言词汇来进行交际。适当引入武汉方言词汇，也是适应对外汉语教学事业发展趋势的。在武汉方言区对外汉语教学中，我们应当注意武汉方言词汇，并加以研究，以此更好地发挥它的作用，更好地向世界推广汉语和中华文化。

本文以武汉方言词汇为研究对象，概述了武汉方言的基本情况。选取了一部分武汉方言词汇作为参考，并对武汉方言词汇的文化内涵进行分析，从武汉方言词汇出发，将演绎法与归纳法相结合，尝试运用比较语言学、方言文化学的理论方法，从武汉方言对外汉语教学的角度，将武汉方言词汇与武汉方言区学习汉语的留学生的学习需要联系起来，以探讨武汉方言词汇应用于对外汉语教学的可行性。对武汉方言词汇应用于对外汉语教学时应遵循的原则及方法进行了分析，并对武汉方言词汇应用于对外汉语教学中的一些问题提出相应的建议。

当然，本文还存在许多不足之处，方言词汇的收集还不全面，方言区对外汉语教学上的很多问题仍然有待思考、研究和解决。本文的目的在于说明武汉方言词汇与对外汉语教学的重要性，以引起对外汉语教学界对武汉方言词汇的重视。

参考文献

[1] 孙德金. 五十余年对外汉语教学研究纵览——《对外汉语教学研究论著索引》编后[J]. 语言教学与研究，2009(2).

[2] 赵金铭. 对外汉语教学与研究的现状与前瞻[J]. 中国语文，1996(6).

[3] 丁启阵. 论汉语方言与对外汉语教学的关系[J]. 语言教学与研究，2003(6).

[4] 李珉知. 汉语方言与对外汉语教学的关系[J]. 文教资料，2008(33).

[5] 宋瑶. 浅议汉语地域方言与对外汉语教学的关系[J]. 青年文学家，2012(24).

[6] 李若男. 四川方言词汇与对外汉语教学[D]. 成都：四川师范大学，2012.

[7] 江晓丽. 地域文化与对外汉语方言词汇教学研究[D]. 重庆：西南大学，2013.

[8] 彭菲菲. 粤语词汇与粤方言区对外汉语教学[D]. 北京：首都师范大学，2011.

[9] 汪启明. 对外汉语教学中的方言偏误及预应理论试说——以四川方言为中心[J]云南师范大学学报(对外汉语教学与研究版)，2011，9(4).

[10] 贺巍. 关于对外汉语方言教学的几个问题[J]. 语言教学与研究，1991(1).

[11] 刘兴策. 再论近20年的湖北方言研究[J]. 沙洋师范高等专科学校学报，2001(1).

[12] 胡慧斌.《武汉方言词典》简介[J]. 方言，1995(2).

[13] 朱建颂，刘兴策. 武汉方言词汇(一)[J]. 方言，1981(1).

[14] 李盈. 武汉方言新、老派词汇比较研究[D]. 武汉：华中师范大学，2012.

[15] 刘兴策，朱建颂. 略谈武汉方言词汇的特点[J]. 武汉师范学院学报(哲学社会科学版)，1980(Z1).

[16] 朱建颂. 解放以来武汉方言词汇的发展[J]. 华中师院学报(哲学社会科学版)，1985(1).

[17] 吴翩翩. 武汉方言语气词研究[D]. 武汉：华中师范大学，2009.

[18] 王婷. 武汉方言亲属称谓研究[D]. 绵阳：西南科技大学，2013.

[19] 杨凯,黄晋.折射文化与社会变迁的武汉方言流行词汇[J].高等函授学报(哲学社会科学版),2007,20(4).

[20] 杨义容.从武汉方言中的饮食词汇看武汉文化[J].郑州航空工业管理学院学报(社会科学版),2008,27(1).

武汉方言亲属称谓系统研究

华　莹
指导教师:盛银花

引　言

武汉方言属于西南官话,其亲属称谓词语丰富。有关武汉方言亲属称谓词汇的研究有:长辈类亲属称谓词在方言词典中的收词情况(苏新春,2000),亲属称谓中的性别标记(钱进,2004),称谓与社会背景、社会变革(籍秀琴,1995),亲属称谓词构词的方式(孙玉卿,2008),亲属称谓词“中外”“中表”考(黄沚青,2013),从方言地理学的角度探讨移民对父系亲属称谓词的影响(赵树冈,2013),“祖母”称谓的地理分布和历史发展(王玲玲,2014),安陆方言亲属称谓(刘兴策、刘坚、盛银花,1994—1995),民俗对亲属称谓词的发展影响(赵日新,1997),武汉方言研究(朱建颂,1995;杨义荣,2008;李盈,2012;周建明、周筱娟,2012),民间熟语中的亲属称谓研究(钟敬文,1998),民俗与方言的关系(吴璇,2011;黄佩文,1992;罗庆云,2012;杨树喆、朱常红,2002;于逢春,1995),等等。这些研究记录、描写了部分武汉方言亲属称谓词,分析了武汉方言亲属称谓词与普通话及其他方言亲属称谓词的差异,研究了武汉方言亲属称谓在实际使用中蕴含的文化意义。但是学界对武汉方言亲属称谓词语未做系统的描写和深入的分析,也没有关注武汉方言中由亲属称谓词构成的特色熟语及武汉方言亲属称谓词蕴含的民俗文化内涵。本文拟对武汉方言的亲属称谓词进行系统的描写,分析武汉方言亲属称谓词的构词方式,探讨武汉方言亲属称谓词的使用特点,总结影响武汉方言亲属称谓词构成的因素。

一、武汉方言亲属称谓词的分类

亲属称谓是对姻亲的称呼、血亲的称呼,或具有血亲关系、姻亲关系者的互称，所以武汉亲属称谓作为亲属称谓系统的一部分，其分类应该遵从整体的亲属称谓的原则。本文将以血缘、婚姻为轴线，对武汉的亲属称谓系统进行合理的梳理，也会重视宗法制对亲属称谓的深远影响。[①]

但是由于在实际操作中如果完全按照血亲、姻亲的标准进行描写，在父系、母系、妻系、夫系的亲属称谓词罗列[②]上会不可避免地造成少量的亲属称谓词的重复，所以本文中武汉方言的亲属称谓词便大致按照汉语亲属称谓的体系将词语分成三大类，即长辈类、平辈类和晚辈类，这样能使武汉亲属称谓词更加明确地展现出来。此外，本文也收录了少量和亲属称谓系统相关的武汉方言词。

（一）长辈类

（1）帅爹爹：高祖父。

（2）老爹爹、老爷爷：曾祖父。

（3）老太：曾祖母。

（4）爹爹、爷爷：祖父，爹爹也可以指丈夫的父亲。

（5）奶奶、太：祖母。

（6）婆婆：丈夫的母亲。

"太婆"也可作社会称谓词，指年纪较大的女性，比如《都市茶座手机》田克兢饰演的角色，一出场就说了这样一段话："刚才，有个太婆在马路边哈，要过马路，我做好事，我一过去，我把她一背，我背起来就把她往马路那边跑，跑过来一放下。太婆说两句话：'你个小砍脑壳的，我好不容易过去，你又把老子背过来了。'""婆"作为社会称谓词使用时，还有"熟练使用某项工作技术的经验或有经济实力"的意义，比如笔者家附近有一家因做抄手很有名的店铺，就叫"蒋婆抄手"。一家很有名气的做卤味的连锁店铺叫作"婆婆卤味"，这里的"婆婆"不仅用于称呼年纪大的店主，还暗含"你办事我放心"的高度评价，这也是对女性能力的赞赏。又比如，社会上把上了年纪的、赚钱能力强的女性谑称为"富婆"，不过此时"婆"就带贬义的感情色彩了，经常和"包养小白脸"合在一起用。

（7）公公：丈夫的父亲。

（8）姑太：姑奶奶，父亲的姑母。

---

① 胡士云．汉语亲属称谓研究[M]．北京：商务印书馆，2007：1．

② 冯汉骥．中国亲属称谓指南[M]．上海：上海文艺出版社，1989：66-128．

(9) 姨太：姨奶奶，祖母的姐妹。

(10) 家公爹爹(叙称)、爹爹(面称)：外祖父。

(11) 家家：外祖母。

(12) 姨家家：外祖母的姐妹。

(13) 两老、娘老子、亲娘热老子：父母。

(14) 伯伯：父亲的哥哥或男性长辈；父亲的嫂子或女性长辈，又称"女伯伯"；继父，在组合家庭中孩子可以称呼非血缘关系的继父为"伯伯"。

(15) 爹、爷、爸爸、老头：父亲，"老头"也可以作社交称谓词，泛称老年男子(含亲热或戏谑之意)。

(16) 娘、妈妈、姆妈、老娘：母亲。

(17) 亲爷、老亲爷：岳父。

(18) 亲娘、老亲娘：岳母。

(19) 继父老子、后来老子：继父。

(20) 后来娘、阿姨：继母。

(21) 叔叔、小爹、叶叶(仅同音)：父亲的弟弟，叶叶还可以指父亲的姐妹。

(22) 婶娘、娘娘：父亲的弟弟的妻子。

(23) 姑妈：父亲的姐妹，已婚。

(24) 姑爹：姑妈的丈夫。

(25) 舅伯：母亲的哥哥。

(26) 舅妈：舅伯的妻子。

(27) 舅舅：舅父，特指母亲的弟弟。

(28) 舅娘：舅舅的妻子。

(29) 姨：母亲的姐妹，未婚。

(30) 姨妈、姨娘：母亲的姐妹，已婚。

(31) 姨爹：姨妈的丈夫。

(32) 小姨：母亲的妹妹，未婚。

(二) 平辈类

(1) 一娘养的：一母所生。

(2) 哥哥、大哥、二哥：兄。其中"哥哥"也可以作社交称谓词，用以称呼比自己略长的男性。"大哥"作为社交称谓词时，用来尊称比自己年长的男子。"哥"还可以和社会职业组合来泛称从事某种职业的人群，例如，"的哥"是指以开出租车为生的一类人。

(3) 来子：老二（二哥）的代称。

(4) 嫂子：哥哥的妻子。“嫂子”也可以作社交称谓词，指年纪不大的已婚妇女或者指某方面生活技能尤为突出的女性，例如，在武汉的街头有一些卖早餐的店铺取名为“胖嫂过早”。这里的“嫂”已经不是因婚姻关系而称呼的亲属称谓词语了，而是泛化的社会称谓用语。

(5) 大娘：老大（大哥）的妻子，也可以作社交称谓词，指已婚妇女或者某方面生活技能尤为突出的女性，如江汉路有家卖饺子的连锁店铺就取名为“大娘水饺”，图的就是好吃、值得信赖的彩头。

(6) 弟弟（兄弟）：弟。

(7) 弟兄：弟弟和哥哥。其中，“兄弟伙的”“弟兄伙的”也可以作社交称谓词，表示同性之间关系特别亲近。

(8) 弟媳妇：弟弟的妻子。

(9) 姊妹：姐妹；兄弟姐妹中至少有一个女性；旧时妻子称已故的丈夫（一般用于哭丧）。

(10) 姐姐：年长于自己的女性。

(11) 姐夫哥：姐夫，姐姐的丈夫。

(12) 妹妹：年幼于自己的女性。

(13) 妹夫子：妹夫，妹妹的丈夫。

(14) 叔伯弟兄、叔伯哥哥、叔伯弟弟、叔伯姊妹、叔伯姐姐、叔伯妹妹：父亲兄弟的子女，年龄长于自己的为哥、姐，年龄幼于自己的为弟、妹，叔伯兄弟均可指年龄长幼于自己的。

(15) 两口子、夫妻：夫妻俩。

(16) 男的、外头的、男将、男人（叙称）：丈夫（自己），其中“男的”“男将”“男人”都能作社会称谓词，指男性。

(17) 女的、屋里的、女将、女人（叙称）、堂客：妻子。其中，“堂客”是贱称，而“女的”“女将”“女人”都能作社会称谓词，指女性。

(18) 伯子：丈夫的哥哥。

(19) 叔子：丈夫的弟弟。

(20) 大姑子：丈夫的姐姐。

(21) 小姑子：丈夫的妹妹。

(22) 舅佬、舅子：妻子的兄弟。

(23) 大舅佬：妻子的哥哥。

(24) 小舅佬：妻子的弟弟。

(25) 揪辫子：舅兄弟旧时的谑称。

(26) 连襟：姐姐的丈夫和妹妹的丈夫之间的亲戚关系。

(27) 姨姐：妻子的姐姐，大姨子，叙称。

(28) 姨妹：妻子的妹妹，小姨子，叙称。

(29) 姨老表：两家的母亲是姊妹。

(30) 姑舅老表：姑表，叙称一家的父亲和另一家的母亲是兄妹或姐弟的亲戚关系。

(31) 表哥：在母亲的兄弟姐妹的儿子中年长于自己的。

(32) 表嫂：表哥的妻子。

(33) 表姐：在母亲的兄弟姐妹的女儿中年长于自己的。

(34) 表姐夫哥：表姐的丈夫。

(35) 表弟：在母亲的兄弟姐妹的儿子中年幼于自己的。

(36) 表妹：在母亲的兄弟姐妹的女儿中年幼于自己的。

(37) 老表：表兄弟姐妹。

(三) 晚辈类

(1) 儿子姑娘、下人：子女。

(2) 伢、儿、儿子伢：儿子。“伢”也可作社会称谓语，指年纪较小的孩子，男女均可。

(3) 媳妇(伢)：儿子的妻子。

(4) 姑娘伢、丫头：女儿，也可作社会称谓词，指年纪较小的女孩子。

(5) 女婿、姑爷：女儿的丈夫。

(6) 老大：排行最大的儿子、女儿。

(7) 老幺：排行最小的儿子、女儿。

(8) 小：排行最小的孩子，男女均可。

(9) 侄(儿)子：兄弟的儿子。

(10) 侄媳妇：兄弟的儿子的妻子。

(11) 侄姑娘：兄弟的女儿。

(12) 侄女婿：兄弟的女儿的丈夫。

(13) 舅侄儿子：妻子的弟兄的儿子。

(14) 舅侄姑娘：妻子的弟兄的女儿。

(15) 外甥、外外：姐妹的儿子。

(16) 外甥媳妇:姐妹的儿子的妻子。
(17) 外甥姑娘、外外:姐妹的女儿。
(18) 外甥女婿:姐妹的女儿的丈夫。
(19) 孙子、孙娃子:儿子的儿子。
(20) 孙媳妇:孙子的妻子。
(21) 孙姑娘:儿子的女儿。
(22) 孙女婿:孙女的丈夫。
(23) 外孙、外外:女儿的儿子。
(24) 外孙媳妇:女儿的儿子的妻子。
(25) 外孙姑娘、外外:女儿的女儿。
(26) 姨侄:妻子的姐妹的儿子。
(27) 姨侄姑娘:妻子的姐妹的女儿。
(28) 重孙(子):孙子的儿子。
(29) 重孙媳妇:孙子的儿子的妻子。
(30) 重孙姑娘:孙子的女儿。
(31) 重孙女婿:孙子的女儿的丈夫。
(32) 重外孙:女儿的儿子的儿子。
(33) 重外孙媳妇:女儿的孙子的妻子。
(34) 重外孙姑娘:女儿的女儿的女儿。
(35) 帅孙子、灰孙子:孙子的孙子。

(四) 其他

(1) 长辈、长上:辈分大的亲戚。
(2) 平辈、般辈:相同的辈分。
(3) 晚辈:辈分低的人。
(4) 独种:独生子女。
(5) 爷+数词+个:父亲和子女(或男性长辈和男女性晚辈)的合称。
(6) 娘+数词+个:母亲和子女(或女性长辈和男女性晚辈)的合称。
(7) 娘屋里:娘家。
(8) 婆屋里:婆家。

二、武汉方言亲属称谓词的构词方式

亲属称谓词的构成方式，一方面是由汉语的句法规则的语言学原则决定的，另一方面则是由其反映的亲属关系及其所处的语境的社会学原则决定的。[①] 而构词分类方式主要采用的是语言学的原则，将亲属称谓词看作一个词语或者一个短语来进行分析，而社会学原则的标准则只有少数亲属称谓词会涉及。

亲属称谓词有四种基本类型，即核心称谓、基本修饰语、叙称修饰语和面称称谓。核心称谓表示核心的亲属称谓，它可以不带修饰语，包括一种主要意义和一种以上的次要意义。当核心称谓单独使用就表达主要意义时，它和其他语素联合使用就倾向于表达次要意义。大部分基本修饰语都表示旁系亲属关系、辈分，不能单独作为亲属称谓使用。核心称谓是亲属关系扩大的前提，基本修饰语使每个亲属称谓在亲属称谓系统中处于固定位置。这二者的一次二次语素组合形成了现代的标准亲属称谓系统。叙称修饰语则使亲属称谓的标准形态在具体语境里变为合适的叙称形式。面称使亲属之间能用其直接打招呼。[②]

现代汉语将词的构成分为单纯词和合成词两大类。单纯词中的单音节词就能够包括武汉方言亲属称谓中的少部分称谓词，这部分词主要集中在亲属称谓词四种基本类型的核心称谓当中，这些语素也是构成其他基本修饰语的基础。

剩下的亲属称谓词都属于合成词的范畴，这绝大多数的亲属称谓词也是亲属称谓词构词方式的另外三种基本形式——基本修饰语、叙称、面称——的主力军。汉语中约百分之九十的亲属称谓都是定中结构——“衍生语素＋中心称谓语素”[③]，剩下的百分之十就是单纯词里由单音节语素构成的核心称谓的亲属称谓词。

① 冯汉骥.中国亲属称谓指南[M].上海:上海文艺出版社,1989:1.

② 冯汉骥.中国亲属称谓指南[M].上海:上海文艺出版社,1989:9-13.

③ 孙玉卿.汉语方言“右扩式”亲属称谓词的构词特点[J].暨南学报(哲学社会科学版),2008,30(3):115-118.

而“右扩式”①总结实际上也是合成词的构词方法的另一种描述，此外便是本文的由现代汉语的构词方式和亲属称谓的四种基本构词方式相结合的，武汉方言亲属称谓词汇的构词分析。

（一）单纯词

单纯词的亲属称谓词是单音节词，是由一个语素构成的词，都是核心称谓里的亲属称谓词。例如：

（1）爹、爷：父亲。

（2）娘：母亲。

（3）太：祖母。

（4）姨：母亲的姐妹。

（5）小：排行最小的孩子，男女均可。

（6）伢：儿子、女儿。

（7）儿：儿子。

（二）合成词

合成词的亲属称谓词是多音节词，是由两个或两个以上的语素构成的词，有基本修饰语、叙称和面称三种亲属称谓词。

1. 复合词——词根＋词根

1）同义并列型

同义并列型的亲属称谓词主要有：爷爷、奶奶、公公、婆婆、爸爸、妈妈、儿子伢、姑娘伢、媳妇伢、叔叔、伯伯、娘娘、舅舅、哥哥、弟弟、姐姐、妹妹、外外、叶叶（这个词只有语音替代未找到本字，姑姑、叔叔即父亲的姐妹和弟弟）。

在“姆妈”一词中，根据朱建颂在《武汉方言概要》的词语考释中的解释，“姆”在《广韵》中义为老母，“妈”的意思也是“母”，所以“姆”也是同义并列的复合词。

2）相关并列型

（1）家公爹爹：妈妈的爸爸，并列表祖辈的“爹爹”，从儿称的“外祖父”。

（2）娘老子、亲娘热老子：父母。

（3）弟兄：兄弟，不少于二个人的数量。

① 孙玉卿.汉语方言“右扩式”亲属称谓词的构词特点[J].暨南学报（哲学社会科学版），2008，30（3）：115-118.

(4) 姊妹：姐妹。

(5) 姐夫哥、妹夫子：姐姐的丈夫、妹妹的丈夫。

(6) 儿子姑娘：儿子女儿。

3）偏义复指并列型

兄弟：弟弟。

4）偏正型

(1) 爹爹：爸爸的爸爸，故为祖父。

(2) 家家：妈妈的妈妈，外祖母，这个对“家”的解释来自冯汉骥的《中国亲属称谓指南》，在5—6世纪时，“家”指母亲，所以“家母”代表外祖母。现在“家母”已经变成谦称了。

(3) 姨家家：妈妈的妈妈的姐妹。

(4) 姑太：爸爸的爸爸的姐妹。

(5) 姨太：爸爸的妈妈的姐妹。

偏正型的亲属称谓还有：两老、婶娘、小爹、后来娘、后来老子、继父老子、女伯伯、姨老表、姨侄、姨侄姑娘、姑舅老表、表哥、表嫂、表姐、表姐夫哥、表弟、表妹、老表、大哥、大娘、二哥、来子、幺姑娘、女婿、姑爷、叔伯哥哥、叔伯弟兄、叔伯兄弟、叔伯姊妹、叔伯姐姐、叔伯妹妹、男将、男人、女将、女人、外孙、外孙媳妇、外孙姑娘、外孙女婿、姨侄、孙媳妇、孙姑娘、孙女婿、重孙、重孙媳妇、重孙姑娘、重孙女婿、重外孙、重外孙媳妇、重外孙姑娘、独种、侄儿子、侄(儿)媳妇、侄姑娘、侄女婿、舅侄儿子、舅侄姑娘、外甥、外甥媳妇、外甥姑娘、外甥女婿、老爷爷、老爹爹、老太、姑妈、姑爹、舅妈、舅娘、姨妈、姨娘、姨爹、小姨、弟媳妇、大舅佬、小舅佬、大姑子、小姑子。

5）补充型

舅伯：母亲的哥哥，伯作舅的补充，确定年龄。

补充型的亲属称谓还包括姨姐、姨妹。

武汉方言亲属称谓词语的构成方式除了以上的结构方式之外，还有转喻型和隐喻型两种，后者是从语义引申的角度划分的。

6）转喻型

老头、老子：父亲。老，据《说文解字》解释，言须发变白也，后来引申出“表尊敬”的意义。头，据《说文解字》解释，是头脑的总称，后引申出“首领”的意思。所以笔者认为以“首领”代指“父亲”，以人指人，没有跨域，利用了二者之间的相关性，表达了对“父亲”这一称谓的尊敬以及对其职责的充分理解。

7）隐喻型

揪辫子：舅舅。笔者认为在非独生子女占主流的时代，妻子的哥哥和弟弟，就像是割不掉的血脉联系，像长长的辫子一样。

帅(统领)爹爹、帅孙子、灰孙子：据《说文解字》的解释，帅，佩巾也，佩戴的巾帛，后引申出"军队中的最高指挥官"之意，所以笔者认为统帅在祖辈之上，则为曾祖辈，曾祖父。后同。

2. 派生词——词根＋词缀

1）前缀＋词根

该形式的亲属称谓语有：老娘、老大、老幺、老表、亲爷、亲娘、阿姨。笔者认为其中的"老"已不是实词，而是双音节化后适应发音的词缀。

2）词根＋后缀

该形式的亲属称谓语有：一娘养的、屋里的、外头的、嫂子、丫头、两口子、伯子、叔子、孙子、孙娃子、姑子、舅子、舅佬、男的、女的。

"老"这个语素在武汉方言亲属称谓系统中出现的频率相对较高，因而为了理解方便起见，笔者特意对它进行解释说明。"老"可以作为实词出现在武汉方言亲属称谓系统中，也可以作为虚词词缀出现在武汉方言亲属称谓系统中。在后者所示的情况下，"老"只是一个词缀，以凑足双音节或多音节的语素，没有其他实际的意义，如"老娘""老大""老幺""老表"。当"老"作为实词出现在武汉方言亲属称谓词时，它会因构词方式的不同而充当不同的意义。当"老"出现在偏正型亲属称谓词的构成方式中，它的意义一般表示更年老的，如"老爷爷""老爹爹""老太"，少部分表示"尊敬"的意思，如"老亲爷""老亲娘"。在转喻型的构词方式中，"老"表示"首领"的意思，如"老头""老子"。

三、武汉方言亲属称谓词的使用特点

（一）面称与背称

面称就是亲属之间直接打交道时使用的亲属称谓词，而背称即叙述性的称呼叙称，是指那些非直接打招呼时使用的亲属称谓词，如向外人介绍自家的亲戚。二者不能同时使用，此外，面称也是文学作品使用的标准称谓。

1. 面称

在武汉方言亲属称谓中，长辈类的词除了笔者特别标出的以外，都能作为面称称谓使用，平辈中包含“兄”“弟”“姐”“妹”语素的词语可以用于面称称谓，晚辈类则没有可以用于面称的称谓。

（1）爹爹、爷爷、太、奶奶：祖父母，其中，“爹爹”也可以指外祖父，笔者认为，在见面打招呼中，用“爹爹”来称呼母亲的父亲十分有人情味，因为少了限定表“外”的修饰词，显示了武汉亲属称谓系统的浓浓亲情。

（2）家家：外祖父母。

（3）爹、爸爸：父亲。

（4）娘、姆妈、妈妈：母亲。

（5）老亲爷、老亲娘：岳父岳母。

面称称谓语还有：姨太、姑太、伯伯、叔叔、娘娘、姨妈、姨爹、小姨、舅伯、舅妈、舅舅、舅娘、姑妈、姑爹、哥哥、弟弟、姐姐、妹妹。

2. 背称

背称即叙称方言亲属称谓词汇。叙称修饰语反映了国人对社会地位的态度和社会礼仪准则，它是讲礼貌、举止文雅的表现：对他人纯粹表示尊敬和赞美，对自己则表示前辈。以上的规律同样适用于武汉方言亲属称谓系统，表敬意的修饰语适用范围比表谦卑的修饰语的范围广，表谦卑的修饰语只能用于那些绝对属于“自己”这一亲属集团的人。而叙称修饰语分为四种敬称、谦称、自称和谥称。以敬称修饰语和谦称为例进行说明。

1）敬称修饰语

老亲爷、老亲娘：丈夫这是对妻子父母的称呼，表示尊敬，笔者认为加了一个“亲”，也符合亲上加亲的事实，显得更加亲热。

2）谦称修饰语

（1）伢、丫头：在向外人介绍自己的子女时，武汉人常常使用这种口语性强的词语，表示父母对孩子的表现呈一种谦虚的态度。

（2）外头的：旧时妻子对丈夫的谦称。

（3）屋里的：旧时丈夫对妻子的谦称。

（二）谑称

严格来说，这个称呼类型的标准是从民俗角度划分的，因为在《现代汉语词典》[①]中对“谑”的解释是“开玩笑”的意思。在武汉方言亲属称谓系统中，这

① 中国社会科学院语言研究所词典编纂室. 现代汉语词典[M]. 6版. 北京：商务印书馆，2012：1482.

种词语的数量是极少的，而且普遍是叙称，即以背后的调侃为主，并没有什么恶意。

(1) 父老二：父亲。

(2) 揪辫子、舅佬：舅舅。

(3) 姑妈心：冷酷的心。

(4) 掉耳洞：侄儿子，执耳的谐音。

(三) 蔑称

蔑称和诨称同理，也是从民俗角度对武汉方言亲属称谓的描述。在《现代汉语词典》中，“蔑”[①]是“小、轻”的意思，蔑称就是轻蔑的称呼，暗含“瞧不起或者地位低下”的意思。笔者此次收录的词也是符合宗法制男尊女卑的规律的，部分对女性的蔑称能找到对应称呼。不过，随着社会的发展，这种蔑称的使用肯定会越来越少，最终成为历史。

(1) 丫头：女儿、女孩。当它作为蔑称使用时，笔者认为这是重男轻女的思想作祟。比如，“听说小王家的媳妇生了。”“哎哟，有什么用撒，还不是个丫头。”言下之意是没有生儿子传宗接代。

(2) 堂客、女人：旧时对妻子的贱称，同样可以运用于女性亲属称谓。

(四) 从儿称谓

目前可以说现代汉语亲属称谓系统已经完成了“从夫称谓”“从妻称谓”到“从儿称谓”的转变[②]，这在武汉方言亲属称谓系统中同样体现了出来。称呼丈夫的兄弟姐妹为“伯子”“叔子”“大姑子”“小姑子”，便是从儿称占优势的表现。又比如“婿”，其称谓含义也发生了变化。在古代汉语的亲属称谓系统中，“婿”解释为“女夫之称”，如“姑婿”“姊婿”“妹婿”“女婿”等，到了武汉方言中，只保留了“女婿”“上门女婿”“孙女婿”，其他称谓词中的“婿”均为“父”或“夫”所取代，“婿”的称谓含义逐渐缩小。例如：

称呼长辈中的“婿”为“爹”所取代：姨婿→姨爹，姑婿→姑爹。

称呼平辈中的“婿”为“夫(哥)”或“夫(子)”所取代：姐婿→姐夫(哥)，妹

---

① 中国社会科学院语言研究所词典编纂室．现代汉语词典[M]．6版．北京：商务印书馆，2012：903．

② 孙玉卿．从方言称谓词的历时变化看“从尊称谓”的影响[J]．山西大学学报(哲学社会科学版)，2011，34(1)：61-64．

婿→妹夫(子)。

称呼晚辈仍保留了“婿”:女婿→女婿。

另一方面,笔者认为家庭成员出于尊敬或者有利于教育孩子称谓的原因,都从儿叫长辈或同辈,例如,当着孩子的面叫外祖母为家家,但是在只有父母和祖父母相处时,仍然使用“爹娘”这些武汉方言亲属称谓词,不过这并不能抹杀从儿称谓的优势。

(五)称谓熟语

(1)一代亲,二代表,三代不见了。

这是对亲属之间来往的感慨,意思是亲戚隔的代数越多,关系就越淡了。可能是因为各自都有了属于自己的小家庭,来往逐渐没有婚前那么频繁了。

等到自己的子女长大,因为第二代都基本上是独生子女,平时往来也不多,所以关系自然没有第一代好。表,就是“外”的意思。已经不是一家人了,甚至都不是一个姓。

到了第三代,由于少了血缘的羁绊,也没有一起成长的经历,亲属之间更容易疏远。

(2)儿不嫌母丑,狗不嫌家贫。

用来教育做人不要忘本,如果孩子对自己的出生和物质条件不满意,家长可以用这句话来调侃。

(3)好儿不要娘田地,好女不要嫁妆衣。

这句话反驳拜金主义,鼓励个人奋斗,从本质上寄予了父母深沉的爱。

(4)做惯了婆婆的人,哪里还习惯去当媳妇。

用于调侃一个人坐惯了高位再去基层可能会不适应。在生活中单位领导到了退休年龄,被其他企业或者公司聘用去当工人就属于这种情况。

(5)老得像家家。

形容嚼不烂的食物。为什么不说老得像爹爹呢?笔者猜测这是因为男性的寿命普遍没有女性长。

(6)接得家家来,不得家家走。

这句熟语被收录在《武汉方言词典》和《武汉方言概要》中,比喻持续下雨,或者请神容易送神难。

(7)姨娘是家家养的。

指性质相同的人或物。

(8) 家家疼外孙，疼大了是外人。

人类学家和社会学家的一种观点，叫作 PU(Paternity uncertainty)，是指一种男性的亲子不确定性。因为一个女人可以百分之百确定肚子里的孩子是自己亲生的，相应的，外祖母对孩子的疼爱，在四个直系长辈中会是最高的。因为她知道，这个孩子绝对是自己的外孙或者外孙女。这个熟语的前半段就是这么来的。

(9) 孙的爹，牛的伯爷。

这句熟语收录于《武汉方言概要》。孙子的爹，辈分上还是儿子。牛的伯爷，身份仍然是牛。形容人喜欢占小便宜。

(10) 接媳妇。

用于男方结婚娶妻之意。

(11) 新姑娘。

女子在刚刚结婚时的叫法，“姑”读轻声。

(12) 儿大爷难做。

这句话有点类似“人心散了，队伍不好带”。

(13) 打爷骂娘。

这句熟语被《武汉方言词典》收录，指不尊重父母的言行过激的情况。

(14) 亲弟兄，明算账。

指即使血缘很近，涉及利益时，还是要区分内外彼此。

(15) 嫂子做鞋，弟媳有样。

主要强调长辈的示范作用、榜样作用大。

(16) 口里喊哥哥，手里摸家伙。

调侃做人两面三刀。

(17) 荒年卖了心疼的儿。

在以前人口买卖不犯法的年代，这也是无奈之举。

(18) 包接媳妇包生儿子。

比喻苛刻至极的条件。

(19) 养命的儿。

在以前生产力不发达的时候，赡养老人的唯一途径就是子嗣。这也就是要多子多福的缘故。和嫁出去的女儿不同，儿子是要给父母送终的，故有此一说。

(20) 哪个孙子说了的。

诅咒语，就算是关系很熟稔的朋友之间也很少用。

(21) 吓老子。

表示自己吓坏了的意思,多男性用,骂詈语。

(22) 你要么逼撒。

用于挑衅,是“你想怎么样”的意思,骂詈语。

(23) 妈逼的。

骂詈语。

(24) 大的疼,小的娇,夹在中间受气包。

表示在非独生子家庭,不是老大和老幺的孩子有点受冷落。

(25) 三岁/从小没娘,说来话长。

表示孩子在很小的时候缺少父母的关爱(这个娘不一定仅指母亲),而成长之路颇为不顺的现象。

(26) 有爹生,没娘养。

这个可以理解为修辞上的互文,指孩子缺乏良好的家庭教育。是小孩子在玩闹间的童言无忌之话,成年人很少说,如果他们说了就可以理解为骂詈语了。

(27) 巧巧的妈妈生巧巧。

比喻事情无巧不成书。

(28) 爹蠢蠢一个,娘蠢蠢一窝。

民间有说法,孩子的相貌遗传于父亲,而智商则遗传于母亲,所以这个熟语可以支撑这种观点。

(六) 存在男女同词的现象

伯伯,既可以指父亲的哥哥或男性长辈,也可以指父亲的哥哥的妻子,或者父亲的女性长辈。

叶叶(仅音同),既可以指父亲的弟弟,又可以指父亲的姐妹。

具体的原因尚未考证出来。

(七) 对性别称谓词有褒有贬

笔者在谑称和蔑称描述中可以毫不费力地得出这个结论。在一些描述女性分工具有优势的行业领域,武汉方言亲属称谓词的女性称谓词如“婆婆”“嫂子”“大娘”明显是具有褒义的感情色彩的,但是在一些等级森严、维护男权和谐稳定的部分,就能明显地看出武汉方言亲属称谓词中对女性的不尊重,如“姑娘伢”“女人”等,甚至在目前社会进步、男女趋于平等的社会竞争环境中，“富婆”的称谓也给女性称谓方言词染上了一层鄙视低贱的色彩。反观武汉亲属男性性别称谓词，谑称上主要还是调侃为主，未涉及人身攻击的隐形歧视，最多只是“揪辫子”“父老二”等，而且蔑称中也基本上找不到它们的身影。不过值得肯定和庆幸的是，在社会分工的部分，具有优势的女性工种中，女性武汉亲属性别称谓词还是被保留了，如“的姐”。

四、影响武汉方言亲属称谓词构词的因素

（一）宗法制

宗法制是以家族为中心，根据血统区分亲疏、规定嫡庶系统的法则，是一种等级制度。[①]

亲属称谓表明了人们之间的辈分和血缘关系。武汉亲属的称谓遵循了尊卑有序、血缘远近的规律，这一点是毋庸置疑的。

（二）双音节化

清代梁章钜的《称谓录》卷一中，祖父这个亲属称谓记录为“祖”，而在《武汉方言词典》中的亲属称谓词语中，表示祖父身份的词俨然成了“爹爹”。这样的例子还有很多，有的词语顺应语音的发展潮流，或者增加了语素，但保留原意。在亲属称谓的核心称谓中，“甥”本身就表示姐妹之子，而在《武汉方言词典》中，只有“外甥”才表示姐妹之子，称谓汉语双音节化促进了武汉方言亲属称谓的双音节化。

（三）人们的心理因素

笔者认为，为了拉近亲属之间的距离，双方会在称谓上加上表示更亲密关系的语素，如姐夫哥、妹夫子。但是学界中存在从尊的观点[②]，这和笔者的猜想截然相反。笔者根据“哥”“子”的字面意思认为，这些语素是属于同一个宗族成员的，也许这种称谓词的出现两种原因兼而有之。

---

① 籍秀琴.称谓与社会背景、社会变革[J].北京社会科学，1995(4)：132-135.

② 孙玉卿.从方言称谓词的历时变化看“从尊称谓”的影响[J].山西大学学报（哲学社会科学版），2011，34(1)：61-64.

五、结　　语

本文描写了武汉方言亲属称谓系统，包括长辈类、平辈类、晚辈类和其他类亲属称谓词语；分析了根据辈分划分的武汉方言亲属称谓词的构词方式，既包括语言学的原则，也涵盖社会学的原则；讨论了武汉方言亲属称谓词的使用特点，包括了面称、背称、谑称、蔑称、从儿称谓、称谓熟语、男女同词和性别称谓词的褒贬；总结了影响武汉亲属称谓词的因素，即宗法制因素、双音节化因素和人们的心理因素。本文的价值在于从方言学的角度出发，结合民俗学的视角，对武汉亲属称谓系统做全面的描写和总结，发掘以往未受重视的由亲属称谓词构成的特色熟语及武汉方言亲属称谓词语蕴含的民俗文化内涵。

参考文献

[1] 中国社会科学院语言研究所词典编辑室.现代汉语词典[M].6版.北京：商务印书馆，2012.

[2] 冯汉骥.中国亲属称谓指南[M].上海：上海文艺出版社，1989.

[3] 朱建颂.武汉方言词典[M].南京：江苏教育出版社，1995.

[4] 朱建颂.武汉方言概要[M].武汉：华中师范大学出版社，2009.

[5] 朱建颂.武汉方言研究[M].武汉：武汉出版社，1992.

[6] 许慎.说文解字：最新整理全注全译本[M].北京：中国书店，2011.

[7] 孙玉卿.从方言称谓词的历时变化看"从尊称谓"的影响[J].山西大学学报(哲学社会科学版)，2011，34(1).

[8] 孙玉卿.汉语方言"右扩式"亲属称谓词的构词特点[J].暨南学报(哲学社会科学版)，2008，30(3).

[9] 杨冰阳.完美关系的秘密[M].北京：中信出版社，2015.

[10] 钟敬文.民俗学概论[M].上海：上海文艺出版社，1998.

[11] 胡士云.汉语亲属称谓研究[M].北京：商务印书馆，2007.

[12] (清)梁章钜.称谓录[M].福州：福建人民出版社，2003.

[13] 籍秀琴.称谓与社会背景、社会变革[J].北京社会科学，1995(4).

黄陂方言亲属称谓研究

谌　宇　虹
指导教师:盛银花

引　　言

黄陂方言属楚语系,历史悠久,直白易懂。在方言划归上,黄陂方言属于江淮官话黄孝片,其亲属称谓具有浓郁的地方特色。研究黄陂方言亲属称谓,有助于了解当地的民俗文化内涵。

学界关于亲属称谓研究的有:贾彦德(1994)对现代汉语常用亲属称谓词进行比较研究,并分析语义特点;陈佳(2002)指出,一种语言的亲属称谓系统的构成特点反映该民族的社会文化特点,这体现了语言与文化的关系;唐雷(2005)指出,女性配偶异称是亲属称谓的典型义场之一,可以从女性主义角色切入,反映该称谓义场的社会文化内涵;王琴(2005)通过考察汉语亲属称谓简化、合流等现象,指出现代社会经济文化影响了人们的心理思维模式,并导致词汇的变化;刘慧(2008)认为称谓语是一种特殊的语言符号,它与我们的社会生活息息相关;查家敏、高湛茱(2010)指出,由于社会文化的发展和生活交际的需要,以及网络新词汇的出现,亲属称谓词语出现使用泛化现象;赵曾(2011)指出,各民族中亲属关系构成是一致的,但各种语言中的亲属称谓词各有特点,并从文化学角度找出语言中亲属称谓词差异的文化理据;邹晓玲、王志芳(2013)运用隐喻、原型范畴、意象理论来阐述亲属称谓名词类词缀化的原因、表现及差异;李启文(1989)对广州方言亲属称谓进行系统分析,指出亲属称谓词的发达与我国民族宗法血亲传统密切相关;孙立新(1996)从语音学角度论述了陕南个别方言点中的异读别称现象;万久富(2001)指出汉语方言中普遍存在着亲属称谓词的变读现象,这与民族融合、移民、政治、文化繁荣有关;范丽君(2004)指出对内蒙古方言亲属称谓词词义结构特点的分析,能从一个侧面解释出蒙古族在婚姻家庭关系和婚姻制度上的特点;焦国荣(2006)运用描写和比较方法,全面探讨陕西 14 个方言点的亲属称谓词在语音、语义上的特点；余梦（2010）从社会语言学的角度，对具有地域特色且能反映出使用差异的亲属称谓词进行研究；雷双凤（2011）依据《说文解字》和相关的古汉字研究专著，对靖远县北湾镇方言中的亲属称谓做简单的考证；张兴良（2011）以发展观点对长沙方言亲属称谓词"崽"的词义扩大现象进行了分析；李文娟（2014）用共时对比手法，研究天门方言。学界的这些研究仅部分涉及黄陂方言亲属称谓词语研究的有关问题，这些研究没有关注黄陂方言亲属称谓的系统研究，更没有关注黄陂方言亲属称谓词语的形式特点和使用特点。本文拟根据实地的采访调查，描写黄陂方言父系、母系、夫系、妻系亲属称谓语，分析黄陂方言亲属称谓的形式特点和使用特点，并探讨黄陂方言亲属称谓的民俗文化内涵，然后从动态角度谈谈黄陂方言亲属称谓的现代发展，对其使用情况做一个总结。

一、黄陂方言亲属称谓系统

本节从父系、母系、夫系、妻系四个方面，以"我"为基准，描写黄陂方言亲属称谓语在面称和背称两种情况下的不同说法。

（一）父系

黄陂方言父系亲属称谓如表 1 所示。

表 1　黄陂方言父系亲属称谓

称谓对象	面称	背称
父亲的祖父	老爹爹	老爹爹
父亲的祖母	老奶奶、老太、老婆婆	老奶奶、老太、老婆婆
父亲的外祖父	老家爹	老家爹
父亲的外祖母	老家家	老家家
父亲的父亲	爹爹、爷爷	爹爹、爷爷
父亲的母亲	婆婆、奶奶、太、大	婆婆、奶奶、太、大
父亲的父亲的兄弟	大爹、二爹、幺爹	大爹、二爹、幺爹
父亲的父亲的兄弟的妻子	婶婆	婶婆
父亲的母亲的兄弟	舅爹	舅爹
父亲的母亲的兄弟的妻子	舅婆	舅婆

续表

称谓对象	面称	背称
父亲的母亲的姐妹	姨太、姨奶奶	姨太、姨奶奶
父亲	爸、爸爸、爹(旧)、老头	老子、爹(旧)、老头
父亲的哥哥	伯伯	伯伯
父亲的哥哥的妻子	女伯伯、伯伯	女伯伯、伯伯
父亲的弟弟	叔叔、小爹、幺爹、(排行)＋爹	叔叔、小爹、幺爹、(排行)＋爹
父亲的弟弟的妻子	娘娘、婶娘、(排行)＋娘	娘娘、婶娘、(排行)＋娘
父亲的姐妹	姑姑、姑妈(用于已婚者)、娘娘	姑姑、姑妈(用于已婚者)、娘娘
父之姐妹的丈夫	姑丈	姑父
本人	我	我、自噶
哥哥	哥、哥哥、大哥、二哥、老大	老大、二哥、哥、哥哥、老＋(排行)
哥哥的妻子	嫂子、二嫂、姐、姐姐	嫂子、二嫂、姐、姐姐
弟弟	小名、名字、老幺	弟弟、老＋(排行)
弟弟的妻子	小名、名字	弟媳(妇)
姐姐	姐姐、大姐、姐、二姐	姐姐、大姐、姐
姐姐的丈夫	姐夫(哥)	姐夫(哥)
妹妹	老幺、妹、名字、小名	妹妹、二妹、老幺
妹妹的丈夫	名字、小名	妹夫
父亲的姐妹的儿子	哥、哥哥、名字、小名	表哥、表弟、姑舅老表、老表
父亲的姐妹的女儿	姐、姐姐、名字、小名	表姐、表妹、姑舅老表、老表
父亲的兄弟的儿子	哥、哥哥、名字、小名	堂哥、堂弟、叔伯哥哥、叔伯弟弟、叔伯弟兄
父亲的兄弟的女儿	姐、姐姐、名字、小名	堂姐、堂妹、叔伯姐姐、叔伯妹妹
儿子	儿(子)、老大、老幺、名字、小名	伢、大儿、小儿、幺儿(子)、独生儿
儿子的妻子	名字、小名、小＋姓	媳妇(伢)、儿媳妇
儿子的妻子的父亲	亲家	儿女亲家
儿子的妻子的母亲	亲家、亲家母	儿女亲家

续表

称谓对象	面称	背称
女儿	丫头、姑娘、名字、小名	伢、女伢、大姑娘、 老幺、幺姑娘、独生姑娘
女儿的丈夫	名字、小名、小＋姓	女婿、姑爷
兄弟的子女	名字、小名	侄儿、侄姑娘
姐妹的子女	名字、小名	外甥、外甥姑娘
兄弟的儿子的妻子	名字、小名、小＋姓	侄媳妇
兄弟的女儿的丈夫	名字、小名、小＋姓	侄女婿
姐妹的儿子的妻子	名字、小名	外甥媳妇
姐妹的女儿的丈夫	名字、小名	外甥女婿
儿子的子女	名字、小名	孙(儿)、孙姑娘
孙子的妻子	名字、小名、小＋姓	孙媳妇
孙女的丈夫	名字、小名、小＋姓	孙女婿
女儿的子女	名字、小名	外孙、外孙姑娘
外孙的妻子	名字、小名、小＋姓	外孙媳妇
外孙女的丈夫	名字、小名、小＋姓	外孙女婿
孙子的儿子	名字、小名	曾孙儿

(二) 母系

黄陂方言母系亲属称谓如表2所示。

表2　黄陂方言母系亲属称谓

称谓对象	面称	背称
母亲的父亲的父亲	老爹爹	老爹爹
母亲的父亲的母亲	老家家	老家家
母亲的父亲	爹爹、家公、家爹	家公爹爹
母亲的母亲	家家、家婆	家家
母亲的母亲的姐妹	姨家(家)	姨家(家)
母亲的母亲的兄弟	姨爹	姨爹
母亲	妈妈、姆妈	妈妈、姆妈、老娘、娘

续表

称谓对象	面称	背称
母亲的兄弟	舅伯、舅爷、舅舅	舅伯、舅爷、舅舅
母亲的兄弟的妻子	舅妈、舅娘	舅妈、舅娘
母亲的姐姐	姨妈(用于已婚者)、姨(用于未婚者)、姨伯	姨娘
母亲的妹妹	小姨、幺幺	小姨
母亲的姐妹的丈夫	姨伯、姨叔	姨伯、姨叔
母亲的兄弟的儿子	哥、哥哥、名字、小名	表哥、表弟、老表
母亲的兄弟的儿子的妻子	表嫂	表嫂
母亲的兄弟的女儿	姐、姐姐、名字、小名	表姐、表妹、老表
母亲的兄弟的女儿的丈夫	姐夫、小+姓+哥、名字、小名	姑表姐夫、姑表妹夫
母亲的姐妹的儿子	哥、哥哥、名字、小名	表哥、表弟、姨老表、老表
母亲的姐妹的儿子的妻子	姐、姐姐、名字、小名	表嫂、表弟媳
母亲的姐妹的女儿	姐、姐姐、名字、小名	表姐、表妹、姨老表、老表
母亲的姐妹的女儿的丈夫	姐夫、小+姓+哥、名字	表姐夫、表妹夫
母亲的兄弟的儿子的儿子	名字、小名	表侄儿、姑表侄
母亲的兄弟的儿子的女儿	名字、小名	表侄姑娘
母亲的兄弟的女儿的儿子	名字、小名	表外甥
母亲的兄弟的女儿的女儿	名字、小名	表外甥姑娘
母亲的姐妹的儿子的儿子	名字、小名	表侄儿、姨表侄
母亲的姐妹的儿子的女儿	名字、小名	表侄姑娘
母亲的姐妹的女儿的儿子	名字、小名	表外甥
母亲的姐妹的女儿的女儿	名字、小名	表外甥姑娘

(三)夫系

黄陂方言夫系亲属称谓如表3所示。

表3 黄陂方言夫系亲属称谓

称谓对象	面称	背称
丈夫的父亲	爸、爸爸	爸、爸爸、公公

续表

称谓对象	面称	背称
丈夫的母亲	妈妈、妈	妈妈、妈、婆婆
丈夫	直呼其名或姓名、“诶、喂”等叹词	男将、我男滴、老＋姓、小＋姓、老伴、外头的
丈夫的哥哥	哥、哥哥、从夫称	哥、哥哥、从夫称
丈夫的哥哥的妻子	嫂子、从夫称	嫂子、从夫称
丈夫的弟弟	名字、从夫称	叔子、小叔子、从夫称
丈夫的弟弟的妻子	名字、从夫称	弟妹、弟媳妇
丈夫的姐姐	姐、姐姐、从夫称	大姑子
丈夫的妹妹	名字、从夫称	小姑子

(四) 妻系

黄陂方言妻系亲属称谓如表 4 所示。

表 4　黄陂方言妻系亲属称谓

称谓对象	面称	背称
妻子的父亲	爸、爸爸、老亲爷(昵称)	亲爷
妻之的母亲	妈、妈妈、老亲娘(昵称)	亲娘
妻子	直呼名字或姓名、“诶、喂”等叹词	屋里滴(谦称)、女人、(苕)女的、女将、家务、婆娘、老伴、媳妇、老＋姓、小＋姓
妻子的哥哥	从妻称	舅姥哥、大舅佬、舅子
妻子的哥哥的妻子	姐、从妻称	嫂子、内嫂
妻子的弟弟	从妻称	小舅子、舅佬
妻子的弟弟的妻子	从妻称	内弟媳
妻子的兄弟的儿子	名字、小名	舅侄(儿子)
妻子的兄弟的女儿	名字、小名	舅侄姑娘
妻子的姐姐	姐姐、姐、从妻称	姨姐
妻子的妹妹	从妻称、名字	小姨子、妹妹、姨妹
妻子的姐妹的丈夫	从妻称、哥哥、哥	连襟

续表

称谓对象	面称	背称
妻子的姐妹的儿子	名字、小名	姨侄
妻子的姐妹的女儿	名字、小名	姨侄姑娘
妻子的兄弟的儿子的儿子	名字、小名	舅侄孙

二、黄陂方言亲属称谓的形式特点

（一）黄陂方言亲属称谓的构成单位

冯汉骥认为，决定称谓的构成的原则是语言学和社会学的原则。从语言学来看，亲属称谓是按汉语的句法规则组成的；从社会学看，亲属称谓的语义是由其反映的亲属关系以及所处的语境来决定的。[①] 由此看来，黄陂方言亲属称谓的构成，由所反映的亲属关系和该地区语言的构词规律决定。本节从语素—词—短语三级角度来看黄陂方言亲属称谓。

1. 亲属称谓语素

1）中心语素

所谓的中心语素就是指构词能力强、使用频率高的核心语素，例如：爹、爷、父、妈、叔、伯、姑、姨、舅、伢、子、女、儿、兄、弟、姐、妹。这些语素在古代可以单独使用，在现在的口语中，则要与其他语素组合使用。

2）区别直系旁系、宗亲外亲、血亲姻亲的语素

在黄陂方言中，在称谓语前面加上“堂”“表”“内”“外”“老”“重”等，就可以简单明了地进行区分了。

3）表次序的语素

在平辈中，使用什么样的称呼语往往要按照排行来定。排行第一的往往用“大”表示，如“大哥”；排行最末的用“幺”，如“幺叔”“幺幺”；年幼的用“小”，如“小伢”。

4）表性别的语素

通过称呼语中含有的“妈”“姨”“叔”“媳”“婿”“娘”“舅”等语素，我们就可

① 冯汉骥. 中国亲属称谓指南[M]. 徐志诚，译. 上海：上海文艺出版社，1989：1.

以知道对方的性别。当然，还有一些语素是不能确定对方的性别的，如“伯”“将”“伢”。

5）表亲疏远近的语素

“老”字一般附着在亲属称谓词的前面，如兄弟姐妹之间，可以称对方“老大”“老二”等，这样可以显示彼此之间非常熟悉的关系。还有的如“老公”“老婆”“老头”“老伴”“老表”，也显示关系亲密。

2. 亲属称谓词

亲属称谓词是由亲属称谓语素构成的能够独立运用的语言单位，是亲属称谓的主要组成部分。

以血亲为基础的称谓有：老太、老爹爹、大大、爹爹、爸爸、妈妈、哥哥、弟弟、姐姐、妹妹、儿子、姑娘、孙子、孙女；伯伯、叔叔、堂哥、堂弟、堂姐、堂妹、姑姑、姑妈、侄儿、侄姑娘；家家、家爹、舅伯、舅舅、姨妈、小姨、幺幺、表哥、表姐、表弟、表妹、外甥、外甥姑娘、外孙、外孙姑娘。

以姻亲为基础的称谓有：婶娘、娘娘、姑父、姨伯、姨叔、舅妈、舅娘、嫂子、弟媳、姐夫、妹夫、大伯子、小叔子、大舅子、小舅佬、姨姐、小姨子、儿媳、女婿、侄媳、侄婿、孙媳、孙婿。

3. 亲属称谓短语

亲属称谓短语比较少。在黄陂方言中，“儿女亲家”“叔伯弟兄”“叔伯姊妹”“姨老表”“姑舅老表”“后来老子”“后来娘”“姊妹伙”等，既可以表示合称或多指，显示与对方的关系，也可以直接作为称谓语使用。

（二）黄陂方言亲属称谓的构词方式

1. 附加式

1）前加式（前缀＋词根）

大伯　大哥　小姨　幺叔叔　老家家　表哥/弟　堂姐/妹　老亲娘

2）后加式（词根＋后缀）

女/男伢　男/女将　嫂子　叔子

3）前后加式（前缀＋词根＋后缀）

小舅子　大姑子　小叔子

在附加式中，有的语素加字后词语的意义不发生改变，如遵循“中心语素＋子”的构词方式的词“叔子”“儿子”“嫂子”“姨子”等。在喊同辈的名字时，如果对方是单个字，就喊为“名字＋子”。这样的做法是为了补充音节，或者表达喜爱、亲近的情感。有的语素加词缀后意义发生改变，如“孙子”加一个

"外"，就成了外亲称谓，"男"加上"将"后变成特指丈夫。

2. 合成式

1）联合式

兄妹、兄弟、姐妹、爸妈、夫妻、公婆、哥嫂

2）动宾式

连襟

3）定中式

表哥、堂弟、姨娘、舅妈、外孙、外甥、侄姑娘

4）重叠式

爸爸、妈妈、爹爹、家家、伯伯、叔叔、舅舅

3. 以直系亲属的称谓为构词语素

采用词根复合法构造出旁系姻亲、宗亲等亲属称谓，从而组成庞大的亲属称谓系统。

在黄陂方言亲属称谓中，用"家""爹""娘""妈""儿""哥""姐""弟""妹""姑娘"等直系亲属称谓语素，加上表示次序、性别的，区分亲疏远近的，表示直系旁系、宗亲外亲、血亲姻亲的语素，构成新的亲属称谓。例如：

由"家"构成的称谓：老家家、家家、姨家、幺家家。

由"爹"构成的称谓：老爹爹、爹爹、家爹、姑爹、舅爹、幺爹。

由"娘"构成的称谓：老娘、娘老子、亲娘、老亲娘、婶娘、姨娘、娘娘、舅娘、后来娘。

由"妈"构成的称谓：妈妈、姆妈、舅妈、姨妈、小妈。

由"儿"构成的称谓：儿伢、幺儿、大儿、侄儿子、舅侄儿子、孙儿、外孙儿、姨侄儿子。

由"哥"构成的称谓：哥哥、姐夫哥、堂哥、表哥、叔伯哥哥。

由"姐"构成的称谓：姐姐、堂姐、表姐。

由"弟"构成的称谓：弟弟、兄弟、弟妹、堂弟、表弟。

由"妹"构成的称谓：堂妹、表妹、幺妹。

由"姑娘"构成的称谓：姑娘伢、侄姑娘、外甥姑娘、舅侄姑娘、孙姑娘、外孙姑娘。

4. 特殊称谓的构成方式

特殊称谓的构成方式，采用修辞法，常见的如借代、仿词。如用"屋里的"指代"妻子"，用"外头的"指代"丈夫"，"娘屋里"表示"娘家"，"婆屋里"表示"婆家"。

三、黄陂方言亲属称谓的使用特点

第一，在黄陂方言亲属称谓中，对于长辈称呼，面称和背称基本一致，而对于平辈和晚辈的称呼，面称和背称则显得不同。面称指面对面交流中使用的称呼，所以用语比较轻松活泼。同辈之间可以直呼姓名，长辈可以直呼晚辈的姓名、小名、昵称。比如妻子称丈夫为“苕货”“蠢家伙”，丈夫称妻子“婆娘”“苕家伙”等，这只是表达一种喜爱和亲近。再如长辈直呼晚辈的外号“贱货”“小狗子”（旧时人们认为孩子取这种外号会好养），外号因不同人有不同的取法，体现了面称的轻松活泼。

背称用于向第三者介绍、书信往来及比较正式的场合中，所以要求比较正式、严肃。在黄陂方言中，背称亲属称谓的词语多于面称亲属称谓，并且背称能够直接反映对方与自己的关系。比如，对于父亲的兄弟的子女，我们称呼“堂哥”“堂弟”“堂姐”“堂妹”，或者“叔伯哥哥”“叔伯弟弟”“叔伯姐姐”“叔伯妹妹”，或者“叔伯弟兄”“叔伯姊妹”，他们属于旁系血亲（和自己有血缘关系而又同姓的亲属在称呼前加“堂”字，与同胞关系的亲兄弟姐妹相区别）。对于外亲（和自己有血缘关系但不同姓的），在称呼前加“表”字。如母亲的兄弟的子女称为“表哥”“表姐”“表弟”“表妹”，或称为“老表”。母亲的姐妹的子女也称为“表哥”“表姐”“表弟”“表妹”，这属于“姨老表”。父亲的姐妹的子女也是称为“表哥”“表姐”“表弟”“表妹”，这属于“姑舅老表”。

第二，黄陂方言亲属称谓系统讲究上下有别、长幼有序。在普通话中，父亲的姐妹、母亲的兄弟姐妹及其配偶被称呼为“姑妈”“舅舅”“舅妈”“姨妈”，没有具体到长幼的区分。而在黄陂方言中，母亲的哥哥被称为“舅伯”，弟弟则被称为“舅舅”，相应地，其配偶依次被称为“舅妈”“舅娘”。对于母亲的姐妹，已婚的称为“姨妈”“姨伯”，未婚的称为“姨”。如果母亲姐妹很多，则采用“排行＋姨伯/小姨”的称呼，对于最小的妹妹甚至可以随母亲一起称为“幺（幺）”。

第三，黄陂方言亲属称谓也很注重亲疏分明、内外有别。对于关系亲近的亲属，称谓就固定化和细分化。比如父亲的哥哥被称为“伯伯”，父亲的弟弟被称为“叔叔”，母亲的哥哥被称为“舅伯”，母亲的弟弟被称为“舅舅”，这些都属于与自己有血缘关系的人的称呼。对于妻子的兄弟、丈夫的兄弟，一般都是从妻称、从夫称，没有具体的规定。最鲜明的应该是将儿子的子女称为

"孙子""孙姑娘"，将女儿的子女称为"外孙""外孙姑娘"，"外"字把宗亲和外亲区别开来。

总而言之，黄陂方言亲属称谓系统有着汉语称谓系统的一般特点，仍然以男子为中心，父系直系亲属贯穿，同时兼有旁系亲属，构成宗亲称谓。再加以外亲和姻亲称谓，构成整个亲属称谓系统。在具体的某些亲属称谓系统中，黄陂话会有些许的不同，这就是它独特性的体现。

四、黄陂方言亲属称谓词语折射出的民俗文化内涵

一个地区的文化以当地的语言为载体，而亲属称谓又是使用频率高、稳定性较强的一类词汇。研究黄陂方言亲属称谓，有助于我们了解黄陂地区的民俗文化内涵。总的来说，这种民俗形文化形成于当地的人文地理环境下，又不脱离于中华传统文化的大范围。细分下来，黄陂方言亲属称谓词语折射出的民俗文化内涵主要有两点。

（一）性别歧视

汉民族文化一直强调宗法制，在宗法制社会下，以夫为纲，男尊女卑。以直系血亲为纲，旁系为辅，外亲包围，同时还外连着姻亲。因此，性别歧视反映到称谓语上，就有以下几点表现。

1. 重视父系，轻视母系

从表1至表4这四个表我们可以看到，父系亲属称谓词语大于母系亲属称谓词语。在父系亲属的称谓的前面加上"侄""堂"，在母系亲属称谓的前面加上"外""堂"。"堂"指正房、高大的房子，在古代尊称对方的父亲用"高堂"；"外"和"表"均表示在室外，不是核心内容的一部分。"儿子的子女"称为"孙"；"女儿的子女"称为"外孙"。在家族里面，孙的地位显然高于外孙。

2. 在一些合成的词语里习惯"男前女后"

在黄陂方言亲属称谓中，从词语排列的次序可以看出人们的语言习惯。比如在合成词语中，"父母""公婆""爹妈""儿女""兄妹""夫妻"，都是"男前女后"。

3. 在夫妻称呼中，男尊女卑

在现代社会中，我们强调夫妻双方地位平等、夫妻之间互敬互爱，但受到传统观念的影响，仍有一些称谓沿用下来。特别是在背称时，"男尊女卑"体

现得很明显。如丈夫对外人介绍自己的妻子时，称她为“屋里的”“女的”“苕女的”“婆娘”等，“婆娘”这种词有一点轻蔑的感觉。而妻子对外人介绍自己的丈夫时，称他为“老公”“男将”“外头的”“当家的”，这些称谓能体现出一种尊敬的情感，显然，这样的称谓要强于对妻子的称谓。

（二）从尊现象

孙玉卿认为，汉语的亲属称谓系统讲究的是长幼有序。不过，在称谓词的历时变化中，从尊称谓的影响也是很大的。① 这在黄陂方言亲属称谓中有所体现。

一般而言，同父母而年纪比自己大的男子被称为“哥哥”，女子被称为“姐姐”；同父母而年纪比自己小的男子被称为“弟弟”，女子被称为“妹妹”。在黄陂方言亲属称谓中，人们会采用其他称谓方式来避免说“弟弟”“妹妹”。如称“弟弟”为“兄弟”，称“妹妹”为“姊妹”。再如将妻子的哥哥称为“舅佬哥”“大舅佬”，将妻子的弟弟称为“小舅子”“小舅佬”，而不是称为“舅弟”。将妻子的姐姐称为“姨姐”，将妻子的妹妹称为“小姨子”。丈夫的哥哥被称为“哥哥”“大伯子”，丈夫的弟弟被称为“小叔子”而不是“弟弟”。丈夫的姐姐被称为“大姑子”，丈夫的妹妹被称为“小姑子”。从这些称谓语我们可以看出，黄陂方言亲属称谓也受到了“从尊现象”的影响，人们讲究礼貌原则，以拉近人与人的友好关系。

五、黄陂方言亲属称谓词语的现代发展

现代社会实行一夫一妻制，所在家族中没有了古代社会的嫡庶之别。同时，由于计划生育的实施、政府政策的影响、现代社会养育孩子的成本上升、人们的生育观念的转变等，越来越多的家庭只生育一个孩子。以后也很少会产生堂亲、表亲这样的庞大家族，家族关系简单化后，在同辈之间，年长的称为“哥”“姐”，年龄小的直接称对方名字，不再区分堂表关系，这是一种简化。又如在口语中，根据经济原则，一些称谓往往简化，单个字的称谓比较常见。如“父亲的母亲”一般被称为“太”“大”，“母亲的母亲”被称为“家”，爸妈直接

---

① 孙玉卿．从方言称谓词的历时变化看“从尊称谓”的影响[J]．山西大学学报（哲学社会科学版），2011，34(1)：61-64．

称“爸”“妈”。再如对外人介绍“子女的子女”时一般就说“孙”，不用说“孙子/女”。也有喜欢用合称的，通常会出现一些词语来指称多个对象。比如“爸妈”“兄弟姐妹”“娘屋里”“婆屋里”“弟兄伙”“姊妹伙”。还有“弟兄＋数词＋个”，可以用来指代所有的弟兄。

称谓语是否会消失，现在还无从得出。因为黄陂的农村地区还是很强调亲疏远近、内外分明的，特别是老一辈的人，他们对这种关系的划分很清楚。例如，他们在向他人介绍自己堂表兄弟姐妹时，会很明确地说“姑舅老表”“姨老表”，或者“叔伯弟兄”。这样的称呼能让我们明白双方的关系。

因此，随着经济的发展和人们实际交往的需要，某些称谓语的使用频率会降低，但只要它们存在意义，它们就不会在短期内消失。我们还是需要了解这方面的称谓语，避免在人际交往时的不知所措。

六、结　　语

本文根据实地采访调查，介绍了黄陂方言父系、母系、夫系、妻系亲属称谓语，分析了黄陂方言亲属称谓的构成方式，黄陂方言亲属称谓的构成方式具体表现为：称谓语的构词方式丰富，有附加式、合成式、定中式和重叠式，以直系亲属的称谓为构词语素，采用词根复合法构造出旁系姻亲、宗亲等亲属称谓，从而组成庞大的亲属称谓系统。除此之外，黄陂方言还采用修辞方式，例如借代。本文还分析了其使用特点，黄陂方言亲属称谓作为汉语亲属称谓的一部分，它有着汉语亲属称谓的一般性特点，即以男子为中心，直系亲属称谓贯穿，同时兼有旁系亲属，构成宗亲称谓。再加以外亲和姻亲称谓，构成整个庞大的亲属称谓系统，体现了上下有别、长幼有序、亲疏分明、内外区分的使用规则。并在此基础上探讨了称谓语所体现的民俗文化内涵，如父系亲属称谓明显多于母系亲属称谓，重视父系，轻视母系，在一些合成词中习惯“男前女后”，在夫妻称呼中，男尊女卑。这些都体现了性别歧视。在称谓语中，还存在从尊现象。本文还对黄陂方言亲属称谓词语的现代发展进行归纳，由于经济的发展和人们实际交往中的需要，亲属称谓词出现简化，某些称谓语的使用频率降低，但只要这些称谓语还存在意义，它们就不会在短期内消失。

参考文献

[1] 万久富.试论方言中亲属称谓词的变读[J].徐州师范大学学报(哲学社会科学版),2001,27(1).

[2] 王琴.汉语亲属称谓使用的现状[J].成都大学学报(社会科学版),2005(2).

[3] 王婷.武汉方言亲属称谓研究[D].绵阳:西南科技大学,2013.

[4] 冯汉骥.中国亲属称谓指南[M].徐志诚,译.上海:上海文艺出版社,1989.

[5] 孙玉卿.从方言称谓词的历时变化看"从尊称谓"的影响[J].山西大学学报(哲学社会科学版),2011,34(1).

[6] 李启文.广州方言亲属称谓词系统分析[J].广东社会科学,1989(1).

[7] 李文娟.湖北天门方言特殊亲属称谓例析[J].环球人文地理,2014(12).

[8] 刘慧.社会变迁与亲属称谓的发展[J].牡丹江教育学院学报,2008(6).

[9] 陈佳.从汉语血缘亲属称谓看语言对文化的反映[J].语言研究,2002(S1).

[10] 余梦.华容亲属称谓的社会语言学研究[D].长沙:中南大学,2010.

[11] 张兴良.长沙方言亲属称谓词"崽"的词义变化[J].湖南广播电视大学学报,2011(4).

[12] 邹晓玲,王志芳.亲属称谓名词类词缀化现象的认知解释[J].长春师范学院学报,2013(11).

[13] 范丽君.内蒙古方言亲属称谓词文化特征研究[D].呼和浩特:内蒙古大学,2004.

[14] 查家敏,高湛茱.亲属称谓泛化现象的语用研究——以"哥、姐"等亲属称谓为例[J].语文学刊,2011(13).

[15] 赵曾.亲属称谓差异的文化透视[J].文艺生活,2011(4).

[16] 贾彦德.现代汉语常用亲属词的语义特点[J].世界汉语教学,1994(1).

[17] 唐雷.女性配偶称谓义场的古代历史概貌[J].浙江工商职业技术学院学报,2005,4(1).

[18] 康月惠. 汉语亲属称谓及其泛化使用:类型、成因和功能[D]. 福州:福建师范大学,2007.

[19] 焦国荣. 陕西方言亲属称谓研究[D]. 西安:陕西师范大学,2006.

[20] 雷双凤. 靖远方言亲属称谓考释[J]. 丝绸之路,2011(20).

试析应山话中的亲属称谓词

周　　博

指导教师：童琴

一、绪　　论

（一）选题意义及研究现状

亲属称谓是中华民族内部交际文化的产物，是中华民族宗法制度的沉淀物。随着社会的发展，亲属称谓逐渐形成了一套完整的、比较稳定的系统。亲属称谓是从血缘和婚姻关系中产生的，关于亲属称谓的定义，研究者各有见地。“亲属称谓”就是对于自己有亲属关系的人称呼方式。（《汉语亲属称谓研究》，胡士云，2001）这只是比较宽泛的说法。所谓“有亲属关系”，主要是指血缘和婚姻关系。[①] 亲属称谓是从自我的角度，以血缘和婚姻关系为基础，对亲属成员的称谓，以表示与其的关系。亲属称谓词的研究涉及众多语言、文化、社会习俗等方面，对于亲属称谓词的研究在一定程度上都是有助于这些方面的研究。

汉语中有关亲属称谓的记载在甲骨文中就有所体现，最早系统地记录解释亲属称谓的是《尔雅》中的《释亲》篇。经过几千年的发展变化，亲属称谓系统整体上比较稳固，主要是因为我国传统文化因素使得因血缘和婚姻因素而产生的亲属关系一直都很稳定。称谓文化是中华民族的文化的重要组成部分，亲属称谓作为与社会称谓相对的一类，一直以来都受到研究者的重视。从20世纪四五十年代开始，有关现代汉语亲属称谓语的研究就不断向前发展。宏观方面，前辈研究者已经大致对汉语亲属称谓的定义、分类及其依据、使用情况等方面做了比较系统详尽的研究；微观方面，针对各个地区方言亲属称谓的研究逐年增加，研究的角度、方法都在不断创新。一些研究者就专

① 胡士云先生在《汉语亲属称谓研究》中认为，亲属关系的发生有三种情况，一是由出生等血缘关系所致，二是由婚姻关系所致，三是由法律认定所致。

门针对这些问题进行研究，如岳嫣嫣的《二十世纪以来汉语亲属词研究方法述评》，将20世纪以来有关汉语亲属称谓词的研究方法从历史比较语言学、描写主义语言学、文化语言学和认知语言学四个角度进行宏观的概述，对各种方法进行简要的分析。总之，亲属称谓词的研究越来越向细微方向发展。

（二）研究思路及研究方法

在漫长的历史长河里，虽然人们之间的亲属关系比较稳定且变化较少，但是表示这种关系的称谓语随着人类社会的演变而演变，它并不是一个数目确定的封闭性系统，而是一个数目不定的开放性系统，这很好地体现在方言亲属称谓中。[①] 有关现代汉语方言亲属称谓词的研究，近年来得到很大的发展，湖北地区就涉及武汉、恩施、襄阳、大冶、松滋、仙桃等地。湖北地区的方言分布很复杂，因而有很多不同的亲属称谓词，虽然各地的亲属称谓词大致相同，但是区别也是十分明显的。应山方言中的亲属称谓词与安陆、大悟等相邻地区的亲属称谓词大致相同，但是也有自己的独特之处。本文在前人关于亲属称谓词研究的基础上，搜集了应山话中的亲属称谓词，并对其进行了分类，归纳了应山方言亲属称谓词的构成特点，分析其演变和原因。

在撰写论文的过程中，笔者采用的方法主要有田野调查法、描写法、比较法等。通过搜集应山方言中的亲属称谓词并进行分类，归纳出其在语音、构成和使用上的一些特点。本文主要用国际音标的注音方式来对应山话中亲属称谓词进行注音，同时采用现代汉语与应山话中亲属称谓词相对应的形式，以便理解。

二、应山方言称谓系统分类

（一）亲属称谓系统的分类

称谓词产生于人们日常生活的交际之中，对于“称谓词”这个名称，现在依然是有不同的说法：有人称为称谓语，还有人把它叫作称呼语或称谓词。郑尔宁先生在《近二十年来现代汉语称谓语研究综述》中论述了称谓语的界定以及称谓语和称呼语之间的异同。他认为称谓语与称呼语是两种具有密

---

① 杨赛良．现代汉语亲属称谓语的开放性[J]．文教资料，2011(9)：42-43.

切联系又存在明显差异的不同词汇现象。[①] 亲属称谓词是以血缘或婚姻关系为基础而产生的，它与人们当面打招呼时所使用的称呼语有着明显的区别，同时，由于"奶奶""大哥""嫂子"这样的亲属称谓词语又可以作为称呼语，所以称呼语和称谓语部分重合，部分相离。[②] 称谓语又可以分为亲属称谓语和社会称谓语，社会称谓语又可以分为职业称谓语、通用称谓语和姓名称谓语等几小类。

亲属称谓词的来源目前还不能确定，但是亲属称谓词作为汉语词汇中的基本词汇，体现着中华民族的文化和制度，因而这类词汇必定是很早就产生的，可能在语言产生之初就已经存在了。当然，在没有文字产生之前，这些是无法证实的，但是根据已经发现的能够看见的资料，甲骨文中已有关于亲属称谓系统的记载。亲属称谓是一个比较庞大的系统，数量非常多，据有关资料统计，仅书面上出现的古今亲属称谓（包括方言在内）就有三千五百多条。在这些亲属称谓词中，有很多称谓词是有重复意义的，这也是亲属称谓词的一个明显的特征——词义交叉重复，即同一个亲属称谓词表示几种不同的亲属关系，同一个的亲属关系又有好几个不同的亲属称谓词。例如，"爷爷"这个词，父亲的父亲可以称为"爷爷"，父亲的伯父或者叔父，也可称为"爷爷"；"爸爸"和"父亲"是同一个人，但是在不同的场合或者方式上有不同的称谓方式。正因为如此，汉语亲属称谓很容易让人感到"迷惑"，众多的方言中的分歧，更是给亲属称谓词增加了不少的复杂性。

称谓语与一般的语言符号系统一样，具有一定的指称功能，同时又有自己的特性：区域性、民族性、变异性社会性等特征。[③] 称谓系统中有两种称谓语：亲属称谓和社会称谓。亲属称谓词就是以"自我"为中心，对因血缘或者婚姻关系而产生的亲属的称谓，以表示自己与其的关系的词语。潘文、刘丹青在《亲属称谓在非亲属交际中的运用》（1994）一文中指出，汉语亲属称谓有长幼有序、男女有别、亲疏有别、血亲姻亲有别四个显著的特点。

关于亲属称谓的分类，大体上有两种方法：一种是类分法，一种是叙述法。[④] 采用叙述法分类，可以将亲属称谓语按照直系旁系、辈分、父系母系等层次详细而严格地区别开来。现在有很多研究者认为，亲属称谓分有两种：

① 郑尔宁．近二十年来现代汉语称谓语研究综述[J]．语文学刊，2005(2)：120-122.

② 郑尔宁．近二十年来现代汉语称谓语研究综述[J]．语文学刊，2005(2)：120-122.

③ 曹永芳．现代汉语亲属称谓的理据性研究[D]．沈阳：辽宁大学，2013.

④ 史宝金．论汉语亲属称谓的特征及其社会历史文化背景[J]．复旦学报（社会科学版），2003(2)：132-140.

亲属称谓和拟亲属称谓。这两者虽然都属于亲属称谓，但是在用法上有着明显的差异。亲属称谓只用于真正有血缘或者婚姻关系的亲属之间，拟亲属称谓是人们在社会交往时，为了拉近彼此的距离，消除生疏等，将对方视作亲属，用亲属称谓词去称呼。区分汉语亲属称谓可以运用叙述法。这种叙述法以自我为基点、为中心，上下左右，直系旁系，纵横交叉；性别辈分，秩序谨严；血亲姻亲，区分严格；年龄长幼，界限分明。[①] 在《论汉语亲属称谓的特征及其社会历史文化背景》一文中，史宝金先生采用叙述法，将汉语亲属称谓大致分为四类：以父系血缘远近区分的亲属称谓（分有直系和旁系），以母系血缘远近区分的亲属称谓，以妻系血缘关系远近区分的亲属称谓，以父系血缘远近区分的亲属称谓。这样就大致将所有的亲属称谓囊括进去了。[②] 为了更加形象地展示分类情况，在此以《论汉语亲属称谓的特征及其社会历史文化背景》为蓝本，将亲属称谓词分类如图 1 所示。

无论是现代汉语亲属称谓的研究者，还是现代汉语方言亲属称谓的研究者，都主要采用类分法和叙述法对亲属称谓词进行分类。史宝金先生用叙述法进行分类，有一个很重要的思维——类推思维。它以直系亲属称谓为经，旁系亲属称谓为纬，以血亲为内，以姻亲为外。我们只要把握直系亲属称谓这个纲，并注意到血亲、姻亲的内外之别，旁系亲属称谓的种种名目都可以从直系亲属称谓中类推出来。[③] 这种类推思维对于理解现代汉语亲属称谓有着十分重要的作用，现代汉语称谓系统繁杂庞大，在研究现代汉语称谓系统时，运用类推可以减少工作量，不需要在每类中将所有亲属称谓都列举出来。同时，只要掌握了类推的方法，就很容易理解这个繁杂系统中的各种名目的亲属称谓。本文亦将采用史宝金先生的这种分类方法，对应山方言中的亲属称谓词进行分类。

虽然汉语亲属称谓系统具有繁杂性，但是可以看出亲属称谓词也是有其“章法”存在的。关于现代汉语亲属称谓词的研究已经有近百年的时间，系统性的研究还有很长的路要走，对于亲属称谓词的分类亦将有更多的方式出现。不同的分类方式所得到的结果不同，但无论采用何种方法分类，亲属称谓词的数量都不会发生变化。

---

① 史金宝．论汉语亲属称谓的特征及其社会历史文化背景[J]．复旦学报（社会科学版），2003(2)：132-140.

② 这里的“所有的亲属称谓”不包括拟亲属称谓。

③ 史金宝．论汉语亲属称谓的特征及其社会历史文化背景[J]．复旦学报（社会科学版），2003(2)：132-140.

- 亲属称谓词
  - 以父系血缘远近区分的亲属称谓
    - 直系：曾祖父、曾祖母、祖父、祖母、父亲、母亲、儿子、儿媳、女儿、女婿、姐姐、姐夫、妹妹、妹夫、弟弟、弟媳、孙子、孙媳、孙女、孙女婿……
    - 旁系：曾祖伯父、曾祖伯母、曾祖叔父、曾祖叔母、伯祖父、伯祖母、叔祖父、叔祖母、姑奶奶、姑爷爷、伯父、伯母、叔父、婶婶、姑姑、姑父、堂兄、堂嫂、堂姐、堂姐夫、堂妹、堂妹夫、侄子、侄媳、侄孙子、侄孙媳、侄孙女、侄孙女婿、姑表兄、姑表嫂、姑表姐、姑表姐夫、姑表弟、姑表弟媳、姑表外甥……
  - 以母系血缘远近区分的亲属称谓：外祖父、外祖母、舅舅、舅妈、舅表兄、舅表嫂、舅表姐、舅表姐夫、舅表弟、舅表弟媳、舅表妹、舅表妹夫、舅表侄子、舅表侄媳、舅表侄女、舅表侄女婿、舅表孙子、舅表孙媳、舅表孙女、舅表孙女婿、姨妈、姨父、姨表兄、姨表嫂、姨表姐、姨表姐夫、姨表弟、姨表弟媳、姨表妹、姨表妹夫、姨表侄子、姨表侄媳、姨表侄女、姨表侄婿、姨表孙子、姨表孙媳、姨表孙女、姨表孙婿……
  - 以妻系血缘关系远近区分的亲属称谓：妻子、岳父、岳母、妻兄、妻嫂、妻弟、妻弟媳、内表侄子、内表侄媳、内表侄女、内表侄婿、内表孙子、内表孙媳、内表孙女、内表孙婿……
  - 以夫系血缘远近区分的亲属称谓：丈夫、公公、婆婆、伯公、伯婆、大哥（大伯）、小弟（小叔）、大姐（大姑）、小妹（小姑）……

图1　亲属称谓词分类

（注释：在“以夫系血缘远近区分的亲属称谓”中，“大哥（大伯）”等类似称谓，括号前的是随丈夫而称呼的，括号里面的随子女而称呼的。）

（二）应山方言亲属称谓系统的分类

应山方言中的亲属称谓词的类型与亲属称谓系统中的亲属称谓词的类型大致相同。由于史宝金先生的分类方式具有很好的逻辑性和经济性，因而本文亦采用史宝金先生提出的分类方式，将主要的亲属称谓分为四个大类。在此需要特别说明的是：①在史宝金先生的分类中，一些亲属称谓词还没有列举，本文在此基础略有补充；②在应山方言中，亲属称谓词的分类依据有其自身特点。由于方言的特殊性，应山方言的亲属称谓词的数量与基本的亲属称谓词的数量相当。但是有的亲属称谓有重复性，同一样身份的亲属有不同的称谓；有的亲属称谓词也有“兼容性”；有的亲属称谓词已经在社会交际中广泛使用，兼有亲属称谓词和社会称谓词两种属性。比如“爹爹”和“爷爷”，在应山方言中都是“祖父”的意思；“叔叔”既能称呼父亲的弟弟，也能称呼社会上比自己父亲年轻的非亲属的男性长辈。因为本文主要针对亲属称谓词进行讨论，所以对于这类“兼容词”，本文只是对它在亲属称谓方面的情况进行叙述，不对其在拟亲属称谓方面的情况进行讨论。上面的四大分类并不能囊括所有的亲属称谓词，对一些比较特殊的亲属称谓词在下面会有补充说明。

本文采用国际音标注音法将应山方言中的亲属称谓词表示出来，按照应山方言中的读音来记录，对于那些与普通话发音相同或者十分相近的亲属称谓词，就采用普通话汉字来表示。同时将这些词与普通话进行对照，以方便理解。

1. 父系血缘的亲属称谓[①]

父系血缘的亲属称谓如表 1 所示。

表 1　父系血缘的亲属称谓

	普通话称谓词	应山话亲属称谓词	应山话中的语音音标	备注
直系	祖父的祖父	老太太	[lau^{25} tʻai^{214} tʻai^{214}]	这一辈全都称为“老太太”
	祖父的祖母	老太婆	[lau^{25} tʻai^{214} po^{51} r]	
	曾祖父	太太	[tʻai^{214} tʻai^{214}]	这一辈全都称为“太太”
	曾祖母	太婆儿	[tʻai^{214} pʻo^{51} r]	
	祖父	爹爹（爷爷）	[tie^{21} tie^{21}]	生活中称呼“爹爹”或“爹爹”的情况均有
	祖母	婆婆（奶奶）	[pʻo^{214} pʻo^{21}]	生活中称呼“婆婆”或“奶奶”的情况均有
	父亲		[bɤ^{42} bɤ^{21}]	有亦称呼“爹”“老子”（背称）
	母亲		[mai^{214} mer^{21}]	有亦称“妈”（[mau^{25}]）

① 这里的“亲属”包括有血缘和婚姻关系的亲属，为了便于整理记录，故将其统称为“父系血缘关系亲属”，后面的“母系血缘亲属”“妻系血缘亲属”“夫系血缘亲属”都是如此。

	普通话称谓词	应山话亲属称谓词	应山话中的语音音标	备注
直系	儿子	儿	[εə^{34}]	“大”“小”“三”“幺”等表示顺序
	媳妇	儿媳妇儿	[er^{25} ɕi^{51} xuo　ər^{21}]	与“儿子”的顺序词一致
	女儿	姑娘	[ku^{21} iaŋ^{51}]	“大”“小”“二”“三”等表示顺序
	女婿	女婿	[ʐu^{25} ɕi^{21}]	与“女儿”的顺序词一致
	孙子	孙儿	[sər^{21}]	“大”“小”“二”“三”等表示顺序
	孙媳	孙媳妇儿	[sən^{21} ɕi^{51} xuo　ər^{21}]	与“孙子”的顺序词一致
	孙女	孙姑娘	[sən^{21} ku^{21} iaŋ^{51}]	“大”“小”“二”“三”等表示顺序
	孙婿	孙女婿	[sən^{21} ʐu^{25} ɕi^{21}]	与“孙女”一致
旁系	哥哥	哥	[kuo^{21}]	用“大”“小”“三”等表示顺序
	嫂子	嫂儿	[saur^{25}]、[sau^{25} tsɿ]	与“哥哥”顺序一致
	姐姐	姐	[tɕiε^{25}]	“大”“二”“三”等表示顺序
	姐夫	姐夫哥	[tɕiε^{25} fu^{21} kuo^{21}]	与“姐姐”的顺序一致
	弟弟	兄娃儿	[ɕyŋ^{21} wa^{214} r]	“大”“二”“三”“小”等表顺序
	弟媳	弟妹儿	[ti^{214} mər^{51}]	与“弟弟”顺序一致
	妹妹	妹妹	[mei^{214} mei]	“二”“三”“幺”等表顺序
	妹夫	妹夫子	[mi^{214} fu^{21} tsɿ]	与“妹妹”顺序一致
	伯祖父	爹爹	[tie^{21} tie^{21}]	“大”“小”“二”“三”等表示顺序
	伯祖母	婆婆	[p'ɔ^{214} p'ɔ^{21}]	与“伯祖父”前的顺序词一致
	叔祖父	爹爹	[tie^{21} tie^{21}]	用顺序词与“伯祖父”区分开
	叔祖母	婆婆	[p'o^{214} p'o^{21}]	与“叔祖父”顺序词一致
	姑奶奶	姑婆	[ku^{21} p'o^{25}]	“大”“小”“二”“三”等表示顺序
	姑爷爷	姑爹	[ku^{21} tio　ə^{51}]	与“姑婆”的顺序词一致
	伯父	伯爷	[bæ^{42} iε^{21}]	“大”“二”“三”等表示顺序
	伯母	伯妈	[bæ^{42} ma^{25}]	与“伯父”的顺序词一致，“大伯妈”
	叔父	爷	[iε^{214}]	“二”“三”等表顺序，与“伯父”区分
	婶婶	妈	[ma^{21}]	与“叔父”的顺序词一致，如“二妈”
	姑姑	姑妈、幺幺	[ku^{21} ma^{51}]、[iau^{25} iau^{25}]	父亲的姐姐称“姑妈”，父亲的妹妹称幺幺

续表

	普通话称谓词	应山话亲属称谓词	应山话中的语音音标	备注
旁系	姑父	姑爷	[ku^{21} iɛ^{214}]	父亲的妹妹的丈夫称为[kai^{21} kai^{21}]
	堂兄	哥哥	[kuo^{21} kuo]	“大”“二”“三”等表示顺序
	堂嫂	嫂子	[sau^{25} tsɿ]	与“堂兄”顺序一致，加顺序词后不带“子”
	堂弟	兄娃儿	[ɕyŋ^{21} war^{214}]	面称呼名，背称加顺序词
	堂弟媳	弟媳妇儿	[ti^{51} ɕi^{51} xuo ər^{21}]	与“堂弟”称呼顺序一致
	堂姐	堂姐儿	[t'aŋ^{214} tɕiɛ^{51}]	面称时多称“姐”，加顺序词
	堂姐夫	堂姐夫哥	[tɕiɛ^{25} fu^{21} kuo^{21}]	面称时不加“堂”，与“堂姐”顺序一致
	堂妹	堂妹	[t'aŋ^{214} mər^{25}]	面称时多称“妹”，加顺序词
	堂妹夫	妹夫子	[mi^{214} fu^{21} zɿ]	与“堂妹”顺序一致
	侄儿	侄儿	[tʂê]	亦称为“侄儿子”，背称时加顺序词
	侄媳	侄媳妇儿	[tʂʅ^{25} ɕi^{51} xuo ər^{21}]	与“侄儿”顺序一致
	侄女	侄姑娘	[tʂʅ^{25} ku^{21} iaŋ^{51}]	“大”“小”“二”“三”等表顺序
	侄女婿	侄女婿	[tʂʅ^{25} ʐu^{25} ɕi^{21}]	与“侄女”的顺序一致
	侄孙子	孙儿	[sən^{21} r]	“大”“小”“二”“三”等表示顺序
	侄孙媳	侄孙媳妇儿	[tʂʅ^{25} sən^{21} ɕi^{51} xuo ər^{21}]	与“侄孙子”顺序一致
	侄孙女	侄孙姑娘	[tʂʅ^{25} sən^{21} ku^{21} iaŋ^{51}]	有顺序，与“孙女”相同
	侄孙婿	侄孙女婿	[tʂʅ^{25} sən^{21} ʐu^{25} ɕi^{21}]	与“侄孙女”一致

2. 母系血缘的亲属称谓

母系血缘的亲属称谓如表 2 所示。

表 2　母系血缘的亲属称谓

普通话称谓词	应山话亲属称谓词	应山话中的语音音标	备注
外祖父的父亲	太家家（爹爹）	[t'ai^{214} ka^{51} ka^{51}] ([tiɛ^{21} tiɛ^{21}])	常用的是简称 [t'ai^{214} ka^{51} ka^{51}]
外祖父的母亲	太家家（婆婆）	[t'ai^{214} ka^{51} ka^{51}] ([p'o^{214} p'o^{21}])	常用的是简称 [t'ai^{214} ka^{51} ka^{51}]
外祖父	家家（爹爹）	[ka^{51} ka^{51}]([tiɛ^{21} tiɛ^{21}])	多用简称[ka^{51} ka^{51}]
外祖母	家家（婆婆）	[ka^{51} ka^{51}]([p'o^{214} p'o^{21}])	多用简称[ka^{51} ka^{51}]
舅舅	舅舅	[tɕiou^{214} tɕiou^{214}]	母亲的哥哥称为“舅爷”，母亲的弟弟称为“舅舅”
舅妈	舅妈	[tɕiou^{214} mA^{25} r]	与“舅舅”一致的顺序
舅表兄（弟）	舅老表、表哥（弟）	[tɕiou^{214} lau^{25} piau^{25}]	多用简称“老表”，前加顺序词
舅表嫂	老表、表嫂	[lau^{25} piau^{25}]	与“舅表兄”一致
舅表弟媳	老表	[lau^{25} piau^{25}]	与“舅表弟”一致
舅表姐	老表、表姐	[tɕiou^{214} lau^{25} piau^{25}]	有称为“表姐”，有顺序
舅表姐夫	老表、表姐夫哥	[lau^{25} piau^{25}]、 [piau^{25} tɕiɛ^{25} fu^{21} kuo^{21}]	称为“表姐夫”与“表姐”顺序一致
舅表妹	老表、表妹	[tɕiou^{214} lau^{25} piau^{25}]	也称为“表妹”，有顺序
舅表妹夫	老表、表妹夫	[lau^{25} piau^{25}]、 [piau^{25} mi^{214} fu^{21} tsɿ]	有时称“妹夫子” ([mi^{214} fu^{21} zi])
舅表侄	舅侄儿	[tɕiou^{214} tʂʅ^{25} ə]	用“大”“小”等表示顺序
舅表侄媳	舅侄媳妇儿	[tɕiou^{214} tʂʅ^{25} ɕi^{51} xuo　ər^{21}]	与“舅侄”的顺序一致
舅表侄女	舅侄姑娘	[tɕiou^{214} tʂʅ^{25} ku^{21} iaŋ^{51}]	与“舅侄”都称为“舅侄”，有顺序
舅表侄女婿	舅侄女婿	[tɕiou^{214} tʂʅ^{25} ʐu^{25} ɕi^{21}]	与“舅侄女”的顺序一致
舅表孙	舅侄孙	[tɕiou^{214} tʂʅ^{25} sər^{21}]	
舅表孙媳	舅侄孙媳妇儿	[tɕiou^{214} tʂʅ^{25} sən^{21} ɕi^{51} xuo　ər^{21}]	
舅表孙女	舅侄孙姑娘	[tɕiou^{214} tʂʅ^{25} sən^{21} ku^{21} iaŋ^{51}]	
舅表孙女婿	舅侄孙女婿	[tɕiou^{214} tʂʅ^{25} sən^{21} ʐu^{25} ɕi^{21}]	

续表

普通话称谓词	应山话亲属称谓词	应山话中的语音音标	备注
姨妈	姨妈	[i^{42} mA^{25} r]	母亲的姐姐称为“姨妈”，妹妹称为[iuo^{214} ər]，如“大姨妈”[er^{214} iuo^{214} ər]
姨夫	姨爷	[i^{42} iɛ^{214}]	姨妈的丈夫称为“姨爷”，[io^{214} ə]的丈夫称为[i^{42} kai^{21}]
姨表兄(弟)	姨老表	[i^{42} lau^{25} piau^{25}]	面称多用“老表”代替
姨表嫂	老表、表嫂	[lau^{25} piau^{25}]	与“姨表兄”顺序一致
姨表弟媳	老表	[lau^{25} piau^{25}]	与“姨表弟”顺序一致
姨表姐	姨老表、表姐	[i^{42} lau^{25} piau^{25}]	多称“姐”或“姨姐”
姨表姐夫	老表、表姐夫哥	[piau^{25} tɕiɛ^{25} fu^{21} kuo^{21}]	多称[tɕiɛ^{25} fu^{21} kuo^{21}]
姨表妹	姨老表、表妹	[lau^{25} piau^{25}]	面称时多称其名或表妹
姨表妹夫	老表、表妹夫	[lau^{25} piau^{25}] [piau^{25} mi^{214} fu^{21} tsʅ]	面称时多称其名，或称老表
姨表侄	姨侄儿	[i^{42} tʂər^{25}]	“大”“二”等表顺序
姨表侄媳	姨侄媳妇儿	[i^{42} tʂʅ^{25} ɕi^{51} xuo ər^{21}]	多称“姨侄媳妇儿”
姨表侄女	姨侄姑娘	[i^{42} tʂʅ^{25} ku^{21} iang^{51}]	多称“侄姑娘”，有顺序
姨表侄女婿	姨侄女婿	[i^{42} tʂʅ^{25} ʐu^{25} ɕi^{21}]	顺序与“姨表侄女”一致
姨表孙	姨侄孙	[i^{42} tʂʅ^{25} sər^{21}]	“大”“二”等表示顺序
姨表孙媳	姨侄孙媳妇儿	[i^{42} tʂʅ^{25} sən^{21} ɕi^{51} xuo ər^{21}]	顺序与“姨表孙”一致

3. 妻系血缘的亲属称谓[①]

妻系血缘的亲属称谓如表 3 所示。

① 妻系亲属的称呼随妻而称，在表中没有列举妻子的舅系亲属、姑系亲属、姨系亲属等，他们的称呼方式与舅系、姑系、姨系亲属称呼的方式相同。

表 3　妻系血缘的亲属称谓

普通话称谓词	应山话亲属称谓词	应山话中的语音音标	备注
妻子	女将、屋里的、媳妇儿	[zʅu^{214} tɕiaŋ^{51}]、[wu^{21} li^{42} t'ou^{214} li]、[ɕi^{51} xuo ər^{21}]	背称时多用"女将""屋里的""堂客"([t'aŋ^{25} k'ə^{214}])
妻祖父	爷爷、爹爹	[tie^{21} tie^{21}]	在使用时多加归属词"你的"([en^{214} li])
妻祖母	奶奶、婆婆	[p'o^{214} p'o^{21}]	
妻叔伯父	伯爷	[bæ^{42} iɛ^{21}]	在使用时多加归属词"你的"([en^{214} li])
妻叔伯母	伯妈	[bæ^{42} ma^{25}]	
岳父	亲爷	[tɕ'in^{21} iɛ^{51}]、[bɤ^{42} bɤ^{21}]	面称时跟"父亲""母亲"的一样
岳母	亲妈	[tɕ'in^{21} ma^{51}]、[mai^{214} mai^{21}]	
妻兄	老舅	[lao^{25} tɕiou^{214} r]	面称时随妻而称，背称时称"老舅"，前加顺序词"大""小""二""三"等
妻嫂	舅娘	[tɕiou^{214} iaŋ^{51}]	顺序与"妻兄"的一致
妻弟	老舅	[lao^{25} tɕiou^{214} r]	用顺序词以区别长幼
妻弟媳	舅娘	[tɕiou^{214} iaŋ^{51}]	与"妻弟"的顺序一致
妻姐	姨娘	[i^{25} iaŋ^{51}]	有顺序，用"大""小""二"等区分长幼
妻姐夫	老姨	[lau^{25} i^{51}]	与"妻姐"的顺序一致，顺序词区分长幼
妻妹	姨妹儿	[i^{25} miər^{214}]	顺序词区分长幼
妻妹夫	老姨	[lau^{25} i^{51}]	与"妻妹"顺序一致
内表侄子	舅侄、舅侄儿	[tɕiou^{214} tʂər^{25}]	有顺序，与"母系—舅表侄"不同，这里指妻兄弟的儿子
内表侄媳	舅侄媳妇儿	[tɕiou^{214} tʂʅ^{25} ɕi^{51} xuo ər^{21}]	有顺序，与"母系—舅表侄媳"不同，这里指妻兄弟的儿媳
内表侄女	舅侄姑娘	[tɕiou^{214} tʂʅ^{25} ku^{21} iaŋ^{51}]	有顺序，与"母系—舅表侄女"不同，这里指妻兄弟的女儿
内表侄女婿	舅侄女婿	[tɕiou^{214} tʂʅ^{25} zʅu^{25} ɕi^{21}]	与"母系—舅表侄女婿"不同，这里指妻兄弟的女婿
内表孙	舅侄孙	[tɕiou^{214} tʂʅ^{25} sər^{21}]	与"母系—舅表侄孙"不同，这里指妻兄弟的孙子
内表孙媳	舅侄孙媳妇儿	[tɕiou^{214} tʂʅ^{25} sən^{21} ɕi^{51} xuo ər^{21}]	与"母系—舅表侄孙媳"不同，这里指妻兄弟的儿媳

4. 夫系血缘的亲属称谓

夫系血缘的亲属称谓如表 4 所示。

表 4　夫系血缘的亲属称谓

普通话称谓词	应山话亲属称谓	应山话中的语音音标	备注
丈夫	男将、屋里的	[nan^{25} tɕIaŋ^{51}]	
公公		[bɤ^{42} bɤ^{21}]	面称时亦有“爹”，背称时“老爹爹”
婆婆		[mai^{214} mai^{21}]	面称时亦有“妈”，背称时“老婆婆”或“婆子”
大伯 大嫂	大哥 嫂子、妯娌	[ta^{214} kuo^{21}]、[sau^{25} tsɿ]、[tʂou^{42} li]	有小孩之后，会有跟随孩子称呼[bæ^{42} iɛ^{21}]，前加顺序词 背称多为“妯娌”，有小孩之后，会有跟随孩子称呼[bæ^{42} ma^{25}]，前加顺序词
小弟	小叔子	[ɕiau^{25} ʂou^{21} tsɿ]	面称时多呼名，背称时简用顺序词＋“叔”，有小孩以后有随孩子称
弟媳	弟媳妇儿、妯娌	[ti^{51} ɕi^{51} xuo　ər^{21}]、[tʂou^{42} li]	背称多为“妯娌”，有小孩之后，会有跟随孩子称呼[bæ^{42} ma^{25}]，前加顺序词
姐	姐	[tɕiɛ^{25}]	有小孩之后随孩子称呼“姑妈”
妹	妹妹	[mei^{51} mei^{51}]	亦有在有小孩之后随孩子称呼[iau^{25} iau^{25}]
姐夫	姐夫哥，哥哥	[tɕiɛ^{25} fu^{21} kuo^{21}]	用“姓＋家＋[kuo^{21} kuo^{21}]”形式
妹夫	妹夫子，兄娃儿	[mi^{214} fu^{21} tsɿ]	用“姓＋家＋[kai^{21} kai^{21}]”的形式

还有几点内容补充如下。

（1）表格中的注音是以应山城区及附近的语音为标准的，因为有的地方语音有细微的差异，因而没有详述。

(2) 对于“备注”一栏中的内容，是简述称谓词在使用上的特点，并没有详述，因为在使用上，有的称谓词有很大的灵活性，因而不能完全表述出来。

(3) 应山话亲属称谓词的分类按照上面的标准，并没有囊括所有的亲属称谓词，有些称谓只是在一些较小的地点使用，因而没有收录，如“妻子的叔伯父”这类亲属，在应山话中大多数称为[bæ⁴² ma²⁵]，还有称为[kai²¹ iɛ⁵¹]。

(4) 应山话亲属称谓词在使用时多带“儿”话，如“舅妈”在读音上是[tɕiou²¹⁴ mA²⁵ r]，“姨妈”在读音上是[i⁴² mA²⁵ r]。

(5) 对于父亲的兄弟及其妻子的称谓，应山有的地方称为“老爹”“老妈”，并且不分长幼，但是使用的地方较少，因而用“伯爷”这个使用较广的词为代表。

(6) 有些亲属称谓词有一词多义的特点。例如，“姑爷”既可以称“姑姑的丈夫”，有的还用来称“女婿”[①]；“舅爹爹”既可以用来称“母亲的舅舅”，又可以用来称“父亲的舅舅”。有的亲属又有几种不同的称呼，如“丈夫的哥哥的妻子”，被称为“嫂子”，亦被称为“妯娌”，前面加上表顺序的词语，“大妯娌”相当于“大嫂”，“二妯娌”相当于“二嫂”等。

三、应山方言亲属称谓系统的构成及特点

(一) 应山方言亲属称谓词语音和词汇的特点

应山所在的地区，位于鄂北，素有“鄂北门户”之称，县境四界，东接大悟，南邻安陆，西与随州市交界，北与河南信阳市接壤。该地的语言受到多种方言的影响，生活习俗等方面也是受到四周较大文化圈的影响。一种方言既体现了一个地方特殊的地理位置，也反映了一个地方的历史变迁与民情风俗，它将一个地方的文明与民间文化通过一个非物质的形式表现并传承下来。[②]

按照方言区域地理的划分，应山方言属于江淮官话黄孝片区。在语言特征上，应山话具有江淮官话黄孝片区的共同特征，同时又有自己的特点。根据邱磊在《鄂东北江淮官话研究》中的描述，在应山话语音系统中，声母有 21 个，韵母有 46 个，声调有 5 种。在声韵调方面，没有 f 声母，而变为 x，音位 n、l

---

① 用来称谓“女婿”的使用者多是年龄较大的长者。

② 孙晨.从地域方言角度谈方言的价值[J].安徽文学(下半月)，2012(7)：151-152.

两个变体，多用 n，元音 a 在发音时位置靠后，会出现文白互读现象，如蟹摄见系二等字白读音为 ai 等。在音韵上不分团尖，泥母洪音与来母相混，疑影二母开口洪音全读 ŋ，去声部分阴阳，绝大多数阴入字保持独立调值 51，但已逐渐发生变化等。

在词汇方面，应山话与普通话的差别主要在音节数量、构词语素和构词方式三个方面，所以应山话亲属称谓词与普通话中亲属称谓词的差异也主要体现在这三个方面。因为本文涉及应山话亲属称谓词与普通话亲属称谓词的比较，所以在此列出二者在词汇三个主要方面的不同。

1. 音节数量

①应山话是单音节词，普通话对应的是双音节词，例如，“妈妈”，在应山话中是[mai^{214} mai^{21}]（或称“妈”[mau^{25}]），“伯父”在应山方言中称为“爷”；②应山话是双音节词，普通话对应的是单音节词，例如，“孙子”在应山方言中称为“孙$_{儿}$”；③应山话是多音节词，普通话对应的是双音节词，例如，应山方言中的“[$chen^{42}$ ka^{51} kai^{21} kai^{21}]”，在普通话中用“陈叔”①。

2. 构词语素

①同一个词，应山话与普通话的构词语素完全不同，例如，“姑姑”（父亲的妹妹），在应山方言中被说成“[iau^{25} iau^{25}]”；②同一个词，应山话与普通话的构词语素部分不同，例如，“伯父”在应山方言中被说成“伯爷”，“姑父”被称为“姑爷”；③同一个词，应山话与普通话的构词语素相同，但语序不同，例如，“公鸡”在应山方言中说为“鸡公”，“母鸡”说为“鸡母”等。

3. 构词方式

应山话在构词上较多使用“子”词尾，例如，姑娃子（对丈夫的姐妹的称呼）。常用“佬/佬儿”来表贬义称呼，如“好吃佬”。多用“头$_{儿}$[$t'our^{31}$]”表示小称意义，如“搞头$_{儿}$”“吃头$_{儿}$”。还有“里”“八”等中缀短语来表示程度的加深，如“傻里傻气”。

（二）应山方言亲属称谓词的构成方式

语言的词汇的构成都有其方式和特点，从内部结构角度去分析词汇的构成就可以看出其构词法。应山话亲属称谓词的构词法主要有以下六种。

---

① 在实际的交际中亦有称为“陈叔叔”的，但它不是双音节词，而是多音节词。

1. 叠音型

叠音型的亲属称谓词有：婆婆、奶奶、弟弟、[bɤ^{42} bɤ^{21}]（爸爸）①、[mai^{214} mai^{21}]（妈妈）等。

2. 附加型

附加型分为：前附加型、后附加型和前后附加型。前附加型多以“老”，后附加型多以“子”“儿”，如老头（爸爸）、老姨（连襟）、老幺、婆子（丈夫的母亲）、姨娘（妇女对姐妹的称呼）、大姑娃子（丈夫的大姐）、小叔[ʂou]子（丈夫的弟弟）、兄娃儿（弟弟）。

3. 合成型

合成型与现代汉语词汇合成词的类型差不多，应山话亲属称谓词中合成型分为三种：①联合式，例如，爹妈、弟兄、姊妹[tsɿ^{42} mi^{51}]；②定中式，例如，亲妈（岳母）、姨姐、妹夫子[mi^{25} fu^{21} tsɿ]、舅爷；③重叠式，例如，爹爹、哥哥、妹妹、婆婆。

4. 表复数的词缀

与上面的附加型不同的是，有些词缀专门用来表复数的。应山话亲属称谓词中，常用的表复数的词缀有“伙”“里”，如“[tsɿ^{42} mi^{21} xuo^{21} li^{214}]”（表示同爹妈或者一个祖支的）。

5. 简化

应山话亲属称谓词的简化情况比较普遍地存在。例如，“姨妈”在日常中都说是“姨”，“[ka^{51} ka^{51} p'o^{214} p'o^{21}]”（外婆）在口语称呼中多说“[ka^{21} ka^{21}]”，只有在特殊需要时才用全称，“[tɕ'iŋ^{21} ka^{21}]”就直接代替了“亲家公”或“亲家母”。

6. 使用修辞手法构词

应山话亲属称谓词中还有一些词是使用借代等修辞手法构词的，如“屋里的”（丈夫或妻子）、“堂客”（妻子）等。

（三）应山方言亲属称谓词的使用特点

现代汉语亲属称谓在实际的使用中有其特点，潘文等在《亲属称谓在非亲属交际中的运用》中认为，亲属称谓在交际使用时主要有长幼有序、男女有别、亲疏有别、血亲姻亲有别等四个特点。应山方言中的亲属称谓词在使用时也有其自身的特点。

---

① 本文对于这类方言词不能明确字形，用音标代替，（ ）里是普通话中对应的词。

1. 长幼有序

这种“长”与“幼”不是年龄上的大小，而是指宗法制基础上的辈分的高低，这种现象最典型的是在宗族之中，有年龄较大的人称呼年幼的孩子为长辈。

2. 男女有别

整体而言，应山方言的亲属称谓男女有别，但是由于交际的需要，应山方言中的亲属称谓词有时也存在男女混用的情况。例如，[kai^{21} kai^{21}]既可以称呼男性，又可以称呼女性。此外，“老表”在称呼表亲亲属是也是男女通用的。

3. 从亲原则

应山方言亲属称谓词在使用上都是遵从从亲原则的。这一点比较明显地体现在非亲属交际中，例如，用“干妈”称呼非亲属的、与自己父辈同辈的女性，这种情况十分常见，[kai^{21} $i\varepsilon^{51}$]也常在非亲属交际中称呼与父辈等辈的男性。

4. 姻亲血亲区分严格

这一点也是现代汉语亲属称谓的共性，应山方言亲属称谓词在称呼姻亲和血亲时有着严格的区别。例如，不能用“姨”来称呼“姑”。

5. 姻亲称谓遵从血亲称谓

在应山方言亲属称谓中，对姻亲亲属的称呼沿用血亲亲属的称谓。例如，将妻子的叔伯亦称为“[$bæ^{42}$ $i\varepsilon^{21}$]”和“[$i\varepsilon^{214}$]”。

四、应山方言亲属称谓系统的演变及原因

（一）现代汉语亲属称谓词的变化情况概述

姚亚平在《现代汉语称谓系统变化的两大基本趋势》(1995)一文中指出，现代汉语称谓系统变化的两种基本趋势：一是称谓系统简化和称呼观念平等化，二是通称词语不时出现和社交观念不断增强。简言之，这两个变化的趋势就是亲属称谓的简化和泛化。随着社会的发展，亲属称谓词也逐渐进入社会称谓系统当中。潘攀先生在1998年和1999年分别专门写了两篇关于汉语亲属称谓泛化和简化的文章①，论述了亲属称谓的泛化和简化的表现以及引

① 这两篇文章分别为：《论亲属称谓语的泛化》，《语言文字应用》，1998年第2期。《论亲属称谓语的简化》，《江汉大学学报(社会科学版)》，1999年第16卷第4期。

起这些变化的原因。白玉婵在《现代汉语中亲属称谓语之嬗变及其文化理据》(2011)中专门论述了现代汉语亲属称谓词的简化和泛化两种现象,进一步分析了其中的文化理据。笼统地说,亲属称谓词的变化发展是由社会的变化发展引起的。引起亲属称谓词发生变化的原因多种多样,例如,社会人际交往的发展需要,语言适应社会的快速发展,传统的人际交往模式受到现代化科技的影响,人际关系变得更加复杂多样,此外,由于语言的发展与社会发展的速度不一致,亲属称谓词逐渐简化和泛化。方言中的亲属称谓词的变化更能够体现出语音的变化发展以及使用方式和范围的变化。

(二) 应山方言亲属称谓词的演变

现代汉语亲属称谓词的演变符合现代汉语称谓系统演变的整体趋势。姚亚平在《现代汉语称谓系统变化的两大基本趋势》中指出,现代汉语称谓变化主要体现在称谓系统的简化和称呼观念的平等化、通称词语的不时出现和社交观念的不断增强两个方面。现代汉语亲属称谓系统的最主要的变化体现在亲属称谓的简化和泛化上,应山方言亲属称谓词的变化也主要在这两个方面上。

1. 简化

(1) 消除亲属差距。应山方言亲属称谓词的简化使用,并不意味着它可以不遵从它的使用规则或者特点,而是在实际的交际过程中表现出很浓厚的偏向性,这一点在姻亲亲属称谓和血亲亲属称谓的使用中能明显地体现出来。例如,妻系亲属中的"伯父""叔叔",都是用与血亲相同的称谓,有的将妻子的弟弟也称为"弟弟"。

(2) 数量减少。由于受到社会变化和一些国家政策的影响,一些应山方言亲属称谓词已经逐渐失去它所对应的应用主体,那些隔代久远的亲属称谓已很少使用。

(3) 称呼趋同。亲属称谓词的面称与背称往往不同,但是由于受到普通话的影响,应山话亲属称谓词的面称和背称表现出趋同的现象。

2. 泛化

(1) 亲属称谓词非亲属化。在使用过程中,应山方言亲属称谓词存在大量这样的现象,将亲属称谓词用在非亲属交际过程当中。

(2) 长幼原则淡化,辈分混同。社会的发展使得人们不那么重视宗法制的辈分等观念,虽然有些人之间辈分有差异,但是因为年龄差距不大就相互称名字。但是对于比较陌生的人来说,一般是"敬称当先"。

（3）因人而异，随地而变。应山方言亲属称谓在泛化使用时，使用的称谓词以及这个词的词性、语义都随人和地点而发生变化。这类变化主要体现在亲属称谓被用在社会交际中，会因交际双方的社会身份、地点等多种因素的影响而发生变化。

3. 其他变化

（1）亲属称谓词的语音逐渐向普通话靠拢。如应山话中“父亲”（[$bɤ^{42}$ $bɤ^{21}$]）现在大多数使用[pa^{51} pa]，“母亲”（[mai^{214} mai^{21}]）现在多用[ma^{55} ma]。

（2）就使用的频率而言，有些远亲亲属称谓词的使用频率已非常低，有些亲属称谓词逐渐失去对应的主体。

（三）应山方言亲属称谓词的演变原因

本文举出的只是应山方言亲属称谓词的主要变化情况，方言亲属称谓词的变化不仅有总体的变化趋势，也有其自身的变化情况。应山方言亲属称谓系统的变化也是各种原因综合影响的结果，应山方言亲属称谓词发生变化主要有以下几点原因。

（1）应山话亲属称谓词在语音上逐渐向普通话靠拢。由于社会人口的流动性逐渐增大，很多人在外地居住的时间长，在应山本地居住的时间短。同时，较多的外来人口也对本地语言产生一定的影响。

（2）一些亲属称谓词已是低频率使用。亲属称谓是我国古代宗法制度和社会发展共同的产物，传统重伦理和宗族关系的社会交际模式已经受到现代社会发展的冲击，血缘和婚姻形成的亲属关系也因此受到影响，有的亲属之间的交际已经很少了，甚至是断绝了交际。

（3）国家的一些政策对亲属称谓词的变化也产生影响。例如，计划生育等政策使得传统的家庭成员组成模式受到严重的制约，亲属数量随之减少。一些亲属称谓词失去了相对应的主体。

（4）社会交际体系的变化，使得人们交际范围和交际对象发生变化。因而为了交际的需要，将亲属称谓运用到社会交际当中，也是现代汉语中亲属称谓词泛化的一个共同的趋势，应山话亲属称谓词泛化也是由社会交际关系的变化而引起的。

五、结　　语

亲属称谓词体现了中华民族的传统文化，对亲属称谓词进行研究，无论是对语言学、社会学、学科教学，还是对文化学、民俗学等，都有很重要的价值。经过研究我们发现，现代汉语亲属称谓语的研究在近几十年里取得了非常可喜的成果，但是还有不足之处。一是研究的数量多，角度重复性问题比较多，方言亲属称谓词的研究还需更加细化。很多关于方言中亲属称谓词的研究没有充分体现在其语音上的特点。二是在亲属称谓词的研究中，有些概念的界定如亲属称谓词的分类依据等，都没有统一的标准，在某种程度上不利于亲属称谓词的研究。三是关于方言片区亲属称谓词的研究文献资料比较缺乏，很多研究方言中的亲属称谓词的文献资料都是大地区的综合情况。将方言中的亲属称谓词的研究"化整为零"，进行小范围的专门研究，这样可以让我们有更加丰富的资料和更加深刻的认识。

本文运用调查法、描述法、比较法等方法来讨论应山方言亲属称谓词，主要对其分类、语音、构成方式及使用上的特点、演变及其原因加以探讨，总结出应山方言亲属称谓词分类、特点及其变化的基本情况。这是对应山方言的研究的一次尝试，也在某种程度上为应山方言的研究，特别是应山方言的亲属称谓研究做了一些补充。尽管笔者已经尽最大努力来整理这篇文稿，但是依然还有很多不足之处，例如，对应山方言亲属称谓词的语音记录还不够周全和准确，对其在语音、构词、使用上的特点的总结还不够完备详尽，对其变化情况也未能做进一步的探究。由于笔者能力有限，在这些方面未能进行更加深入的探讨，希望今后有更多、更为科学、更高质量的文献出现。

参考文献

[1] 胡士云. 汉语亲属称谓研究[D]. 广州：暨南大学，2001.

[2] 郑尔宁. 近二十年来现代汉语称谓语研究综述[J]. 语文学刊，2005(2).

[3] 郑献芹. 近十年来汉语称谓词语研究概况及分析[J]. 江西社会科学，2006(5).

[4] 宋宣. 现代汉语称谓词初探[J]. 贵州大学学报（社会科学版），1997(1).

[5] 邱磊.鄂东北江淮官话研究[D].天津：南开大学，2010.

[6] 岳嫣嫣.二十世纪以来汉语亲属称谓词研究方法述评[J].南方论刊，2008(8).

[7] 王琴.汉语亲属称谓使用的现状[J].成都大学学报(社会科学版)，2005(2).

[8] 陈荣泽.近十年汉语方言研究的新发展[J].安康学院学报，2011,23(2).

[9] 史宝金.论汉语亲属称谓的特征及其社会历史文化背景[J].复旦学报(社会科学版)，2003(2).

[10] 姚亚平.现代汉语称谓系统变化的两大基本趋势[J].语言文字应用，1995(3).

[11] 王倩蕾.现代汉语亲属称谓研究综述[J].连云港师范高等专科学校学报，2013,30(3).

[12] 骆明弟.汉语亲属称谓之文化性初探[J].贵州文史丛刊，2008(4).

[13] 潘攀.论亲属称谓语的泛化[J].语言文字应用，1998(2).

[14] 卞成林.民族心理与汉语亲属称谓词系统[J].广西民族学院学报(哲学社会科学版)，1996(4).

[15] 李树新.现代汉语称谓词与中国传统文化[J].内蒙古社会科学(汉文版)，1990(3).

[16] 曹永芳.现代汉语亲属称谓的理据性研究[D].沈阳：辽宁大学，2013.

[17] 陈月明.现代汉语亲属称谓系统以及文化印记[J].汉语学习，1990(5).

[18] 李丹丹.汉语亲属称谓词研究[D].哈尔滨：黑龙江大学，2012.

[19] 吴永焕.汉语方言文化遗产保护的意义与对策[J].中国人民大学学报，2008,22(4).

[20] 王婷.武汉方言亲属称谓研究[D].绵阳：西南科技大学，2013.

[21] 刘春华.湖北恩施方言的亲属称谓[J].三峡大学学报(人文社会科学版)，2014(S1).

[22] 姚秋芬，肖晗.湖北松滋方言中的亲属称谓词[J].现代语文(语言研究版)，2014(8).

[23] 白玉婵.现代汉语中亲属称谓语之嬗变及其文化理据[J].文学界(理论版)，2011(8).

房县方言民俗词语研究

赵 梦

指导教师:童琴

一、绪 论

(一)选题缘起

在2000多年前,我国已经有了对方言的研究,但是传统的方言研究侧重于比较不同的方言在语音、常用词语等方面与通用语的差异。进入20世纪以后,随着国语运动的兴起,现代方言学的调查研究取得较大发展。不少学者不仅对特定地域的方言词汇进行了系统的研究,而且也越来越重视方言与民俗关系的研究。他们取得了一大批相关成果,为方言研究开拓了新的领域,也为后人进行相关研究提供了思路与方法。

但通过阅读文献和查找相关资料,笔者发现关于方言与民俗的关系的研究在广度和深度上还远远不够,很多小的市、县并没有学者对其方言进行调查与研究、整理与归纳,尤其是针对小地区的方言词汇以及民俗词汇的全面、多角度的分析研究还有待深入。

方言属于非物质文化遗产,它使语言更加多元化。方言是记录当地民俗和文化的活化石,随着时代的变化,人们的生活更加现代化、同一化,所以我们应该重视方言和民俗,将方言所反映的民俗文化及时记录下来。它既是一个地方的特色与名片,也是一个人心灵的归属。

基于这一现状,本文从研究较为缺乏的方面入手,结合房县民俗,对房县方言的民俗词与短语进行了较为综合的收集、整理与探讨。此次研究房县方言和民俗的关系,一方面是为了更好地保护方言,记录家乡的民俗文化,另一方面是希望以后能为其他学者研究鄂西北方言提供素材与资料。

（二）研究现状

1. 方言与民俗关系的研究现状

民俗指当地民众的生产、生活、精神文化等情况，通过人们日常行为和口头表达体现出来。在日常生活中，民俗的传承虽然离不开少数书面语的记载，但大部分是以口语为主的语言形式相传。

语言是人类最重要的交际工具和思维工具，在记载和传承文化上起着重要的作用，有的地区和国家可以没有文字，但一定要有语言。方言在记载与传承当地的民俗文化方面起着同等重要的作用。虽然很多地区由于发音与普通话的差异较大，很多词语没有对应的准确读音和文字，但方言的口语存在不仅方便了人们的日常生活，也使得当地特有的民俗得以传承。

从古至今，民俗与方言相辅相成，密不可分。把方言与民俗相结合进行记录和研究的方法，最早体现在西汉扬雄的《輶軒使者绝代语释别国方言》，该著作从民俗角度解释了从周秦至西汉末年的方言，虽年代久远，但价值很高，对后代影响很大。近几年随着社会语言学科的兴起，对于方言的研究不再拘泥于语音、词汇、语法的内容结构，不少学者将语音的流变、词汇的消融、语法的变异融入社会生活的方方面面，将语言学的研究同民俗学、社会学、哲学等联系在一起，有学者将这一学科称为民俗语言学。①

乔全生在《试论方言研究与民俗研究的互动关系》一文中提出，通过民俗研究来收集方言，是方言研究的绝好传统，而透过方言来探求民俗，是民俗研究的必由之路。② 民俗和方言研究的互动关系表现在以下五个方面：

（1）方言词语对民俗现象具有凝固作用；

（2）方言词是了解民俗现象的活化石；

（3）民俗的消失使记录它的方言词成为历史；

（4）方言词义的引申覆盖了原来的民俗；

（5）不同地区方言、民俗的演变快慢有别。

钟敬文在其主编的《民俗学概论》中对方言与民俗的关系进行概括归纳，总结出四点：语言单位概括指称民俗现象，语言单位具体陈述民俗事象，语言

---

① 邢璇.鹤峰方言词汇与民俗文化研究[D].武汉：中南民族大学，2010.

② 乔全生，孙玉卿.试论方言研究与民俗研究的互动关系[J].山西大学学报（哲学社会科学版），2001，24(5)：68-71.

单位旁涉夹带民俗事象，语言单位折光反射。①

从上面几个方面我们可以看到，方言和民俗之间的关系十分密切，它们相互补充、相互说明。曲彦斌先生认为，方言的本身就是一种语言和民俗的混合体。② 方言作为文化现象的一个分支，在某一地域范围内被普及，它也必然在某一地域的民俗文化之内被认可。

2. 房县方言与民俗的研究现状

同治年间，有学者编撰了《房县志》，对房县的风土人情做了较为详细的介绍，但并没有专门把民俗和方言联系起来进行研究。目前，专门针对十堰房县方言的调查和研究比较少。相关论文有郝文华、谭文勇的《十堰方言中“谓词＋得＋看”式结构》，苏俊波的《十堰方言“看叫 NPV/A 得看”句式》，鲁杰的《湖北房县方言中的“子”尾词》，徐瑞娟、梁莹莹、李嫣妮的《房县〈诗经〉民歌传承探析》，刘雯雯等的《房县舞龙文化的本土特色研究》等。从这些论著中我们可以看出，目前学者对房县方言和当地民俗的研究主要是微观的和单向的，关于房县方言的较全面和系统的论著还比较缺乏，把方言和民俗文化相结合进行研究的著作也不多，这需要后人继续努力，填补这一方面的空缺。

房县位于湖北西北部，与河南、陕西、四川相邻，房县方言属于西南官话区。虽然专门针对房县方言的研究不多，但房县方言属于西南官话的一部分，不少学者对西南官话的调查研究较丰富和深入，也取得了相关成果。后人在研究房县方言时可借鉴前人的相关成果，查询和阅读更多的资料。

（三）研究思路及研究方法

本文将按照如下思路和方法进行研究：

首先，收集具有代表性的房县方言民俗词语，举例阐释每个词语的读音和意义；

其次，分析房县方言民俗词语的特点及原因；

再次，分析房县方言所反映的民俗文化；

最后，探究房县民俗方言词语的发展和演变。

---

① 钟敬文. 民俗学概论[M]. 上海：上海文艺出版社，1998：305.

② 曲彦斌. 中国民俗语言学[M]. 上海：上海文艺出版社，1996：92.

二、房县方言民俗词语举例

结合《汉语方言词语调查条目表》和房县方言的特色，我们按照条目表所提供的分类标准和思路进行调查、收集、整理房县方言，把所调查内容按照天文、地理、时间、动物、植物、屋舍、器具、身体、服饰、饮食、红白大事、称谓、动词、形容词、副词、语气词等分为16类。

经过调查研究和收集整理，笔者记载了285个具有房县方言特色的词语，这些词语大部分在普通话中并不存在，而且没有对应的字，所以只能用拼音代替。虽然有些词语存在于普通话中，但它们的意义不一样。因此，笔者就对这些词汇进行了详细地注释，并举例说明，有助于理解。

限于篇幅，本文主要选择了四大类具有代表性和较突出特色的房县方言民俗词语，这几类词语较集中地反映了当地民俗，在语音、词形和语义方面也有自己的特色，具有较高的研究价值，现举例如下。

（一）称呼用语

（1）家门：指父系同姓的亲属，也就是本家。如爷爷及其兄弟和堂兄弟，爸爸一家及其兄弟和堂兄弟一家，儿子及其堂兄弟。不包含姑奶奶、姑姑等。

（2）亲戚：指除了家门以外的亲属，包括父系的姑奶奶、姑姑和母系的所有亲属。

（3）自家屋里：同姓的亲属。

（4）外爷：指外公。

（5）婆婆：指外婆。

（6）舅母：指舅妈。

（7）娘娘：指姨，就是妈妈的姐姐妹妹。

（8）爹爹：指叔叔。

（9）老婆子：女方在别人面前称自己丈夫的妈妈为老婆子。例如：

我们家老婆子挺会为人处世的，不在外面说媳妇的坏话。

（10）儿娃子：指未成年的男孩。例如：

儿娃子就要有男子汉的样，能挑能扛，敢作敢当。

（11）俩娃儿：指未成年的女孩。例如：

俩娃儿就要规矩一点儿，斯文一点儿，不要整天嘻嘻哈哈的。

(12) 贼娃子：指小偷。例如：

不知道哪个缺德的贼娃子把我家的鸡偷走了一只。

(13) 背娃子：指专门诱拐小孩子的骗子。例如：

再不听话我就不管你了，把你一个人放这儿，让背娃子把你背去卖了。

(14) 叫花子：指乞丐。

(15) 二流子：指游手好闲、不务正业的人。例如：

你说你天天什么事也不做，像个二流子一样，看你以后怎么办。

(16) 夹舌子：指说话吐词不清。例如：

他就是个夹舌子，说话说得不清楚，还说那么快，真是一句都没听懂。

(17) 寡子：指哑巴，不能说话的人。

(18) 遥到精儿：指人爱打扮，多用于女生。例如：

你们现在读书期间，别像个遥到精儿一样，天天只知道穿好看的衣服，扎花里胡哨的头发。朴朴素素、简简单单最好，学习最重要。

(二) 红白大事

(1) 看门户：男女双方确定男女关系后，女方去男方家，男方要摆宴席接待女方家属及亲戚，并给女方一定的礼金作为订婚礼金。例如：

明天你表姐看门户，你和我一起去吧。

(2) 送祝米：竹米指一种食物。在古代，由于粮食不足，小孩出生一个月之后，亲戚朋友会送去一些竹米等食物，叫"送竹米"，取谐音"送祝米"，含有祝福之意。到后来就演变为，小孩出生一个月之后，家里邀请亲戚朋友吃饭，亲戚朋友会给相应的礼金，一般礼金的数额都比较大。例如：

你小侄子快满一个月了，过两天我们要去送祝米了。

(3) 待客：摆宴席招待客人。一般家里发生比较重大的事情(多为好事)，例如，结婚、搬新家、升官、升学、生孩子、孩子满月、过生日(12 岁、36 岁、60 岁)、生意开张第一天、重病后身体康复、丧礼等。

若因喜事待客，这是为了表达喜悦的心情，接受来自亲朋好友的祝贺；若因丧事待客，这是为了表达对逝去亲人的哀思。例如：

孩子考上了好大学，我们要选个好日期待客，好好庆祝一下。

(4) 串门儿：指走亲戚。逢年过节的时候，亲朋好友之间互相走访，主要是吃饭、聊天、娱乐。不用给礼金。例如：

小孩子最喜欢过年，每天都可以到处串门儿，玩好玩的，吃好吃的。

(5) 大游行：每年正月十三，房县县城会迎来一年一度的大游行。县城的各个单位机关，包括政府、学校、各大商家，都会提前扎好花车，准备好节目，正月十三日八点从西河桥出发，绕着县城的各大街道走一圈，一边走一边表演节目。房县的居民会从各个乡镇赶到城里，围在街道两边看游行、放鞭炮，不亦乐乎。游行一般持续到中午十二点。

（6）出花子：放礼花。

（7）上坟：扫墓。每年大年三十中午吃完饭以后，后辈会到山上，为已逝的亲人烧纸、磕头、上香、放鞭炮，表达对已逝亲人的怀念之情。

（三）动植物

（1）蚊子：指苍蝇。

夜蚊子：夏天吸人血的蚊子。例如：

晚上别去树多的地方，那里夜蚊子多。

（2）八哥儿：指一种鸟，因叫声听起来很像“八哥、八哥”而得名。

（3）蛾蛾儿：指飞蛾。

（4）蝌蚂骨豆儿：蝌蚪。

（5）长虫：指蛇。

（6）奶猪娃儿：指猪崽。

（7）鸡子：鸡。

（8）鸭子：鸭。

（9）狗子：狗。

（10）谷子：指水稻。

（11）麦子：指小麦。

（12）栗子：指板栗。

（13）苞谷团儿：玉米棒子，去掉叶子和杆的玉米。

（14）芫荽：指香菜。

（15）萝卜缨儿：指白萝卜叶子，可入食，是一道菜。

（16）红萝卜：指胡萝卜。因为胡萝卜是橙红色，且与“胡”音近，所以叫“红萝卜”。

（17）冬瓜：除了指一种瓜果外，还有“笨、蠢”的意思，因为冬瓜很大，且价格便宜，给人以木讷、无实用的感觉，所以它可以用来形容人很笨很蠢，没有太大价值。例如：

这么简单的事情也办不好，真是笨得像冬瓜一样。

（18）杨桃：指猕猴桃。

（19）泡桐树：指梧桐树，因为梧桐树木质很轻，没有很大的用处，所以可以用它比喻徒有其表而没有很大用处的人。例如：

你长这么大个个子，却没什么力气，手不能提、肩不能扛，真像个泡桐树一样。

（20）花骨朵儿：花蕾。

（四）生活用品

（1）条儿：较高的长方形器具，样式较老，放在客厅前方，用来放电视等体面的用品。现在已慢慢淘汰。

（2）板车：一种靠人力或畜力拉动的用木头做的车子，两个轮子。

（3）麻木车：一种专门用来载人的三轮人力车。

（4）压井：一种水井，靠人力取水。例如：

去压井上压点儿水来。

（5）撮撮儿：指垃圾撮。

（6）帐子：蚊帐。

（7）锅洞：指水泥或泥土砌的灶，燃火的地方。

（8）吹火筒：用竹子做成的一种空心的木筒，在灶里的柴火燃得不旺时，用吹火筒吹，会使火变旺。

（9）洋钱儿：指硬币。

（10）香香：指面霜。因为涂在脸上有香味，所以叫香香。

（11）掉底子：本意指鞋底掉了，引申为丢人。例如：

今天把衣服穿反了，好掉底子呀。

（12）排排：新衣服。例如：

过年了，小朋友们穿上排排，心里很高兴。

（13）健美裤：连脚裤

（14）拖板儿：拖鞋。

三、房县方言民俗词语的语言特点及成因

（一）房县方言民俗词语的语音特点

1. 轻声

轻声属于变调的一种，是汉语四声在一定条件下变成比原调又轻又短的

声调变体。在房县方言词语中，变调为轻声的情况大部分与普通话相同。主要有以下几类词语：

（1）助词：的、地、得、着、了、过。

（2）语气词：吗、吧、呢、啊、哦。

（3）部分重叠词的后一音节读轻声：婆婆、馍馍、星星、看看。

（4）双音节动词重叠式ABAB的第二音节读轻声：商量商量、捣鼓捣鼓。

（5）构词后缀"子、头、们"等读轻声：狗子、盼头、我们。

（6）表示方位的词或语素读轻声：路上、屋里、外面、地下。

由于房县方言词汇口语化较强，含有助词、后缀的词语比较多，所以房县方言轻声词语比普通话更加普遍。

2. 儿化

儿化是指在一个音节中，韵母带上卷舌色彩的一种特殊音变现象。房县方言词汇的儿化现象主要分为以下三类。

（1）直接在普通话词语后面加"儿"。例如：

普通话	房县方言
串门	串门儿
八哥	八哥儿
面条	面条儿
自行车	自行车儿

（2）由普通话多音节变成单音节，再加上"儿"。例如：

普通话	房县方言
姑姑	姑→姑儿
婶婶	婶→婶儿
哥哥	哥→哥儿
娃娃	娃→娃儿

（3）房县方言特有的民俗词汇中本身带有"儿"。例如：

称呼用语：山泡儿、二半调儿、遥到精儿。

动植物：蝌蚂骨豆儿、苞谷团儿。

生活用品：洋钱娃儿、拖板儿、撮撮儿。

3. 大舌音

在欧洲语言里，除了英语，全部要发颤音。颤音分为大舌音和小舌音两种，音位和英语里的字母"r"相同。

在房县方言中，在发带有"子"词缀的词语的音时，会在后面加上轻微的大舌音。

(1) 普通话里的词语本身带有后缀“子”，房县方言在发音时再加上大舌音“r”。例如：

普通话	房县方言
妃子	妃子(r)
鸽子	鸽子(r)
桃子	桃子(r)
桌子	桌子(r)

(2) 普通话里的词语本身没有后缀，房县方言加上后缀“子”，再加上大舌音“r”。例如：

普通话	房县方言
狗	狗子(r)
鸡	鸡子(r)
鸭	鸭子(r)
驴	驴子(r)

4. 古音遗留

在房县方言中，有一些词中保留着古代的声韵调。

1) [tɕ]读成[k]

(1) 街：房县方言念[kai^{55}]，例如，上街。在中古音中，街，见母皆韵平声，古谐切[①]。

皆：房县方言念[kai^{55}]，例如，四海之内皆兄弟。在中古音中，皆，见母皆韵平声，古谐切[②]。

分析：在中古音中，“街”“皆”的读音是[ka(i][③]，可见在房县方言中，“街”“皆”两字保留了中古音的声母读音和部分韵母读音。

(2) 解：房县方言念[kai^{214}]，例如，解放、解开。在中古音中，解，见母佳韵去声，古隘切[④]。

分析：在中古音中，“解”的读音是[kai][⑤]，可见房县方言中的“解”字保留了该字中古音的声母和韵母发音。

---

① 中古音使用东方语言学资料库，采用了《广韵》语音查询系统。

② 中古音使用东方语言学资料库，采用了《广韵》语音查询系统。

③ 使用了高本汉的音值构拟。

④ 中古音使用东方语言学资料库，采用了《广韵》语音查询系统。

⑤ 使用了高本汉的音值构拟。

介：房县方言念[kai^{51}]，例如，介绍。在中古音中，介，见母皆韵去声，古拜切①。

界：房县方言念[kai^{51}]，例如，世界、界限。在中古音中，界，见母皆韵去声，古拜切②。

届：房县方言念[kai^{51}]，例如，上一届、2008 届。在中古音中，届，见母皆韵去声，古拜切③。

分析：在中古音中，“介”“界”“届”的读音是[ka(i]④，可见房县方言中的“介”“界”“届”字保留了这些字中古音的声母韵母和声调中的大部分读音。

2）[tɕh]读成[kh]

去：房县方言中大部分地区念[kho^{51}]，有的乡镇地区念[khi^{51}]，例如，回去、去哪儿。在中古音中，去，溪母鱼韵上声，羌举切⑤。

分析：在中古音中，“去”的读音是[kh～(Wo]⑥，或者[khi]⑦，可见房县方言中的“去”字保留了该字中古音的声母和韵母。

3）[ɕ]读成[x]

（1）鞋：房县方言念[xai^{35}]，例如，鞋子、皮鞋。在中古音中，鞋，匣母皆韵平声，户皆切⑧。

蟹：房县方言念[xai^{51}]，例如，螃蟹。在中古音中，蟹，匣母佳韵上声，胡买切⑨。

分析：在中古音中，“鞋”的读音是[Äa(i]⑩，“蟹”的读音是[Äai]⑪。由此可见，房县方言中“鞋”“蟹”的声母和韵母与该字中古音的读音很相似。

（2）吓：房县方言念[xe^{35}]，例如，好吓人、吓死人。在中古音中，吓，晓母陌韵入声，呼格切⑫。

---

① 中古音使用东方语言学资料库，采用了《广韵》语音查询系统。
② 中古音使用东方语言学资料库，采用了《广韵》语音查询系统。
③ 中古音使用东方语言学资料库，采用了《广韵》语音查询系统。
④ 使用了高本汉的音值构拟。
⑤ 中古音使用东方语言学资料库，采用了《广韵》语音查询系统。
⑥ 使用了高本汉的音值构拟。
⑦ 使用了李荣的音值构拟。
⑧ 中古音使用东方语言学资料库，采用了《广韵》语音查询系统。
⑨ 中古音使用东方语言学资料库，采用了《广韵》语音查询系统。
⑩ 使用了高本汉的音值构拟。
⑪ 使用了高本汉的音值构拟。
⑫ 中古音使用东方语言学资料库，采用了《广韵》语音查询系统。

分析：在中古音中，“吓”的读音是[xŒk][①]。由此可见，房县方言中的“吓”保留了该字中古音的读音，声母与中古音相同，韵母相似，只是声调不同。

(3) 项：房县方言念[xaŋ⁵¹]，例如，项目、项链。在中古音中，项，匣母江韵上声，胡讲切[②]。

分析：在中古音中，“项”的读音是[ÄN]。由此可见，房县方言中的“项”保留了该字中古音的部分读音，声母和韵母与中古音相似。

(4) 杏：房县方言念[xən⁵¹]，例如，杏子、杏仁。在中古音中，杏，匣母庚韵上声，何梗切。

分析：在中古音中，“杏”的读音是[ÄŒN][③]，由此可见，房县方言中的“项”保留了该字中古音的部分读音，声母和韵母与中古音相似。

4) [ɕ]读成[k]

械：房县方言念[kai⁵¹]，例如，机械。在中古音中，械，匣母皆韵去声，胡介切[④]。

分析：在中古音中，“械”的读音是[Äa(i][⑤]。由此可见，房县方言中的“械”保留了该字中古音的部分读音，声母、韵母及声调与中古音相似。

5) [k]读成[tɕ]

刚：房县方言念[tɕiaŋ⁵⁵]，例如，刚才、刚刚。在中古音中，刚，见母唐韵平声，古郎切[⑥]。

分析：在中古音中，“刚”的读音是[kAN][⑦]，由此可见，房县方言中的“刚”字与该字的中古音差别较大，声母和韵母与中古音不一致，反而普通话该字的读音与中古音一致。这说明房县方言中“刚”的读音不是古音遗留造成的。

(二) 房县方言民俗词语的词形特点

房县方言的民俗词语丰富多彩，不仅在语音上有自己的特点，还在词形上与普通话有一些差异。有的词语在词形上和普通话很相似，是在普通话的基础上稍作改变而来，有的是方言本身的特色词，在普通话中找不到相对应

① 使用了高本汉的音值构拟。
② 中古音使用东方语言学资料库，采用了《广韵》语音查询系统。
③ 使用了高本汉的音值构拟。
④ 中古音使用东方语言学资料库，采用了《广韵》语音查询系统。
⑤ 使用了高本汉的音值构拟。
⑥ 中古音使用东方语言学资料库，采用了《广韵》语音查询系统。
⑦ 使用了高本汉的音值构拟。

的词语。本节从音节数量、语素的选择以及不成对应的词汇三个方面，将房县方言与普通话词汇进行对比，分析房县方言民俗词汇的词形特点。

1. 音节数量的差异

（1）普通话的多音节的，房县方言为单音节。例如：

普通话	房县方言
爷爷	爷
奶奶	奶
爸爸	爸
妈妈	妈
叔叔	叔/爹
姐姐	姐
妹妹	妹

（2）普通话是单音节的，房县方言为多音节。例如：

普通话	房县方言
狗	狗子
鸭	鸭子
桃	桃子
杏	杏子

2. 语素的选择差异

（1）房县方言和普通话对应词的语素完全不同。例如：

普通话	房县方言
叔叔	爹爹
乞丐	叫花子
办酒席	待客
香菜	芫荽
馒头	馍馍
蛇	长虫

（2）房县方言和普通话对应词的语素部分相同。例如：

普通话	房县方言
外婆	婆婆
放礼花	出花子
蝌蚪	蝌蚂骨蚪儿
小麦	麦子

3. 不成对应的词汇差异

李如龙先生曾经提出"不成对应的词汇差异比较"①这一课题，这是指有些概念在房县方言中是词，而在普通话中不成词，须用词组和句子来表达和描写，或者房县方言中的词是普通话或其他方言中根本不存在的概念。

房县方言中有一些特殊的词汇，这部分词在书面语中找不到对应的词，或者在意义上或用法上发生了变化，只能用一些较长的短语或句子来表达。例如：

房县方言	普通话
遥到精儿	指人爱打扮，多用于女生
萝卜缨儿	指白萝卜的叶子
麻木车	一种专门用来载人的三轮人力车
蠢阳	指人吃饭吃得多，写字写得大等过于豪放的行为

(三) 房县方言民俗词语的语义特点

1. 民俗词的词义演变

词有词汇意义、色彩意义和语法意义，词的词汇意义也叫理性意义，是指词所表示的客观世界中的事物、现象和关系。

房县方言有些民俗词和普通话词形相同，但在语言发展过程中，这些民俗词所指的具体内容发生了变化。与普通话相比，有词义扩大、缩小、转移三种形式。②

1) 词义扩大

(1) 婆婆：普通话指丈夫的母亲。房县方言中除了指这个意思外，还指外婆。

(2) 爹爹：在普通话中指对父亲的一种称呼，多用于口语。在房县方言中，称呼父亲为"爹"，这主要是21世纪以前的情况，现在很少用。现在"爹爹"这一称呼主要指叔叔(爸爸的弟弟)，例如，二爹、三爹、幺爹。

(3) 老婆子：普通话里有3种解释：①泛称年老的妇女；②年老妇女的自称；③老年人称自己的妻子。房县方言中，除了有这几个意思以外，还指自己丈夫的母亲。例如：

我们家老婆子真勤快，每天把家里拾掇得干干净净的。

---

① 王燕.郧县方言民俗词语研究[D].济南：山东师范大学，2011.

② 王燕.郧县方言民俗词语研究[D].济南：山东师范大学，2011.

(4) 杨桃：在普通话中指一种产生于亚热带的水果，别名五棱子。房县方言中除了这个意思以外，还指猕猴桃。

(5) 扯闪：普通话中指一种天气气象，天空中出现闪电，伴随着打雷。房县方言中除了这个意义以外，还指人说谎话。例如：

你这个娃子就是不老实，喜欢扯闪。

(6) 过细：在普通话中指认真、仔细。房县方言中除了这一意思外，还指考虑周全，处处为别人着想。例如：

嫂子真是太过细了，又是给我们准备住的地方，又是接我们吃饭，我们真是不好意思呀。

(7) 冬瓜：在房县方言中除了指一种瓜果外，还有"笨、蠢"的意思。因为冬瓜很大，且价格便宜，给人以木讷、无实用的感觉，所以它可以用来形容人很笨很蠢，没有太大价值。例如：

这么简单的事情也办不好，真是笨得像冬瓜一样。

(8) 腻人：普通话中指很油腻。房县方言中除了这个意思以外，还含有"不干净、很脏"的意思。例如：

你的衣服上到处都是泥巴，好腻人呀，快脱下来我给你洗洗。

2) 词义缩小

(1) 亲戚：普通话中亲戚是指和自己有血亲和姻亲的人。房县方言中指和自己有姻亲关系的人，不包含有血亲关系的人，主要指母亲那边的亲戚。

(2) 萝卜：普通话中包含白萝卜、胡萝卜和其他品种的萝卜，范围较大。房县方言中主要指白萝卜。

(3) 蚊子：普通话中指苍蝇、白天和夜间出来的蚊子。房县方言中只指白天的蚊子，夜间出没的蚊子叫夜蚊子。

(4) 姑子：普通话中主要有三个意思，一是指未婚的女子，二是指出家修行的女子，三是指丈夫的妹妹。房县方言主要指丈夫的妹妹。

(5) 作假：普通话中主要有三个意思，一是指制造假冒伪劣商品，以假充真，以次充好，二是指耍手腕、玩弄伎俩，三是指为人不坦率，假装客气。房县方言中主要指为人不坦率，假装客气。例如：

来我们家您可别作假，该吃该喝您随便。

3) 词义转移

(1) 白话：普通话中一般指浅显易懂，老百姓常说的话。房县方言中指谎话。例如：

小孩子要从小管得严，不能让他们养成说白话的习惯。

（2）香香：普通话中指气味好闻，很香。房县方言中指涂在脸上的面霜，因为气味很香，所以叫香香。例如：

冬天的早上洗完脸后别忘了搽香香，以免皮肤皴了。

（3）果果：普通话中指果树结的果子。房县方言中指小孩吃的零食。例如：

小孩儿不要吃太多的果果，不健康。

（4）嘹亮：普通话中指声音清晰圆润而响亮。房县方言中指人爱干净、很讲究，或者指人在为人处世、接人待物方面做得很好。例如：

①她真是个嘹亮的人，家里收拾得干干净净的，连厨房里都一尘不染。

②这个老婆子很嘹亮，从来不在后背说自己家媳妇的不好。

（5）灵心：普通话主要指聪慧的心灵。房县方言中指人或物看起来很小巧，灵便。例如：

你穿上这身短款衣服显得好灵心，感觉年轻了好几岁。

2. 民俗词色彩意义的差异

1）感情色彩的差异

感情色彩是词义中所反映的主体对客体对象的情感倾向、态度、评价等内容，主要是指褒贬感情色彩。词义的这种附加色彩不是因人而异的个别现象，而是普遍使用的社会现象。普通话和方言的感情色彩存在一定的差异性，这种差异性主要表现在以下几方面。

（1）普通话中是中性，房县方言中是贬义。例如，“背娃子”在普通话中指背小孩这种动作，在房县方言中指拐骗小孩的人。

（2）普通话中是贬义，房县方言中是中性。例如，“贱”在普通话中指人低贱，在房县方言中指小孩不老实、很调皮。

（3）普通话中是褒义，房县方言中含有贬义。例如，“精明”在普通话中主要指人很聪明、伶俐、机灵，在房县方言中多含有算计、小聪明的意思。

2）风格色彩的差异

在日常生活中，对于一些难以启齿或者当地人忌讳的现象，我们应尽量避免使用那些被认为是不雅、粗俗的词语，而用文雅、隐晦的词语代替，这样就形成了一些委婉语。此外，在日常交流中，多使用口语，这样能使交流更加流畅、朴实，容易理解。

（1）房县方言中的委婉语。

用“走了”“老了”“睡着了”表示人去世，既显得口语化，又避讳了一些人们不愿提起的词汇。

用"做好事""姨妈来了""亲戚来了"表示女生的生理期，比较委婉。

（2）房县方言中的口语词。

语言分为书面语和口语，与普通话相比，方言中的口语数量更多，因为口语更贴近人们的日常生活，使用时更加方便、简洁、朴实、接地气。

口语词在房县方言中主要体现在称呼语和形容词上。普通话中的称呼语是双音节的词，在房县方言中大多简化为单音节。此外，房县方言中助词、语气词和后缀"子、儿"数量较多，这使房县方言趋于口语化。

（四）房县方言民俗词汇特点成因分析

从上述讨论中我们可以看出，房县方言民俗词语在语音、词形和语义方面有自己的特色，这些特点的形成与以下几个方面有着密切的联系。

1. 语音影响

语音和语义分别是语言的形式和内容，民俗的传承主要表现在口头和行为上。这一传承过程不可避免地受到语音的影响。有些词语因语音相同或相近，经常使人们由此及彼产生联想，影响着民俗事象①，反过来，民俗事象也因其表达方式影响着民俗词汇。例如，吃梨的时候不分成几块，一般都是一个人吃整个梨，因为"分梨"谐音"分离"，这是人们不期望的事情。

2. 历史遗留

很多地区的方言词语与普通话在语音、词汇、语义上有较大的差异。在现今所存留的各种民俗方言词语中，有些词语虽然历时久远，语音与现在不一样，但都记录了同一种民俗现象，并被当地人民广泛使用而不会引起歧义，成为方言词汇中的一分子，这部分就是古语的遗留。古语的遗留由三个方面组成：语音、词汇、语法。② 基于口语的普遍性，语音的遗留与保存在古语的遗留与保存中数量最多。

例如，上一节所讨论的语音中的古音遗留现象。"鞋"，房县方言念[xai^{35}]，如鞋子。但在房县方言中，由于这个读音被广泛使用，再加上语境的作用，"鞋子[xai^{35} $ʦɿ^{3}$]"与"孩子[xai^{35} $ʦɿ^{3}$]"的读音相同，但在日常交流的大部分情况下，二者不会引起歧义。

3. 受当地人的生活习惯和心理习惯影响

语言的形成与产生离不开人类的活动和心理，一定地区的社会文化和文

① 王燕．郎县方言民俗词语研究[D]．济南：山东师范大学，2011．

② 邢璇．鹤峰方言词汇与民俗文化研究[D]．武汉：中南民族大学，2010．

明反映了当地居民的生活习惯和心理习惯及状态，反之，当地人的生活生产和心理习惯也会对当地方言的形成产生影响。

房县方言词汇中助词、语气词、后缀词“儿、子”较多，主要是因为当地人追求表达简介、方便的心理。

在房县方言词汇中，特别是称谓语和名词中，骂人的词语较多，形容词中的贬义词远远多于褒义词，粗俗的词语多于文雅的词语。这种现象主要是因为农村地区的居民接受的教育程度较低，他们仍然具有农村人的封闭与急躁心理，以及小市民的市井俗气心理。

但是这些骂人的词语，有时并不代表他们在真的骂人，只是当地人喜欢的一种表达方式，交流双方并不会生气。这也是受当地人豪放、直率、坦诚的性格和心理的影响。

4. 受移民的影响

周振鹤、游汝杰曾在《方言与中国文化》中指出，不同类型的文化从相互隔离进入渗透和交融状态，其主要的原因之一就是人口的迁徙，亦即移民。[①] 人口的迁徙打破了地域之间的分隔状态，促进了文化的交流与发展，也促使当地方言词语发生变化。

房县位于鄂西北，与陕西、河南、重庆毗邻，房县氏族居民中有不少人来自这些省份，陕西和河南的居民较多，因此，房县方言或多或少受到来自北方的居民的影响。北方方言与普通话在读音和词汇构成上很相似，儿化较多。因此，房县方言在发音上不像南方地区的方言那样变化大、难以分辨，而是与普通话的发音较为近似，只是在声调和抑扬顿挫上与普通话差异较大，但外地人仍然能够听懂大部分。在构词上，受北方方言影响，房县方言后缀较多，儿化比较普遍。

四、房县方言民俗词语反映的民俗文化

索绪尔指出，一方面，一个民族的风俗习惯常会在它的语言中有所反映，另一方面，在很大程度上，构成民族的也正是语言。[②] 因此，一个地区的民俗方言词语必定反映了当地的民俗文化。

---

① 游汝杰，周振鹤. 方言与中国文化[M]. 上海：上海人民出版社，2006：12.

② 索绪尔. 普通语言学教程[M]. 高名凯，译. 北京：商务印书馆，1980：43.

房县的民俗文化丰富多彩、表现各异，但大多数民俗文化可以通过记载民俗文化的活化石——方言反映出来。方言作为民俗事象的一个方面，不仅表现了民俗的原生态具体内容，而且使该地区民俗文化得以保存和传承。方言不同程度地记载着古代的民俗文化、生活习惯、民间信仰以及神话故事。

（一）房县方言反映的历史遗迹

方言作为民俗文化的活化石，在记载历史事迹、传承历史文化上发挥着非常重要的作用。房县方言中有些词汇与普通话在读音上有些差别，这些差别正是由一些历史原因造成的。因此，房县民俗方言的特点反映和记载了历史事迹。

例如，“戢 ”普通话读音是[tɕi^{35}]，是“收敛、收藏和停止”的意思。在房县方言中有另一个读音[ʦe^{35}]，“戢”作为姓氏，使用范围很小，仅在湖北房县一带存在。

为什么“戢”在房县方言中的读音是[ʦe^{35}]，并且现在仅在房县一带保留这种读音的姓氏呢？其背后有着真实的历史事故。

据史料记载，唐朝时武则天派张天佐率进军房州（今房县），剿灭犯上作乱的薛刚和帮助薛刚护唐反周的戢天成，并下令杀掉房州所有戢姓的平民。

张天佐圣旨进入房州，一路烧杀抢掠，凡是遇到姓“戢”或者与“戢”相近读音的“计”和“冀”诸姓都一律杀掉。

为保护戢家榜子百姓的性命，薛刚和戢天成商议，戢家军撤向九道寨，戢家榜子一带的老百姓也要疏散到其他地方避难。这时，私塾先生戢良义求见戢天成，说他有一个方法可以不让老百姓搬迁离家，并能够避过此难。

张天佐临近房州，赶到“戢家榜子”村口，看到眼前的景象傻眼了。原来，别的庄子的村民在军官来到之前就逃得一个不剩，可这个庄子的人仍然正常地干活生活。戢良义匆匆来和张天佐打招呼：“大元帅大青天，老百姓盼星星盼月亮总算把你们给盼来了呀！”说着，双膝跪地，三叩九拜。张天佐下马扶起戢良义，问：“这个庄子是叫戢家榜子？”戢良义说：“这个庄子叫翟家榜子，和戢天成的戢家榜子只错了一个字。戢天成叫我们庄子纳入他的老营，我们没有同意，就把我们当作对头，三天两头来抢粮抢物，闹得鸡犬不宁。官军把他们赶进深山，我们算见了天日。家家户户准备了热饭热茶，尽自己所有招待官军。张大元帅，请！”张天佐和戢良义一起查看，发现村民们果然准备了丰盛的酒席招待他们，家家还供奉着武则天神象。张天佐当即下令，不准动庄子一草一木。

从此，房州的戢姓都成了翟姓，并且一直错到如今。房州姓戢的大都是戢天成后代。房州的计、纪、冀姓被杀戮过多，反不如戢姓兴旺。

（二）方言反映的生活习惯

1. 方言词汇所记录的当地社会生活习惯

在日常生活中，房县人们经常把普通话中的“鸡、鸭、狗、猪”等词汇加上后缀“子”，念作“鸡子、鸭子、狗子、猪娃子”，而“牛、马、鹅”等动物词汇和普通话一样。通过这一方言现象，我们可以探知房县人民生活习惯的一部分。

我们讨论过，为了说话的流畅与方便，房县人们会在常用词语后面加后缀“子”或“儿”，使这些词语更加口语化，更贴近人们的日常生活。房县人们在“鸡、鸭、狗、猪”等词后面加上后缀“子”，反映了这些词语是常用词语，说明这些家禽牲畜在房县人们的日常生活中占据着重要地位。在农村，几乎每家每户都会蓄养这些家禽牲畜，“鸡、鸭、猪”主要用来食用，或者拿到市场上卖，“狗”主要用来看家。而“牛、马、鹅”等在房县方言中没有加后缀，说明使用频率不高，这反映了这些家禽牲畜在房县并不多见的现象，每个村子里只有少数人家会畜养这些动物。20 世纪是农村经济比较落后的时代，村民养马主要用于拉车，养牛主要用于耕作。随着经济社会的发展，农村的生产和生活得到了很大的改善，现代化的交通工具和耕作工具越来越普遍，所以畜养马、牛的现象越来越少。

2. 方言词汇所反映的风俗传统

在房县，每年正月十三都会有一项盛大的活动，叫“大游行”。在普通话里，“游行”多指示威、抗议等活动，有时会带来社会动乱等不良影响。但房县方言中的“大游行”与普通话里的“游行”有很大的区别。“大游行”属于房县特有的一项节日庆典活动，与房县相邻的地区都没有。

每年正月十三，房县县城会迎来一年一度的新春民间文艺大游行。据历史记载，房县在农历正月十三上街游行的习俗起源于唐代，一直延续至今。当日上午 8 时开始，来自城区及附近乡镇的近 10 万群众就会陆续涌向县城。随着游行活动的正式开始，各政府机关、商家企业精心装扮的彩车队缓缓驶过街道，由各集团的职工和民间文艺团体组成的 50 多支演出队伍穿着演出服装，进行扭秧歌、舞龙灯、划旱船、踩高跷、打鼓、吹唢呐等形式多样的民间文艺表演。房县人们围在街道两边看游行、放鞭炮，不亦乐乎。大游行热闹非凡，一般在 12 点左右游行结束。大游行结束以后，来自乡镇的群众会趁此次进城的机会在县城的街道上逛街、买东西，拉动了当地的消费。

（三）方言反映的社会心理

一定地区的方言的形成会受到当地人生活、心理习惯的影响，反之，当地的方言也能反射出当地人的社会心理。

1. 房县禁忌语反映的敬畏心理

例如，棺材最为人忌讳，所以房县人不说"棺材"而说"方子"，因棺材是比较周正的长方形而得名。语音上"方子"和"房子"较为相近，也可以理解成这种避讳指死后所住的房子。此外，灵柩念"灵屋子"，也反映了亲人希望死者逝世后在另一个世界里有自己的房子和家的心理。

2. 房县骂人词语反映的豪放、率真性格

在房县方言词汇中，骂人的词语较多。总的来说，形容词中贬义词远远多于褒义词，粗俗的词语多于文雅的词语。这些骂人的词语，有时并不代表真的骂人，只是当地人喜欢的一种表达方式，交流双方并不会生气。这也是受当地人豪放、直率、坦诚的性格和心理的影响。

3. 方言词汇所反映的社会心理变迁

20 世纪，大多数男子的姓名中会带有辈分，人们的姓名大多数是三个字，中间的那个字表示辈分。例如，我们爷爷辈的是"国"字辈，父辈的是"开"字辈。辈分在男性的姓名中使用得很普遍，在女性姓名中很少使用。这反映了当地对男性的重视，认为男性在维系一个家族的传承中起到了重要作用，而女性嫁作他人妇以后，就与该家族的联系越来越少，所以不必在姓名中加入辈分。这种现象反映了 20 世纪房县重男轻女的社会心理。

随着社会的发展，人们的观念也越来越开放，21 世纪很少有人在自己的孩子的名字中加入辈分，家族辈分观念越来越淡，女性的名字和男性一样受到重视，反映了在房县当地特别是农村，重男轻女的社会心理渐渐淡化。

（四）方言反映的神话传说

有的方言词汇不是历史事迹的遗留，并没有真实的历史事件来佐证该词语的来源，但可以从神话传说或虚构的民间故事中探寻词语的来源。同样，这些方言词汇的保留与传承反映了当地的传说和民间故事。例如，"祝米"反映了当地的传说。

很久以前，山里住着一对夫妻，他们勤劳善良、恩爱和睦。有一年，久旱无雨，田里颗粒无收，百姓们日子过得很苦。恰好妻子十月怀胎，生下一个儿子。丈夫又喜又愁，喜的是有了一个儿子，好续接香火，愁的是没有东西吃，妻子没有好的食物吃，身子虚弱，娃娃因而没奶吃。山里的人家听说了这对夫妻的苦处，都在替他们想法子。想来想去，他们想到了竹子上结的米子。人们从山上摘回竹米，送给这对夫妻，煮粥给妻子吃。从那以后，只要有人家生了孩子，各家各户都去送竹米。后来有了粮食，就送新米，送竹米就成了“送祝米”，取谐音，饱含祝贺的意思。

后来，“送祝米”这一民俗发生了变化，不再仅仅指送竹米，而是泛指在妇女坐月子期间去送礼物。富裕人家非常讲究，除了送食物外，还会送绫罗绸缎，并请唢呐送行。一般的家庭则用一担箩筐挑东西去“送祝米”，箩筐上面放松枝、柏枝各一根，表示虽“清贫”却“亲近”，要亲朋不要见笑。贫穷家庭只是用小篮子提点力所能及的东西，客套话是“不怕空手汉，只怕不来人”“人到情到”。

五、房县方言民俗词语的发展

随着时代的发展、社会的进步，人们的生产生活和社会心理也在发生变化。在这个发展变化的过程中，方言作为人们社会物质生活和精神生活的载体，也随之发展和变化。

词语的变化发展主要体现在：新词的产生，旧词的消失，词语意义的扩大、缩小和转移。房县方言民俗词语的发展变化主要体现在以下几个方面。

（一）社会文化的发展与方言民俗词语的消亡与存留

1. 民俗现象消失，与之相应的词语随之消失

20世纪，由于村民受教育较低，崎岖比较封闭和落后，房县当地存在着一些迷信的现象。例如，某家的小孩经常生病，由于生活贫困，他们没有足够的资金去正规医院检查治疗，人们会迷信地认为这个小孩被鬼魂附身了，于是他们采用一种迷信的方法来治疗，叫作“站筷子”。即把一个碗里装满水，把筷子竖立在碗中，如果筷子能很好地竖立并且不倒，说明这个小孩被鬼魂附身了，然后拿一把刀把筷子砍断，就表明驱走了鬼魂，小孩的病就治好了。

随着医疗保障的普及以及人们受教育程度的提高，近几年这种现象越来越少，很多人年轻人甚至没有听说过“站筷子”这个词语。类似的民俗现象逐渐被摒弃，相关词语也随之消失。

2. 民俗现象消失，与之相应的词语依旧保留

以前房县的生态环境保留得较好，大山里有很多野生动物。有一种叫白麋子的动物，身上的毛很白。因此，在房县当地尤其是农村和山区里，人们在形容一个人皮肤很白时会说“那个人白的像白麋子”，或者直接叫那个人“白麋子”，既带有夸奖的意思，又含有戏谑的意思。

随着当地生态环境的破坏和人们过度的捕猎，房县几乎已经没有白麋子了。因此，现在很少有人把皮肤很白的人比作“白麋子”，这种民俗现象正慢慢消失，但“白麋子”这个词并没有消失。

（二）社会文化的发展与方言民俗词语的发展

虽然社会在发展和变化，但有的民俗在当地人的生产生活中发挥重要作用，这些民俗不但没有消失，反而进一步发展。反映该民俗的词语有的继承下来，有的在原有词语基础上发生了或大或小的变化。

俗话说：“男大当婚，女大当嫁。”结婚、嫁娶是任何一个地方都有的民俗，基本上不会在短时期里消失。例如，以前帮年轻姑娘介绍对象，叫作“说婆子”，后来为了好听，变成“说媒”。随着时代的发展，人们的观念越来越开放，“相亲”一词经常被提及。于是，“相亲”慢慢取代“说婆子”“说媒”等词。

六、结　　语

本文主要以房县方言词语与当地民俗文化为立足点，探讨二者之间的关系。首先，选择了四大类具有代表性和较突出特色的房县方言民俗词语，通过与普通话进行对比的方法，分析归纳这些房县方言词语在语音、词形和语义方面的特点，进而研究形成这些特点的原因。其次，通过这些方言词语，研究其所反映的当地民俗文化，从历史遗迹、生活习惯、社会心理、神话传说等方面进行描写。最后，归纳了房县民俗方言词语的发展特点。

虽然笔者尽力收集整理房县方言民俗词汇，力图在本文中分析清楚方言词语与民俗的关系，但由于笔者专业知识不足，再加上时间和条件的限制，本文的探讨与研究还需要进一步的完善。

参考文献

[1] 乔全生,孙玉卿.试论方言研究与民俗研究的互动关系[J].山西大学学报(哲学社会科学版),2001,24(5).

[2] 邢向东.关于深化汉语方言词汇研究的思考[J].陕西师范大学学报(哲学社会科学版),2007,36(2).

[3] 杨树喆,朱常红.略论民俗与方言的关系[J].广西师范学院学报(哲学社会科学版),2002,23(4).

[4] 阎德亮.漫谈方言与民俗[J].南都学坛,1992(3).

[5] 刘楠琳.方言与民俗文化研究的力作——评王作新教授新著《三峡峡口方言词汇与民俗》[J].三峡论坛(三峡文学·理论版),2011(6).

[6] 柯西钢.汉江上游鄂北片方言的地理格局及混合性特征[J].方言,2010(1).

[7] 李德复,陈金安.湖北民俗志[M].武汉:湖北人民出版社,2002.

[8] 吴京萍.家谱佐证十堰移民文化渊源[J].图书情报论坛,2009(1).

[9] 郝文华,谭文勇.十堰方言中"谓词+得+看"式结构[J].理论月刊,2004(10).

[10] 苏俊波.十堰方言"看叫 NPV/A 得看"句式[J].华中师范大学学报(人文社会科学版),2011,50(5).

[11] 鲁杰.湖北房县方言中的"子"尾词[J].焦作师范高等专科学校学报,2014(2).

[12] 徐瑞娟,梁莹莹,李嫣妮.房县《诗经》民歌传承分析[J].文学教育(上),2014(6).

[13] 邢璇.鹤峰方言词汇与民俗文化研究[D].武汉:中南民族大学,2010.

[14] 王燕.邱县方言民俗词语研究[D].济南:山东师范大学,2011.

[15] 陈丹.浅析现代汉语中的"轻声"现象[J].北方文学(下),2012(8).

黄陂方言民俗词语研究

孙　明
指导教师：盛银花

引　言

方言是一个民族语言的重要组成部分，有着重要的研究价值。方言中有意无意地保留一些某个地区所独有的民俗文化，这恰恰成为一个民族共同拥有的瑰宝。方言民俗词语的研究更是着力于通过对方言里典型词语的研究来揭示方言所蕴含的独特的文化，例如，黄陂话里有“马角”这个词，“马角”是每年正月十五进行“僵狮子”的人。“僵狮子”是黄陂孝感地区所独有的民俗现象，带有浓厚的地域色彩。“马角”与“下马”有关，也就是请神附身。舞狮人在舞狮的时候不是处于清醒的状态而是像被鬼神附身一样，不怕痛不怕累。“马角”反映了人们的一种迷信心理，但也从侧面表现了人们希望通过祈求神灵下凡来获得平安、吉祥、如意的心理。

学界关于方言民俗词语的研究有：项菊（2009）从鄂东丧葬习俗民俗词语中总结出了民俗词语具有传承和礼仪两个功能；殷隽（2013）讨论了徽州方言民俗语汇的特点、来源及发展趋势；孙宜志（2000）通过描写安徽宿松方言中关于婚嫁和丧葬的词语，总结出了当地民俗词语的特点以及构造；陈遵平（2004）从婚姻、生育、丧葬、节日四个方面展示了遵义地区方言民俗词的特色与魅力；戴昭铭（1996）研究了民俗词语的功能，同时列举了大量东北地区关于婚丧的民俗词语。这些研究往往采用分解式的研究方法，要么只研究民俗词语，要么只研究民俗词语的价值。目前还未见具体研究黄陂方言民俗词语的文献。本文拟重点描写黄陂方言的婚嫁词语、生育词语、丧葬词语，从中总结黄陂方言民俗词语显示的礼俗与民俗学价值，分析黄陂方言民俗词语的特点和构造方式，讨论黄陂方言民俗词语的现代发展。

一、黄陂方言词语显示的礼俗

普通话里的“结婚”，黄陂话叫“说媳妇”。普通话里的“怀孕”，黄陂话叫“怀伢”。普通话里的“逝世”，黄陂话叫“过脚”。尽管普通话和黄陂话表达的意思相同，但所包含的民俗文化截然不同，黄陂方言词里蕴含的民俗文化更加独特。普通话和黄陂话有同有异，“异”者显示了黄陂地方民俗，本文选取黄陂方言里最有特色的方言词并进行描写，重点描写婚嫁、生育、丧葬三个方面的词语。

（一）黄陂方言词语显示的婚嫁礼俗

（1）会面：双方媒人安排男方和女方见面，看双方是否中意，这是婚姻的起点。随着社会的发展，“父母之命，媒妁之言”的婚姻早已消失，现在多为“自由恋爱”。

（2）上门：如果男女双方互相中意，男方会购买礼品去女方家拜访，正式确定关系。上门还有“一年三节”之说，也就是每年的“五月节气”“八月节气”“过年”，男方都要到女方家里去“拜节气”。

（3）围评：一般发生在上门之时，女方亲属会聚集在一起考察男方，看是否满意。与词语的意思一致，“围评”指围观评论，这一步很重要。

（4）要人：一般是男方父母或者男方家里有权威的人到女方家礼商议婚姻，征求女方父母的意见。

（5）报期：发生在“要人”之后，如果双方家长达成一致，就开始商议结婚的具体事宜、结婚的日子、婚宴，等等。

（6）彩礼：男家给女家作为聘礼的钱物，包括衣物、金银首饰等，简称“礼”。

（7）过水礼：在婚礼举行的前期，男方会把女方这边需要用的食材和相关的东西送到女方这边，相当于送礼的意思。

（8）盘嫁奁：姑娘出嫁的前两天要盘嫁奁，亲戚朋友来吃酒席、送礼钱。男方把女方家的陪嫁抬回家。现在程序简单化了，“盘嫁奁”改在结婚的前一天进行。

（9）压袋钱：长辈送予新娘的份子钱，根据亲属远近，一般关系越亲，给的钱就会越多。

（10）接新姑娘：婚礼当天，男方会把女方从娘家接走，这个过程就叫“接新姑娘”。

（11）回门：结婚的第三天，新娘要回娘家。

（12）送油：娘家的人也会派人来接新娘，并带来一些结婚时新娘在家还来不及拿走的东西和礼品，这个过程就叫“送油”。

黄陂方言男子“接新姑娘”的方言词语也能反映礼俗。黄陂方言里男方结婚的方言词语也包含诸多的禁忌，这种禁忌不是对封建迷信的崇拜，而是对婚后美好生活的憧憬。

（13）盘嫁妆：盘嫁妆是一个非常复杂的过程，在这个过程中讲究颇多。“双盘”是指男方到女方家把女方的陪嫁抬回家时，男方这边的人必须是双数而不能是单数，如果是单数就会不吉利。“搽污胭脂”是指男方在“盘嫁妆”时，女方的亲属或者左邻右舍会把皮鞋油抹到新郎的脸上，寓意着女方家的“权威”。“过中”指“盘嫁妆”完成后，已经到了中午，女方家人会招呼男方过来“盘嫁妆”的人吃中饭。“发嫁妆”顾名思义就是把嫁妆搬回男方。

（14）上下水：接新娘的那天，迎亲的队伍在来和去的时候，不能走同一条路。与民俗“不走回头路”有关，寓意着婚姻长长久久，永不分离。

（15）开财门：新郎进入新娘家里时，新娘家人会关上门，堵在门口索要红包。当红包达到一定数量之后，就会开门放新郎进来。在进入新娘自己的房间时，也会重复这一过程。

（16）抱新姑娘：在迎新娘的整个过程中，新娘是没有穿鞋的，脚不能沾地，所以新郎必须抱着新娘。

（17）提鞋：新娘被接到婚车里时，一般由新娘的弟弟把新娘的鞋子送到新娘跟前给她穿上，新郎会给新娘弟弟红包。

（18）供祖宗：新娘到了男方家里以后，男方家里会祭拜祖先，相当于告诉祖先家里又添了一个新人口，希望祖先保佑。同时新人还要跪拜父母，与古代的拜堂有些相似，但大大地简化了。

（19）牵亲婆：男方家里负责指引新娘进行婚礼事宜的人，一般为女性。

（20）喝茶：这是男方娶亲的一道程序，中午的酒席过后是喝茶，新姑娘（新媳妇）给公婆及所有的亲友倒茶喝。一般被敬茶的人会给红包，数额不等。

（21）铺床：新娘到男方家里，牵亲婆会把床铺好，等待着新娘的到来，新娘来了之后会象征性地给牵亲婆一个红包。

（22）四言八句：由牵亲婆说，多是一些祝福新人的话语，一般押韵，雅俗共赏。

（23）十全宴：在进行婚宴时，新娘是单独和十个十全十美的人坐在一桌的，寓意着新娘以后也一定会十全十美。

（24）盘新姑娘：普通话叫“闹洞房”，就是捉弄新人。“三天无大小”就是说在结婚的三天里新婚夫妇不能生气，即使是别人说了或者做了让自己感到不开心的事情。

（二）黄陂方言词显示的生育礼俗

（1）怀伢：怀孕了。

（2）月母子：生完孩子后的产妇，在做月母子期间，产妇是不能随便到别人家里去的，按照迷信说法，这样做会带来血光之灾，一般产妇回了娘家之后才能走亲访友。

（3）掉了：不小心意外流产。

（4）刮伢儿：打胎。

（5）报喜：产妇生下孩子以后，老公家会给亲朋好友送红鸡蛋，告诉自己喜获爱子或爱女。

（6）洗三：新生儿出生三天之后，外婆会给小孩子洗澡。

（7）做月母子：坐月子。

（8）做生：就是庆祝生日，可以指代任何生日。

（9）做九盏：新生儿出生第九天，产妇娘家会带一些东西过来。“挑摇窠”就是女方娘家会送摇篮、小衣服之类的到男方家里来。

（10）上门：新生儿满月的时候，回到外婆家中。

（11）抓周：孩子一岁生日时，在孩子周围摆满各种物件，有算盘、文房四宝、首饰等，让孩子随意抓，抓上什么，预示孩子将来就朝哪方面发展。

（12）字辈：一般在农村，取名时都会参照字辈。比如“云”字辈，那么孩子的名字里必定会有一个“云”字。随着时代发展，这一点在农村里也不常见了。

（13）揪尾巴：过去孩子生下来会在脑后留下一条小辫子，现在也有。到了孩子十岁的时候，会举行酒宴庆生，然后剪掉脑后的小辫子。

（14）过寿：通常是六十、七十、八十整寿要庆祝，儿女祝贺为主，亲朋可来可不来。

（15）寿星佬：年纪大的人过生日时人们称他（她）为寿星。

（三）黄陂方言词显示的丧葬礼俗

（1）落气：人没有呼吸了，意味着人已经死了。

(2) 过脚:人死了的一种说法,但在使用时常常含有贬义。

(3) 把信:差人向亲戚报告死亡消息,又叫"报丧"。

(4) 落地:把死者从床上移至地上,同时"打地铺",用稻草铺在地面上,铺上床单,将死者置于床单之上。然后挂上帐子,为了防止夜猫和其他动物惊动死者,一般会点清油灯,并燃香供于死者头前。

(5) 停三:停尸至少要到三天,方可出殡,故称"停三"。

(6) 白喜事:老人逝世叫作白喜事,而结婚、生日就叫红喜事。

(7) 走了:老人逝世的委婉说法。

(8) 吃泡饭:举行酒宴,通知亲朋噩耗,共同缅怀先人。

(9) 八大金刚:在流行土葬的时候,八大金刚的主要作用是抬棺材。现在改用火葬,八大金刚变成了一种象征,驱邪避凶。八大金刚一般由同村的青壮年担任。八大金刚在葬礼中都扮演着一种极为重要的角色。

(10) 守夜:人死后亲人在灵堂里守候期间焚香、烧纸。八大金刚一般都会参与。

(11) 前三后四:死者死后第二天,会给其梳洗打扮,洗澡也是一个比较复杂的过程,一般由死者长子给死者洗澡,这种洗澡是象征性的,身体前面擦三下,身体后面擦四下。洗澡用的水是从池塘里挑来的水,挑水时还要燃香,这叫"买水"。洗澡时,盛水的铁盆里要放入几枚硬币,这样会带来财气。洗完澡的水不能乱倒,必须要倒在死者身前所睡的床下,叫"床下水"。然后由死者女儿给死者梳头、换寿衣。

(12) 吃进材饭:并不是给死者吃饭,而是形容将死者移入棺材。

(13) 打井:死后第三天,由八大金刚为死者挖掘墓穴。

(14) 请道士:停棺期间一至三天,击鼓奏乐,上三牲供品,唱读荐亡书,随后宣读祭文。

(15) 八寸钉:旧时合上棺材后会用几枚八寸钉钉牢。

(16) 摔财碗:在封棺钉钉之后,封棺人会把一只瓷碗用力地丢向棺材,如果破了代表来年好运,相反,如果没破则会招来灾祸。

(17) 上山:把死者从家里移至墓穴的过程叫上山。上山讲究颇多。上山时要佩戴孝布,分三种颜色(红白绿)。白色是代表子女那一辈,红色是代表孙辈,绿色是代表曾孙辈。孝布的长短不一样,一般男性的孝布比女性长,一般血缘越近的亲属孝布越长。

(18) 阴阳路:是指出去埋葬的路和埋葬完成回来的路不能走同一条,顾名思义,一条是给阴间人走的路,一条是给阳间人走的路。

(19) 买路钱:希望周围的游魂野鬼不要为难上山的队伍。

(20) 发引:道士烧化"路单",同时鸣爆竹"发引"。

(21) 引路锣:同时在行走过程中会有人敲锣,一般敲18下,指引亡灵的方向。

(22) 赶山:指在上山的时候会突然跑起来,急急忙忙往墓穴赶去。

(23) 骑棺:上山时,死者家人会把比较小的孙子辈,放在棺材上,这种做法是希望死者能保佑子孙大富大贵。

(24) 打转:死者被放入墓穴之后,所有的亲朋好友,都要围着坟墓转上三圈,以此来缅怀死者。

(25) 敷土:到了死后第四天,死者的子女会前往墓穴给坟墓进行修整。

(26) 头七:复山后烧"头七"。人死后七天为一七,头七就是第一个七天。依次类推。要烧纸钱给死者,主家放鞭炮。女儿、女婿要一直烧到"五七"。

(27) 五七:五七是最重要的一个时间,祭拜的方式与头七相同,但是意义非常重要,俗语有云:"五七三十五,望儿望女来救苦。"

(28) 烧百日:人死的第一百天,亲戚到场,焚香、烧纸钱、放鞭炮。

(29) 上坟:扫墓。

(30) 拜新香:人死后的第二年大年初一烧纸钱、放鞭炮,叫"兴香",亲戚都要去烧。死者家里贴白对联。

(31) 贴有色联:家里有人逝世,当年的春节就不能贴红色对联,要么不贴,要么就只能贴白色的。第二年贴黄色,第三年贴绿色,直到第四年才可以贴红色对联。

二、黄陂方言民俗词语的特点和构造方式

(一) 黄陂方言民俗词语的特点

索绪尔曾指出,一个民族的风俗习惯常会在它的语言中有所反映,另一方面,在很大程度上,构成民族的也正是语言。[①] 马克思也曾指出,社会存在决定社会意识,社会意识是社会存在的反映。[②] 由此可见,方言民俗词是对已

① 索绪尔.普通语言学教程[M].高名凯,译.北京:商务印书馆,1980.

② 肖前.马克思主义哲学原理[M].北京:中国人民大学出版社,1994.

经存在或者存在过的民俗的体现。通过本文列举的大量的方言民俗词，我们可以发现，方言民俗词其实是有迹可循的，而不是杂乱无章的。方言民俗词有着自己的体系，黄陂方言民俗词语也有着自己的特点，共性中具有个性。

1. 黄陂方言民俗词语具有地域性的特点

地域性是指只能由个别人或者在个别地区使用。例如，“围评”这个词就特别有地方色彩。女方亲属考察未来的女婿这一点在中国甚至在全世界都是通行的，但在不同的地方，叫法不尽相同。“围评”这个词就充分地体现出了黄陂特色，生动形象，易于理解。而普通话里的“考察”就没有这么生动形象了。还有“十全宴”，中国文化一个特点就是图个喜庆。现在的婚宴、生日宴都已变成纯粹的吃饭、喝酒。而黄陂的“十全宴”却独树一帜。婚礼吃席的时候，新娘是单独和“十全”坐在一起的，而不是和新郎坐在一起。“十全”就是十个十全十美的人，他们有儿有女，生活幸福。其中的寓意也就不言自明了，“十全宴”的寓意是希望新娘在未来的婚姻生活中十全十美。还有许多词语，如“过九盏”“洗三”“摔财碗”，都表现了黄陂地区独特的文化特色，也反映了人类共同的美好追求。

2. 黄陂方言民俗词语具有专用性的特点

民俗词语的使用时要严格区分场合，不能胡乱使用。例如，嫁娶的民俗词语就不能用于丧葬，这样会发生口角甚至冲突。在黄陂地区，只要听见“开财门”就知道哪家闺女正在出嫁，只要听见“揪尾巴”就知道谁家孩子要过十岁了，只要听见“拜新香”就知道谁家去年家里有人逝世了。

3. 黄陂方言民俗词语具有系统性的特点

民俗表现在生活的方方面面，由多个个体组成。也就是说，对于一种民俗而言，往往是由一系列的民俗词语表现的，例如，婚嫁、生育、丧葬是由一系列的词语构成的。一个词虽然能抽象地概括一件事情，但不能说清楚这件事情的来龙去脉。一系列的民俗词语叠加起来，就可以反映一个地域的某种民俗文化。黄陂方言民俗词也是这样，一系列词语分别起着不同的作用，不同的词语有机地组合在一起，形成新的功能与作用，展现了黄陂地区独特的民俗。

（二）黄陂方言民俗词语的构造方式

民俗词语在构造方式上常采用修辞方式。在语言的使用上，人类普遍存在一种求吉避凶的心理特点，反映在词语的结构方式上，就是常用一些特殊的修辞方式造成新词。

1．“双关造词”

“双关造词”是一种比较普遍的方法，一般都有特别的寓意。例如，在黄陂丧葬礼俗中有一个“进材饭”，这里的“材”是指进棺材，也指“进财富”。还有“上山”，“上山”就意味着要将逝者进行埋葬，“上山”还有一层含义，古代帝王权贵们埋葬的地方一般都是山陵丘壑，山就象征着一种富贵与权力，所以“上山”一词表现了人们对财富与权力的渴望。

2．“婉曲造词”

这一般都是委婉的说法。例如，家里有人死了，人们一般都不会直接说人死了，而会委婉地说人“走了”。“敷土”也是委婉的说法，普通话里的“修正坟墓”也能表达这个意思，但是不够委婉。黄陂方言里的“敷土”一方面可以表达儿女们对亲人的思念，另一方面，寄托了儿女们对亲人的祝福，希望他们在阴间也能过得很好。

三、黄陂方言民俗词语的现代发展

（一）黄陂方言民俗词语的现代发展

黄陂方言民俗词属于语言词汇系统中的一部分，因而顺应词汇发展的总趋势：一是黄陂方言词语逐渐消亡；二是黄陂方言民俗词语被替代。

随着社会的发展，思想的进步，许多过去流行的民俗现在渐渐消亡了，与之相关的民俗词语也就消失在人们的视野中。例如，以前农村孩子出生以后，取名字是要看族谱的，要确定这个孩子是什么字辈的，如果是“云”字辈，那么小孩子的名字里面就一定有“云”字，同时期生的所有小孩都必须有这个字。现在就没有这个习惯了，现在取名字大多都与父母或者长辈的期望有关，而跟字辈没有多大的关系了。族谱与字辈实质上是宗法关系、血缘关系的体现，而现代没有那么重视宗法血缘，与之相关的制度也就慢慢地消失了。很多农村的孩子都不知道有字辈了。

有的风俗还残留在我们的日常生活之中，但是我们对其称呼发生了改变，我们会引用别的方言词来替代。例如，“揪尾巴”原指小孩子庆祝十岁的生日，现在大家都采用普通话里的说法，叫作“过生日”。结婚时，大家都说“闹洞房”，而不用过去的“盘新姑娘”。

（二）黄陂方言民俗词语变化的原因

黄陂方言民俗词的变化与词汇的变化是一致的。语言是人类最重要的交际工具和思维工具，与我们的生活息息相关。

社会的发展是促成词汇发展的重要原因之一，从前面的语料中我们不难看出，很多民俗词语都是特称，即一个词语只对应一个事物，而不指称其他事物。随着岁月的变迁，一旦特称词语指代的事物消失，这个词语也会跟着灭亡。“牵亲婆”就是一个很好的例子，父辈的时候“牵亲婆”很重要，而现在的婚礼基本上是看不到“牵亲婆”这个职业的，有的干脆不用，有的临时找人客串一下，但客串的人是不会被叫作“牵亲婆”的。

人们认识的发展是黄陂方言民俗词发展变化的另一个原因。对于同一件事情，可能人们过去用这个词来称呼它，现在却用另外的一个词来称呼。随着普通话普及力度的加大，普通话里的一些词汇也渐渐成为我们日常生活的一部分。例如，黄陂话里的“做生”所指范围非常大，可以指一岁、十岁、六十岁、八十岁生日等。通常熟人听到“做生”能清楚地知道到底是过多少岁的生日，但陌生人就不大清楚了。但普通话里的“过×岁生日”就十分清晰了。因此，许多小孩子或者成人在庆祝生日时都采用了“过×岁生日”的说法，取代了“做生”这个词。

总的来说，黄陂方言民俗词的变化体现了“顺时而变”。毕竟语言是社会的产物，没有一成不变的东西，只有永远运动着的事物，语言也如是。

不得不承认，正因为方言在变、民俗词语在变，黄陂方言甚至是全国范围内的大多数方言正在逐渐消失或者被同化，要想切实地进行保护研究，弄清楚黄陂方言变化的原因及现状是很必要的，这就更加突出了黄陂方言的价值所在：①黄陂方言原生态地表达当地的民俗风情、民俗心理、民族情感和民众日常生活等习俗；②黄陂方言民俗词语保留了大量的古代或者从前的民俗；③黄陂方言民俗词语为民俗研究提供了依据。

四、结　　语

黄陂方言的民俗词语丰富多彩，有嫁娶、生育和丧葬等，这些方言习俗词语反映了人从结婚到生育到死亡的全过程，具有浓厚的黄陂地区特色。黄陂方言民俗词语具有地域性、专用性和系统性的特点。在构造上，黄陂方言民俗词语采用了双关造词、婉曲造词等方法。从现代发展的角度来看，黄陂方言民俗词语有逐渐消亡和被替代的变化，究其变化原因，主要是社会的变化与人们思想观念的变化。在这种大背景下，黄陂方言词语逐渐消亡和黄陂方言民俗词语被替代是黄陂方言民俗词语发展的一大特点，与语言系统中词汇的发展一致。在这种情况下，研究黄陂方言民俗词语能为民俗研究提供依据与便利。

参考文献

[1] 项菊. 从一些民俗词语看鄂东丧葬习俗[J]. 湖北社会科学，2009(9).

[2] 宗宝琴. 汉味小说的方言运用及民俗学价值[J]. 湖南农机(学术版)，2012，39(5).

[3] 白朝霞. 汉语词语的民俗文化阐释[J]. 哈尔滨学院学报，2010，31(8).

[4] 殷隽. 论徽州方言民俗语汇的特点、来源及发展趋势[J]. 合肥学院学报(社会科学版)，2013，30(4).

[5] 孙宜志. 民俗词语刍议[J]. 民俗研究，2000(3).

[6] 戴昭铭. 中国东北的婚丧习俗和民俗词语[J]. 汉语学习，1996(6).

[7] 陈遵平. 遵义话民俗词语举例[J]. 遵义师范学院学报，2004，6(4).

[8] 中国社会科学语言研究所方言研究室资料室. 汉语方言词语调查条目表[J]. 方言，2003(1).

[9] 农学冠. 读《四川方言与民俗》[J]. 广西民族学院学报(哲学社会科学版)，1997(3).

[10] 陈建民. 关于语言与文化研究的思考[J]. 汉语学习，1992(4).

枣阳方言民俗词汇研究

唐　云
指导教师：童琴

一、绪　　论

（一）选题缘起及研究意义

我国对方言的研究有着悠久的历史，可追溯到西汉扬雄的《輶轩使者绝代语释别国方言》。但自20世纪60年代开始，我国现代汉语方言词汇的研究才真正受到学术界的广泛关注，研究成果如雨后春笋般涌现，大量文献为现代汉语方言词汇的研究奠定了基础。传统的方言研究主要侧重于对方言分区以及方言区点语音、词汇、语法系统的调查研究，而对于全国各地某一具体县市的方言所进行的研究还远远不够。针对枣阳方言民俗研究的薄弱与不足，本文将从方言和民俗两个方面入手，结合本县的方言民俗词汇，对枣阳这一特定地区的民俗词汇进行归纳分类。一方面，笔者通过自己对本地方言的搜集调查，可以整理和展示当地的民风民俗，有利于方言文化的传承与传播；另一方面，笔者希望自己的研究为其他研究者提供素材与资料。

（二）研究现状

传统的方言研究注重对方言区点语音、词汇、语法进行单一的系统的调查和比较，随着近些年来现代方言学的逐步兴起，方言开始侧重于对具体地点方言词汇进行综合而全面的研究，将方言与民俗结合起来的研究取得了有益成果。把方言同中国文化史结合起来进行研究，打破了方言描写的旧模式，开创了汉语方言研究的一条新的发展道路。

近代以来，我国就有把方言与民俗结合起来研究的良好传统。最早将方言与民俗文化结合起来的研究当属1986年游汝杰、周振鹤所著的《方言与中国文化》，此书从宏观上论述了方言与文化的关系，以及从文化的角度看方言的重要性。紧接着，林伦伦所著的《潮汕方言与文化研究》于 1991 年出版，此书从微观的角度体察了潮汕这一具体地区的方言与文化的双向互动，至此，我国方言学界填补了方言与文化结合研究的空白。此后，学术界在此方向上的研究成果不断涌现。马平在 2013 年《汉字文化》上发表了《湖北枣阳方言“拐”的意义及其演变》，阐述了枣阳方言特色词汇“拐”的艺术，并于 2014 年在他的硕士学术论文中又对枣阳七方镇的方言语音进行研究、对比；武娜在 2014 年发表了《枣阳方言儿化音变现象研究》，对枣阳方言中的儿化音变现象进行研究；2013 年段琰发表了《枣阳方言的“V 哪儿 V”格式》，对枣阳方言的特殊语言进行了深入研究；黄勇在《浅析〈迷离的滚水河〉中枣阳方言词语的运用》中，对枣阳方言词语进行了简要分析。

由此看出，方言研究在内容和研究方法上都有很大改观，对具体地点方言词汇的综合而全面的研究，尤其是将方言与民俗结合起来的研究取得了丰富的成果。但从整体上来讲，将方言与民俗结合起来的研究仍然相对薄弱，有待学术界的进一步完善。自古以来，关于襄阳方言的记载就较少，只能从地方县志中查到，近代的研究也寥寥无几，对枣阳的方言研究就更少了，所以对枣阳的方言民俗进行调查便十分有价值和必要。

(三) 研究思路及研究方法

本文以笔者的家乡枣阳市兴隆镇为调查对象，首先系统、缜密地收集枣阳当地的方言民俗词汇作为分析的材料，接着对枣阳方言民俗词汇进行分类、整理，然后查阅文献资料、借鉴前人的分析思路和方法，进而分析总结枣阳方言民俗词汇的构成特点和演变规律，探索方言民俗词汇背后的地域文化，在民俗文化的大背景下对方言进行深入研究，从而让大家更加了解枣阳方言与民俗，也为今后更深入的研究提供借鉴。

本文主要采用调查法、列举法和比较法。笔者是土生土长的枣阳人，因而具备一定的枣阳方言词汇基础，这对笔者的方言搜集工作有一定帮助，但也会带来一定的主观影响。为了避免这一主观影响，笔者依照《汉语方言词语调查条目表》对枣阳方言进行了系统的调查和描写，接着运用列举法把笔者认为具有代表性的方言词汇归纳出来，使得大家对枣阳方言有一个整体的感知。本文重点运用比较的方法，将枣阳方言词汇与普通话词汇进行了词性、词义以及构词方式等方面的比较，以便更好地分析枣阳方言的特点。

二、枣阳方言民俗词语

（一）民俗的界定

学术界有关民俗的界定的说法不一，目前被大家广为认可和引用的是钟敬文的定义。民俗，即民间风俗，指一个国家或民族中广大民众所创造、享用和传承的生活文化。民俗源于人类社会群体生活的需要，在特定的民族、时代和地域中不断形成、扩展和演变，为民众的日常生活服务。民俗一旦形成，就成为规范人们的行为、语言和心理的一种基本力量，同时也是民众习得、传承和积累文化创造成果的一种重要方式。① 在这一定义中，民俗延伸为民间风俗，并将它定性为一种生活文化，同时阐明了民俗的产生和作用。

民俗是人们在日常生活中靠口头和行为传承的文化模式。它涵盖了三个方面的内容：①民俗存在于人们的日常生活中；②民俗是靠口头和行为的方式一代一代传承的；③民俗在长期的流传过程中已经形成了相对固定的文化模式，这种模式制约着人们的思想和行为方式。② 陶立璠从民俗的内容入手，把民俗阐述为人们日常生活中以口头和行为传承的文化模式，民俗是一种文化模式，其载体是口头和行为，其功能是制约人们的思想和行为方式。

关于民俗的分类，大家也不尽相同。陶立璠的《民俗学》将其分为物质民俗、社会民俗和精神民俗三大类。由于本文研究的枣阳方言民俗词语涉及民俗的方方面面，所以本文主要列举岁时民俗词语、家族民俗词语和交际民俗词语三个方面。

（二）方言和民俗的关系

民俗是广泛流行于民间的风俗习惯，是一种文化现象。方言是某一地区内的人们所使用的交际工具，是一种社会现象。方言与民俗都是人类社会发展到一定阶段的产物，都带有很强的地域性。方言研究从来就离不开民俗的研究。通过民俗来收集方言，是方言研究的一个传统；透过方言来探求民俗，是民俗研究的必由之路。方言是民俗得以延续的载体，民俗是方言表现的重

---

① 钟敬文.民俗学概论[M].上海：上海文艺出版社，1998：307.

② 陶立璠.民俗学[M].北京：学苑出版社，2003：63.

要内容。方言随民俗的产生而产生，亦随其消亡而消亡，而许多民俗如果没有方言的润色，也会黯然无光。

独特的方言词，对于民俗的形成和巩固具有很强的聚集和凝结作用。民俗方言词不仅是语言符号，还应被看作具有象征作用的民俗符号。每一个方言词就是一个支撑点，它可使某一种民俗更稳定、更完整。

（三）枣阳方言民俗词语列举

为了从宏观上对枣阳方言词有一个整体的把握，本文选择一些具有鲜明特点的枣阳方言词，以加深对枣阳方言词的理解。由于篇幅所限，本文只选择了其中具有明显地域特点的词语。下面将从岁时民俗词语、家族民俗词语、交际民俗词语三个方面进行介绍。

1. 岁时民俗词语

（1）出天方：除夕守岁至零点，家家户户都会在自家门口鸣放鞭炮，以迎接新年。

（2）拜年：大年初一，各门各户开始走亲访友，互贺新年。通常还有一些讲究，如初一拜祖父母、岳父母，初二拜舅家，随后拜其他亲戚朋友。

（3）新香：家中的直系亲属中若前一年有人去世，初一这一天亲友首先要去给死者拜年，即到墓前为逝者烧纸、鸣鞭、磕头，然后再到逝者家中给其家庭拜年，主人要设宴款待。

（4）回门：新出嫁的女儿，在婚后第一个春节要带女婿回娘家拜年认亲。回门时一般需送重礼。对新人的拜年，主人都十分看重，往往盛情款待，并专门请人相陪，此谓"待新客"。辞别时主人还要打发礼钱。新婚夫妇回门，当天必须返回，即家中不能"空房"。此外，新过门的媳妇在回门之后，要与其夫一起到婆家亲戚家拜年认亲。[①]

（5）过屋：若亲朋家在前一年建了新房，或搬了家，正月初一必携带礼物前去庆贺乔迁之喜。

（6）吃饺子：正月初一早晨必以饺子为食。吃饺子一取"更岁交子之意"；二有"招财进宝"之意，因饺子形似元宝。饺子馅不可少青菜，因为"青"谐音"清"，象征全家老少新的一年清洁健康。[②]

（7）赶庙会：传说三月三这天是祖师爷的生日，人们多到庙里烧香许愿或

① 湖北省地方志编纂委员会．湖北省志·民俗[M]．武汉：湖北人民出版社，1996：211．

② 湖北省地方志编纂委员会．湖北省志·民俗[M]．武汉：湖北人民出版社，1996：212．

还愿。如今三月三这天人们主要以看把戏、游玩为主，俗称“赶庙会”。

（8）上坟：一般是指在清明左右，逝者的子孙到坟前拜祭，一般要插坟飘、烧香、磕头，以祭祖先和亡故亲人。

（9）插柳：清明时节，家家户户在门前插上新折下的柳枝。意在避祸、求吉祥。

2. 家族民俗词语

（1）分家：俗谓“树大分桠，儿大分家”，儿子婚后即分立门户，以免等日后闹出许多矛盾再分，淡了情谊。

（2）义亲：即认干老、拜干亲，“干老”又称“干爹、干妈”。关于拜干亲缘由，有如下传说：一是子女少的人家担心孩子夭折而绝后，拜认干爹妈可冲灾免疾；二是无子女的人家盼子心切，因而托人说合，求多子女的人家的儿女拜到自己门下，认作干儿、干女，寓意自己已有子女，日后定会引来儿女成群；三是双方家长为至交，结为干亲后亲上加亲，往来更加密切；四是乡邻朋友间，一方十分钟爱对方儿女，于是向对方提请认对方的儿女作干儿女。[①]

（3）母亲的父亲：姥爷、外公、卫爷。

（4）母亲的母亲：姥姥、外婆、婆婆。

（5）母亲的兄弟：舅舅。

（6）母亲的兄弟的配偶：舅妈、舅母。

（7）母亲的姊妹：姨姨、姨妈。

（8）母亲的姊妹的配偶：姨父。

（9）妻子的父亲：岳父、丈人。

（10）妻子的母亲：岳母、丈母娘。

（11）妻子的兄弟：妻子的哥哥为大舅倌，妻子的弟弟为小舅子、小舅倌。

（12）妻子的姊妹的配偶：连襟、一担挑。

3. 交际民俗词语

（1）走人家：指亲戚朋友之间相互拜访。

（2）回娘家：出嫁女儿在过年、过节时回父母家探望，有时女婿同往，有时女儿独往或带小孩前往。除春节外，端午节、中元节、中秋节等也有回娘家的习俗，此时多为女儿独往，有小孩者带小孩同往。如遇岳母、岳父身体欠安，则女儿和女婿同往探视。

① 湖北省地方志编纂委员会. 湖北省志·民俗方言[M]. 武汉：湖北人民出版社，1996：246.

(3) 打发:对初次到家的贵客,主人相应要送礼物。小孩初次到外婆家,外公外婆需要"打发",主要是衣物、玩具,还有钱钞、饰物等;未过门的女婿初次到岳家,岳父岳母需要"打发",主要是衣服、鞋帽,也有给钱钞的;未过门的媳妇到婆家,公公婆婆要"打发",如逢春节还要给"压岁钱";新媳妇到亲戚家,亲戚要"打发",一般为钱钞。①

三、枣阳方言民俗词汇的语言特点

枣阳方言的民俗词汇在语音、词形、语义、语法等方面有着自己的特点。本节将从枣阳方言民俗词汇的词形特点和语义特点入手,简要分析枣阳方言民俗词汇的构成特点。

(一) 构词形式的特点

1. 音节数量的差异

从古代汉语到现代汉语,汉语词汇在构词形式上的总体发展趋势是双音节词不断增多,但这种特点并不一定在各个方言中都体现出来。枣阳方言民俗词汇中的一些词语和普通话的对应词语在音节数量上存在一定的差异。

(1) 枣阳方言是多音节词,普通话是双音节词。例如:

枣阳方言	普通话	枣阳方言	普通话
下罩子	雾天	挨根儿	附近
这儿嗨儿	这里	头起儿	前面
末了儿	最后	浮头儿	表面
冒估堆儿	估计	冒打张儿	瞎猜
快麻点儿	快点	三不支儿	偶尔
卖野眼儿	走神	猫儿盖屎	说谎

普通话的双音节词,在枣阳方言中多表现为多音节词,这主要与枣阳方言多儿化音的特点有关。如果枣阳方言去掉儿化音,那么这个词说出来便没有枣阳方言特色,也就不属于方言民俗词汇了。

(2) 枣阳方言是单音节词,普通话是双音节词。例如:

---

① 湖北省地方志编纂委员会.湖北省志·民俗方言[M].武汉:湖北人民出版社,1996:260.

枣阳方言	普通话	枣阳方言	普通话
拐	厉害	伯	爸爸
浪	轻浮	撅	走开
块	结实	歇	过夜
臑	扛包	劳	睡觉

一些动词、形容词或者称谓词在普通话中读双音节，在枣阳方言中却用一个单音节代替，但仍能够传达丰富的意思，这体现了语言的“经济型”原则。例如，“撅”字言简意赅，形象地表达了“走开”这一意思。

2. 语素选择的差异

人们在表达相同的事物时，普通话和枣阳方言各自选择的语素有所不同，从而形成意思一样、形式不同的词，语素选择的差异是形成方言词汇特点的重要原因。[①] 这里主要分成以下两种情况介绍。

(1) 枣阳方言和普通话对应词的语素完全不同。例如：

枣阳方言	普通话	枣阳方言	普通话
泼实	强壮	惯事	宠爱
稗丧	诽谤	扯筋	耍赖
遭孽	悲惨	装歪	生病
妈儿	乳头	猴腰	驼背

由此可知，在枣阳方言中，和普通话对应词的语素完全不同的大多数是形容词，动词和名词较少，这主要是因为在枣阳方言中形容词的口语化更强，体现了枣阳方言形象生动的特点。

(2) 枣阳方言和普通话对应词的语素部分不同。例如：

枣阳方言	普通话	枣阳方言	普通话
扯谎	撒谎	啰连	啰唆
卫护	保护	瓷实	结实
冒估	估计	酣水	口水
沁水	漏水	瞎话	假话

与第一种情况不同的是，在枣阳方言中，和普通话对应词的语素部分不同的大多数是动词以及动宾短语，也有少量的形容词，主要原因在于枣阳方言中的动词较为生动活泼，富有画面感。

① 董绍克. 汉语方言词汇差异比较研究[M]. 北京：民族出版社，2002:44.

3. **语素组合方式的差异**

受历史和社会风俗的影响，枣阳方言民俗词中的一些合成词和普通话词素的组合方式略有不同。例如：

枣阳方言	普通话
裤衩(联合)	内裤(定中)
末了(联合)	最后(定中)
褂子(中补)	外套(定中)
碎嘴(定中)	唠叨(联合)

4. **词语兼类的差异**

词的兼类是某个词经常具备两类或多类词的主要语法功能。① 枣阳方言里词语兼类的现象十分普遍。例如：

例词	普通话	枣阳方言	意义	例句
拐	动词	动词、形容词	形容人脾气大或者心肠坏	他拐得很，你千万不要去招惹他！
肉	名词	名词、形容词	性格慢热，不爱说话	你这个人怎么这么肉，快说句话呀！
云	名词	名词、动词	长时间在外闲逛，不回家	他这个人不靠谱的很，天天在外面云。
面	名词	名词、形容词	事物失去水分或指人没有能力	苹果放久了会变面，还是吃新鲜的好。

(二) 造词方式的特点

造词方式的不同常常使得方言形成强烈的地域特色。由于人们生活在不同的地区，他们了解到的信息、考虑问题的视角是不同的，所以他们会采用不同的方法命名同一件事物，使得同样的事物在不同的地区有着各种名字。枣阳方言虽然和普通话较为接近，很多方言词都被换成了普通话的词语，但一些独特的方言词仍然活跃在当地的口语中。

根据造词角度的不同，我们将造词方式分为直接命名法和间接命名法。

1. **直接命名法**

(1) 着眼于事物的形状命名的词语。例如：

① 黄伯荣，廖序东. 现代汉语(下)[M]. 北京：高等教育出版社，1991：57.

枣阳方言	普通话	造词理据
桃子	棉花的果实	形状像桃子
勺把星	北斗七星	形状像勺的把子
毛毛雨	小雨	形状像细小的毛毛
长虫	蛇	形状像长长的虫

（2）着眼于事物的处所命名的词语。例如：

枣阳方言	普通话	造词理据
里屋	卧室	在房子的最里面
紧高头	最上面	距离长、离得远
挨根儿	旁边	距离短、挨得近
末了儿	最后	末、了都位于最后
花瓤的	皮棉	棉桃里面的瓤
檐面糊	蝙蝠	经常出现在房檐上

（3）着眼于事物的形状、用途命名的词语。例如：

枣阳方言	普通话	造词理据
寿器	棺材	用来装阳寿已尽的人
过道	胡同	用来走路的
响手	民间乐队	唱起来很响、很热闹
酣水	口水	看别人吃的畅快，自己流口水
猪下水	猪内脏	猪内脏通常在猪身体下面、流着血水
糟头肉	颈脖肉	连着猪头的肉

2. 间接命名法

（1）比拟法。

比拟法就是使用现有的语言材料，运用类比或者比喻等手段来创造新词。这样创造出来的新词，有的整个词就俨然是一个完整的比喻。[①] 在用汉语语素复合法来表达同样的事情时，枣阳方言经常会使用比喻、拟人等手段。采用比拟法造词，不仅可以体现一个较为明显的方言文字和图像，还可以反映和揭示当地人的态度和情绪。例如：

枣阳方言	普通话	造词理据
疙瘩	面汤	水煮面粉形状像疙瘩

① 葛本仪.汉语词汇研究[M].济南：山东人民出版社，2004：100.

咩咩眼	小眼睛	“咩咩”形容很小
杠子头儿	好争辩的人	“抬杠”指爱与人争辩
吃白干饭	无能之辈	“干饭”简单比喻无能
塌窟窿	欠债	比喻欠债之多
眼子	说话难听之人	“眼”比喻别人都瞩目

以上这些词语或短语在造词方式上大多采用类比、比喻、拟人的方式，选取人们日常熟悉的具体、形象、生动的事物作喻体构词，“以形象示意”或“以形寓意”，使人“见其词而晓其义”。

(2) 借代法。

借代法指不直接讲出要表达的事物，而是用与它密切相关的东西来代替，或者以与它相关的特征代替本体。借代可达到语言简练、生动、直观的效果，引起读者的联想。例如：

枣阳方言	普通话	造词理据
寿器	棺材	以一般代特殊
响手	红白乐队	以相关特征代本体
一单挑	连襟	以相关特征代本体
大肚子	孕妇	以主要特征代本体
妈儿	乳房	以相关特征代本体
妈妈	老年妇女	以相关特征代本体

(三) 语义特点

1. 方言具有精炼传神的特点

一些地道的方言是枣阳地域内的成语，有简洁明快、要言不烦、精炼传神、画龙点睛的特点，是枣阳地域语言的精粹。

例如，绞筋。生活中不乏凡事总爱无原则地争论的人，枣阳人称之为绞筋。筋指静脉，即血管。绞筋用了夸张的修饰手法，比“无理取闹”更精炼、传神。

2. 方言具有反复强调的特点

在枣阳方言里，有许多词语通过重叠用词来达到强调语言的效果。

例如，啰连。“啰”指啰唆、重复，“连”指连续不断，啰连，指连续不断地重复。这是一个双重肯定的词语，用啰唆的办法将啰与连结合起来，组成一个形容啰里啰唆的词语。

类似的还有干绷绷、温沱沱、劲牛牛、糟讥、贬磨、捣讥、列外、鲜范、香赢儿、盘搅、连不连等。

3. 方言多带儿化音的特点

一些词语在书面语里可带儿化音,也可不带儿化音,但在口语里都必须带有儿化音,否则不仅读音变了调,韵味完全失去,意思也变得有些牵强,甚至完全没了意义。

例如,一猝溜儿、三不支儿、点把点儿、背地儿里、满摊儿的。这些方言如果少了儿化音,就不再成为一个词语。

4. 语义受历史遗留的影响

在偏远的山区,人们的口头语还保留了一些文言文。枣阳方言中也保留了部分古词语。

例如,乖嘈。乖,有违反情理之意。在遇见出于正常情理的东西时,枣阳人会情不自禁地发出感叹——乖嘈!因此,在枣阳方言中,"乖嘈"是一个感叹词。

例如,臑(nǎo)。书面语中,"臑"指身体的某一部位。枣阳人用"臑"来表示"扛"。

又如,底留。底在古语中有"到达"的意思。留,使不离去。"底留"介于"拘留"与"款留"之间,表示把一个人或一伙人带到或请到某个地方。

再如,捣尽生(gǎ)。捣,捣乱。尽,尽自、老是。生,生僻字,表示调皮。老是搞一些顽皮、不严肃的言行,被简称为"捣尽生"。

5. 语义与社会生活相关联

在社会长期的发展过程中,方言也不断地发生着变化。各地语言的相互渗透,也会影响方言的变化发展。一些流行一时,甚至流传多年的方言可能会慢慢流失,一些新的方言又层出不穷,一些表示饮食、游戏、农具称谓的方言词语可能会被遗忘,这是社会发展的自然规律,而一些形容言行举止、心理感受类的方言词语则会长期流传,人们还会不断创造出更多词语来充实这一板块。

例如,走场。书面语上有走板(不合板眼)、走调(不合调子)、走样(失去原样)等词语。近些年来,枣阳方言中只出现"走场"。它意思是"做出不符场合、常规、常情的言行"。

例如,打的。出租车被称为"的士",乘坐出租车被称为"打的"。与乘公共汽车不同,打的可以直达目的地,中途不用停留。在枣阳方言中,打扑克时,一口气将手中的牌出完,被称为"打的",幽默中透露着得意。开店做生意,一天之中没有成交一笔,也被戏称为"打的",幽默中透露着达观。这都是近些年才流行起来的方言。

四、枣阳方言民俗词汇与民俗文化

(一) 从造词心理看民俗文化

1. 生活化

枣阳方言从生活中来,用到生活中去,凝聚了广大劳动人民的智慧和情感。各类修饰手法层出不穷,使这些方言词语幽默、诙谐、生动。

例如,不进油盐。枣阳人形容那些不听教诲的人为“不进油盐”。不进油盐的饭菜没有味道,不进油盐的人当然没有出息。这是一个巧妙的借喻手法。

又如,猴抓球。猴子给人的印象就是上蹿下跳。在枣阳,调皮、不安分的人被称为“猴样”,而形容人不够沉稳,则用“猴抓球”。

类似这种幽默、生动、形象,为广大群众津津乐道的方言词语还有痞子缠、砍不成儿、活疾作儿等。

2. 创新性

语言的魅力在于创新。同样的方块字,经过不同作家的组合,就形成了风格迥异的文章。我们按照习惯的组合方式去搭配词语,而诗人往往用超凡脱俗的思维方式去创造词汇。枣阳人就具备丰富的想象力和创造力,常常出乎常规地把一些词组合在一起。

例如,酣水。酣,本指饮酒尽兴,后来泛指畅快。枣阳人看见或想到别人酣饮时会垂涎三尺,所以用“酣”借指“馋嘴”。酣水,即口水、涎水,比喻馋嘴。

(二) 从民俗词义看民俗文化

一些极其书面化的语言也频频出现在枣阳方言中,这些词语把本来粗俗的事情书面化,显得高雅并耐人寻味。例如,小孩儿尿床被称为“下汉口”。

(三) 从民俗词语对民俗的承载方式看民俗文化

1. 民俗词语包含文化底蕴

方言往往体现了一个区域内独特的人文风情,传承了方言区域的许多文化信息。枣阳方言是枣阳地域文化的重要承载工具之一,包含有深厚的文化底蕴。

例如，新大大。在枣阳，新娘子被称为“新大大”，因为女孩出嫁，即长大成人了，又多了一个新的大人。

又如，俩娃儿。俩，不但有“两个”的意思，还有“不多、不大”的含义。枣阳人将那些未结过婚的女孩子称为“俩娃儿”，即年龄不大的女孩子。

再如，买卖儿。在书面语中，“买卖”表示生意或商店。枣阳人把玩具称为“买卖儿”，大概是因为玩具是在商店里买与卖的。

这些地道的方言是枣阳的宝贵财富，折射出枣阳丰富的文化信息。

2. 民俗词语生活气息浓郁

方言大多是人们在日常生活中总结出的经典词汇，不但能够在特定地域内流行，而且能够流传下去。

例如，猫儿盖屎。猫天性爱干净，屙了屎总要用沙土掩盖。枣阳人用“猫儿盖屎”来形容那些说谎、掩盖的行为。

又如，下猪娃儿。老母猪生小猪叫“下猪娃儿”。人喝醉了，并且一股脑地把肚子里的东西吐了出来，像下猪娃儿一样又脏又难受，因而也被称为“下猪娃儿”。

再如，骚狐佬儿。骚，表示举止轻佻、作风下流。狐，在中国古典文学和民间传说中是“轻佻”的代名词，例如，狐狸精。“骚”“狐”二字常常紧紧相连。佬，指成年的男子，含轻视之意。骚狐佬儿，即风骚的老头。枣阳人常用“骚狐佬儿”寓意“老公公在儿媳妇面前风骚”。至今，在枣阳一些结婚仪式上还常常上演捉弄骚狐佬儿的恶作剧。

通过以上这几个例子，我们可以领略枣阳方言浓郁的生活气息。

五、小　　结

本文将枣阳方言和普通话进行了比较，总结了枣阳方言民俗词语的构成特点，并广泛联系枣阳当地的民间传统、风俗习惯以及民族心理等方面的内容，对枣阳方言中的一些民俗词语进行全面、细致、多角度的分析，进一步探讨了枣阳方言独特的人文魅力。民俗是方言的内容，方言是民俗的载体，民俗与方言本就是密不可分的，而方言民俗词更是一个地区最古老、最稳定、最与人们息息相关的文化载体。枣阳方言民俗词不仅有着悠久的历史、独特的地方性特征，而且在历史的长河中与时俱进，在词形、语义和民俗词所承载的文化上形成自己的特色。

首先，在词形方面，普通话的双音节词在枣阳方言中多为多音节词和短语。这些多音节词和短语与它们相对应的普通话相比，更加生动形象，更具有画面感以及丰富的表现效果。一些动词、形容词或者称谓词在普通话中读双音节，在枣阳方言中却用一个单音节代替，但仍能够传达丰富的意思，这体现了语言的"经济型"原则。例如，"撅"言简意赅，形象地传达了"走开"的意思。

其次，在方言民俗词含义的理解上，许多枣阳方言民俗词和短语的意思与它对应的普通话字面上的意义是不一样的。必须将它们与当地的民俗文化结合起来，才能透彻地理解其中的意义和内涵。例如，"走场"，书面语上会使人联想到"走过场，敷衍了事"的意思，但在枣阳当地，人们用"走场"来形容某人不符场合、常规、常情的言行。

最后，从方言民俗词所承载的民俗文化上来看，民俗词汇意义的发展已经呈现稳定的趋势。虽然有些枣阳方言民俗词语看起来像是临时组合的，但事实上，词语所承载的含义以及用法经过几代人的流传，已经有了稳定的趋势，由此形成了自己的特点，这是其他的语素所不能取代的。例如，买卖儿。书面语中，"买卖"表示生意或商店，但在枣阳人们称玩具为"买卖儿"。

由此我们可以看出，枣阳方言词语与民俗的联系较为紧密，所以研究枣阳方言的词形、语素和成因还要涉及当地的民间传统、风俗习惯以及民族心理。不仅如此，通过这些方言民俗词我们可以得出这样的结论：社会生活的不断变化对枣阳方言内部的影响越来越大，我们研究方言尤其要联系社会历史，只有这样才能全面了解枣阳方言。

参考文献

[1] 钟敬文. 民俗学概论[M]. 上海：上海文艺出版社，1998.

[2] 陶立璠. 民俗学[M]. 北京：学苑出版社，2003.

[3] 董绍克. 汉语方言词汇差异比较研究[M]. 北京：民族出版社，2002.

[4] 黄伯荣，廖序东. 现代汉语（下）[M]. 北京：高等教育出版社，1991.

[5] 葛本仪. 汉语词汇研究[M]. 济南：山东人民出版社，2004.

[6] 湖北省地方志编纂委员会. 湖北省志·民俗方言[M]. 武汉：湖北人民出版社，1996.

[7] 罗自群. 襄樊方言的重叠式[J]. 方言，2002，24(1).

[8] 刘兴策. 近百年来湖北省汉语方言研究综述[J]. 方言，1998(3).

[9] 武娜. 湖北枣阳方言儿化音变现象研究[J]. 文学教育(上),2014(5).

[10] 王彩豫. 湖北方言 AAB 式词语探索[J]. 华中人文论丛,2010(1).

[11] 段琰. 枣阳方言的"V 哪儿 V"格式[J]. 语文学刊,2013(3).

[12] 方懿林. 襄阳方言本字书写[J]. 湖北文理学院学报,2012,33(12).

[13] 刘兴策. 再论近 20 年的湖北方言研究[J]. 沙洋师范高等专科学校学报,2001(1).

[14] 马平. 湖北枣阳方言"拐"的意义及其演变[J]. 汉字文化,2013(5).

[15] 魏兆惠. 襄樊方言特殊的处置式——"给"字句和"叫"字句[J]. 培训与研究(湖北教育学院学报),2014(4).

[16] 乔全生,孙玉卿. 试论方言研究与民俗研究的互动关系[J]. 山西大学学报(哲学社会科学版),2001(5).

[17] 王丹荣. 从"给"字看襄樊话的方言类型[J]. 襄樊学院学报,2005(6).

[18] 龙涯. 鹤峰方言词汇研究[D]. 重庆:重庆师范大学,2013.

[19] 邢璇. 鹤峰方言词汇与民俗文化研究[D]. 武汉:中南民族大学,2010.

楚风汉韵

湖北方言文化与
湖北文艺传承创新研究

民俗文化与宋元南戏北剧的隆衰更替

戴　峰

引　言

自王国维《宋元戏曲史》提出"真戏曲"的概念以来，经过近百年的探讨，学界已达成共识，将形成于两宋时期的南戏和金元时代的北曲杂剧视为我国"真戏曲"的开端。我国戏曲为何历经千百年的酝酿直至12世纪初期才突然成熟？为何在宋金元的大部分时间里南戏基本上被局限于东南一带，而后起的北曲杂剧却迅速成为"一代之文学"？为何到了元末及以后的明清时期，此前并不耀眼的南戏却成为戏曲发展的主流，而杂剧却渐行渐远？这些疑问一直是戏曲史研究者备感兴趣而又很难获得一致意见的课题。本文认为，要想解开诸如此类的谜题，必须进行宏观的、文化上的考察。其中，宋元民俗文化的作用尤其值得重视。

一

从近源上来看，宋南戏和元杂剧的共同母体是宋杂剧，但它们与宋杂剧却有着根本的不同。王国维认为，宋杂剧仍然属于"古剧"的范畴："宋金以前杂剧院本，今无一存。又自其目观之，其结构与后世戏剧迥异，故谓之古剧。古剧者，非尽纯正之剧，而兼有竞技游戏在其中。"[①]由于王国维在撰写《宋元戏曲史》的时候尚未发现宋南戏的剧本，所以他只好以元杂剧为依据来论述"真戏曲"的特质，他说："虽谓真正之戏剧，起于宋代，无不可也。然宋金演剧之结构，虽略如上，而其本则无一存。故当日已有代言体之戏曲否，已不可

① 王国维．王国维戏曲论文集[M]．北京：中国戏剧出版社，1984.

知。而论真正之戏曲，不能不从元杂剧始也。”①那么，真戏曲与古剧的根本区别是什么？静安先生给出了两大标准：

元杂剧之视前代戏曲之进步，约而言之，则有二焉。……每剧皆用四折，每折易一宫调，每调中之曲，必在十曲以上。其视大曲为自由，而较诸宫调为雄肆。……皆字句不拘，可以增损，此乐曲上之进步也。其二则由叙事体而变为代言体也。……元杂剧于科白中叙事，而曲文全为代言。虽宋金时或当已有代言体之戏曲，而就现存者言之，则断自元剧始，不可谓非戏曲上之一大进步也。此二者之进步，一属形式，一属材质，二者兼备，而后我中国之真戏曲出焉。②

在静安先生看来，将宋金杂剧院本所用之技艺、曲、调、词等因素整合成一定的体段，即曲牌联套体的剧本形式，然后以“代言体”的方式进行表演，这就是真戏曲的特征。简言之，真戏曲就是曲本位加上代言体，它虽然包含了众多的旧元素，却是一种崭新的体制。尽管有些学者认为戏曲成熟的时代应该提前，但判断真戏曲最核心的标准其实还是这两条。不过，王国维的这一结论背后却暗含着几个令人颇为费解的问题，即：“此二者之进步”到底是如何实现的？各种戏剧因素为什么偏偏在此时产生化合反应？其最根本的原因是什么？这是很多学者都会思考的问题，例如，黄仕忠先生就曾这样发问：“然而巫舞、优孟衣冠、参军戏、歌舞戏、宋杂剧（杂戏），以及宗教仪式、驱傩逐疫风俗，真的可以‘成长’为戏曲么？戏曲真的是从这些‘前戏剧’成长起来的么？以现代进化论的观点看，大有疑问。”③刘晓明先生也发出了相似的诘问：“作为综合艺术的中国戏曲，包含了诸多构成元素，如扮演、歌舞、故事、角色、演技、服饰、化装、文本、乐器、舞台、砌末等，其中最基本的要素是扮演、歌舞、故事、角色，这些要素的综合便形成了后世的成熟戏曲。但是，上述某种单一的或综合的要素究竟是怎样生发成真戏剧——‘戏曲’的，怎样‘逐渐结合’以及何以如此结合的？”④

对此疑问，研究者做出了众多的回答，除了较为传统的“民族歧视”“元废科举”“城市经济繁荣”等解释之外，近十余年又有“瓦舍文化影响”“民族文化

① 王国维.王国维戏曲论文集[M].北京：中国戏剧出版社，1984.
② 王国维.王国维戏曲论文集[M].北京：中国戏剧出版社，1984.
③ 黄仕忠.南戏北剧之形成与发展[J].文学遗产，1997(4)：78-86.
④ 刘晓明.杂剧形成史[M].北京：中华书局，2007.

交融”“类群理论”等卓见。[①②③] 其中，云峰先生在《民族文化交融与元杂剧研究》中的观点颇具代表性，与本文的关联度也极强。云峰先生认为：“可以说，没有元代各兄弟民族及其文化的大规模涌入中原，与中原农业文化的冲突、交流、融合，就不会有今天的元杂剧，或者说杂剧不会在元朝这一特定的时期繁荣兴盛。”[④]该书还具体论述了少数民族的音乐、舞蹈、语言等方面对元杂剧所产生的影响。应该说，这一观点和思路非常合理，切中肯綮，但细细思之，仍有意犹未尽之感。因为各种有利条件同时出现在某一时期并不代表必然会产生深度的交融，单纯的融合也不一定能够带来核变式的新生，否则唐代或汉代也有条件催生出真戏曲。本文认为元杂剧突然成熟最根本的原因是，宋元时期独特的民俗环境和民俗精神极大地冲击了国人长期形成的贵雅轻俗的心理定式，极大地消解了传统的士农工商之间的尊卑观念，同时也极大地减轻了人们参与民俗文艺活动的心理负担，这样也就真正地激发和释放了社会各阶层民众的娱乐热情，形成了一个类似于巴赫金所说的全民“狂欢化”的局面，而“狂欢化”正是催生文艺新体裁的温床。

巴赫金认为，狂欢是一种全民参与游艺活动的生活状态，“在狂欢中所有的人都是积极的参加者，所有的人都参与狂欢戏的演出。人们不是消极地看狂欢，严格地说也不是在演戏，而是生活在狂欢之中，按照狂欢式的规律在过活，只要这规律还起作用”，“狂欢式的生活，是脱离了常轨的生活，在某种程度上是‘翻了个的生活’，是‘反面的生活’”。这种狂欢式的生活具有四个突出的特点，即“人与人之间形成了一种新型的相互关系”“插科打诨”“俯就”“粗鄙”[⑤]。他认为，正是在这种环境之中，各种艺术样式才能毫无障碍地进行交融并创造出新的文学体裁，他指出：“我们可以说，把所有这些异类因素融合为一个有机的完整的体裁，并使其顽强有力，这基础便是狂欢节和狂欢式的世界感受。就是在此后欧洲文学的发展中，狂欢化也一直帮助人们摧毁不同体裁之间、各种封闭的思想体系之间、多种不同风格之间存在的一切壁垒。狂欢化消除了任何的封闭性，消除了互相间的轻蔑，把遥远的东西拉近，使分

---

① 吴晟.瓦舍文化与宋元戏剧[M].北京：中国社会科学出版社，2001.

② 云峰.民族文化交融与元杂剧研究[M].北京：人民出版社，2012.

③ 刘晓明.杂剧形成史[M].北京：中华书局 2007.

④ 云峰.民族文化交融与元杂剧研究[M].北京：人民出版社，2012.

⑤ 巴赫金.陀思妥耶夫斯基诗学问题[M].白春仁，顾亚铃，译.北京：生活·读书·新知三联书店，1988.

离的东西聚合。这就是狂欢化在文学史上巨大功用之所在。”①“狂欢化有构筑体裁的作用，亦即不仅决定着作品的内容，还决定作品的体裁基础，它具有生成体裁的作用。”②

由此观之，我们发现，从《东京梦华录》《梦粱录》《西湖老人繁胜录》《析津志辑佚》等文献以及《庄家不识勾栏》《嗓淡行院》等元散曲的相关描写来看，宋元时期的娱乐演剧活动确乎具有狂欢的特质，不论是“伎巧则惊人耳目，奢侈则长人精神”③的表述，还是“内而京师，外而郡邑，皆有所谓勾栏者，辟优萃而隶乐，观者挥金与之”④的记录，都使人有瞠目结舌之感。我们再来看下面的文字：

成都自上元至四月十八日，游赏几无虚辰。……酒坊两户各求优人之善者较艺于府会。……自旦至暮，唯杂戏一色。坐于阅武场，环庭皆官府看棚。棚外始作高凳，庶民男女左右，立于其上如山。每诨一笑，须筵中哄堂众庶民皆噱者，始以青红小旗各插于垫上为记。至晚，较旗多者为胜。若上下不同笑者，不以为数也。⑤

巴赫金所指出的狂欢的四大特征几乎都可以在这段文字中找到对应之处。正是在这样的背景下，各种表演技艺不免进行有机的聚合，以适应不断增长的娱乐需求，又由于“散乐传学教坊十三部，唯以杂剧为正色”，所以宋杂剧也就更有资格和条件来聚合大曲、小唱、诸宫调、鼓子词、唱赚、陶真、傀儡戏、外来和民间曲调等资源，以实现“形式”和“材质”的进步。这也使得已经“进步”的元杂剧的表演体制显得十分驳杂，黄天骥先生就认为：“元杂剧之所以被视为‘杂’，恰好是戏曲发展到一定时期所留下的充满特色的烙印。”“当北方观众依旧习惯于宋金杂剧特别是‘诸宫调’的表演，依然喜爱观赏伎艺性节目的时候，元剧‘杂’的模式，就必然长期地保留。”⑥尤为重要的是，正是在这样的民俗氛围中，文人和戏剧艺人才能实现深度的结合，并推动元杂剧“曲本位”的完成。客观地说，元杂剧曲辞的体例十分精严，即所谓“元剧大都限

---

① 巴赫金．陀思妥耶夫斯基诗学问题[M]．白春仁，顾亚铃，译．北京：生活·读书·新知三联书店，1988.

② 巴赫金．陀思妥耶夫斯基诗学问题[M]．白春仁，顾亚铃，译．北京：生活·读书·新知三联书店，1988.

③ 孟元老．东京梦华录序[M]．北京：中国商业出版社，1982.

④ 中国戏曲研究院．中国古典戏曲论著集成(二)[M]．北京：中国戏剧出版社，1959.

⑤ 庄绰．鸡肋编[M]．北京：中华书局，1983.

⑥ 黄天骥．元剧的“杂”及其审美特征[J]．文学遗产，1998(3)：40-48.

于四折，且每折限一宫调，又限一人唱，其律甚严，不容逾越。故庄严雄肆，是其所长；而于曲折详尽，犹其所短也”①。如果纯粹由优伶艺人来创作，在当时几乎是不可能完成的。即便是极少数艺人能填曲写辞，要完成体裁的定型，那也可能是一个极为漫长的过程，所以元人周德清在《中原音韵序》中明确指出：“乐府之盛、之备、之难，莫如今时。……其备，则自关、白、马、郑，一新制作，韵共守自然之音，字能通天下之语。”②这里所言的“之盛、之备、之难”，显然是较之宋杂剧而言的，而所谓“一新制作”，则是指杂剧已进入“真戏曲”的时代。而文人的深度参与，是南戏北剧呈现出不同面貌的根本原因。

二

回顾宋元戏曲的发展史，关于南戏的诸多问题，我们常常是无法回避但又难以圆满作答的，比如：为什么其体例与元杂剧有较大的不同？为什么它先于杂剧成熟却长期处于“初加工”状态？为什么它长期局限于东南一隅？我们认为，这些问题都与宋元时期的民俗文化之间有着深刻的关联。

毫无疑问，南戏成熟的基本逻辑与元杂剧成熟的基本逻辑没有根本的不同，二者均是在民众对娱乐享受和精神文化需求不断增长的背景下发生的。但一个基本的事实是，南戏产生的时间要比元杂剧早大约 80 年，即北宋末年③，其发源地是东南的温州，因此，当时的社会风气尤其是追求戏乐的心态，与之后的金元时期的社会风气就存在着很大的不同。具体来说，在北宋时期，虽然坊市合一的制度已然施行，瓦舍勾栏大量涌现，市民追求娱乐的风气也已经颇具规模，但北宋政治经济文化的中心在汴京，戏剧、说话及各种市井游艺的中心也在汴京。根据廖奔先生的研究，“北宋时的勾栏记载似乎只见于汴京”，宋室南渡之前，“地处南方的临安市肆里原来没有瓦舍勾栏的设置”④，那么，温州一带出现勾栏的时间只能更晚。南宋时期，临安迅速繁荣，勾栏之设也随之大为兴盛，“南宋临安的瓦舍，在数量上远远超过了汴京”⑤。而且，“随着时间的推移，临安的瓦舍勾栏设置逐渐被周围其他城镇所效仿，

① 王国维. 王国维戏曲论文集[M]. 北京：中国戏剧出版社，1984.
② 中国戏曲研究院. 中国古典戏曲论著集成(一)[M]. 北京：中国戏剧出版社，1959.
③ 俞为民，刘水云. 宋元南戏史[M]. 南京：凤凰出版社，2009.
④ 廖奔. 中国古代剧场史[M]. 郑州：中州古籍出版社，1997.
⑤ 吴晟. 瓦舍文化与宋元戏剧[M]. 北京：中国社会科学出版社，2001.

因而南宋中期以后江浙一带的城镇很多都建设了瓦舍勾栏"[①]。尽管南宋时的温州是否设有勾栏并没有明确的文献记载，但当时温州的游艺娱乐之风也必然不差。按理来说，在这种极为热烈的娱乐和游艺的氛围中，同样脱胎于宋杂剧的南戏理应迅速繁荣，也如同后来的元杂剧一样在体例上达到"庄严雄肆"的程度。事实却是，南戏在北宋末虽然已经产生，但其在两宋和元代的大部分时间里发展相当缓慢，长期处于"士夫罕有留意""语多鄙下"的"村坊小伎"状态。[②] 因此，从宋杂剧至南戏形成的演进，其实是沿着汉代百戏至宋杂剧的演进机制而成的，其民俗环境和民众看待戏剧游艺的心态与后来的金元时期的民俗环境和民众心态是大不相同的，其最大的不同就是雅文化与俗文化，或者说文人文化与民间文化基本处于貌合神离的状态。两宋时期的思想文化由于没有经过外来文化的大规模的强烈度的冲撞、改造和融合，所以始终保持着以儒家文化和中原文明为主导的面貌，还没有形成如同元代那样的"游牧文明与农业文明、北方文化与南方文化、雅文化与俗文化等多重交融的状态"[③]。在此背景下，文人士大夫尽管也会纵情娱乐，在公私宴饮时也不能缺少戏剧伎艺的佐兴，但他们内心与这些市井游艺是有巨大隔阂的，既不可能放下身段来撰写《中原音韵》《录鬼簿》一类的著作，也不可能"躬践排场，面敷粉墨"，而统治者还会因其好恶不时发布公文，禁止演剧，如《猥谈》中所记："南戏出于宣和之后，……予见旧牒，其时有赵闳夫榜禁，颇述名目，如《赵真女蔡二郎》等，亦不甚多，以后日增。"[④]因此，南戏在两宋的产生与发展基本是在被歧视的民间文化的范围内艰难地生长的，其内在的动力主要是俗文化自身发展的要求。

由于贵雅轻俗的心理定势在两宋时期没有被打破，因此，南戏的发展难以获得文人的参与和贡献，其艺术体制自然也很难变得整齐规范，故不免给人以粗糙、杂凑之感，恰如徐渭《南词叙录》所言：

"永嘉杂剧"兴，则又即村坊小曲而为之，本无宫调，亦罕节奏，徒取其畸农、市女顺口可歌而已，谚所谓"随心令"者，即其技欤？间有一二叶音律，终不可以例其余，乌有所谓九宫？[⑤]

如果从另一种视角来看，这段文字又给我们以极大的启发，即南戏顽强

① 廖奔.中国古代剧场史[M].郑州：中州古籍出版社，1997.

② 中国戏曲研究院.中国古典戏曲论著集成（三）[M].北京：中国戏剧出版社，1959.

③ 冯天瑜，杨华.中国文化发展轨迹[M].上海：上海人民出版社，2000.

④ 陶宗仪，等.说郛三种（第十册）[M].上海：上海古籍出版社，1988.

⑤ 中国戏曲研究院.中国古典戏曲论著集成（三）[M].北京：中国戏剧出版社，1959.

的生命力正表现在它没有太多的格式限制，而且善于就地取材，善于将各种可用的民间伎艺“拿来”武装自己，以适应和满足当地中下层民众的娱乐需求，这正好体现了民俗文化所具有的实用性和适应性的特点。钟敬文先生指出：“民俗文化是一种适应性文化——表现为适应民众集体心理和生存需要的相对稳定的模式。这种模式的稳定性和约定俗成，使它具有不成文法的强制或约束力量，起到对它的主人——民众的侍奉作用。”[①]对此，我们可以《张协状元》为例，探究它是如何聚合各种伎艺资源的。

《张协状元》到底产生于北宋末还是南宋中期，学界尚有争论，但将其视为我国现存最早的南戏剧本则并无异议。由于它属于草创之初，无复依傍，所以自然会大量借鉴当时最为流行的宋杂剧的体制，并吸纳各种民间表演伎艺。根据俞为民先生《南戏〈张协状元〉考论》一文的研究，在《张协状元》中有许多表演形式与宋杂剧非常接近，例如，《张协状元》在正戏之前先演出一段《诸宫调张叶传》，这一段诸宫调，就相当于宋杂剧中的“艳段”。[②] 俞先生还指出，在该剧的第十、十六、二十四等出中，有不少由净、末、丑等角色相互插科打诨的场次，它们大都游离于全剧的主要情节之外，因此，“（这些场次）完全是为了增强舞台效果，在演出过程中插入的，像宋杂剧一样，‘务在滑稽’，故从性质上来看，这些情节实是宋杂剧的一种”[③]。这些结论正好说明，南戏的确是宋杂剧在南方民俗文化环境中的一种自然的、合理的演进。同时，这也能够帮助我们解释南戏的篇幅普遍比元杂剧长的原因，以及其表演体制比较灵活和粗糙的原因。这主要是因为在没有文人参与南戏的情况下，戏班班主和略通文墨的书会才人只能扬长避短，更多地在情节的曲折热闹方面下功夫，更多地在情感和情趣上贴近底层百姓，所以就形成了早期南戏以叙事见长的特征。因此，王国维在比较南戏北剧的不同时认为，元杂剧“庄严雄肆，是其所长；而于曲折详尽，犹其所短也”。而这“曲折详尽”正是南戏之所长。而且，静安先生在这句话后还接着指出：“（南戏）一剧无一定之折数，一折（南戏中谓之一出）无一定之宫调；且不独以数色合唱一折，并有以数色合唱一曲，而各色皆有白有唱者，此则南戏之一大进步，而不得不大书特书以表之者也。”[④]而这“一大进步”恐怕也与当时的表演者不得不采用“随心令”的形式有

---

① 钟敬文．民俗文化学：梗概与兴起[M]．北京：中华书局，1996.

② 俞为民．宋元南戏考论续编[M]．北京：中华书局，2004.

③ 俞为民．宋元南戏考论续编[M]．北京：中华书局，2004.

④ 王国维．王国维戏曲论文集[M]．北京：中国戏剧出版社，1984.

莫大的关联。

三

如果说南戏在两宋时期是因为备受歧视而只能艰难发展，那么到了元代，南戏的处境为什么并未明显好转呢？那些原本投身杂剧创作的文人们为什么并没有深入地与南戏结合呢？难道元代那种全民狂欢、打破雅俗心理定式的民俗之风不能应用于南戏？为什么在元末南戏发生了巨大的进步而杂剧却迅速衰落？显然，我们不能简单地回答，要想较好地解决这些疑惑，我们只能回到具体的历史语境之中去一探究竟。我们先来看以下几条材料：

我朝混一以来，朔南暨声教，士大夫歌咏，必求正声，凡所制作，皆足以鸣国家气化之盛，自是北乐府出，一洗东南习俗之陋。[①]

南宋都杭，吴兴与切邻，故其戏文如《乐昌分镜》等类，唱念呼吸，皆如（沈）约韵。昔陈之《后庭花》曲，未必无此声也，总亡国之音，奚足为明世法！惟我圣朝兴自北方，五十余年，言语之间，必以中原之音为正。……予生当混一之盛时，耻为亡国搬戏之呼吸，以中原为则，而又取四海同音而编之，实天下之公论也。[②]

院本大率不过谑浪调笑，杂剧则不然，君臣如《伊尹扶汤》、《比干剖腹》；母子如《伯瑜泣杖》、《剪发待宾》；夫妇如《杀狗劝夫》、《磨刀谏妇》；兄弟如《田真泣树》、《赵礼让肥》；朋友如《管鲍分金》、《范张鸡黍》，皆可以厚人伦，美风化，又非唐之传奇，宋之戏文，金之院本所可同日语矣。[③]

元初，北方杂剧流入南徼，一时靡然向风，宋词遂绝，而南戏亦衰。顺帝朝，忽又亲南而疏北，作者猬兴，语多鄙下，不若北之有名人题咏也。永嘉高经历明，避乱四明之栎社，惜伯喈之被谤，乃作《琵琶记》雪之，用清丽之词，一洗作者之陋，于是村坊小伎，进与古法部相参，卓乎不可及已。……南易制，罕妙曲；北难制，乃有佳者。何也？宋时，名家未肯留心；入元又尚北，如马、贯、王、白、虞、宋诸公，皆北词手。……南曲固是末技，然作者未易臻其妙。《琵琶》尚矣，其次则《翫江楼》、《江流儿》、《莺燕争春》、《荆钗》、《拜月》数种，

① 中国戏曲研究院．中国古典戏曲论著集成（一）[M]．北京：中国戏剧出版社，1959．
② 中国戏曲研究院．中国古典戏曲论著集成（一）[M]．北京：中国戏剧出版社，1959．
③ 中国戏曲研究院．中国古典戏曲论著集成（二）[M]．北京：中国戏剧出版社，1959．

稍有可观，其余皆俚俗语也；然有一高处：句句是本色语，无今人时文气。[1]

从上列的前三条元代文献中不难看出：元代文人在论及元杂剧时均充满难以抑制的自豪感，视其为“正声”；在论及南戏时则明显带有不屑之情，或者认为其简陋无文，或者视其为亡国之音。这说明虽然元朝天下一统，但南北文化的差异仍然十分巨大，这种状况在元初时尤为突出。而之所以如此，则与南宋与金元的南北对峙息息相关。从公元1234年蒙古灭金至1279年的南宋覆亡，在40多年间，南北处于对峙状态。在此期间，北方的杂剧不仅已经成熟，还出现了关汉卿、白朴等著名作家，以及大都、平阳、真定、东平等杂剧活动中心。而此后又过了约20年，即元贞、大德年间（1295—1307），戏曲活动的中心转向杭州，南戏北剧方才发生大规模的交流。因此，不论是元初还是元贞、大德年间，在大的俗文化领域内，元杂剧的艺术性和吸引力明显强于南戏，元人对于南戏也就不免有些不屑，甚至将其视为“亡国之音”，这显然是一种优势心理的反映。而且，根据学界的研究，“南戏”这一称谓本身就是北人对南戏不屑和歧视的产物。在元代以前，并无“南戏”之名，只有“戏文”“温州杂剧”“永嘉戏曲”等。到元代后，蒙古统治者将全国民众分为四等，“南人”为最低一等，“元蒙统治者的这一民族歧视政策，也深入到了其他领域，包括文化领域。对于产生于南方的戏文，加一‘南’字相区别，称作‘南戏’或‘南戏文’，就相当于将人分为‘南人’一样，带有贬低、鄙视的涵义”[2]。明乎此，我们就不难理解南戏的生存环境在元代，尤其是元前期为什么没有明显好转了。

在元代，影响南戏快速发展的另一个客观因素是元杂剧处于过于优势和强势的地位，文人学士依然很少顾及南戏。随着元朝统一全国，北方的杂剧流传到南方，杂剧既有艺术上的优势——不仅体例规范，而且剧目丰富、题材多样，又携带有政治身份上的优势——元杂剧毕竟是以胜利者和征服者之艺术的身份来到南方的。因此，当北方杂剧传播到南方后，立刻“靡然向风”，成为一种强势的流行文化。在此情况下，南戏的发展不可能因为交流而马上受益，反而有可能会受到无形的压制而举步维艰。虽然从现存的文献资料来看，“宋词遂绝，而南戏亦衰”并不是事实，例如，产生于元代的南戏《宦门子弟错立身》和《小孙屠》，就分别署为“古杭才人新编”和“古杭书会编撰”，在《青楼集》中也有不少艺人工于南戏的记载，如“龙楼景”“丹墀秀”二人“皆金门高

---

① 中国戏曲研究院．中国古典戏曲论著集成（三）[M]．北京：中国戏剧出版社，1959．

② 俞为民，刘水云．宋元南戏史[M]．南京：凤凰出版社，2009．

之女也。具有姿色，专工南戏"[1]，但是南戏处于竞争的弱势一方是不争的事实。即便是南方的作家，也主要是从事杂剧的创作，"名家未肯留心"于南戏的情况也并没有发生大的变化。

但是，南戏和杂剧毕竟都是戏曲，同属于民俗文艺的范畴，所以北方的作家即便对南戏颇为不屑，但其性质与两宋时期的文人阶层对南戏的拒斥乃至敌视是完全不同的。杂剧对南戏的压制主要还是两种艺术形式的互相比较和竞争造成的。而且，既然有比较和竞争，自然也就会有交流和吸收。因此，当大批杂剧作家南下，杭州成为杂剧演出的中心之后，南戏与北杂剧发生大规模的交流与融合就不可避免了。对照《录鬼簿正续编》、钱南扬先生的《宋元戏文辑佚》等书的记载，南戏与杂剧同名或大致同名的剧目就不下90种。例如，李直夫和赵文敬均撰有杂剧《宦门子弟错立身》，而南戏也有《宦门子弟错立身》；元代既有无名氏的《小孙屠》杂剧，也有古杭才人编写的南戏《小孙屠》；施惠名下有南戏《王瑞兰闺怨拜月亭》，关汉卿名下也有《闺怨佳人拜月亭》杂剧。另外，在元后期的杂剧和南戏中，都出现了南北曲合套的现象，这也是二者交流深化的表现。显然，这种交流与融合对南戏北剧都有积极的影响，但对南戏的益处明显更多一些。这主要有三个方面的原因。

其一，与南戏相比，虽然杂剧更成熟，更"庄严雄肆"，但它"其律甚严，不容逾越"的曲辞格范对创作者的限制也越来越大，而南戏相对朴野、简陋的状态反而使其能更多地吸收杂剧的优点，从而充实和壮大自己。刘晓明先生也指出了这一点："元杂剧因文人的参与而使之迅速成熟，但也随之过早定型，失去了新鲜戏剧因子的滋养。而南戏则不同，它的未定型状态反倒使之保持一种发展的态势，并在这一过程中不断地吸取新因子。"[2]南戏能够从《张协状元》发展到《琵琶记》，正说明南戏的体制在元代逐步得到完善。

其二，当初大量文人之所以参与杂剧的创作，是因为他们受"儒人颠倒不如人"(《秋胡戏妻》)的生存环境所逼迫。作为"一代之文学"的创造者，元杂剧的大多数作家并非时代的宠儿，而是漂浮于社会底层的下层文人，杂剧创作对他们而言，最初只是不得已而为之的谋生手段，之后则成为他们抒发自己的喜怒哀乐，证实自己的才华和价值的精神家园。他们用杂剧直接袒露心灵，倾吐感情，因而王国维称元杂剧为"中国最自然之文学"："彼但摹写其胸中之感想，与时代之情状，而真挚之理，与秀杰之气，时流露于其间。故谓元

① 中国戏曲研究院.中国古典戏曲论著集成(二)[M].北京：中国戏剧出版社，1959.

② 刘晓明.杂剧形成史[M].北京：中华书局，2007.

曲为中国最自然之文学，无不可也。”[①]但到了元代后期，文人的处境和心态已有较大的改变，他们更多地选取“厚人伦，美风化”的题材进行创作，所谓“真挚之理，与秀杰之气”已大为消减。反之，南戏虽然长期遭受各种歧视，却始终能够与民风民俗相结合，紧紧扣住家庭婚姻伦理的主线，依据当地民众的思想情感进行创作，“荆”“刘”“拜”“杀”四大南戏的流行，就形象地表明南戏得到了较大范围的认可。

其三，由于有关、白、马、郑等一批大家的参与，杂剧的抒情性和文学色彩显得异常突出，但也遮蔽了其在剧本、角色、演唱等艺术体制上不完善的缺点，当其全盛之日，这些缺点尚不醒目，但到了元代后期，杂剧的体例已经逐渐固化，逐渐成为“经典”，所以其内在缺点也就难以克服。加之杂剧中心的南移，这在很大的程度上也使自己疏离了赖以生长与繁荣的北方地域文化和北方观众，因此，杂剧不免变成“无源之水”，不自觉地向“高雅艺术”的方向发展，其原本蓬勃的生命力不免大为萎缩，有限的艺术上的改良也难以触动根本，要想进一步的发展已极为困难了。南戏的特点则是文学性较弱而表演体制却比较灵活，其传播和发展的重心始终在东南一带，没有脱离固有的民俗环境，因此，一旦发展到一定程度，引来文人学士的广泛关注和参与，它便能够迅速提高其艺术品格，增强自身的竞争力。高明创作《琵琶记》并不是文人投身南戏创作的孤例，所以“用清丽之词，一洗作者之陋，于是村坊小伎，进与古法部相参，卓乎不可及已”就是一个迟早会发生的事情。

四

法国学者丹纳在《艺术哲学》中认为：“艺术品的产生取决于时代精神和周围的风俗。”[②]“总的环境，就是风俗习惯与时代精神，决定艺术品的种类。环境只接受同它一致的品种而淘汰其余的品种。”[③]宋元时期南戏和元杂剧的成熟与发展、南戏北剧各自特征的形成，均离不开不同时期的民俗文化的滋养，南戏北剧兴衰更迭的原因绝大多数都可以在民俗文化中找到答案。而我们在探究南戏北剧总的发展过程也发现，只要民间文化与文人文化产生有机

① 王国维．王国维戏曲论文集[M]．北京：中国戏剧出版社，1984．

② 丹纳．艺术哲学[M]．傅雷，译．北京：人民文学出版社，1963．

③ 丹纳．艺术哲学[M]．傅雷，译．北京：人民文学出版社，1963．

的交融，民俗文化的活力就会大幅增加，戏曲艺术的发展就能健康发展。而如果脱离了生机勃勃的民俗文化的环境，戏曲艺术的发展就会受挫。南戏与元杂剧这种同枝异叶、交相争辉的发展过程正是整个中国戏曲发展历史的一个缩影。或许，今日中国戏曲所面临的诸多问题，也可以在同样的理论视域中找到原因和解决之道。

（原文载于《湖北第二师范学院学报》，2015 年第 10 期）

二度梅花万古标
——汉剧骨子戏《二度梅》的生成与流变

孙向锋

引 言

清人焦循在《花部农谭》中指出“雅部”昆腔与“花部”地方戏的一个区别：“(昆腔)多男女猥亵，如《西楼》、《红梨》之类，殊无足观。花部原本于元剧，其事多忠、孝、节、义，足以动人。”[①]作为皮黄声腔重要剧种的汉剧，与其他地方戏一样，表现出对“忠、孝、节、义”等历史题材的偏好。民国时期，汉剧研究者阎金锷在《汉口罗宾汉报》上发表论汉剧的连载文章，提到汉剧常演的剧目就指出：“汉剧正如其他的花部诸腔一样，所取材的地方，大半是《说唐》、《杨家将》、《东周列国演义》、《三国演义》、《水浒》、《二度梅》、《西游记》、《白蛇传》等历史演义和小说。”过去的老艺人曾戏称汉剧为“三本半戏”，即“封神列国一本，秦汉三国一本，唐宋元明清一本”，生动地揭示了汉剧这一特征。在众多的历史题材汉剧剧目中，有一部作品在诞生时代之早、演出场次之多、艺术成就之高等诸多方面都罕有匹敌，这就是汉剧的骨子戏——《二度梅》。

地方戏舞台上至今活跃的“二度梅”故事，来源于清初署名为“惜阴堂主人编辑，天花主人编次”的小说《二度梅全传》。小说问世后，这个故事很快被其他通俗文学样式吸收，产生了无名氏的《二度梅宝卷》《二度梅弹词》和石琰的《两度梅》传奇。“花部”地方戏登上历史舞台之后，各剧种都出现了敷演“二度梅”故事的剧目。据不完全统计，京剧、汉剧、川剧、湘剧、徽剧、滇剧、豫剧、秦剧、楚剧、粤剧、桂剧、邕剧、华剧、黄梅戏、汉调二黄等均有相关剧目演出。而汉剧《二度梅》及其折子戏，多年来一直活跃在汉剧舞台上，久演不衰，堪称汉剧骨子老戏的代表。本文将从剧本、演出与传播等角度考察这一汉剧

---

① 焦循.花部农谭[M]//中国戏曲研究院,中国古典戏曲论著集成(八).北京:中国戏剧出版社,1980:225.

剧目的生成和流变过程。

一、现存最早的汉剧剧本中就有完整的“二度梅”故事

清乾、嘉年间，位于汉口两江交汇处的永宁巷一带书肆林立。其中三元堂、文陞堂、文雅堂等书肆刊刻了一批当时很受欢迎的“楚曲”[①]剧本。这批剧本，现在大陆和台湾地发现的计有 29 种。有一种“汉口永宁巷下首大街河岸汪氏会文堂”刊刻的“时尚楚曲”即名为《二度梅全部》。该剧共四卷 33 场(剧中误标为 36 场)，剧目如下：一卷：上寿、斩梅魁、水淹杀场、良玉投亲、梅良玉疑花、祭梅上本。二卷：嘱梅重开下本、杏元骂相、杏元和番、重台分别、杏元赠钗、杏元投崖。三卷：杏元落花园、良玉遇邹公、春生投水上本、春生投水下本、书房思钗、失钗相思、请医诘问、探病究根。四卷：以假试真、春香采花、池边相会、指钗为聘、朝回妥婚、二生途遇、拜府逼婚、午门殴杞、大审卢杞、明冤寻父、征剿番邦、卢黄受诛、封官团圆。从这一剧目可以看出，全剧基本上完整演绎了小说《二度梅》的全部情节：山东历城知县梅魁在任十余年，为官清正。当他晋升为吏部都给事后，不但不肯向奸相卢杞趋炎附势，而且敢于正面冲撞，遂遭卢杞陷害而被判斩西郊。梅魁在法场为神明所救而活下去，其子梅良玉流落至寿庵寺做花童。一日，好友陈日升到寺中祭拜梅魁，天降冰雹，梅花尽落。陈日升感慨梅门无后而欲削发为僧，日升之女杏元与子春生虔心祈求，终得梅开二度。良玉透露身世，日升以女杏元许之。不料卢杞进奏，召杏元和番。杏元欲投崖自尽，未遂，被邹伯符夫人收为养女。而良玉、春生在送走杏元后，返回途中走失。春生与渔婆周氏之女玉姐定亲，并被邱仰占认为义子，良玉则因邹伯符赏识而被送至邹府读书。杏元重台分别时送给良玉的金钗被丫鬟春香拿走，而使二人相思成病，后经邹母周旋，良玉、杏元夫妻得以相认重逢。良玉、春生分别高中状元、榜眼，终使奸贼卢杞服诛。良玉、春生领兵出征沙陀国得胜回朝完婚，一洗前冤，两家团圆。

“楚曲”在文本形态上较多沿袭了明清传奇的体制，这一点与现代汉剧有很大的区别。如传奇中的“副末开场”在“楚曲”中演变为“小引”和“报场”，《二度梅》的《报场》如下：

① “楚曲”或“楚调”，是汉剧被冠以现名前的称呼。

（末上白）圣主垂恩，知县升为都给事；天公降雨，犯官漂作没名人。义气书童，暗藏毒药全躯死；孝心儿女，私祷梅花两度开。琴瑟未调，马出边关遭相害；琵琶不鼓，身投番涧藉神扶。策献舟中为幕友，题诗画上得娇娥。泥弹白银，慈母渔婆悲遇祸；金钗玉蟹，义夫烈女痛伤情。卖国罪深，百姓狼牙欣射中；平沙功大，九重銮驾庆团圆。来者梅良玉。①

可以看出，这种"一末"上场唱前后两段韵文，一段陈述作者创作意图，一段概括剧情的方式，完全脱胎于传奇。这种情况亦见于其他"楚曲"剧本，可以看作是从高度程式化的传奇体制转化到更为灵活的"花部"戏体制的过渡状态。

尽管由于文献的缺乏，这批"楚曲"在清代舞台演出的情况尚不得而知，但从民间书肆选中这些剧目以刻书谋利的角度看，必然是他们发现这些剧目已有相当多能读书识字的拥趸，他们具备了转化为购书者的潜力。

二、民国时期《二度梅》及其折子戏都广受欢迎

在民国时期的汉剧舞台上，《二度梅》因其场面宏大、故事曲折、人物众多而被列为"大型公堂戏"。据汉剧史家杨铎记载，当时常演的《二度梅》全本分五个部分：祭梅骂相（骂卢杞）、丛台别、舍岩落园、渔舟配、失金钗（南北相思）。② 戏曲理论家龚啸岚回忆：旧时演此剧时，多演全本，需用二至四场的时间方能演完，即"骂卢相""丛台别""渔舟配""落花园""南北思"等多出，总名《二度梅》或《杏元和番》。③ 另据民国时期的期刊报章资料统计，当时的汉剧《二度梅》主要有全本戏与折子戏两种演出形式。与全本戏相比，关于折子戏的演出记载似乎更多一些。有关此剧的最早演出记载是1917年3月7日小云霞在爱国东园所演出的《失金钗》④，而演出高峰期出现在1935年，当年的《汉口罗宾汉报》等刊登的《二度梅》全本和折子戏演出讯息不下50余场。

这一时期《二度梅》及其折子戏广受欢迎，固然与其故事情节波澜起伏、

① 点断为笔者所加。

② 杨铎：《汉剧传统剧目考证》，武汉市文联戏剧部、武汉汉剧院艺术室1958年印刷（内部资料），第108—109页。

③ 《柔肠欲断曲犹新——〈二度梅〉演出三十三年》，收入龚啸岚：《舞台行脚》，中国戏剧出版社，1996年版，第197页。

④ 《汉剧广告·刘家花园》，载《汉口大汉报》1917年3月9日第1版第1页。

唱腔表演优美动人有关，但也离不开一批汉剧名伶的心血浇灌。当时的名伶李彩云、牡丹花、小如意、小牡丹花、张美英、万仙霞等都因擅演《二度梅》剧目而著名。

如民国时“八贴”名伶牡丹花（本名董瑶阶），扮相秀俊、嗓音清脆，被誉为“花衫状元”。1929 年 12 月，上海某剧场老板邀请余洪元等汉剧演员组班赴沪商演，历时一月有余。牡丹花将他的多部拿手剧目带到上海演出，其中就包括折子戏《失金钗》。当时申报曾做如是报道：“牡丹花最擅演娇憨一派的旦角，其演《失金钗》，扮演憨丫头，一片天真，轻盈流利，表情之佳，做工之细，真正无以复加，凡百爱看牡丹花的戏者，千万请来一看金钗。《失金钗》系《二度梅》中一段故事，情节非常之佳，趣味非常之浓，看看非常有味，包你笑口常开，满意之至。”[①]此则新闻对《失金钗》的故事情节和牡丹花的表演艺术都极口揄扬，也兼有广告宣传的意图。

又如汉剧“四旦”名伶李彩云年轻时嗓音带沙，时人在报上撰文曰：“李彩云之《摘梅》、《醉酒》、《重台》等唱工臻上乘，做工更神化，能在二黄过门中二眼上开口，为他伶工不能亦不敢尝试也。”[②]通过这段记载可知，李彩云在演出《重台别》这类注重唱功的戏时，擅长发挥自己嗓音上的特点，并形成了他人所不能及的独特唱法。

再如湘籍演员杨惠兰，初习“一末”，倒嗓后改工“八贴”。因天性沉静，不苟言笑，不喜“贴”之轻浮，又改习四旦，最后他居然一鸣惊人。其尤擅《二度梅》《宇宙锋》等剧。当时有人观看其所演的《重台别》后大加赞赏：“前夕应友人之约，曾观伊《重台别》一剧，此姝予每闻诸友人称赞，但示能亲瞻色艺，引为憾事，一睹之下，确非凡品也。扮相以端壮艳丽称，所谓艳如桃李，冷若冰霜，正当为一道，大段唱词，气充力沛，响遏行云，一种羞涩情态，体贴逼真，下场之下腰及跑场，更示其工候之一造诣。[③] 杨惠兰能认清自己的特长，结合自己的性格特征，本色出演，故能达到极佳的演出效果。

其时生角中也不乏擅演该剧者。如清光绪末即享有盛名的“三生”小如意（本名陈启才），因面相不佳，故擅演苦生戏。时人评论：“小如意（名花旦小

---

① 《丹桂第一台准十一月二十夜起改演汉剧》，载《申报》1929 年 12 月 20 日本埠增刊第 8 版，收入朱伟明，陈志勇主编：《汉剧研究资料汇编》（1822-1949），武汉出版社 2012 年版，第 56 页。

② 《汉剧十行名角之杰作》，载《戏世界》1934 年 6 月 18-20 日，收入朱伟明，陈志勇主编：《汉剧研究资料汇编》（1822-1949），武汉出版社 2012 年版，第 140 页。

③ 《志杨惠兰》，载《罗宾汉报》1936 年 3 月 16 日第 2 版，收入朱伟明，陈志勇主编：《汉剧研究资料汇编》（1822-1949），武汉出版社 2012 年版，第 317 页。

翠喜之父）艺亦不弱，惜扮相不佳，带苦相，去穷生戏是其杰作，如《落园失钗》、《重台分别》、《三打平贵》等演来一时无两。”[①]小如意能结合自身特点，将扮相上的弱势变成优势，也与《重台》一场中浓郁的悲剧气氛有很大的关系。

汉剧《二度梅》经过多年的打磨与演练，逐渐成为汉剧舞台上的优秀剧目，而这一切都离不开几代汉剧名家们的艺术积累。可以说，演员们创造了《二度梅》的艺术辉煌，《二度梅》也成就了一批汉剧名家。

三、新中国成立后新编汉剧《二度梅》终成经典

新中国成立后，由于新时代的需要，相关部门组织改编了汉剧《二度梅》剧本。新编汉剧《二度梅》剧本由念禾（龚啸岚）、朱衣执笔。和楚曲《二度梅》相比，新剧本删去了所有涉及神怪的情节，并将全剧减少至十二场。新剧仅选取原作中的高潮部分来进行拓展改编，大大减少了剧作的头绪，人物、情节都显得更加鲜明、简洁。如剧作开场即为“祭梅”，相当于将“楚曲”《二度梅》前五场的内容尽数裁去，而剧作开头主要人物即悉数登场，直接切入剧中主线，也更加符合现代观众的口味。

新编剧本的另一个特点是在语言上充满了时代气息。如第二场结尾陈日升和梅良玉在梅园相认后，有意将女儿杏元许配给他。在“楚曲”剧本中，陈日升只是和夫人商议即已决定：“（生唱）我意将杏元女许配梅郎。（旦白）老爷。（唱）这才是天凑巧鸾凤呈祥。”[②]这体现了封建时代家长在婚姻问题上的权威。而新编《二度梅》剧本中，陈日升不但与梅良玉商量，陈夫人也要征求女儿的意见。

陈日升：今日梅开二度，梅家有后，二老要在园中庆贺一番。

梅良玉：小侄奉陪。

陈日升：少时与你还有话讲呀，哈哈哈！

（陈杏元羞）

陈夫人：（拉女）儿呀，少时为娘的也与你有话讲呀！这正是：（念）缘定三生石。

---

① 《汉剧漫话》，载《大楚报》1941年6月3日第3版，收入朱伟明，陈志勇主编：《汉剧研究资料汇编》（1822-1949），武汉出版社2012年版，第509页。

② 《俗文学丛刊》第一一〇册，第61页。

众人：(念)重开二度梅。

陈日升：随我来呀，哈哈哈！①

二人的婚事在场上演员与观众的会心一笑中被确定下来，这种改编只能看作是新的时代、新的思想、新的风尚带给编剧的神来之笔。

此外，新编剧本在女角色戏份上做了很大的改动。楚曲《二度梅全部》中主要是围绕梅良玉如何得报国仇家恨来展开剧情，因此，剧中生角戏的分量远远超过旦角戏。而新编戏主要是围绕陈杏元历经磨难最终与梅良玉夫妻团圆来展开情节的，因而加大了戏中女性角色的演出戏份。这一变化，虽然可以看作是为汉剧大师陈伯华量身打造，但实际上从民国时期的舞台演出中就逐渐变化，直到陈伯华出演《二度梅》才最后定型完成。1957 年，陈伯华率武汉汉剧团赴上海、南京、济南、天津、北京等地巡回演出新编《二度梅》，表演大获成功，一时好评如潮。

1959 年，武汉电影制片厂将汉剧《二度梅》拍摄成电影舞台艺术片，这也成为汉剧史上的一个标志性事件。为了适应电影的特点，剧作者和电影导演在原有剧本的基础上改编，删去了"落园""失钗""团圆"等三场戏，保留并修改了"祭梅""骂相""丛台""临番""舍崖"等几场戏，并且重点强调了"骂相"和"丛台"两折戏，使内容更加洗练统一，主题思想更加集中明确。再加上汉剧大师陈伯华成功地塑造了陈杏元这一人物形象，电影汉剧《二度梅》更加精彩夺目，进一步扩大了汉剧《二度梅》在全国的影响力。陈伯华以她唱做兼美的表演风格，在演出《二度梅》时不仅发展了汉剧粗犷泼辣的特点，还吸收和融入了京剧、越剧等姐妹艺术的细腻含蓄，为《二度梅》的表演打开了新的空间。

进入 20 世纪八九十年代后，在市场经济高速发展的背景之下，汉剧和其他传统戏曲一样，受到了前所未有的冲击。大批优秀的传统剧目已息演多年，难以传承。现在汉剧院团排练与演出最多的传统大戏只剩十个左右，而《二度梅》及其折子戏至今依然活跃在汉剧舞台上，显示出旺盛的生命力。

四、结　　语

汉剧骨子戏《二度梅》早在"花部"戏刚刚兴起的清代乾、嘉年间，就以篇

① 中国戏剧家协会. 中国地方戏曲集成(湖北省卷)[M]. 北京：中国戏剧出版社，1958:11.

幅庞大、剧情曲折、人物众多的“楚曲”面貌呈现在世人面前。在经历了清代和民国汉剧艺人不断的探索、打磨、改造之后，《二度梅》已经具备了成为经典的诸多要素。新中国成立后，《二度梅》剧本经过了扬弃糟粕、去粗取精的全面改写，并且为汉剧大师陈伯华做了量身改动，这是古老的《二度梅》故事获得新生的关键一环。陈伯华高超的表演艺术与电影科技手段的助力，最终让这部老骨子戏焕发了青春。

（原文载于《汉剧史论稿》，2016 年第 9 期）

关于“里份”的武汉想象
——方方、池莉新世纪小说合论

马 英

引 言

在城市的文学想象里，上海少不了张爱玲的“公馆”与王安忆的“弄堂”，北京多的是“胡同”和“四合院”，武汉的方方和池莉则书写了各式各样的“里份”。“里份”是武汉人对里弄的称呼，是汉口开埠之后西方低层联排式住宅和中国传统的四合院式建筑的结合体，里份曾经一度辉煌，是富足乃至奢华的代名词。现今的里份在旧城区改造的风潮中逐渐破败起来。人口的增加使里份拥挤不堪，公用厕所的水龙头使生活极为不便，墙体的风吹日晒使里份的外观日渐破烂，里份的数量也由兴盛时期的200余条锐减为现在的几十条。里份逐渐淡出人们的视野，成为一个城市永远的历史记忆。对土生土长的武汉作家来说，“汉味”文化就是滋养她们的温床。正如方方所言：“当我开始写小说的时候，这座城市就天然地成为我的作品中的背景。”①在池莉的眼中，老武汉是一个“远在江湖的城市”②，它具有灵性、冲动、火辣、自由、散漫等特点。在池莉和方方的汉味小说里，“里份”是一个重要生活场景，对里份小人物、里份风情乃至里份性情、里份语言的生动描画，均唤起我们对老武汉的文学想象。

一、里 份 风 情

方方、池莉对里份的书写，还原了里份的过去和现在，具有深切的历史

① 方方.阅读武汉[M].广州：南方日报出版社，2000.

② 池莉.天生的江湖城市[J].作家，1999(9)：98-100.

感，展现了生动逼真的武汉生活。在方方小说《水在时间之下》的女主人公水滴所处的童年时代，里份还居住着不少富贵之家。水滴的亲生父亲生意做得不错，在汉江边经营着茶园，又在里份置办了家产、娶了两房太太，水滴的母亲就是二房李翠。文中有关于水滴的母亲李翠居室的描述：做工精致的花床、满床的绫罗、松软的铺盖、丰盛的早餐，正是因为舍不得里份生活的体面与富足，李翠才狠心将水滴送给一个下河人。小说伊始便展现了里份辉煌时代独特的俗世景观——“下河”。水滴的养父就是一个下河人，每天到汉江清洗他所管辖里份的围桶。水滴从小陪伴养父下河，所以她的童年记忆就从里份开始。水滴看到“富人家的描金围桶在阳光照射下熠熠发亮”，这样壮观的场景使水滴发出了长大以后也要下河的感叹。“住里份，坐包车”曾经是一种身份的象征——只有社会上层才有可能住得起里份，里份生活充满一份令人羡慕的祥和与富足。行走在里份的水滴从小就感觉到了黑漆大门背后的权势，见识了有钱人家少爷的霸道与专横，里份也因此成为水滴的心结。所以在她成名后，她在梦中竟然看到有个女人“满处看房。她从英租界走到法租界，看完洋房看里份”。象征着优越与富足的里份成为童年水滴不可想象的美好世界。

方方的另外一篇小说《出门寻死》中的何汉晴也住在里份，然而故事发生的时代背景置换了，里份的文化意蕴、社会地位也发生了改变。到了《出门寻死》所反映的时代，里份成为底层市民的聚居处，下岗工人、小摊小贩集结于此，经济情况一般颇为拮据。何汉晴就是一个生于里份、长于里份、最终也将老死于里份的普通居民，小说通过她的日常活动展现了一个生活在里份的中年女性最典型的日常生活图景：每天早上到里份口为一家三口买早餐：“公公婆婆要吃面窝和豆浆，刘建桥喜欢吃热干面，小姑子建美交代过这个礼拜吃油条。何汉晴自己则只花一毛钱坐在摊子上喝一碗稀饭。”平日最大的娱乐就是和里份的婆婆嫂子聊天，用的是里份的公共厕所。这样的里份生活与水滴的童年时代的里份生活是不可同日而语了，少了一份舒适与优越，多了一份平实与拮据。一家人挤在里份的逼仄房屋里，日常琐屑的烦恼淹没了何汉晴，她最终滋生出一颗出门寻死的心。池莉的《她的城》则更增添了一份辛酸的调侃：“在汉口最繁华的中山大道水塔街这一带，每天早晨，就连前进五路路边的那座公厕，都比太阳重要，附近几个里份，有多少人起床就奔过来，盯着它，排队，拥挤，要解决早晨十万火急的排泄问题。这座公厕历史悠久到好几十年了，好几十年里水塔街早晨的太阳就硬是没有这座厕所重要。”在这样的叙写中，我们不难感受到现今住在里份的老百姓在日常生活空间上的逼仄。里份也难以回到从前的那一份富足与优越，它充满了困难与窘迫。

这种困窘的生活方式也孕育了粗糙与世俗，所以何汉晴的郁闷心情不会引起家人的关注，她的苦闷所招来的不过是插科打诨。不过里份生活也不乏一份浓浓的亲情。《出门寻死》中何汉晴热心帮助刘太婆，刘太婆对她说的一段话也让她"倍感温暖"，文三花和丈夫吵架，何汉晴撇下家里的事情立刻去调停。小说最后，出门寻死的何汉晴蓦然看到里份"温暖的灯光"，想起了无数琐碎却不乏温暖的日子而再度回到里份。《她的城》中逢春遇到难事，请同一个里份的蜜姐帮忙，里份有红白喜事大家都会派"红包"，里份更像是一个大家庭。这就展示了里份人与人之间关系的融洽、信任与紧密。如果说文学中的上海"弄堂"更多的是一份世俗和精明，武汉"里份"更多的则是一份亲情和温暖。

小说中的里份具有"家"的含义，无论外面的世界如何风云激荡，也无论自己的内心曾经经历过多少隐痛与伤痕，里份始终能够留给人一份安全感，它给的不是光鲜亮丽、万众注目的生活，而是家长里短、平实安稳的生活。当很多人渴望走出去，向往喧哗与骚动的时候，还有一部分人们喜欢停留、追求安稳与静谧。当何汉晴出门寻死未果返回时，里份那些闪烁的灯光让她倍感亲切，也让她对生活、人生有了全新的认识，那些灯光给了她生活下去的念想和勇气。《她的城》中的蜜姐丈夫患癌症去世后，她把自己的店铺就开在自己家里，因为在蜜姐看来，"这是她祖孙三代的街道，她熟悉得没有一点怕，只有亲。更不能离开，除非死"。在这里，方方和池莉都写出了"里份"对于女性的重要意义。里份是生养她们的地方，更是她们的精神家园。虽然空间狭小，却自有不可缺少的重要意义——这正是无数市民在里份中生活的真切体验。

二、里份性格

在《水在时间之下》中，晚年的水滴终于住进了里份。然而此时的里份已今非昔比，它"幽深阴暗，狭窄杂乱。它们有混乱的线条，没有人能够缕清"。这就是武汉的里份，没有北京胡同的方方正正，它网状交织最终通向长江。就是这样日渐破败的里份，隐藏着许多像水滴这样的人，经历过阔大场面和风云人事，如今却隐匿在里份深处。它正是因为经历了大风大雨，所以才有了一份豁达的性情与博大的胸襟。因此，武汉的里份既经历过奢华也惨遭蹂躏，既大家闺秀又小家碧玉，它本身就是复杂的综合体。日夜与里份厮守的居民濡染了它的精神特质，在“最是时间残酷无情”的感叹里有了一份“冷也好、热也好、活着就好”的无奈与坚韧、一份俗世的泼辣与精明，也蕴藏着一份仗义与率性。

例如，蜜姐(《她的城》)就具有典型的里份性格。丈夫宋江涛罹患癌症，蜜姐没有被击垮，像往常一样照顾老人、带着儿子做生意，在最短的时间里让自己振作起来，这是她的豁达与顽强；面对逢春的求助，蜜姐爽快答应，那是她的仗义；发现逢春红杏出墙，蜜姐不去拆穿却处处暗示，那是她的精明；见逢春避而不谈，蜜姐与逢春彻夜长谈，并毫不隐瞒自己的真实想法，以心交心使得两人之间有了“无言的共同秘密”，那是她的率性。何汉晴(《出门寻死》)对朋友、邻居都非常热情，看到老人有难就极力帮助，在出门寻死的过程中看到别人寻死，抛开自己的烦恼前去劝说。生活在东亭的阿东(方方《声音低回》)遇到了困难：母亲去世、弟弟弱智、父亲残废，而自己还要完成大学学业。在这种情况下，左邻右舍给予了他许多帮助：母亲去世的时候，大家都去帮忙张罗丧礼，罗爹爹帮助照顾弟弟阿里、罗四强帮助阿东的父亲进货，这都是底层百姓仗义、率性的表现。就连弱智的弟弟阿里也熏染了这种品格，所以他才会几乎是出自本能地要扶腿脚不灵便的罗爹爹。不过这种里份热情也是留有余地的，不能侵犯自身利益。比如，阿里放哀乐影响到日常生活，邻居也会出来阻拦，也有人会不顾形象地跳出来骂街。罗爹爹和阿里早上一起去东湖边放哀乐，实际上也是各取所需：罗爹爹需要阿里的搀扶、阿里需要罗爹爹的看守。蜜姐对逢春的帮助也是以不损害自己利益为前提的，“逢春如果是个不懂事的，蜜姐最多容忍她三天。三天的容忍够长的了，这也就是给街坊邻居的面子”。如果逢春的存在影响了她的生意，她会毫不客气地请逢春走人。

通过这些生于斯长于斯的具有里份性格的人们，方方、池莉写出了武汉文化对她们的影响、里份性格对她们的濡染。她们的生存智慧，她们的生活哲学都深深地浸润着里份文化的精髓。方方曾经如此表达她对武汉人性格的理解：“武汉人精明，但却不像上海人那么能算计，那么利己；武汉人聪慧，但却没有广东人那样深藏不露的沉着和灵活多变的花样；武汉人仗义，同燕赵之士那种‘士为知己者死’的侠义有所不同，往往为自己又留着点余地；武汉人直爽，与没遮没拦的东北人相比，这种直爽又直得有限，难免不带上点小弯弯；武汉人天真，见朋友什么事都连兜带底地说出来，但最要紧的事也总还能压在喉咙管里……”[①]这就是典型的里份性格，既精明泼辣，又务实洒脱，将仗义、直率、天真、热情与算计、粗糙、精明紧紧杂糅在一起。

三、里份语言

一般而言，受教育程度越高，人们使用普通话的概率越高，相反，受教育程度越低，人们使用方言的概率越高。与那些住在高楼大厦的白领相比，生活在里份的老百姓受教育的程度相对低下，很多人使用别具一格的汉味语言。方方和池莉的这些小说以居住在里份的市民为表现对象，与此相关，“泼辣、粗鲁、夸张、幽默”[②]的里份方言已经成为她们小说中的独特风景。在她们的小说中，“蛮累”“晓得”“邪货婆子”“老干巴”“扯皮”“苕”等武汉方言比比皆是，这使小说充满浓郁生活气息的同时显得非常俏皮。

《出门寻死》中的中年妇女何汉晴上有老下有小自己又下岗失业，生活拮据。好朋友文三花关于“活得蛮累人”“心里烦”这样的话语像影子一样跟随了何汉晴，让她也产生了寻死的念头。她和丈夫倾诉，然而丈夫认为“天下人都死绝了”，何汉晴都“还剩在屋里”，何汉晴从心底深处发出来的对人生的感悟并没有引起对方的任何共鸣。面对日常生活的吃喝拉撒，这位全家日常生活的调理者知道自己即使要死，也要把饭菜做了再去死，当她把饭菜做好，没有食欲地走进自己的房间时，公婆、小姑子和丈夫却一起取笑她。丈夫没有任何劝慰之词，听后劈头一句便是“莫耳她”，对于何汉晴的寻死，他“一个字都不信”，认为“她这种喜欢到处岔的人最舍不得死”，“就是小鬼把她捉到了阎王爷跟前，她两脚就把阎王爷踹在地上，自己跑回来”。再如，《声音低回》中巴西的母亲要替巴西改名字，警察听说巴西智商有点问题便说：“是个苕？那就改吧。免得把巴西队也搞苕了。难怪他们最近有点苕样。”这表现了武汉方言幽默的特点乃至武汉人的幽默、油滑的文化性格，同时也表现了武汉市民的粗犷、粗糙、敷衍乃至刻薄等负面性格。

池莉认为，文学本来就是俗物，所谓小说就是“大街小巷的说法”，是大雅与大俗的集合。古代有很多好诗是从青楼出来的，流传下来的文学更多关注

① 方方.武汉人的性格[J].武汉文史资料，2013(8)：49-51.

② 樊星.当代女作家方言小说特色初探[J].天津社会科学，2011(1)：96-102.

的就是普通老百姓的寻常生活。[1] 基于这种认识,《她的城》表现的就是生活在一个里份两名女性的寻常生活,寻常生活中充满了市井俚语和俗语,用最纯粹的语言表现最本真的生活状态。小说中蜜姐对逢春说:“只要顾客想买什么,我什么都卖,我就给他两个字:敞——的!”“我请朋友吃饭,他们问:怎么点菜?我也就给他们两个字:敞——的!”“我儿子,我给他也就是只能两个字:敞——的!他就是想吃我的心,我立马拿刀子挖给他,有得二话!”小说最后还专门对“敞”标注了读音,“敞”是武汉非常典型的方言,是指帮助别人没有任何附带条件,这一个字就将武汉女性直爽、热情、果断的性格特点淋漓尽致地刻画出来了。

(原文载于《名作赏析》,2014 年第 16 期)

① 庄园,池莉.文学就是俗物[N].新民晚报,2001-04-01.

论池莉小说中的方言特色

陆 培 艺

指导教师:黄均凤

引 言

池莉所创作的小说被称为“新写实”和“汉味小说”,小说中武汉方言的大量使用,使她的小说充分彰显了武汉的地域文化特色,同时,她在小说中所塑造的人物形象以及描写的时代背景,都为小说的创作提供了鲜活的能量。池莉所创作的小说,有相当一部分被改编成同名小说电影并播出,并得到观众的广泛认可。

文学著作尤其是小说中夹杂方言词语,是为了表现出“自然流露”的活人,这是作家在小说创作中的有意识行为。其实,作家在有意识地运用方言创作的同时,也在无意识地传达出人物心理、地域文化以及历史的元素。具有浓郁武汉风情的汉味小说,其中的一个特征便是运用武汉方言进行创作。在汉味小说中,作家运用方言的本意是活灵活现地摹人状物。但是,方言其实是有意识的能指,所指是其背后的无意识。方言词语在摹人状物之余,还传达了人物的心理无意识、地域文化无意识和历史文化无意识,这是具有文化性质的话语结构。本文主要对池莉小说中所体现的方言特色进行系统性的研究。

一、池莉小说方言特色的研究

(一) 研究现状

池莉因善于展示都市平民生活,而成为“新写实小说”流派的典型代表,其作品也得到了世人的认可和赞誉。学界关于她的小说的研究非常多,最早是从文学角度进行的，目前对于池莉小说的研究主要集中在以下两个方面。

1. 对池莉小说语言变异性现象的研究

例如，朱亚平的《论"小姐你早"的语言变异性》(《读与写杂志》,2008)，主要从词性的变异、词语的超常搭配以及超常组句的变异三个方面来展开论证。又如张妍妍的《池莉小说语言的变异修辞艺术》(《沂州师院学院学报》,2010)，分别通过词汇和语音以及语法因素进行分析研究。

2. 对池莉小说与其他"新写实小说"流派作家进行比较的研究

例如，张艳玲的《方方、池莉言语风格的比较》(《黄石教育学院学报》,2005)，文章用了三个小标题来展开两人的对比论述：①浓标的"汉"味；②两人分别具有话语高雅和朴实平和的两种特点；③其彰显了现时代的特点。又如樊星的《"汉味小说"风格论——方方、池莉合论》(《华中师范大学学报》,1994)，文章通过分别列举三个内容，对池莉与方方所创作的"汉味"小说特征进行了一系列的类比分析。这类研究还有王平的《池莉、方方小说审美性的语言学探析》(《贵州社会科学》,2007)等。

综上所述，学术界对池莉小说的语言研究主要集中在变异性和比较性两个方面，但对其小说语言风格进行探讨的研究相当少见，只有一些零星的研究，如翁燕的(《浅析池莉小说语言的艺术特色》,2007)、谢德祖(《池莉小说语言的风格》,2008)等只是片面浅显地提出了池莉小说语言通俗易懂的特点，到目前为止，还没有人全面而系统地研究其小说语言的方言风格特色。由此可见，对于池莉小说方言使用的研究可以进行更深一步的探析。本文试图在学界前贤已有研究成果的基础上，对池莉小说方言特色进行初步的探讨。

（二）研究意义

运用语言风格进行人物的描写和刻画，是一个优秀的作家所独到的品位，也是艺术灵魂的刻画，所以对于语言艺术的探究是非常有必要的。

任何文章首先都要以语言为基础，只有通过语言才能表达出作者想要传达的深层次文化内容。在以语言为基础的同时，也要重视文学创作中的语言风格的运用。池莉是一个很重视语言表达的作家，她的文章看似通俗简单，实则精心安排，每个词汇的选择、句子之间的组合、篇章结构的安排都是很有考究的。她的小说大多取材于武汉普通平凡的市民阶层，不仅带有浓郁的"汉味"方言，而且带有"平民意识"和"世俗化"的倾向，语言巧妙风趣、幽默活泼，具有很强的艺术感染力。本文有关其方言特色的研究，对于其他小说在方言的使用技巧上有着借鉴的作用。

二、池莉方言词语运用的几个类型

方言的运用不仅是地域宏观的地理位置的象征，更是特有地域文化的彰显。池莉在进行小说的创作时，对于武汉方言的巧妙运用，更加凸显了小说中的人物的个体特征，因武汉方言属于西南官话武天片中的武汉小片，所以小说具有浓郁的楚汉风味。武汉方言使得“汉味小说”更加富有别样的风格，“汉味小说”也体现了武汉的文明以及文化的韵味和魅力。

（一）池莉小说中称谓名词的运用

在词性方面，方言在池莉小说中的运用主要有以下几种形式。其一，在人物方面，称谓名词的运用是池莉小说中方言名词运用的最主要形式，其作用是丰富人物性格。这种形式所运用的载体通常出现在人物的交流当中，便于双方进行称呼，是维持人物之间的关系的一种写作方法。例如，池莉所创作的《冷也好热也好活着就好》，以再正常不过的在夏季生活为背景，从“喂，猫子，给个体温表”进行故事的展开。所谓的“猫子”，通常指常见的猫，而在池莉的小说当中则是指《冷也好热也好活着就好》中的男主人公——郑志恒。在武汉方言中，将其动物的名字后跟一个“子”字是关系亲密的表现，这是武汉方言的特色。又如，“拐子”通常表达“老大”的意思，在《太阳出世》当中则成为张生财的女友称呼他的代称，意为“哥哥”，从侧面向读者暗示了两人关系的进展。在武汉的方言中，“姆妈”就是普通话中“妈妈”的意思，话语中流露着出妈妈的热爱与亲切之情。在《太阳出世》中，小朝阳在二十多天里就能清晰地喊出“姆妈”，表达了亲切感动的特殊情结。

其二，人物在小说中要进行特征的把握，使其更好地掌握人物的灵魂从而融入人物的性格特征，进一步进行人物特点的塑造。武汉话中一般对于后辈称之为“伢”，在武汉，年龄较小的女孩通常被称为“女伢”，男孩通常被称为“男伢”，这给人一种亲昵喜爱的感觉。如在《冷也好热也好活着就好》中，邻里称燕华为“女伢”，称印家厚为“男伢”。池莉在使用武汉方言时，对于其中较难理解的武汉特有词语，她都会在末尾进行名词性的解释，以方便读者理解其中的内涵。“扁担”在日常生活中通常指一种工具，但在《小姐你早》当中则用来描述挑扁担的人，池莉用代指工具的名词来修饰人物形象，更能体现人物所张扬的个性。用特质工具的名词来塑造人物形象及性格，是池莉小说中所独具特色的手法，不仅丰富了小说中人物的形象特点，更增添了丰厚浓郁的地域色彩。

（二）池莉小说中方言动词的使用

在池莉所创作的“汉味小说”中也存在大量的方言动词的使用。例如，《冷也好热也好活着就好》中印家厚说：“不晓得是谁。”在武汉方言中，“晓得”的意思是“知道”，“不晓得”即“不知道”，表示疑问的表达为“晓不晓得”。还有一种可以折射出武汉市民的精神状态的动词，如“掉底子”是“丢面子、丢脸”的形象说法。例如，在《太阳出世》中，当母亲听说儿子赵胜天的媳妇儿没有生男孩的消息时，母亲控制不住而“一腚瘫坐在医院的楼梯口，不只是气愤还是委屈抑或其他的情绪，导致两眼不断的掉泪”，儿子看了片刻便搀起母亲说道：“别在这儿了，真掉底子。”儿子希望母亲不要在大众面前有损面子。“掉底子”所表达的内容的含义较为广泛，也折射出武汉市民讲究面子的形象。

（三）池莉小说中其他类型的词语

除了上文所辨析的名词与动词的运用，在池莉所创作的小说当中还出现了多种类的表达修饰的词语。例如，《不谈爱情》里的吉灵被称为“幺女儿”，《太阳出世》中弟弟赵胜天被哥哥赵胜才称为“老幺”。“幺”均是形容年龄小。在池莉的小说里，在副词的运用上出现“蛮”“几”的情况较为常见，例如，“还蛮喜欢你的”“猫子就是个几好的男伢”等。“蛮”和“几”在武汉方言中表示程度较强，相当于普通话中“极其、非常”的意思。在代词的运用上，池莉使用的方言主要体现在人称上，例如，在《冷也好热也好活着就好》中“陈师傅”被称为“您家”，这种人称代词的运用，拉近了双方的关系，也体现了礼貌的一面。语气助词的运用使得小说能够更加突显武汉的地域性特色，其中最为常见的是“吵”，“吵”在句末充当语气助词时表示“祈使或肯定思维”的意思。例如，“猜牌吵，赚钱的事啊”。

池莉在创作中所运用的方言大多数比较口语化，有利于展现武汉市井人民的日常生活的情景，更能彰显武汉极具特色的地域性。

三、池莉小说中方言词语的使用及其特点

池莉善于进行方言的使用，方言词语的使用能够更形象地展现日常生活中司空见惯的情景，彰显生活中的内涵元素。

（一）以《冷也好热也好活着就好》为例

在池莉所创作的《冷也好热也好活着就好》中，有大量的方言词汇的运用。例如：(1) 燕华："像个苕。人是活的么，就叫饿死了？满街的宵夜不晓得吃。"

(2) 猫子递给王老太一个盒子，说："诺，太，里面的仁丹实在热了就吃。"

(3) 待燕华与猫子一同上楼后，王老太就冲着许师傅说道："您家做得对，这燕华的脾气娇燥了一些。"

(4) 许师傅答道："猫子平时不要理睬她！燕华的脾气像吃了呛药，说的话噎死个人。一点都不像个女伢。"

(5) 燕华说："告诉你干么，你还是个大人物哦？"

例(1)中"苕"字是用作形容词，用来修饰人物，在这里是"愚笨、蠢"的意思，体现了说话双方关系的熟络。

例(2)中"太"字是"老人"的意思，"太"字的使用虽然不是武汉特有的，但也能形象地凸显出地域性风格的特色。

例(3)中"您家"最能体现武汉方言的称呼名字，其意思是"您也"，"家"的后缀体现了双方之间关系的亲切。

例(4)中的"女伢"和例(5)中的"干么"都是武汉方言中最常用的词语，"女伢"在普通话中是"年龄较小的女孩子"的意思，"干么"与普通话中"什么"同义。诸多方言的使用，为池莉小说的创作增添了浓郁的地方风味。

（二）以《生活秀》为例

在《生活秀》中，方言词汇也大量存在。例如：

(6) 真不愧是城里商贩的人，心里的小算盘打的真精！

(7) 伢说："掌柜的，挺有板眼哦！"

(8) 来这儿不是为了那个夹生女人的，只是对于来这的吃客不想得罪罢了。

（9）吉庆街的来双扬和张所长，两个人就这么一直躲着猫猫。

例(6)中的“精”在武汉方言中是“精明”的意思，单用一个“精”字，更加形象幽默地描绘出小市民的狡诈，使其显得更为逼真。

例(7)中的“有板眼”在武汉方言中是“有本事”的意思，是武汉人夸奖人的褒义词。

例(8)中的“夹生”其通常是指“食物的半生不熟”，这里则是“关系比较生疏，不懂人情世故，头脑不灵光”的意思。

例(9)中的“躲着猫猫”就是“捉迷藏”的意思，方言的描写运用拉近了读者与小说中的内容的距离。

（三）以《烦恼人生》为例

在池莉所创作的《烦恼人生》中也有大量的方言词汇的运用。例如：

（10）印家厚早就知道公交车上的戏码，他已经在跑月票的路上有着多些年的经验了。

（11）“早晨醒了中午又睡也是回笼觉吗？”

（12）兄妹吵架扒皮，开家庭会议搞平衡。

（13）若不去评奖他就是个乖巧的人儿，印家厚的心里已经对他说了好几遍的“屁里屁气”。

例(10)中的“跑月票”是指“经常性地使用公交月票进行上下班”，与目前部分城市存在的月票差不多。

例(11)“回笼觉”是“睡觉醒了之后没有起床，而是闭上眼睛继续睡”的意思。

例(12)中的“扯皮”是“找麻烦，吵架”的意思，这是典型的武汉方言。还可指熟人间的胡搅蛮缠，或有关政府部门对于一件事情相互推诿、推卸责任。

例(13)中“屁里屁气”在武汉的方言中可以指“小气，小家子气”，也可以指“装腔作势，虚伪”，还可以指“娘娘腔，阴阳怪气”。在池莉所创作的小说中，这种句子的类型有很多，句子类型的多样性使得池莉的小说中充满日常生活的亲切感，具有独特的语言风格。池莉小说中的方言运用，使语言尽显生动并富有极强的幽默感，在描写生活的过程中，可以直接揭示现实生活中的相关细节。

大量方言的运用，加强了池莉小说中的生活的真实感，强化了语言的魅力。池莉在人物刻画上运用的方言，能形象地塑造人物的内心情感。

四、池莉小说中的方言所起到的作用

（一）地域性较为突出

方言是地域性的突出体现，表现了地方区域中人们的性格及生活状态。由于小说的创作以刻画人物的性格特点及人物形象为内容，所以方言的运用可以使小说富有更多的吸引力。

例如，池莉在《烦恼人生》中刻画的印家厚，他的住房条件差，家里离上班的地方有一定的距离，所以他选择轮渡去上班。公家车上的嘈杂声驱走了人们的昏昏欲睡，还有那时候的只需两毛钱的热干面，鲜明的武汉地域特色造就了人物独特的性格。

在这种生活状态下，印家厚如往常一样开始了看似平静的一天：七零八落的琐事，不愿与妻儿发生正面冲突而选择的沉默，心烦的印家厚已经不去计较男人所谓的尊严。如他在被儿子吵醒时，妻子所表现出的不屑：

"孩子早给摔醒了！"妻子可算能够不断断续续的讲话了："你自己出门看看，有谁都工作十多年了还没有房子住。现在的地方能住人吗？简直就是猪狗窝！但就这样的房子还是我给你弄来的！你若还是个男人，还要妻儿，你就该给我们娘俩搞个像样的屋子！真窝囊，半天放不出一个屁，还是个男人吗？"

字字句句的强烈语势将武汉女性所特有的急性子展现得淋漓尽致。对于自己受限的能力，印家厚心里百般不情愿，但确如妻子所言，因而他将火气压制下来。对于无奈的现状，印家厚只好"将头一低，揣着一肚子的元气与苦水，静静的瘫坐在床边"。印家厚与妻子的性格形成了鲜明的对比，更加地突出了他的无用之处。印家厚同妻子在这一天的话题就是在吃饭的时候开始的：

老婆说："吃啊，吃菜哪！"

印家厚的妻子婚后便此话不离嘴，但印家厚并不感到厌倦。这句话从侧面体现了印家厚妻子的贤惠持家，同时又弥补了其刁钻刻薄的不足一面。

她说："菜真贵，白菜三角一斤。"

"三角？"他应到。

"全精肉两块八哩，不兴还价的，为了雷雷，我咬牙买了半斤。"

“好家伙！”

“我们这一顿除去煤和作料钱，净花三块三角多。”

“真不便宜。”

“喝人的血汗呢！”

“就是。”

菜价的话题成为每晚在吃饭时的必聊内容，也是印家厚与妻子在晚上见面后进行一天交流的开始。

日常生活中所能见到的琐事，印家厚夫妻俩在“菜价”上进行的交流，这是在武汉家庭中日常可见的场面，这些小事可以从侧面体现出武汉女人的精打细算和对子女的疼爱，也可以折射出男人在生活方面的压力越来越大的情况。

又如《冷也好热也好活着就好》，对于武汉人在夏天所进行的乘凉，池莉描绘了一幅安逸祥和的乘凉景色。武汉的夏天是出了名的炎热，市民们拖着劳动了一天的疲倦的身子，迟缓地走回家。太阳虽已落，但仍释放未完的余热，长时间的高温使市民大多都已经习惯。多数市民在自家门前洒水降温，同时拿出躺椅等纳凉的物件。在要开始晚饭时，女人们则将做好的晚饭拿到外面来，全家边纳凉边吃饭。有喜欢凑热闹的，则东看看西瞅瞅，对每家每户饭菜进行对比。吃完饭后，有将电视机搬出来并接好电源的，周围的居民便围坐在一起看新闻，不时地议论着国家大事，孩子们则在一旁相互嬉戏、玩耍。

池莉运用温馨的笔调描绘了武汉市民生活的情景，在池莉的众多作品当中，这些具有地域特色的句子比比皆是，体现了武汉人民所特有的真性情，具有浓郁的地域性特征。

（二）创造了“汉味小说”新品种

池莉小说中所蕴含的浓郁且独特的创作风格，为其在现代文学中的稳步发展奠定了基础，同时也创造了机会。池莉所创作的“汉味”小说，描绘出普通市民在生活中的真实平常的故事。与之前的反思文学或改革文学等的“宏大叙事”不同，她将日常生活中常见的却最容易被忽略的市民的日常生活纳入其小说的创作当中，拓宽了当代小说所能够创作的文学题材。池莉运用武汉方言进行创作的小说，将武汉所蕴含的地域文化的特色从多方位展现出来，运用独特的修辞与描摹方法，将“汉味小说”的风格体现得淋漓尽致，并为小说的创作开阔了视野，填补了中国小说画廊中的一个空白，展现了文学的多样性和丰富性。

五、总　结

池莉是一个很重视语言表达的作家，她的文章看似通俗简单，实则精心安排，每个词汇的选择、句子之间的组合、篇章结构的安排都很有考究。她的小说大多取材于武汉普通的市民阶层，通过浓郁的“汉味”方言，折射出其极具艺术感染力的语言特色。本文通过研究其方言的语言特色，为日后的小说写作提供了模板基础，也为小说语言的形成注入了新鲜的血液。

参考文献

[1] 叶澜涛.近十年池莉小说研究综述[J].湛江海洋大学学报，2006(2).

[2] 田中阳.论方言在当代小说中的修辞功能[J].中国文学研究，1995(3).

[3] 田中阳.论方言在当代小说中的叙述功能[J].求索，1996(1).

[4] 池莉.创作从生命中来[J].小说评论，2003(1).

[5] 池莉.池莉小说精选[M].武汉：长江文艺出版社，2000.

[6] 池莉.水与火的缠绵[M].北京：北京十月文艺出版社，2010.

[7] 池莉.池莉文集1[M].南京：江苏文艺出版社，1995.

[8] 池莉.池莉文集2[M].南京：江苏文艺出版社，1995.

[9] 池莉.池莉文集3[M].南京：江苏文艺出版社，1995.

[10] 池莉.池莉文集4[M].南京：江苏文艺出版社，1995.

[11] 池莉.池莉文集5[M].南京：江苏文艺出版社，1998.

[12] 朱建颂.武汉新俚语举隅[J].语言研究，2000(2).

[13] 李伯超.中国风格学源流[M].长沙：岳麓书社，1998.

[14] 李向农.近年武汉市城区流行语考察[J].江汉大学学报(社会科学版)，1999(5).

[15] 陈望道.修辞学发凡[M].上海：复旦大学出版社，2008.

[16] 张德丽.坚持小说的平民化姿态——浅论池莉小说创作[J].西安教育学院学报，2001(4).

[17] 张邱林.《武汉方言词典》释义的特色[J].湖北师范学院学报(哲学社会科学版)，2002，22(2).

[18] 张艳玲.方方、池莉言语风格的比较[J].黄石教育学院学报,2005(3).

[19] 吴文薇.论池莉小说的叙述话语[J].安徽大学学报(哲学社会科学版),1994(1).

[20] 范伯群,翁寿元.吴方言与文学[J].文史知识,1990(11).

[21] 赵彦平.池莉小说语言特点探析[D].开封:河南大学,2011.

[22] 赵园.京味小说与北京方言文化[J].北京社会科学,1989(1).

[23] 欧元华.地域文化视野中的池莉小说[D].长春:东北师范大学,2009.

[24] 彭瑛.论汉方言在池莉小说中的修辞功能[D].武汉:华中科技大学,2007.

[25] 董正宇,孙叶林.民间话语资源的采撷与运用——论文学方言、方言文学以及当下"方言写作"[J].湖南社会科学,2005(4).

武汉方言剧的人物对白研究

冯　丹
指导教师：郭家翔

引　言

语言中的方言，是语言的变体形式。而方言不仅是一种语言变体，还是地域文化的表现形式，更是地域文化的一部分。文化的地域特征主要通过方言来彰显，方言在传承地域文化的过程中发挥了重要作用。

方言电视剧不仅是当前我国电视媒体竞争经营的产物，也是一种新兴的电视文化娱乐形式，它是方言、地域文化和电视媒体的结合，有着积极的文化价值。武汉方言剧以镌刻武汉人形象为主、反映武汉文化为主，向世人展示了武汉市民化、庸常化的地域特点，折射了武汉市民的坚韧意志，充分彰显了浓郁的武汉地域文化。武汉方言体现了武汉当地的历史文化内涵，反映出武汉的自然与人文特色，以及独特的风俗与民情。武汉方言剧的创作能为今后研究具有地域特色的文化提供非常珍贵的资料。

关于武汉方言剧的研究，主要集中在其受众心理及叙事策略的分析，以及武汉方言剧的特点和成功的原因等方面。本文主要分析这些方言剧中人物对白的语言特点，对白反映出的武汉人的性格特征，进而探讨武汉的城市文化。

一、武汉方言剧人物之对白语言特点

（一）重复表强调

武汉人说话喜欢不断重复，一句话会重复两遍及两遍以上，而且语气逐渐加强，他们通过这样的表达方式来强调自己所要说的话。

1. 疑问句重复

(1) 岔巴子:“那她有可能要去坐牢。”

余老板:“那她不是要疯啊？那她不是要去自杀啊？那是个什么结果啊？”(《都市茶座》之《人狗在囧途》)

从这段对白中,我们可以看出“余老板”用了三个疑问句来重复强调这个问题,每个疑问句都表达了他对“她”要坐牢这件事情的难以置信。虽然这三句是疑问句,但是在人物心中都有肯定的回答,三个疑问句指向的回答就是:她要坐牢这个事情很严重,后果很不好。该怎么办才好!

三个疑问句的累加表达了余老板着急的心理,三个疑问句的重复也表示肯定和强调这件事情的后果的严重性。

2. 陈述句重复

(2) 王发泡:“岔巴子,老板娘,如果我们骗你们的话,那就天打五雷轰,行不行呢?”

岔巴子:“看来啊,真的是真的,真的不是假的。”(《都市茶座》之《抱养囧事》)

从这段对白中我们可以看出,“岔巴子”用了两个陈述句来重复强调这件事情的可信度,并且用了一个肯定的陈述句“真的是真的”和一个否定的陈述句“真的不是假的”,用肯定和否定重复叠加使用,强调了他相信这件事情的看法。重复强调可以看出人物对这件事情的真实性的完全认可,每一句陈述句都表达出人物坚定相信的心理。

(二) 间接性言语行为的使用

武汉人说话时喜欢使用间接性言语行为,例如,在夸赞一个人时,武汉人常常不会直接表达,而是用另外的言语来表达出他们想要夸赞的意思。

1. 恭维性间接言语行为

(3) 余老板老婆:“咦额,伯伯,您好!”

婆婆:“莫昂?”

余老板老婆:“您又在练舞？您的个舞跳得几好额,我有一天哪看到路上有一个人在跳舞,拿个身段几好看额,后来一想,肯定是您,后来一看,果然是您!”

婆婆:“嘴我是不是啊!”

余老板老婆:“哪里嘴你撒,我说的是实话,真的跳得蛮好!”(《都市茶座》之《人狗在囧途》)

从这段对白我们可以看出，“余老板老婆”是在夸赞“婆婆”，想表达“婆婆”跳舞跳得很好，但是她并没有直接去夸赞“婆婆”说“您的舞跳得真好啊”，而是借用了另外一句话来表达自己对对方的赞美——夸她的身段好进而夸赞她跳什么舞都跳得好。

2. 指责间接言语行为

(4) 男：“你看看你自己，再好好看看别个！”

女：“我怎么了，真是滴。”(《凯丽一家人》之《换妻》)

从这段话我们可以看出，男士是在指责女士，以表达出对这位女士的不满。但是他没有用直接的批评言语如“你怎么做得这么差劲”来表达对女士的愤怒之情，以及对女士的不满和指责，而是用另外一句话来间接地批评和否认女士。这样的表达比直接的指责性表达效果好，不容易伤人和得罪人，而且让听者更加容易接受，不会打击到听者的自尊心，让听者自己去总结和反省，这和俗语所说的“骂人都不带脏字”是一个效果。使用间接性言语比直接批评要更加委婉、语气更加平和，更加容易让听者接受，避免不必要的矛盾。这也是武汉方言中另一种说话的技巧。

3. 拒绝间接言语行为

(5) 女一：“下班后一起吃饭吧？”

女二：“真是不巧啊，我和我孩子说好了要带他去游乐园玩。”(《欲望魔方》之《母爱》)

从这段对白我们可以看出，女一要邀请女二一起吃饭，可是女二不太愿意，想拒绝。她并没有直接说“不去，不想去”这样的话，而是用需要做另外一件事情来回答这个问题，间接、委婉地拒绝了对方的邀请。

(6) 男：“听说你要出去旅游了啊，记得给我带点礼物回来！”

女：“诶，今天天气好好哦，是吧！”(《欲望魔方》之《公司风波》)

从这段对白我们可以看出，男士想要女士出去旅游带礼物回来给他。从前面的剧情可以知道这位男士是一个喜欢贪小便宜的人，大家都不喜欢，所以女士不太愿意，想要拒绝。可是她又不好直接地拒绝，于是就扯开这个话题，直接说别的话题，这属于一种间接的拒绝。

在武汉方言剧的人物对白中，经常会出现间接性言语行为，这是武汉方言中的一种特色，也是一种武汉方言的说话技巧。它能达到和直接性言语一样的效果，但是更加容易让听者接受，让听者听后心里更舒服。

（三）骂詈语口头禅的使用

武汉方言中常常会出现骂人的话。在外地人认为不雅观的话语在武汉方言中却属于常用的骂詈语口头禅。这些骂詈语口头禅有三种用法：一种用于骂人，一种用作调侃，而另外一种则用于表示一种日常的感慨。

1. 用于骂人

（7）男："你这个杂种的怎么勒莕咧，什么老子怎么说你都不信捏？非要事情闹大了你才晓得信？"

女："诶，我还不是为了我们屋里着想，真是滴！"（《经视故事会》之《晓娜手记》）

从这段对白我们可以看出来男士对女士的不满、无奈和指责。"你这个杂种"这句话属于武汉方言中的一种日常的口头骂人的语言。在这段对白中，男士的意思并不是说女士就是一个"杂种"，而是男士在指责女士令人发指的行为。

（8）男一："你个婊子养的，莫跟老子在这里翻翘啊！老子跟你讲，老子忍你蛮长时间了啊！小心老子搞你的人滴！"

男二："你有本事就搞撒，老子怕你！老子怕你老子是孙子！"（《经视故事会》之《晓娜手记》）

从这段人物对白我们可以看出，男一和男二发生争吵，男一在骂男二时使用了"你个婊子养的"这句骂人的话。男一通过这句话来表达自己对对方的不满和愤怒之情，虽然他骂对方是"婊子养的"，但是这句话中并不针对对方的父母，没有对对方父母表示不敬之意。

（9）父亲："你个狗日养的，今天不把这个事情跟老子解释清楚，老子跟你冒得完！"

儿子："好好好，我晓得了，爸爸！"（《经视故事会》之《晓娜手记》）

从这段对白我们可以看出来父亲对儿子非常生气，所以这里的"你个狗日养的"这句话用于骂人，表达了父亲的气愤之情。用法同"你个婊子养的"。

例（7）的"你这个杂种"和例（8）的"你个婊子养的"以及例（9）的"你个狗日养的"表达的生气的程度不一样，例（7）的"你这个杂种"表达的程度相对较轻。

（10）父亲："你个板妈养的，我看你是又邪完了吧，做错了还在这里不得了了，又欠敲了吧？"

女儿："你听都冇听清白，就在这里瞎骂我！受不了了。"（《经视故事会》

之《晓娜手记》)

从这段对白我们可以看出,这是一个父亲在教训他的女儿,并且用了"你个板妈养的"来表达出自己的气愤之情。这句话是武汉方言中最常见的骂人的话,也是程度最轻的一句,用来表达说话者的愤怒和不满之情,以及对听者的指责。

(11) 男:"伙计,你怎么做得出这么差火的事情咧,你这下掉的大咧,看别个都会莫昂看你。"

女:"我哪里会晓得是这种结果咧!"(《经视故事会》之《晓娜手记》)

这段对白我们可以看出,这是男士对女士做的事情表示不满,这里的"差火"是一个形容词,是"不上道、不像话、不道德"的意思。"差火"在武汉话中也经常出现,属于一种很轻微的骂人的词语,用来形容别人在做人和做事上存在的问题,以表达自己对对方的不认同和不满。

2. 用于调侃

(12) 女一:"咦额,你个婊子(养的)今天穿得这么 San,准备搞莫斯去啊?"

女二:"你个婊子眼睛蛮尖咧,出去参加同学聚会撒!"(《经视故事会》之《又是一年校友会》)

从这段人物对白我们可以看出,这两个人并没有争吵,而是在互相调侃对方。女一在夸赞女二的穿着很漂亮,女二在夸赞女一的眼神很尖锐,在这一段对白中,女一和女二都没有生气骂人的意思,都是笑着说出的"你个婊子(养的)"这句话。它在这里只是生活中表示一种语气的口头禅,有时候会在"婊子"一词后面加上"养的"这个补语,这也看个人说话的习惯,因人而异,而两者的意义和用法没有多大差别。

3. 表示一种语气

(13) 男:"你个狗日养的,王明那个吖可以列,考了满分。"

女:"是撒,要你屋里儿子也学哈子别人撒!"

男:"算了吧,他只要不跟我闹事我就谢天谢地了!"(《凯丽一家人》之《家长会》)

在这段对白中,男士虽然使用了"你个狗日养的"这句话,但是并没有骂"王明"的意思,相反,这句话表达了对王明的一种赞扬,只是抒发了自己的感慨。只是一种习惯用语,并没有上面特殊的意思。

这些骂詈语在武汉方言剧中常常会出现,在日常生活中更是被频繁使用。但是这种骂詈语口头禅不一定就能看出来武汉人喜欢骂人、脾气火爆,因为这些骂詈语还有可能只是表达一种感慨或者一种调侃。

(四) 语言夸张

武汉方言剧中经常会出现一种语言现象，就是喜欢用一些夸张的用语，将一些事情来夸张化，表达出自己对一件事情或者一个人的感慨，或者引起对方的注意。语言夸张主要有两种形式，一种是喜欢使用夸张的叹词，一个是习惯使用夸张的语句，本文将从这两方面来举例并做出具体的分析。

1. 夸张的叹词的使用

(14) 老板娘："岔巴子，今天可以咧，还把屋里捡到蛮干净咧！蛮勤快啊，值得表扬，不错不错！"

岔巴子："莫斯今天可以撒，我一直就很勤快好不好，才发现？"

老板娘："咦额，说你两句你还不得了了咧！"

岔巴子："这有个莫斯好大惊小怪的撒，我本来就有这勤快，好不好！"(《都市茶座》之《和解》)

在这段人物对白中，"老板娘"夸赞"岔巴子"很勤快，而"岔巴子"却因此嘚瑟了一次，并没有谦虚的意思，他接受并默认了"老板娘"的夸赞。于是"老板娘"就使用了"咦额"这一个叹词。本来是一件小事，但是"老板娘"说这个叹词的时候语气很夸张，所以在后面的对白中"岔巴子"才说"大惊小怪"一词。

(15) 男："你出门的时候带钥匙了吗？"

女："嘀霍……完了咧，忘了咧！等下回家怎么办呢？"

男："没事没事，小事，老娘那里还有一把！"(《经视故事会》之《回家》)

在这段人物对白中，这个男士本来只是随口一问女士有没有带钥匙，而有关带钥匙这个问题对于男士而言是一件小事，但是女士用了"嘀霍"这个感叹词，语气很夸张，有一惊一乍的感觉。

武汉方言中经常出现夸张的叹词，除了"咦额""嘀霍"这样常见的夸张的叹词外，还有"我靠""我日"等类似的夸张的感叹词，但是他们在语句中都不具有任何实际意义，只是表示一种语气。

2. 夸张的语句的使用

(16) 老板娘："那大家亲戚朋友都晓得了这件事，那不是说我们在闹眼子，看我们的笑话，那我们的底子不是全部都掉完了！干脆我们就把别人五万块钱，把小孩先抱回来。"

岔巴子："你说的轻飘了的，我们了哪里有五万块钱让别人宰啊！"(《都市茶座》之《抱养囧事》)

"老板娘"说的那句"那我们的底子不是全部都掉完了"使用了夸张的手法,从"全部""都"和"完"这几个词可以看出来。"老板娘"这样说只是为了引起"岔巴子"对这件事的关注,希望"岔巴子"能对这件事情上心,提出解决办法。武汉话中经常出现这样夸张的语句,表面看起来是想吓到对方,其实说出者常常是为了引起听话者的注意。

(五) 惯用语的使用

笔者看过众多的武汉方言剧以后,发现在人物对白中常常会出现一些惯用语,如歇后语、俗语(俚语)、成语等。本文将在武汉方言剧的人物对白中选出三段对话,对三种惯用语做出具体分析。

1. 歇后语

(17) 岔巴子:"王发泡,你最近混的阔得啊,跟到社区的领导做起事情来了咧!"

王发泡:"那是肯定的撒,你可以做社区的金牌调解员,我也可以做社区的金牌工作人员撒,我能力又不差!"

岔巴子:"哟呵,你现在还馍馍晒太阳——翘(俏)起皮来了咧!"(《都市茶座》之《我是社区干部》)

在这段方言剧的人物对白中,"岔巴子"使用了一句歇后语"馍馍晒太阳——翘(俏)起皮来了",而这句歇后语是武汉方言中特有的歇后语。"翘(俏)起皮来了"在武汉方言中是"嘚瑟起来了、臭美起来了"的意思。

(18) 女一:"听说她这个人蛮会做人,大家都还蛮喜欢她是吧?"

女二:"那不是咧,我跟你讲撒,她其实是跛子穿大衣——闷到拐。"(《欲望魔方》之《公司风波》)

在这段方言剧对白中,女二使用了武汉方言歇后语"跛子穿大衣——闷到拐"。"闷到拐"的意思是"偷偷地在背地里使坏"("拐"就是"做人坏"的意思)。

在方言剧人物对白中使用歇后语会使方言剧的本土化色彩更加强烈,也会更加贴近老百姓的日常生活。

2. 俗语(俚语)

(19) 余老板:"岔巴子,你吃的盐比我吃的饭还多,你过的桥比我走的路还多,好吧!"

岔巴子:"你这庄抬得连我都不信,你自己都不信,但是我喜欢听,只能再试一下,哪个要你是我的哥咧!"(《都市茶座》之《人狗在囧途》)

在这段对白中，“余老板”夸赞“岔巴子”，想表达“岔巴子”很厉害，办事很有能力，见多识广。他是借用了一句俗语“你吃的盐比我吃的饭还多，你过的桥比我走的路还多”来恭维对方很有本事。这样的表达更加直接，也更加容易懂，而且接地气，比较真心实意。

（20）王发泡：“岔巴子，老板娘，如果我们骗你们的话，那就天打五雷轰，行不行呢？”

岔巴子：“看来啊，这件事情真的是真的咧！”（《都市茶座》之《抱养囧事》）

在这段对白中，“王发泡”用了一句俗语“天打五雷轰”，而这句俗语常常出现在誓言中，而且是和别人发毒誓的时候才会出现。这样的俗语也常出现在武汉方言剧的人物对白中，例（16）中“掉底子”也是这样的用法。在方言对白中使用俗语，能使双方话语的意思更加易懂，而它们也不只是局限在发誓这一方面。使用俗语让方言剧中的人物对白变得更加自然，更接近当地的风俗人情。

3. 成语

（21）岔巴子：“这样好不好，你看我们四个这么梗的关系是吧，你们要几多钱直接说，只要我们的经济能力承受的起。”

老板娘：“是撒，我们真的愿意出，你们说个数。”

王发泡：“岔巴子，老板娘，我看你们两个人真是啊，有句俗话说的好，以小人之心度君子之腹。”（《都市茶座》之《抱养囧事》）

“王发泡”在对话中使用了一句成语“以小人之心度君子之腹”。这个成语属于比较简易的成语，一般的平民老板姓不管有无文化都会使用，对白中的王发泡就是一个典型，他是一个到城里来打工的农民工，没有什么文化，但是也会使用这句成语，所以在武汉方言中，这样的语言现象很常见。

（22）男一：“你屋里滴插座头子线有点露出来了，要换了咧，用了这多年了，又是老房子，现在又是夏天，几块钱的事咩，防患于未然啊，伙计，免得出大事还去了多的。”

男二：“好好，晓得了，谢谢啊！”（《邻里邻居》）

在这段对白中，男二使用了“防患于未然”这个成语，意思是“要防止不好的事情发生，就要在之前做好准备工作”。这也是一个生活中很常见的成语。

在武汉方言对白中，常常会用一个简单的成语来表达出自己的意思，这样的方式能让话语变得简单易懂。

二、武汉方言剧的人物对白之武汉人性格分析

"文学文本体现了文本和它承载的文化传统之间的独特的类推关系",文学艺术对方言的使用,会在潜移默化中传承方言所蕴含的地域文化。通过武汉方言,我们可以从武汉方言剧中了解武汉人的性格特征。

(一)武汉人会自我暗示

武汉人喜欢自我安慰和自我暗示。尤其在面对一些自己不愿意接受的事情的时候,他们就会不断地重复自己的话,用这种重复的说话方式来自我暗示,让自己不得不接受所听到的事实。例(23)就是很好的证明。

(23) 女一:"我听说她们两个不仅和好了而且关系越来越好了咧!"

女二:"不会吧?是真的?你确定?怎么可能呢?潦我吧?"(《欲望魔方》之《公司风波》)

在这段对白中,女二用了五个疑问句来重复强调这件事情,表达了对这件事情的可信度的质疑。五个疑问句都指向一个回答——她不相信这是真的。

(二)武汉人做人很圆滑

从武汉方言剧中可以看出,武汉人说话时喜欢使用间接性言语行为,而从使用间接性的言语行为可以看出,武汉人做人比较圆滑,做事考虑比较周全,说明武汉人说话很有技巧,能言善道,但不油滑。

(24) 男一:"你在比赛里面得了一等奖,肯定阔以帮我搞定的。"

男二:"呵呵,这么抬举我啊,谢谢啊!"(《邻里邻居》)

在这段对白中,男一是在夸赞男二,可是没有直接的恭维性言语,比如用"你真的很厉害"这样的言语去夸奖他,而是用他所得的奖项来间接地认可对方的能力,恭维他。这种恭维性的间接性言语比直接恭维的真实性要强。这也是武汉方言中一种说话的技巧。

(三)武汉人说话直白

从多部武汉方言剧的人物对白中我们可以看出,武汉人常常说话很直白,武汉人属于心直口快的类型。从例(7)到例(13)我们可以看出,武汉说话

喜欢使用骂詈语，由此可以看出武汉人性格也是大大咧咧的，比较奔放和豪爽。从例(17)到例(22)方言对白中对惯用语的使用我们也可以看出，武汉人说话很直白，想到什么就说什么，引用相应的俗语和歇后语、成语，直接表达自己想要表达的意思，毫不避讳。又如：

(25) 岔巴子："伙计，那是个无底洞啊，搞不得，我宁可不圆这个儿子梦，也不低这个头。"

老板娘："那喜宴怎么办呢？那那些客人怎么办呢？不清白吧！"(《都市茶座》之《抱养囧事》)

从"不清白吧"可以看出"老板娘"说话很直，也表达出了"老板娘"的不满。由此可以看出武汉人性格直爽，说话没有遮拦。

(26) 岔巴子："请了的人全部重新打电话，搞不成了，不搞了，完了！"

老板娘："你有病吧！我打出去，别人不都看我们的笑话。"(《都市茶座》之《抱养囧事》)

这一句"你有病吧"和上述的"不清白吧"有异曲同工之效。"老板娘"毫不犹豫地就对"岔巴子"说出了这句话来宣泄自己的不满，但是"岔巴子"也没有做出任何还击的反应。因为他们是夫妻，关系很亲密，所以他不会介意这句话，也明白"老板娘"不是真的骂他。"老板娘"是典型的武汉女人，刀子嘴豆腐心、倔强、不会说好听的、外表强硬而内心柔软、尝试着妥协却拗不过自尊心，这就是武汉女人。

(四) 武汉人热心肠

从武汉方言剧中我们也可以看出，武汉人都是属于那种热心肠的人，乐于助人。在武汉方言剧中也存在很多这样的人物形象，最典型的就是《都市茶座》里的"岔巴子"，"岔巴子"一词在武汉方言中指多嘴多舌、乱管闲事的人。而这一人物形象生性乐观，精力充沛，思维敏捷，幽默风趣，乐于助人，喜欢打抱不平，但常常事与愿违，是武汉男人的典型代表。

(27) 窦布隆老婆："诶，还有一个事啊，我想拜托你，我屋里窦布隆这回受伤是因为救余老板他老婆的服装店受的伤，照道理这个医药费应该她来付，我找她谈啊，她一口都回绝了。我又不想跟她打官司，你能不能帮忙调解调解？"

岔巴子："按道理应该她赔啊，这样子，你不管了，我来调解我让他跟你赔，好不好？"

窦布隆老婆："好好，那谢谢啊，谢谢！"(《都市茶座》之《英雄救美》)

(28) 余姐:"窦布隆的医疗费我愿意出。"

岔巴子:"啊,他的医疗费你愿意出,你是这么来了一个一百八十度是大转弯呢?"

余姐:"我跟你说,是这回事,这个社区的一些街坊邻居看着我的店铺烧了,他们都蛮同情,知道吧?他们都纷纷向我伸出了援助之手,那个隔壁的张大爹,昨天帮我送了个桌子去了,这个李大爹还说老板娘的服装店烧了,我们跟你送个板凳来,我觉得蛮感动,连那个孤老婆子都跟我送一碗饭来了,搞得我蛮不过意,我心里……"

岔巴子:"我们社区就是这样一群人。"

余姐:"我蛮感动,知不知道,我觉得我将心比心啊,其实窦布隆也蛮可怜,其实我们都应该向他学习这种见义勇为的精神。"(《都市茶座》之《英雄救美》)

从例(27)和例(28)我们可以看出,"岔巴子"是一个热心肠与乐于助人的人,他也是一个喜欢帮助别人调解问题的人,不管要调解的事情与他本人有没有关系,他都愿意去帮别人,他这个"岔巴子"的形象又是武汉众多男性市民的代表。

从例(28)的对白中我们也可以看出,武汉人很仗义,街坊邻居的大事小事都能互帮互助,非常友爱。许多武汉方言剧的人物对白都可以看出武汉人自始至终都有一副侠义心肠。

(五)武汉小市民形象

武汉有着浓厚的市民文化底蕴,武汉人比较注重现实日常生活的喜怒哀乐,他们认为人生的价值意义就在于柴米油盐、家长里短的世俗生活。这种文化心理在武汉方言中有很鲜明的体现。

(29) 老板娘:"走一步说一步,到那个时候我就说这个小孩的家里反悔了,把小孩抱回去了,不就完了,这也可以解这个喜宴的尴尬场面,也不会在那些亲朋好友面前掉底子,我也可以把这个红包钱我捞回来咧。"

岔巴子:"你捞红包就捞成这个样子了,伙计,那让别个晓得了那才是真的丢人啊,这种苕事做不得啊。"

老板娘:"那怎么办呢,那我送的情什么时候可以捞回来呢?"(《都市茶座》之《抱养囧事》)

在这段对白中,"老板娘"想通过一件事情来收红包,将送出去的礼钱都收回来,"老板娘"这个人物虽然是一个独立自信、有胆有识但又有点儿"大女子主义”的武汉女性形象，但是也具有那种普通小女人精打细算的心理，这是一种典型的小市民形象。“老板娘”说“不会在亲朋好友面前掉底子”（“掉底子”是武汉方言，它的意思是“丢面子”、“丢人”），而“岔巴子”后来也说“让别人晓得了才是真的丢人”，爱面子也是属于武汉人典型的小市民形象，而“岔巴子”在这件事情中显得比较明智，知道这样做不好就立即阻止老板娘，显得非常豪爽和大气，而这也正是武汉大多数男性的形象。

从武汉的地理位置来看，武汉位于长江中游、江汉平原东部，与多个城市接壤。武汉在地理上是属于中国的“心脏”城市，被誉为“九省通衢”。武汉也位于北方城市和南方城市的交界处，所以武汉人的性格融合了北方人的豪爽和南方人的聪慧。

而从历史来看，在“文革”初期，武汉形势混乱，各个派别对立，从那个时期起，武汉人就慢慢形成了暴脾气。

从天气上来看，武汉属于热带湿润季风气候，一年之内的气候变化特别大，高温在 39 ℃左右，低温则在 0 ℃以下，这种明显的冷热差异也成为武汉人形成大大咧咧的性格的影响因素。

三、小　结

方言剧属于文学艺术的一种，而文学艺术对武汉方言的选择、过滤和运用，能在传承和提升武汉文化的优秀内涵方面起到意想不到的作用。研究文学艺术作品中的方言使用规律，再通过研究武汉方言的语言特色来分析武汉人的性格特色以及心理特征，进一步探讨武汉这个城市的地域特色，这是提升武汉这个城市文化品位的一项重要工作，而目前专家们在这个方面的研究都比较少，所以武汉方言剧的人物对白值得我们认真探究。

参考文献

[1] 张贞. 论方言对地域文化的传承与提升——以武汉方言栏目剧《都市茶座》为例[J]. 江汉学术，2013，32(2).

[2] 贾海科. 电视“方言言说”的语言学分析[D]. 武汉：华中师范大学，2007.

[3] 余佳. 方言电视节目勃兴与完善[J]. 新闻前哨，2015(10).

[4] 方方.方言武汉[J].武汉文史资料,2013(7).
[5] 罗颂华.汉味栏目剧《都市茶座》的本土化策略[J].戏剧之家,2009(6).
[6] 朱建颂.解放以来方言词汇的发展[J].华中师院学报(哲学社会科学版),1985(1).
[7] 姚伟钧,胡俊修.论武汉人文化品格[J].中南民族大学学报(人文社会科学版),2004,24(2).
[8] 覃璐.贴近民生 以情动人——湖北省广播电视总台栏目剧《经视故事会》的特性与受众心理分析[J].湖北社会科学,2007(9).
[9] 李冰.武汉方言剧为什么能火爆地方市场[N].中国文化报,2013-03-13.
[10] 张贞.武汉市方言栏目剧的文化定位[J].湖北广播电视大学学报,2010,30(7).
[11] 张贞.武汉市方言栏目剧的叙事策略及其受众心理分析[J].人文论谭,2009(1).
[12] 方方.武汉人的性格[J].武汉文史资料,2013(8).
[13] 张孺海.武汉人悄然变"脸"[N].湖北日报,2006-02-28.
[14] 方方.武汉人说话[J].武汉文史资料,2013(6).
[15] 张邱林.《武汉方言词典》释义的特色[J].湖北师范学院学报(哲学社会科学版),2002,22(2).
[16] 刘兴策,朱建颂.略谈武汉方言词汇的特点[J].武汉师范学院学报(哲学社会科学版),1980(Z1).
[17] 李盈.武汉方言新、老派词汇比较研究[D].武汉:华中师范大学,2012.
[18] 吴翩翩.武汉方言语气词研究[D].武汉:华中师范大学,2009.
[19] 张诗妍.武汉方言中的程度副词"这"[J].大众文艺(理论),2009(2).
[20] 周筱娟.武汉话中的"他你家"[J].汉语学报,2015(1).
[21] 朱建颂.武汉方言概要[M].武汉:华中师范大学出版社,2009.
[22] 赵东华.武汉的性格[M].北京:中国经济出版社,2005.
[23] 顾亦兵.风雅武汉[M].北京:中国财政经济出版社,2005.

湖北方言文化资源与湖北文化传播发展研究

楚风汉韵

“互联网＋”文化产业发展的对策与模式创新

黄芙蓉

引　言

文化产业是绿色、朝阳产业。近年来，互联网技术的引入，以及“互联网＋”文化产业新型业态的迅猛发展，极大地改变了文化产业的内在结构与人们的文化消费习惯，激发了全民关注、生产与参与的热情，也促进了我国文化产业的颠覆与创新。随着各国文化输出与软实力的竞争加剧，文化发展被提升到国家战略高度。那么，“十二五”期间，我国文化产业的发展现状如何？在利用各种优势加快发展文化产业的同时，当前有哪些突出问题亟待解决？这就需要我们认真梳理与反思，从源头予以厘清。在“互联网＋”各行各业如火如荼地全面铺开的今天，我们需要跳出简单修补或大肆扩建的“怪圈”，从战略思维到实操流程，创建出一套“互联网＋”文化产业完整的生态产业链运作模式。

一、“互联网＋”文化产业

（一）“互联网＋”的内涵实质

在 2015 年“两会”上，李克强总理郑重提出“互联网＋”行动计划。2015 年 7 月 6 日，国务院印发《关于积极推进“互联网＋”行动的指导意见》，提出了创业创新、协同制造等 11 项重点行动，明确指出了未来三年以及十年的发展目标。于是“互联网＋”产业创新发展成为各行业的时代选择，也成为人们文化消费的时尚转向。

目前，国内有关“互联网＋”的官方定义，主要来自中华人民共和国国家发展和改革委员会(简称"国家发改委")的报告阐释。在《关于2014年国民经济和社会发展计划执行情况与2015年国民经济和社会发展计划草案的报告》中,国家发改委指出,"互联网+"代表一种新的经济形态,即充分发挥互联网在生产要素配置中的优化和集成作用,将互联网的创新成果深度融合于经济社会各领域之中,提高实体经济的创新力和生产力,形成更广泛的以互联网为基础设施和实现工具的经济发展新形态。这个概念从经济、生产要素等理解出发,对"互联网+"做了更详尽的阐释。近年来,对于"互联网+"的理解,可谓仁者见仁,智者见智。本文以为,"互联网+"的实质就是各行各业结合已有的生产样态,引入信息通信技术与互联网平台,优化产品结构,拓宽市场渠道,创新商业模式,形成以"互联网+"为引擎的新型生产业态。

(二) 政策推动下的文化产业

文化产业不同于一般的工业产业,它属于生产、复制大众文化与主流文化的内容产业,主要负责为大众提供个性化、多样化、差异化需求的文化产品,其职责与使命在于传播传承民族文化,引导主流舆论价值。

1. 文化产业分类及特点

国家统计局和中宣部全称为"中共中央宣传部"编辑出版《中国文化及相关产业统计概览—2015》(下文简称为《概览》),从文化及相关产业的发展规模、结构、投资、进出口、财政支出、居民消费以及主要文化行业的发展等方面,较全面地反映了我国文化及相关产业发展近况。《概览》体现出文化产业的三个特点:一是文化产业是我国国民经济不可分割的重要组成部分;二是文化产业的定位与价值必须融入整体经济发展的大背景中;三是文化产业要走向精细化管理,必须借助数据加强定量分析,为提升文化治理能力精准发力提供准确依据。

虽然我国整体经济增速趋缓,但是第三产业的比重一直处于持续增长中,从2012年的44.6%增长到2013年的46.9%,再增长到2014年的48.2%。我们可以看出,作为第三产业的文化产业,在拉动就业、促进转型上发挥着重大作用。在文化产业十大类别中,法人单位数、从业人员数资产总计和主营业务税金的数据显现,排在前三位的均是"文化创意和设计服务",主营业务税金及附加达89.6亿元,这些数据足以表明,高科技行业的赢利能力强,且具有知识密集性、高成长性和低污染、低能耗等特征,有利于促进经济结构调整与传统生产方式转变。

2. 2014—2015:政策推动下的"文化产业"

2014 年我国文化及相关产业法人单位基本情况如表 1 所示。

表 1　文化及相关产业法人单位基本情况(2014)

类别	法人单位数	年末从业人员	资产总计	主营业务收入	主营业务税金及附加
合计	45718	7548815	68697.9	71269.6	502.7
一、新闻出版发行服务	3021	313204	5712.3	3288.8	16.0
二、广播电视电影服务	1501	111474	2726.7	986.8	13.5
三、文化艺术服务	827	66455	791.8	217.6	10.7
四、文化信息传输服务	1394	296791	6501.3	2612.3	40.8
五、文化创意和设计服务	8917	911010	10147.4	8197.2	89.6
六、文化休闲娱乐服务	2961	334331	5961.8	798.1	35.1
七、工艺美术品的生产	7367	1274572	7534.0	14572.6	74.9
八、文化产品生产的辅助生产	6641	979199	7285.9	7703.5	59.9
九、文化用品的生产	11584	2816358	18858.3	27178.8	145.2
十、文化专用设备的生产	1504	445352	3176.7	5713.9	17.1

数据来源:《中国文化及相关产业统计概览—2015》。

2014 年 2 月 28 日,中央会议审议通过《深化文化体制改革实施方案》,为文化体制改革的具体实施提供政策依据;2014 年 8 月 18 日,习近平总书记主持召开中央全面深化改革领导小组第四次会议,审议通过了《关于推动传统媒体和新兴媒体融合发展的指导意见》;2014 年 12 月 2 日,财政部发布《关于继续实施文化体制改革中经营性文化事业单位转制为企业若干税收政策的通知》,为继续推进国有经营性文化事业单位转企改制提供了政策支持。继 2014 年政府工作报告后,李克强总理在 2015 年政府工作报告中再次"倡导全民阅读",建设书香社会,强调要让人民群众享有更多文化发展成果。除此以外,报告还就推进公共文化服务、扩大公共文化设施范围、发挥基层文化服务作用、加强国际传播能力建设等做出了明确部署。

在财政部公布的《2014 拟支持重大项目和一般项目汇总表》中,受资助的重大项目有 495 项,一般项目有 305 项,涉及文化金融扶持、文化创意与设计服务、电影产业、特色文化产业、新闻出版数字化转型升级等方面。近年来,国家对文化产业的战略调整与扶持力度可见一斑。

3. "互联网+"文化产业:催生两大新变化

我国文化产业发展大致经历了三个阶段:第一阶段为 20 世纪 90 年代,主要以文化演出、旅游为主,这在文化产业发展初期发挥了重要作用;第二阶段为 21 世纪以来的前十年,是在文化体制改革下,以出版社、电视台为代表的事业单位转企改制的市场化发展阶段;第三阶段为 2010 年至今,即互联网高科技的广泛运用带来了产业的转型升级,这一阶段涌现的各种新态势对过去的传统文化产业起到了巨大的变革与推动作用,基于互联网平台的产业发展格局,极大地改变了文化产业的内在结构与人们的文化消费习惯。

(1) 高度融合的"平台经济"打通文化产业链。

网络技术的发展,增强了人们对互联网的依赖性,也促进了互联网公司的改革转型。以腾讯公司的"泛娱乐"战略为例,他们紧跟市场需求,以网络平台为基础,将产业链的上下游打通,集合演艺明星、内容制作、发行销售、衍生产品等各环节,进行音乐、电影、动漫等多领域和跨平台的商业拓展,借助互联网形成了强大的平台经济。传统电视和互联网也主动联手合作,如浙江卫视与腾讯公司利用 2014 年第三季《中国好声音》节目进行战略合作,采取电视直播和网络视频在线互动同时进行、创新平行播出方式,开启了"网台互动"模式,反响不俗。

(2) 基于 O2O 模式的大众消费意愿极大增强。

近年来,移动互联网广泛应用于人们的文化娱乐生活中,不仅满足了人们获取信息、感知文化艺术等个性化需求,也逐步让人们养成从线下购物到线上消费的习惯,网络的方便快捷极大地增强了人们的文化消费意愿。如网上购票观影及购买学习用书,通过途牛网预订旅游观光门票等,如今网络几乎已成为人们居家或外出消费的重要文化途径。

二、产业进程中的优势与问题

2006 年以来,我国文化产业增加值呈持续上升趋势。《中国文化产业发展前景预测与产业链投资机会分析报告》显示,与 2006—2010 年相比,2011 年我国文化产业增加值为 15516 亿元,2012 年为 18071 亿元,同比增长 16.47%,2013 年我国文化产业增加值达到 21000 亿元,同比增长 16.21%。2016—2013 年中国文化产业市场规模及增长率如图 1 所示。

"十二五"期间是我国文化产业快速发展的五年,《中国文化及相关产业

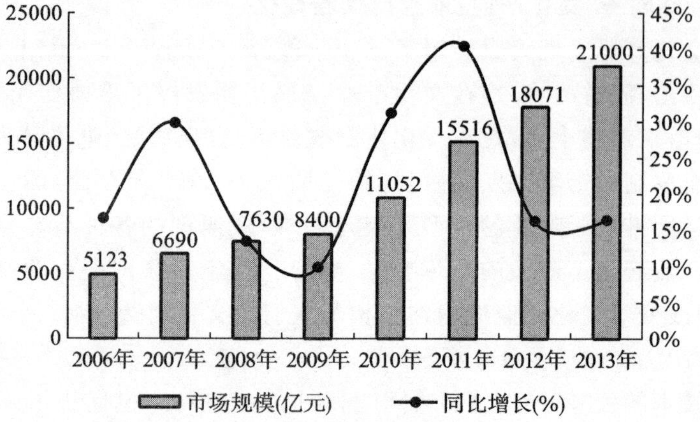

图 1　2006-2013 年中国文化产业市场规模及增长率(单位:亿元,%)

资料来源:前瞻产业研究院。

统计概览—2015》显示,2014 年文化产业增加值为 24017 亿元,占 GDP 的比重为 3.77%,在我国经济下行压力增大的新常态下,文化产业增速 12.5%,高于 GDP 的 7.4%的增长速度。这表明文化产业作为一股新兴力量,正在为我国经济转型发展提供新动力。通过梳理"十二五"期间文化产业的可喜进展,本文认为有四大优势一直在持续发力。不过我国文化产业仍存在五大突显问题、四大矛盾冲突。

(一) 四大优势

1. 国家政策的持续推动

拉动文化消费、推动国民经济持续健康发展,这是我国现在及今后政策在较长时期的必然选择。

2. 城市化进程的消费拉动

城市化为我国文化创意产业提供了源源不断的消费人群,这是文化产业的扩张基础。

3. 社会消费结构的文化转型

居民消费重心开始转向教育、娱乐、旅游等领域,这为文化创意产业提供了广阔市场空间。

4. 外来文化唤醒原创的自觉

一是国外文化产品对本土文化产品与市场的侵蚀与渗透,二是大众呼唤本土原创产品,需求旺盛,他们厌恶简单复制与克隆,新的消费思潮促进本土文化产业尝试消化、吸收、再创新，形成本土的创意格局和文化品位。

（二）五大突显问题

纵观全国各地文化园区与部分项目建设，“十二五”期间，虽然我国文化产业取得长足进步，但总体来看，少数地区也存在明显瑕疵，亟待整改、完善。我国文化产业存在的问题主要集中于五个方面。

1. 简单套用工业产业的运作模式

将文化产业简单等同于工业产业，简单套用发展工业的产业化框架模式，生产环节、观念、标准完全套用工业化的做法，新瓶装旧酒，以经济价值为先导，以国民经济 GDP 占比为衡量标准。

2. 跑马圈地、争上项目、好大喜功

如各地涌现的文化产业园区“圈地”乱象，导致全国文化产业园区乱象丛生，一时间全国各地项目遍地，却没有达到预期的效果，导致大量重复建设与投资浪费。

3. 过分迎合市场，内容空心化与粗鄙不堪

不问品味、品质、内涵，一切听任市场呼唤，市场需要什么，就生产什么，过分追逐文化的经济价值，致使文化被商业“绑架”，导致大量粗制滥造的复制品的出现，惊艳的标题党、刺激的血腥场面、夸张和离奇的案宗等，低俗、媚俗、庸俗等“三俗”作品泛滥，部分文化产品甚至丧失了其基本文化传承与价值导向功能，为社会所诟病。

4. 传统原生态文化挖掘、转化不足

我国文化产业缺少对我国优秀原生态传统文化资源的挖掘、提炼与符号转化，致使优秀的传统文化不能得到较好的呈现。如《花木兰》和《功夫熊猫》本是中国文化资源和文化符号，却并不是由中国影像出品，而是美国迪士尼公司的产品，这两部作品虽赢得广泛的称誉，却并未能较好地传达中国传统文化的内蕴价值。

5. 互联网平台融合、展示功能未能突显

由于资金设备的投入不足与技术人才的缺乏，一些园区已陆续搭建起新媒体平台，但其功能远未能得到整合利用与呈现，强大的平台融合、生产要素集合、实体经济创新能力的提升等需要产业链的整体思路与强劲的推进措施，具有文化特色的经济新形态尚未充分显现。

(三)四大矛盾冲突

文化产业发展中存在简单套用工业产业的运作模式,跑马圈地、争上项目、好大喜功,过分迎合市场,内容空心化与粗鄙不堪,传统原生态文化挖掘、转化不足,互联网平台融合、展示功能未能突显等问题,如果放任自流,往往容易相互交织、叠加互动,引发文化与社会、商业与价值、中西文化等多种矛盾冲突。

1. 技术商业逻辑与文化价值责任缺失的矛盾

产品化的逻辑思维,过分倚重和利用互联网商业技术特性,对其开放、共享、合作、共赢的本质特征认识不足。

2. 过度产业化经济指标与文化内在属性疏离的矛盾

工业化时代的衡量评估标准,偏重产业经济,将文化产业的属性等同于工业经济属性,忽略了文化意识形态特性。

3. 西方文化扩张与中式文化自觉自信不足的矛盾

民族自信与精神信仰来源于对传统文化的高度认同,我国文化产业发展对本土文化缺乏认同,人才培养体系不健全,脱离市场需求。

4. 专业人才、资金瓶颈与市场需求精准旺盛之间的矛盾

传统单向思维,不注重大数据技术、云计算、物联网等新兴技术应用,对市场、用户精准分析不够,多维思考严重不足。

三、"互联网+"文化产业的发展对策与模式创新

在厘清文化产业发展脉络的同时,我们应增强时代紧迫感,积极思考改进的对策。

(一)发展对策

1. 在战略高度上,要增强对文化生态与产业逻辑的认识

互联网颠覆了经济,也颠覆了文化产业,形成了新的"文化产业生态链",文化产业要在新的生态链中找准自己位置,不能将文化产业简单地等同于工业企业,陷入认识的误区,偏离文化生态的本质逻辑。同时,不论是主流文化还是亚文化,均有其自身发展规律,要尊重文化表现的多样性和大众消费的多元性。一般制造业的运行轨迹在于市场分割和集团化,而文化产业的核心

是文化，没有文化就谈不上文化产业。因此，文化产业需要集群式发展，要探寻其产业链和可赢利的商业模式，走专业化、规模化、集约化的道路。

2. 在产业结构上，要提升内容比重与文化表达方式

联合国教科文组织通过的《保护世界文化和自然遗产公约》认为，任何一个国家和民族的文化都应该在市场上占有一定的份额。如何建立原创特色产品的激励机制？如何把握本土原创与克隆模仿的关系？要保护好民族传统优秀文化，首先要把抽象的民族文化符号转化成能够进入市场的文化产品或服务，其次要为原创文化产品申请知识版权保护，只有这样才能受到《保护世界文化和自然遗产公约》的保护。文化产业毕竟不同于一般工商企业，它有其内容产业的特殊性与自身发展规律，注重创新与价值引导是其创作准则。因此，在文化产业结构上，不仅要体现数量、总量的变化，更要注重其产品质量与结构比例，提升内容产业附加值，占据产业高端。只有这样才能发展壮大市场主流文化，对抗外来文化的侵蚀，赢得最大范围的文化认同。

3. 在人才与技术上，要建立开放、共享的人才培养机制

人才与创意是文化产业发展的决定性因素，一般制造业属于劳动力密集型或资本密集型产业，而文化产业属于创意密集型产业。在"互联网＋"时代，亟须大量懂得新媒体技术的高端复合人才，只有集内容、创意、设计、技术等多种才能于一身，才能打破传统思维，运用大数据、云计算、物联网等技术，创建融合共享平台，精准细分行业市场，激发文化活力，建立良好秩序，形成开放、多元的互动竞争格局，有效提升文化产业的整体竞争实力。

4. 在责任效能上，要建立"双效统一"的考评机制

文化产品与相关服务承载的是思想、审美等价值层面的意识形态，它们既影响人们日常的道德判断和行为规范，又关系到国家文化传承传播与意识形态安全。因此，衡量文化产业发展的最核心要素必定是社会价值与经济效益的"双效统一"，既要推动文化产业建立现代市场体系，又要不失产业发展的文化担当与社会责任。

（二）模式创新

基于当前我国文化产业的发展现状，面对"互联网＋"与大数据时代，应更好地利用城市化与文化消费转型的契机，调整对文化产业及结构与工业产业的模糊认知，依托我国丰富、独特的传统文化资源，优化产品结构，提升文化产业内容比重，完善多元表达形式，突破现有人才、技术瓶颈，凭借互联网平台与大数据技术，创新商业模式，重构文化生态，赢得"双效统一"的良好发展局面，实现我国文化产业的跨越式发展。模式创新应该在以下三个方面下功夫。

1. 搭建项目平台，整合文化生态

互联网思维强调互动、平台与聚合效应。在"互联网＋"时代背景下，各行业利用高科技的力量，正在向大联盟、大融合、大平台方向发展。以互联网思维发展文化产业，就是要利用互联网平台，在文化与消费者之间搭建一种互动、体验、共享的平台机制，让消费者参与其中，亲手制作、设计文化产品，将文化体验当成一种消费乐趣，变消费过程为享受体验。文化产业项目规模与质量是文化产业的载体与发展关键。为将我国丰厚的文化资源优势转化为项目优势，文化部搭建的"中国文化产业项目服务平台"（www. ccipp. org）于 2013 年 11 月正式上线，这是全国首个提供国家级公共文化服务平台，平台可搭载项目申报、项目管理、项目分析、项目展示、项目投融资服务等系统，并致力于整合政府、文化企业和金融机构三方资源，汇集海量优质的文化产业项目，集智能检索、数据分析、多维展示、舆情监测于一体，配套提供文化企业信用评级、文化产业项目评价、版权资产评估等专项金融服务，可有效满足文化产业各类主体的使用需求。

2. 打造产品思维，驱动内容创新

大数据技术是以互联网、云计算、物联网等为基础的高新技术，可提供信息存储、运算分析与精准预测，提炼、挖掘隐藏数据背后的价值。在文化艺术和创意设计中广受欢迎、可获取高额回报的优质内容，对于文化产业至关重要。通过大数据分析和程序化平台，能够及时准确地掌握当下人们的兴趣偏好、消费路径，可有效地捕捉和存储大量高速、变化多端的终端数据，并结合这些个性、时尚的流行元素，进行内容创作、生产与筛选，将效果炫酷、富有视觉新意的作品准确传达给大众。此外，文化产业还应树立产品化思维，引入资本、金融等生产要素，力争将文化产业项目、资源设计成金融产品，使其价值转化为资本优势。目前，发展"粉丝经济"已成为文化产业的利润焦点，利用其口碑营销实现更广泛、更主动的营销，如《大圣归来》的口碑营销效果有目共睹。

3. 建立评价系统，创新市场体系

互联网企业的创业模式为大众创业、万众创新的实现提供多种借鉴，文化产业应围绕互联网来创业，实现产业转型升级，构建更加完善合理的市场体系，增强其发展活力和创造力。同时，文化产业应结合经济学、金融学等相关理论知识，结合项目风险等级，对项目做出全面、专业的可行性分析。一是以企业信息和项目信息为基础，重视项目经济分析，如测算项目收益率、盈亏平衡点等核心指标，从盈利能力和偿债能力两个维度衡量经济效益；二是根据文化产业的特征测算社会效益，其综合考察指标主要在于文化产业项目在拉动当地就业和关联产业、塑造区域文化品牌等方面的作用。

四、结　　语

在国家系列政策利好的推动下，我国文化产业正迎来黄金发展期。由于搭上“互联网＋”与大数据的高新技术快车，大量新兴文化产业形态蓬勃发展，不仅快速改变着传统文化的经济生产方式，带动相关行业的转型升级，也促使人们文化消费习惯的大量转移，极大满足了现代消费多样性、个性化文化需求，激发了全民的文化创造活力，使文化产业日益成为我国战略支柱产业。

目前，文化成为各国竞争的重要领域，文化产业也成为衡量综合国力的重要指标，电影、数字出版、网络游戏等文化产品正源源不断地创造、演绎、熔铸文化与经典的生动符号，在全球化舞台上传播、建构着现代中国形象。2015 年 3 月 28 日，在习近平总书记 2013 年提出的建设“新丝绸之路”战略构想基础上，国家发改委、外交部、商务部联合发布《推动共建丝绸之路经济带和 21 世纪海上丝绸之路的愿景与行动》，明确提出加强与沿线各国文化交流、积极开展文化产业合作、塑造友好文化生态等，这一承载五千年中华文明的“一带一路”战略行动计划，无疑是中华文化走向世界的绝好机遇与展示平台，它必将有助于深化中西交流、消除摩擦，实现我国“文化强国”梦想，并成为引领“十三五”我国文化产业发展的重要契机。

参考文献

[1] 王青亦. 丝绸之路文化产业带的文化发展策略研究[J]. 湖湘论坛报，2015(5).

（原文载于《统计与决策》，2015 年第 24 期）

城镇化进程中农民工方言传播与身份认同研究

方　艳

引　言

研究传播学是为了让人更幸福地生存。农民工的生存问题一直是一个备受关注的话题。农民工是我国特殊的二元社会结构的产物,很多现实问题表明,当下进城农民工的身份认同和身份转换滞后于职业和地域的转换,处于尴尬的生存境况中。本文拟从方言传播的视角去探讨农民工的身份认同的关系及内在的逻辑,以对方言传播在城镇化进程中农民工融入社会的作用进行思考和剖析。

作为一个社会人,必须解决身份认同问题,即"我是谁"的问题。在以往的研究中,将语言与农民工的身份认同结合起来的情况极为少见。语言是人际交流的基本工具,也是人际交流的主要行为。语言是促进新移民个体融入群体并与群体实现有效互动的核心元素。语言是说话者建构、维持以及区分自己的社会属性界限和自己身份的途径。① 对于大多数人而言,身份认同仍是影响他们语言使用的重要因素之一。语言具有交流、共享、互动的特征,所以本文将使用方言的行为称为方言传播,这样更能体现语言使用的非工具性一面。人的多重身份构成一个动态的、不断变化的网络,人不断地通过语言行为编织、修改这个网络,可以说,人的任何语言行为都是表明身份的行为。

实际上,由于语言能力、语言情感等多方面因素影响,"语言一定程度上成为新移民适应并融入城市生活的障碍"②。其中,方言传播是农民工社会融入和人际关系网络及社会空间的拓展的一个影响因素。从方言传播的角度,本文将农民工进入城市的方言传播分为家乡方言传播、类普通话传播和城市

---

① 黎红.语言同化与城市新移民的社会融入[J].中共福建省委党校学报,2014(2):88-92.

② 秦广强,陈志光.语言与流动人口的城市融入[J].山东师范大学学报(人文社会科学版),2012,57(6):2-8.

方言传播,并从这三个方面考察农民工的身份认同状况。

一、家乡方言传播与身份认同

农民工进行家乡方言传播,一是为了最大方面、最低成本、最有安全感和归属感地在城市移植或复制原有的圈子,让自己的身份得到延续,这体现了他们对家乡的归属感,也是对自我农民身份的一种认同;二是因为家乡方言的强势,比如名人出生地、文化繁荣区、旅游特色区等,这样的农民工的家乡方言传播所传达的身份认同是自豪,是对原有农民身份的一种认同和提升。

许多研究表明,乡土社会网络在农民工的流动特别是首次流动过程中发挥了重大作用。他们的信息来源、寻找工作的方式等,都更多地依赖亲缘、地缘、社会关系网络,这样可以节约成本而达到自己的目的。(李培林,1996;应千飘,2003)。因此,很多农民工把初级社会关系网络移植到城市中,在社会交往中依赖和选择同质群体以及初级社会关系,即选择强关系,并以此为基础,以"我"为中心,来构造他们交往与互动的差序格局,由此产生了农民工群体中的"结群"和"自组织"现象。(王泽欢,1996;张启祥,2002)。表现在语言上,即家乡方言传播或者母方言的使用。

身份认同是指一个人处于族群交往的场景中,如何给予自己定位。[①] 它是一种身份融合。也就是说,身份的认同需要寻找一种价值参照体系,进而建构成在一定程度上具有某种共通性的世界观和价值观。人,不能仅仅是自视为人,还应由共同体即社群来确认和回答。农民工进入城市以后,主要面对的是一个不熟悉的、充满"陌生人"的世界。他们原有的社会联系、社会圈子没有了,原有的规范和观念也不适应于进城后的圈子。家乡方言的传播,是进城农民工寻找与自己语言相同或相近的人群的一个过程。在以老乡等"强关系"建立起来的社群中使用家乡的语言,农民工能让自己的原有身份得到认同,这是对已有的农民身份的延续、移植和强化。

一些城市出现"浙江村""河南村"等现象,这是城镇化进程中一种特殊的产物。在这样的社群中,方言传播带来的语言身份认同将自己与外界进行了一定程度的隔离,特别是文化的隔离。究其原因,语言障碍是重要因素之一。

---

① 顾朝林,刘佳燕,等.城市社会学[M].2版.北京:清华大学出版社:241.

奇斯威克等人认为，部分对迁入地语言不熟练的移民往往会尽量避开当地语言，因而他们在选择居住地时会自觉或不自觉地优先考虑使用他们母语的聚集地。从经济学角度看，反移民化在一定程度上降低了移民融入迁入地的语言再社会化资本，但也阻碍了移民的融入速度和质量，导致移民人际关系网络同质化、单一化，社会空间狭窄化，不利于移民与当地社会的融合。①

这样就会造成社会学上的社群隔离现象，这是因社会群体之间存在的社会距离而导致不同社会群体之间隔阂和疏离的现象，严重阻碍着农民工群体融入城市的进程②。面对这种危机，农民工有两种适应策略：第一种策略是在城市重建原有的生活环境和文化；第二种策略是改变自我，融入城市。③ 家乡方言的传播，正是在城市重建原有生活圈子的语言情境下的产物。调查显示，在新的城市社会中，家乡方言和其他语言在使用功能上出现分化，使用的场合出现分离，在和“家人”“同乡”交谈时，以说家乡方言为主，在和“同事”“顾客”以及在“公共场所”与人交谈时，以说普通话为主，有时因为普通话的不熟悉，会出现几种语言混杂的现象。

除此之外，农民工的家乡方言传播，不是简单地将家乡方言作为一种交际工具，而是作为一种符号，一种承载母语地方文化和优势特征的符号。在与其他人交往中，他们会传播自己的家乡方言，并且以家乡的民歌、名人等其他载体为依托，进而彰显自己的一种身份。如果家乡方言在一定的语言情境下具有强势，比如名人出生地、文化繁荣区、旅游特色区等，农民工的家乡方言传播所传达的就是一种对自己家乡方言的认同，同时也是一种带有自豪感的身份认同，是对原有农民身份的一种认同和提升。

二、类普通话传播与身份认同

类普通话是指带有母方言或者地方方言的语言，它是不标准的普通话，更是一种带有显著性特征的乡音的语言。类普通话作为方言的一种延伸物，也是对方言的一种突破。考察此种语言或者此种语言使用现象，能更好地分析在城镇化进程中，进城农民工在自己的身份面前的语言选择努力程度和身

① 黎红.语言同化与城市新移民的社会融入[J].中共福建省委党校学报，2014(2)：88-92.

② 卢倩云.社群隔离与农民工群体的城市融入[J].桂海论丛，2009，25(6)：72-75.

③ 江立华.城市性与农民工的城市适应[J].社会科学研究，2003(5)：92-96.

份挣扎，进而更好地理解语言传播与身份认同的关系。

当前，农民工的权利依然无法得到很好的保障，社会保障以及制度上难以获得迁居地的市民权，他们不被迁入地城市完全认同，身份陷入一种尴尬的境地，具体表现为现实生活中的户口身份不时提醒他们仍停留在制度限定的农民身份或外地身份上。基于此，对于城市新移民而言，积极学习、使用普通话甚或流入地方言的行为表现，不仅是一种生存策略，更是一种最易获得的城市身份认同的手段。

普通话作为国家共同语言，是整个民族文化的最重要载体，是一种强势语言。对于大多数新移民而言，身份认同仍是影响他们语言使用的重要因素之一。由于来源属地经济程度不同，他们认为使用普通话可以掩盖乡音，避免母方言中隐性信息泄露，而“普通话容易使交流双方地位趋于平等，双方身份会更快地被对方认同”①。大多数城市新移民特别是农民工受其经济地位、文化观念等方面影响，其交际对象主要限于内群体，与迁入地城市居民难以进行全面的社会互动，为改变这种现状，不少新移民努力搭建语言平台，并通过语言同化进行自我包装，尝试克服社会流动中遇到的文化隔阂，这是新移民实现与迁入地城市文化融合的重要渠道之一。②

Giles&Johnson 提出种族语言认同理论，认为个体为获取积极的社会认同会采用各种策略，语言在社会生活中作为群体成员身份和社会认同的一个显著的标志，有可能促使个体做出改变原属地语言而去适应迁入地语言的选择。③ 对于社会地位而言，城市新移民利用语言资本的逐步积累，实现个人认同进而扩展到群体认同，原有的社会背景对他们在流入地的言语活动起到制约作用，因此，学习、使用普通话不仅是新移民在迁入地进行有效交流和沟通的重要媒介，也是他们适应身份变化、扮演新角色的表现（埃米尔·涂尔干，2009）。

尽管农民工潜意识地向着具有隐性威望的语言形式靠拢，比如普通话，但是因为语言能力的限制，在语言使用上，他们讲普通话的时候带有浓重的乡音。这就是说，农民工所讲语言并非比较标准的普通话，而是“类普通话”。因此，尽管很多农民工对普通话极大地认同，但在语言选择上并非会优先考

① 葛俊丽.城市化进程中城市新移民语言状况调查与分析[J].浙江工业大学学报（社会科学版），2011(4)：405-411.

② 黎红.语言同化与城市新移民的社会融入[J].中共福建省委党校学报，2014(2)：88-92.

③ Giles H. Johnson P. The Role of Language in Ethnic Group Formation [A]. Intergroup Behavior[C]. Oxford：Basil Blackwell，1981.

虑。有时候，农民工甚至因是其他城市新移民，普通话中带有浓重乡音而受到讥笑甚至歧视。

三、城市方言传播与身份认同

与学习和使用普通话一样，农民工学习和使用当地方言的一个很重要的原因是人际沟通和工作的需要。一方面，在非母语方言区，农民工面临语言障碍相当严重，许多人遇到过因语言不通而影响工作的情况，其学习本地方言的积极性和主动性较强。共同语言是身份认同的重要因素。城市方言传播能增强农民工对城市的归属感，对所在城市产生认同感和依赖感。

另一方面，城市方言向新移民的渗透，或者新移民主动地去学习或者使用迁入地方言或城市方言，也是身份认同的一种策略。首先，城市方言的传播所具有的身份象征意义在于，外来的农民工已经具有了迁入地的语言身份，不再是“外人”，这在一定程度上弱化了原有农民身份的固有认识，虽然身在异地，却有了融入社会的感觉。其次，城市方言的传播，对于外来的农民工来说，带有一种自豪感，特别是在经济发达的城市，比如上海、广州，如果他们会说上海话、粤语，能让其产生一种“在那里生活过”“很了解那个城市”，甚或“自己俨然成为那个城市的人”的感觉。

城市方言的传播所达到的语言同化效果，是克服语言障碍的一种方式。语言同化是指一个语言地区的外来人口为适应迁入地的人际交往和社会生活，缩小与迁入地社会主流群体的语言距离，自觉或不自觉地改变其属地方言（母方言），语言使用趋向当地方言或国家共同语的现象。[①]

语言同化的前提是语言认同。语言认同是一个动态的过程。把语言认同看成是受各种各样因素制约的人为选择，[②]很显然，这样的人为选择一般包括主动选择和被动选择两个方面。而且，语言的认同必须在一定的语言环境中才能完成。语言认同是一种文化心理的趋同现象，它与文化心理的认同程度为正向关系——语言身份的相似度越高，文化心理的认同度也就愈高，这样一来，身份认同的某一维度得到加强。此时，语言不再是简单的交际工具，

---

① 黎红.语言同化与城市新移民的社会融入[J].中共福建省委党校学报，2014(2):88-92.

② 库尔马斯(Florian Columas,2005)认为语言身份的认同并不是自然给予的，而是一种人为选择的结果，这种选择受到了各种各样的个人或集体行为因素的制约。

它变成了文化的象征，具有了文化身份，使用一种语言，就是选择一种文化，就是选择了或者倾向于某种身份，也就是对某种身份的认同。这种共同的语言身份特征，将相同文化背景的族群连接在一起，使他们即使处在异地他乡也能得到社会的归属感和心理的慰藉。① 因此，城市方言传播显示一个城市的魅力所在，从进入城市的农民工的角度看，城市方言传播是农民工的一种身份向往和身份认同。

城市新移民进入迁入地后，语言发生了变异和同化现象，二者不是割裂或呈阶段性变化，而是呈交叉螺旋状。当移民语言在一个新的社会区域重新落户时，不可避免地与当地语言相互作用，使移民语言实现了再社会化。移民不可能始终保持同一种语言形式，在经过本土化过程的改变后，移民语言的变异不可避免。在生活和工作中，移民也开始使用普通话，甚至学习使用当地方言。这表明，移民群体进入新的社会区域后，其语言受流入地语言环境影响有异于母方言，呈现向迁入地方言和普通话同化的趋势。②

四、方言传播与身份认同反思

在城镇化的进程中，城市语言生态发生变化，在外来人口比例偏高的城市，比如深圳，本地居民对外来人口母方言的排斥心理逐渐降低，本地居民使用普通话的比例逐渐升高，在以普通话为共同语的基础上逐步形成多方言并存的语言社会。在丰富多彩的语言社会中，农民工的身份认同也是异彩纷呈的。家乡方言的传播，建立起以“强关系”即初级关系为基础的言语社区；类普通话传播，是对自我农民身份的超越，是适应新的城市社会的需求，在此期间，农民工的身份认同存在矛盾和尴尬；城市方言传播，城市方言扩散到移民群体，农民工以此获得身份的认同，参照别人，认同自己，成为融入城市的一种标志。

在城镇化进程中，在语言同化发挥功能作用的同时，出现家乡方言、类普通话甚至是普通话、城市方言并存的局面，农民工双语或多语使用者比例非常高，根据交际对象、交际场所和交际目的的不同而选择或者转换语码。同

① 黄亚平，刘晓宁.语言的认同性与文化心理[J].中国海洋大学学报(社会科学版)，2008(6)：78-81.

② 黎红.语言同化与城市新移民的社会融入[J].中共福建省委党校学报，2014(2)：88-92.

时，在非正式的场合里，掺杂式语言的使用也相当普遍，即在同一场合、面对同一个语言对象，会使用两种语码或多种语码。但值得注意的是，家乡方言或者母方言在城镇化的过程中呈现异质化、弱化甚至消亡的趋势。而方言是地域文化的载体，因此，如何保护好方言值得关注。目前农民工群体虽然生活在城市里，但仍处于城市里的村民状态，和城里人截然分开，他们在与城里人交往时存在自卑心理，他们不愿意开口说话，怕自己的方音和蹩脚的普通话受到城里人的歧视，虽然很多新生代农民工向往城市的生活，但是他们碰到了包括语言在内的很多障碍，这种状况不利于农民工的自身发展和我国城镇化进程。

（原文载于《新闻大学》，2015 年第 2 期）

社会建构论视域下的方言传播

方　艳

引　言

“(社会)建构论是这样一个概念,它是我们制造的,而不是被我们发现的。”[①]它从人(及其群体)的主观能动性入手,重新阐释社会和人类行动。其主要奠基人皮特·伯格(Peter Berger)和托马斯·卢克曼(Thomas Luchmann)在1966年出版的《现实社会的建构》一书中,明确表达了这一思想:“人类建构着社会现实,在这种建构当中,主观过程可以变得客观化。……个体与制度之间的这种关系是‘辩证’(互动)的。”

方言传播是以方言为语言形式,不同的社会主体凭借口语、民歌、文学、影视剧、学术著作等多种载体进行的一种社会建构活动,它是一种主观性的建构活动。它建构着某种心态、形象、文化、风俗、知识、关系、区域地位等。在语言研究领域,早有社会建构语言理论,为社会建构论“介入”方言研究找到了理论依据和理论土壤。社会建构语言理论强调语言是一种社会行为,语言和社会相互反映、相互构建,在这个理论指导下的研究方法使社会语言研究从描述走向阐释,从而扩大社会语言学的研究范围。[②] 社会建构论对于行动者和社会的辩证互动的理解,特别是对于行动者的意义的关注,为方言研究和方言传播的研究提供了思路:方言传播是一个由行动者和社会结构相互建构的动态过程。

本文将以社会建构论为视角,对方言传播的社会建构功能以及功能实现的主体和载体进行分析,以期回答方言传播的社会建构的可能性、意义以及

① Peter L. Berger, Thomas Luckmann. The Social Construction of Reality: A Treatise in the Sociology of Knowledge[M]. London: Penguin Books, 1966: 204.

② 谢忠明,陈莉萍.社会建构语言理论对语言研究的影响[J].江苏外语教学研究,2009(1):36-39.

如何实现社会建构功能。

一、方言传播的社会建构功能

方言传播的社会建构功能与方言传播的情境、意图、对象关系、话题差异等密切相关，这其中包含较复杂的关系结构，决定了其较为复杂的功能表征。本文主要从方言的社会建构情境出发，来考察方言传播的社会建构功能。

在方言传播中，主要有两种社会建构情境，一种是传统熟人社会，一种是现代信息社会。在传统熟人社会的情境中，方言传播主要完成社会结构的建构（如族群关系、老乡关系、个人自我认同、他者认同等）和社会过程的建构（如城镇化进程中的社会融合）。社会结构的建构和社会过程的建构是相对而言的。社会结构的建构偏向于社会关系的建构，社会过程的建构是指各种社会活动的动态性，偏重社会性。在现代信息社会的情境中，方言传播的社会建构功能表现为形象建构（特别是地方文化形象建构、方言特点建构、民俗文化建构等）和地位建构（某种方言在全国语言场中的场域争夺和地位建构等）。

1. 方言传播的社会结构建构功能

社会结构是指社会成员的一种组成方式和关系格局。在传统的熟人社会中，方言传播建构的是一种以血缘、亲缘、地缘为纽带的族群关系和老乡关系等关系。不同的语言将社会人群分割、建构成不同的语言社群。在这样的社群中，人们对自我的认知相对稳定，并能较为容易地得到他人的认同，人们也遵循着语言承载的风俗习惯。例如，关中方言至今还保留着相当丰富的历史词汇，如“乡党”一词。这得从古代的民户编制说起。“乡”和“党”，都是我国古代的民户编制。据我国第一部断代史《汉书》记载：“五家为邻，五邻为里，四里为族，五族为党，五党为州，五州为乡。”换句话说，五百户为党，一万二千五百户为乡。“乡”“党”二字连用，指乡里，即同乡的人。随着时代的推移，“乡”“党”这样的农村行政区域单位逐渐消失，但“乡党”这一称呼仍沿用下来。还有诸如“屋里的”“伙计”等方言，都是对社会关系格局的建构。

2. 方言传播的社会过程建构功能

这一功能建立在方言的变异基础上，在语言的接触中，方言自身的语言库不断丰富，对社会的认知也突破原来的限制而发生改变，它反映时代的变迁。语言是社会的行为，也是人类感知的经历。语言是社会交互作用的媒介，在社会建构中起着主要的作用。柏格和卢克曼(1972)认为语言的社会建构由三个过程组成：一是把思想编成语言代码的过程；二是人的知识体系借助于语言代码而客观化过程；三是社会的思想、观念、情感通过语言在人们的大脑中内化的过程。我们以城镇化进程中外来人口的方言传播为例，由传播家乡方言到学习普通话进而学习迁入地方言，这看似是一个言语生活过程、不断改变自己言语习惯的过程，但本质上是个人或这一群体融入新的城市社会的过程，是人们对陌生的城市社会不断认知和建构的过程。

3. 方言传播的文化形象建构功能

随着科学技术的发展，方言有了更多的承载客体，也就有了更多的生存策略。比如有关方言的影视作品、段子、民俗文学、小品等，反映和建构着一定时代和社会的特定文化，进而构建对应区域的文化形象。通过大众媒介，地域性的文化传播有了更广泛的受众。从文化资源角度看，地方方言文化产品促进地方文化资源的传播和转化。一是语言的地域性特点具有“地区可辨认性”，例如“铁锅”，粤方言区的人通称“镬”，闽方言区的人通称“鼎”。二是将当地风景等影像元素加入方言文化产品中，加深或者修正受众的印象，比如《红颜》中的川渝民居、《三峡好人》中的三峡自然景观、《疯狂的石头》里的“长江索道”城市景观，这些视觉元素建构了只属于川渝两地的特殊气质和形象。比如陕西方言，因其得天独厚、博大精深、历史悠久，陕西方言在古代叫“雅言”，秦汉时期的民族大融合促使陕西话影响到全国各地，在唐朝时期达到鼎盛时期，当时的皇帝、妃子、大臣、百姓、外国使节均说陕西话。从陕西方言中我们可以窥视到古老华夏文化的发展轨迹，又可以领略到今人溢于言表的真实情感。这可以看出每一种方言承载和建构着一种文化形象。

4. 方言传播的区域地位建构功能

有的方言默默无闻、鲜为人知，传播的范围极其有限；有的方言能广为流传，为众人所知，所模仿，成为广大范围内的流行语。虽然方言在地方形象建构中发挥着作用，但它本身在全国的语言场域中面临着挑战，自身地位岌岌可危。方言传播对区域的地位具有建构功能，只是有的区域地位建构得成功，有的区域地位没有达到很好的建构效果。方言传播在全国语言场的地位基本上取决于两点：一是该区域的政治经济地位，比如广州、上海，因为其经济的发达，方言的地位很高，方言因为地位高进而得以更广范围地传播，建构和稳固区域地位；二是名人效应，比如赵本山、范伟等明星群体，他们对方言的传播，使东北方言的地位提升，进一步建构了东北的区域地位。

二、方言传播的社会建构主体

方言传播具有社会建构功能，完成这种建构，需要不同的主体的参与。方言的传播即社会建构的过程，它是社会建构主体参与其中的一种活动。

在方言传播中，方言使用者、政府、传媒、专家学者（研究者）、社会公众（爱好者、传承者）、非政府组织等都是建构的主体。他们分别代表社会，以不同方式参与了“方言社会”现实的建构过程。

1. 方言使用者

方言使用者是方言的直接拥有者、认同者、传承者，他们在生活中使用方言的言语行为是方言传播的基础性行为，他们的使用频率、广度以及对方言的忠诚度，是方言传播的现实基础和重要推动力量。

2. 政府

政府机构及其官员在某种方言的传播、认可、合法化、制度化以及其他的语言政策方面发挥着核心作用。例如，对方言影视剧的政策支持和限制等，这是政府作为方言建构主体实施的行为。

3. 传媒

在当今社会，随着科学技术的发展，媒介技术发生了变革，媒介产品也越来越多样。从一定程度上来讲，大众传媒在方言传播中的出现，不仅是传播方言的助推器，更是方言生存的一种策略。大众传媒对方言的传播，扩大了方言的生存空间，使日渐式微的方言以及方言语境得以某种程度的还原。当然，大众传媒遵循“分众传播”的理念，针对具体的对象实现方言传播，满足一定的受众群体。其中，也有一部分走向全国乃至世界。

4. 专家学者（研究者）

专家学者凭借其专业分工、专业知识和较高的认识社会的能力、整合知识的能力，对方言的本体乃至各种方言现象进行历时和共时的研究，在语言学、心理学、社会学、传播学等领域对方言进行各个维度的研究。这体现了专家学者对方言的关注，是对方言传播的一种归纳和提升。他们的调查活动以及知识成果的发布、传播，专业术语的社会接受和应用，对有关政府政策活动的介入，使他们在很大程度上参与了方言的传播和建构。

这些是方言传播的基本的社会建构群体，此外，还有社会公众中的方言爱好者、一些非政府组织，但其建构力量微弱，所以这里不做讨论。

在方言传播中，各社会建构主体在社会中所处的位置不一样，所以其建构的行为、建构的功能也不一样。就像环境问题的社会建构中，科学话语或者叫作专家学者的话语更具有权威性，专家学者是主导主体；在农民工问题的建构中，农民工本身并没有多少话语权，其建构主体是政府机构。由此推断，以上所述方言传播的四个基本的社会建构群体，其影响力和作用是不一样的，要针对不同的方言现象和方言问题具体分析，不能一概而论。

三、方言传播的社会建构载体

方言传播的社会建构功能依附于一定形式的载体来实现。在方言传播中，除了人际传播中作为载体的方言，与方言相关的政策、影视剧、段子、民歌、新闻(方言类)、学术著作、文学作品、方言词典、方言成语等也是社会主体建构方言的载体。换句话说，它们是不同的社会主体建构方言、传播方言的平台。载体的数量、传播范围、传播效果都影响着方言的建构。

1. 方言使用者的建构载体

方言使用者的建构载体是有声语言与文字。一般是通过习得而成的惯性语言习惯，在以亲缘、血缘、地缘为关系纽带的强关系场域中传播和建构，有生动活泼的语言情境。但随着社会流动性的加剧，方言传播的过程中会出现变异，而且随着时间的推移，方言传播成一种“方言情节”，或者有些年轻人慢慢将方言淡化甚至忘却。

2. 政府的建构载体

政府在方言传播的社会建构中使用的载体主要是政策法规，也就是通过政策法规表明一定的态度和立场，具有权威性。笔者在“北大法意网”“中国法律法规库”(全球最大的综合性中文法律资源库)进行以“方言”为关键词的检索，仅仅搜集到 7 条相关法规，其中 5 条是关于江苏、浙江方言语音档案资料建设的通知，1 条是《关于征召溧水方言和地方普通话发音人的通知 》，1 条是《广电总局办公厅关于严格控制电视剧使用方言的通知》。从中我们可以看出，方言传播的社会建构在政府这一块还没有得到较好的话语权的保证。

3. 传媒的建构载体

传媒对方言传播的建构，打破了面对面交流的工具性交流，而将方言及方言文化策划、生产、建构成产品，这时的方言已经成了传媒的内容，打上了传媒的烙印，也是传媒对方言传播社会建构的载体。例如，四川方言电视剧

《挪个地方要得不》,陕西方言电影《秋菊打官司》《有话好好说》《高兴》《夜店》,山东方言新闻《拉呱》等,以及网络流传的段子、视频、民歌,从多个维度去建构方言传播。

4. 专家学者(研究者)的建构载体

这类建构主体采用的建构载体主要有以下几类:学术著作、作品创作、词典(或数据库或档案)、课题研究、研究报告以及与方言相关的政策建议等。例如,《现代汉语方言概论》(侯精一,2002)、《安陆方言语法研究》(盛银花,2010)、《四川方言词典:绝世奇书再现江湖》(王文虎等,2014)、《潮汕方言歇后语集释》(吴芳,2012)、《中国语言地图集(第 2 版):汉语方言卷 》(商务印书馆 2013 年度人文社科十大好书)。论文和著作相对来说比较多。另外还有一个重要的建构载体是基金项目,自 1991 年至 2014 年 6 月,有关方言的重大项目有《汉语方言学大型辞书编纂的理论研究与数字化建设》(13&ZD135)等 5 个,其他另有国家社科基金项目 218 个(数据来自"国家项目基金数据库",以"方言"为课题名称关键词进行统计)。我们可以看出,学界给予了较大的关注,但大多属于语言学范畴,跨学科关注不多。

从以上多样化载体以及各主体间载体使用的差异性和关注度的较大差异我们可以看出,方言传播建构的主体主要是专家学者,他们做了大量的研究,并在很大程度上得到了政府的支持。其次是方言使用者本身,因为语言习惯或者方言情节或者交往目的,他们建构方言。传媒受到政府和市场多方因素的限制,影响其对方言的建构。

四、结语与反思

社会建构语言理论给我们研究方言带来很大的启发。语言研究的不只是语言形式本身所指的意义,社会建构语言理论还研究语言的社会意义,它把语言作为交际产物和社会行为的一部分。该理论挖掘语言的社会相关性以及社会现实性。社会建构语言理论设法描述和解释在任何的言语行为和言语社团中,语言形式服务社会多种功能的关系,并力图从人类学的角度将两者之间的关系组合成一定的语言变体、语域和说话方式。[①] 语言是一种与

① 谢忠明,陈莉萍.社会建构语言理论对语言研究的影响[J].江苏外语教学研究,2009(1):36-39.

社会各个主体相关的社会行为，在文化、社会、政治、经济诸方面产生着影响与作用。方言亦是如此，它承载和建构着社会意义，是相关的社会各个主体参与的建构活动。各个社会主体借用特定的建构载体去进行方言传播和建构，从而实现不同的方言传播的社会建构功能。

需要注意的是，方言作为一种语言，它的传播、它对社会的建构使得它本身极有可能成为社会不和谐的元素。因为方言社会建构的主体各自有着不同的目的和出发点，比如方言建构的标签意识，如"乡巴佬""外来人"等，它会给特定的群体带来不良的影响。这一点早已被研究存在现象学的学者们所认识。他们认为，语言的所提供的标签导致语言的歧视，会使人与人之间产生社会距离，会使人贴上耻辱的标签，进而可能使人对自己产生负面的自我意识。[1] 比如透过一种方言建构的形象，对同一个地方的人贴上同一种标签，或者根据刻板印象对客体对象做出以偏概全的评价，这些都不利于人与人之间的和谐交往。

另外，方言的社会建构功能可能是有组织的、系统的行为。其中，有政府力量的主导和参与，有其他非特定方言使用者和认同者，还有被方言建构的对象。这些建构的对象因在语言强势面前无力反抗而逐步被迫地接受社会对他们的语言标签以及他者对他们方言文化的解读。这样的建构甚至是扭曲化、污名化建构，直接导致他们自我概念的丧失，让他们在社会的融合中找不到认同感和自身地位。从有关方言的社会建构的研究我们可以看出，方言的社会建构是由多方力量共同完成的，其客观公正性以及有效性受到各种因素的考量。

总之，社会建构论是研究方言的一个新的视角。在社会建构论视域下对方言进行研究，能比较系统地、动态地描述和阐释方言传播多个维度的要素，以期为方言传播以及更好地发挥方言传播的社会功能提供一种思考的视角，让方言以及方言传播研究更好地为人类生活服务。

（原文载于《湖北第二师范学院学报》，2015 年第 10 期）

① Howard S. Becker. Outsiders: Studies in the Sociology of Deviance[M]. New York: Free Press, 1973: 78.

浅谈电视纪录片对地方文化的传承与彰显
——以湖北为例

李劲松

引　言

地方文化也称地域文化，指“在一定空间范围内特定人群的行为模式和思维模式的总和”①，它是传承历史血脉、推动地区文明的精神动力。而电视纪录片作为传播地方文化的重要载体，在推进地方文化建设的过程中发挥着不可替代的作用。一方面，地方文化可以为电视纪录片的创作提供充足的资源和空间；另一方面，电视纪录片可以为地方文化的传承与彰显起到推进作用，二者相互促进，相得益彰。

本文以笔者所在的湖北省为例，从电视纪录片展现的历史文明、风俗人情、传统技艺、自然景观、现实风貌等五个方面入手，探讨其对于湖北地方文化传承与彰显的意义、作用及效果。需要说明的是，以上五个方面的划分并不是绝对的，因为纪录片的题材与内容往往有互相交叉之处，所以本文的划分并不是割裂对立，只是各有侧重。

一、展现历史文明，传承、彰显湖北地方文化

众所周知，湖北古称荆楚，它自古以来就是楚文化的主要发源地，有着浓厚的历史文化背景。在中国古代、近代及现当代的历史文明进程中，它都占据着举足轻重的地位。因此，电视纪录片要传承与彰显湖北地方文化，必须突出展现其悠久的历史文化背景。其中，要尽可能多地对楚文化进行挖掘与诠释，在这方面已经有一些优秀的纪录片范例。

---

① 张凤琦.“地域文化”概念及其研究路径探析[J].浙江社会科学，2008(4)：63-66.

例如，由央视纪录频道和湖北卫视联合摄制的大型人文纪录片《楚国八百年》就是一个很好的典型。《楚国八百年》是电视史上第一部完整、系统地讲述楚国800年波澜壮阔历史的纪录片，它共8集，全面梳理楚国诞生、发展、高峰、衰落和涅槃的轨迹，全面反映了楚国的哲学、文学、青铜冶炼、手工业文明等的发展水平，以及其对中华民族历史产生的深远影响。该片以人物为中心、以故事为载体，用叙事的手法进行点化，启示现代人用理性的方式来回望、总结历史，并从中汲取精神营养。该片的播出，对全面深入地展现楚文化以及湖北文化的特征与魅力起到了巨大的推进作用。

再如，另一部反映荆楚文化的大型纪录片《凤舞神州》。该片以凤凰为主旨，展示了荆楚大地丰厚的文化积淀。《凤舞神州》用一种全角度、大视野全新诠释出荆楚文化的精髓和风骨，获得了良好的传播效果，激发了湖北人民乃至全国人民对于湖北历史文明和地方文化的兴趣。在《凤舞神州》播完后，有媒体记者在武汉三镇街头探访市民观感。记者发现，该片不仅让市民了解了本土文化特色，还极大地增强了他们的文化自信，激发了他们对湖北文化的崇敬。

除了古代文明以外，在中国近现代历史文明进程中，以及中国共产党的党史中，湖北及其省会武汉同样意义重大。例如，洋务运动、辛亥革命、二七罢工、武汉会战等历史大事件都发生在武汉。另外，湖北还拥有著名的红安将军县等革命老区。这些都是湖北地方文化、历史文化的宝库，也应该有纪录片来叙述和展现，其中已经做得比较好的有纪录片《汉阳造》《首义》等。例如，纪录片《汉阳造》抓住“洋务运动”和历史名人张之洞这两个湖北近代史上的亮点，进行了深度挖掘。据史料显示，在1894年至1895年间，当时中国最大的钢铁企业汉阳铁厂和军工企业汉阳兵工厂相继在武汉建成投产，为早期中国工业化进程提供了巨大推力。《汉阳造》就是以这段历史为主轴，通过亲历者的讲述、专家学者的解析和大量珍贵的历史影像资料的应用，生动地再现了昔日武汉的辉煌成就。影片中对“汉阳造”所依托的汉阳铁厂以及汉阳兵工厂的来龙去脉进行详尽梳理，对一些理解上的误区也一一予以指正。如国人习惯认为“汉阳造”指的就是步枪，这其实只是狭义上的“汉阳造”，从广义来说，“汉阳造”指的是由张之洞主持的近代工业所生产出的所有产品。因此，该片的播出为展现湖北历史文化、弘扬湖北历史功绩起到了一定的推进作用。

二、展现风俗人情，传承、彰显湖北地方文化

风俗人情是一个地方特有的风俗、礼节、习惯的总称。笔者认为，纪录片也可以通过对地方风俗人情在宏观上、微观上的展现，来呈现地方文化的独特魅力和个性特征。

例如，由湖北广播电视总台和湖北长阳电视台共同拍摄的，在第六届中国纪录片国际选片会上喜摘“十大纪录片金奖”的电视纪录片《巴山撒叶嗬》就在这个方面做得较好。该片以土家族发祥地湖北长阳为轴心，工作人员辗转利川、巴东、建始、石柱、湘西等地采风拍摄，历尽千辛万苦收集了大量宝贵的影像资料。片中以“巴山舞之父”覃发池以及长阳民间文化传承者群体为主线，大视角展现了长阳数十年不懈坚持挖掘、保护和传承土家族民间舞蹈“撒叶嗬”的生动故事，深情讴歌了土家族的淳朴民风，以及他们对幸福生活的不懈追求和积极乐观的人生态度。该片的播出，对反映和传播湖北西部地区及土家族群众的风俗人情、文化生活等起到了较大的推动作用，与之类似的还有纪录片《清江源》等。

另外，2012 年为了更好地宣传“大江大湖大武汉”的城市旅游形象，武汉市旅游局与中央电视台纪录片频道合作，拍摄了两集专题纪录片《过江》，通过对长江大桥建设和发展的回顾，反映武汉城市的发展历程和市民生活的变迁，彰显武汉独特的大江文化、“桥”城特色和充满生机的城市生活，该片生动地反映了武汉的风俗人情和生活空间，以及其独特的地方文化。可喜的是，武汉是全球大学生最多的城市，很多在武汉读书的大学生也加入了记录武汉历史底蕴、城市面貌和风俗人情的纪录片创作行列，其中比较好的案例有纪录片《汉口汉口》和《三镇三秋》等。

三、展现传统技艺，传承、彰显湖北地方文化

传统技艺是指一门有着悠久文化、历史背景的技术和技能，也是一个凝聚地方文化因子的典型代表，反映了该地区普遍的文化特色、工艺水平与审美趣味。因此，电视纪录片可以通过对地方传统技艺充分的展现来呈现该地区的地方文化特色。

例如，在央视著名纪录片栏目《远方的家》当中，就有好几期节目是以湖北著名县市为其主要采访对象的，它们选取有特色的湖北县市，拍摄了很多湖北地区的传统技艺及其传人的故事。比如在《物华天宝话仙桃》这一集纪录片中，就着重记录了仙桃的各种民间技艺和传统工艺，比如美食“沙湖盐蛋”“沔阳三蒸”的制作工艺等，而沔阳皮影戏、邓氏麦秆画更是其城市的文化活化石，在该片中都被重点拍摄和详细介绍，对保存这些非物质文化遗产起到了重要作用，也有利于鲜活、生动地展示湖北仙桃这个城市的地方文化。

另外，在《荆楚明珠——阳新》这一集纪录片中，也详尽地记述了湖北阳新市的特色地方文化。例如，该纪录片介绍了浮屠板凳龙和玉塊油面、阳新布贴画等传统技艺，这为对外宣传阳新地方文化起到了巨大的推进作用。

当然，仅仅这几部纪录片还是不够的，因为湖北还有很多传统技艺，例如，湖北民间剪纸、黄陂木版年画、楚剧、湖北糖塑等，而且它们大多正处于消失的边缘，亟须记录、传播和保护。因此，纪录片创作者特别是湖北本地创作者更应该加快步伐，进行抢救性拍摄和记录，为这些传统技艺保留珍贵的历史影像，唤起人们的普遍关注，传承其中的湖北地方文化基因。

四、展现自然景观，传承、彰显湖北地方文化

俗话说：“一方水土养一方人。”独特的自然景观和当地人们所具有的文化特征有着密切的关系。因此，对地方特有自然景观的呈现，也可以映衬出该地区的特色地方文化。

例如，纪录片《问道武当》第一次将镜头对准中国道教圣地武当山，全面记录了这座神山的大美景观和传奇身世，它的神秘和壮美在片中一览无余。该片的主要内容，除了讲述武当山的人文历史背景之外，还将大多数镜头集中于那些美丽的风光与景致，比如雄伟屹立的宫观庙宇、参天的密林、巨大的沟壑、隽秀的溪流、耸立的峭壁，以及稍纵即逝的神奇景观、丰富多样的动植物资源等。可以说，通过对武当山的自然景观的充分描述，湖北地方文化中的神秘与灵秀气质被鲜活地刻画出来。

与之相类似的还有湖北卫视拍摄的大型全景式电视纪录片《天上银河，人间清江》，该片也以展示清江沿线优美的自然风光和独特的人文风情为主线，推介清江沿线独特的人文资源。该片从自然风光、文化、历史、民俗等多个角度，依次介绍了湖北利川市、恩施市、宣恩县、咸丰县、建始县、巴东县、长

阳县、五峰县等清江流域八县市，全方位地展示了清江这一条集自然生态和历史文化为一身的著名河流。该片也同样从自然景观与人的关系着手，反映出清江沿岸人民群众的精神面貌和人文情怀。

其实，在这一类型的纪录片中，自然景观既是一个重点，也是一个支点，它支起的是在大自然中人的生活状态和思想境界，这类通过"以景抒情、借景达意"来展现地方文化精髓的纪录片，需要我们的大力打造和重点开发，因为它们有着文化传承和生态环保的双重价值。

五、展现现实风貌，传承、彰显湖北地方文化

马克思主义哲学告诉我们，地方文化和所有其他事物一样，是动态的和发展的，所以对地方文化的反映，不能仅仅集中在对过去历史场景和生活记忆的记述，还要面向当下和未来，深入现实生活，描绘时代风貌、展望未来趋势。

例如，由十堰市委宣传部、十堰市移民局、十堰广播电视台联合摄制的移民专题纪录片《南水北调中线大移民》就是其中的代表。众所周知，南水北调工程是优化我国水资源配置的战略性工程，南水北调中线工程丹江口水库移民则是我国继三峡工程之后最大的移民安置工程。纪录片《南水北调中线大移民》就是反映南水北调中线工程核心水源区所在地——十堰市 18 万移民搬迁安置的一部专题纪录片。该片重现了为了一江清水送北京，丹江口库区 18 万移民"舍小家、为国家"搬迁安置的珍贵历史镜头，展示了丹江口库区移民群众顾全大局、甘于奉献、艰苦奋斗、自强不息的移民精神，展示了十堰市库区广大移民工作者倾心尽责、细致务实、团结奉献、勇于担当的服务精神，流露出广大移民群众对幸福生活的憧憬与建设美好家园的期待，这是一部向移民及其工作者们致敬的优秀作品。可以说，这些移民和工作者身上所体现的精神，也正是对当代湖北人热爱国家、勇于牺牲的主流文化和人格情操的完美注释。

同样值得一提的是武汉电视台拍摄的十集新闻纪录片《大武汉复兴之路》。该片不管是内容，还是其每一集的标题，都处处体现着展现现实风貌、传承和彰显武汉以及湖北文化的意图。该片标题依次为："中部崛起立支点""'两型建设'探新路""自主创新扬风帆""工业倍增提实力""凤凰涅槃大建设""'祖国立交'通九州""'文化五城'显魅力""沧桑巨变新农村""治庸问责

树新风”“阔步迈向复兴路”。看完全集，就会发现它向我们阐述了一个事实和梦想，即复兴大武汉已从一个城市的自觉成为一个国家的期待。而武汉在恢复国家中心城市地位、恢复武汉人城市自信、最大限度谋求发展、为人民带来福祉的征程中，也不忘极目远眺，努力找寻其在全国乃至全球版图中的坐标。这也正是“敢为人先、追求卓越”的当代湖北文化、武汉精神的充分体现。

总之，电视纪录片作为一种文化存在和文化证明，可以借鉴上述湖北地方文化类纪录片的创作经验，从总结出的五个方面着手，充分发挥自身特点与优势，对各地地方文化的传承与彰显起到更加积极而现实的作用。

（原文载于《中国电视》，2015 年第 8 期）

电视的地域文化传承
——以湖北卫视《长江文化潮》为例

胡亚婷

引　言

电视媒体是一种声情并茂、以形象见长的大众媒体,它不仅是人们获得新闻信息和进行娱乐休闲的主要工具,还具有传播知识、弘扬文化的功能。电视节目类型众多,其中电视文化节目在文化传承方面的作用不容小视。电视文化节目通常被认为是电视社教节目的一种,以对外宣传本地形象、弘扬本地传统文化和时尚文化以及在电视上推介文化作品为主要宗旨。[①] 2013年11月1日,湖北卫视推出纯文化节目《长江文化潮》。开播一年多来,该节目紧紧依托湖北丰富的地域文化资源,不断探索创新,形成了自己独特的风格特色。

一、弘扬本土文化,彰显省级卫视的责任与担当

我国地大物博,在几千年的发展中,不同地域形成了各具特色的文化与风俗。地域文化是一个地区宝贵的历史遗产,也是其社会人文精神的体现。地域文化的传承与发展,对于培养地域文化自信、促进文化繁荣、推动地方经济的发展具有重要的现实意义。

电视文化节目自电视诞生以来,一直就是其节目体系中不可或缺的一分子。然而近年来,各种综艺、娱乐节目层出不穷,电视剧占据了大量观众的注意力,纯文化类节目因创收能力薄弱而遭受着极大的生存困境。其实,劣质电视剧、娱乐节目的泛滥在给媒体带来经济利益的同时,也在无形中消解了

① 许鑫.电视文化节目的现状与路径选择[J].现代视听,2008(12):68-70.

文化的价值与意义，这必然导致电视艺术的低俗与劣质。省级卫视作为各个省、直辖市的主流电视媒体，在各地具有区域性优势。各省级卫视的传播范围可触及全国其他省份甚至海外地区，因而各省级卫视要想树立品牌，扩大影响力，在传播新闻信息的同时，应兼顾其节目的内涵与品位，理应传播弘扬优秀的民族、区域文化，重视文化类节目的质量和传播效果。①

《长江文化潮》节目定位于地域特色，服务本土受众，彰显文化的力量。在各大卫视以娱乐节目和电视剧比拼收视率时，其播出充分体现了媒体的担当与责任。

二、立足当下，聚焦湖北"文化人"和"文化事"

任何一档地域文化类电视节目，几乎都不可能将地域文化全方位地反映出来。《长江文化潮》的节目内容主要集中于当今湖北省内的"文化人"和"文化事"。

1. 拍"文化人"，展名家民艺风采

人是文化的创造者，也是最鲜活的文化载体。《长江文化潮》关注的"文化人"主要有两类：一是当代文化界名人；二是民间艺术和非物质文化遗产的传承人。钟灵毓秀的湖北大地孕育了一大批卓有成就的文化名人，电视观众对名人的梦想、才华、成绩、人生经历、生活习惯有着浓厚的兴趣，所以《长江文化潮》的多期节目将镜头对准湖北省当代文化界名人，如画家周韶华、话剧艺术家肖惠芳、说唱艺术家陆鸣、诗人余秀华等。观众不仅能够从中领略到名师风采，品味名作魅力，也能够从大师们的人生经历和艺术追求中受到启迪和激励。

各种民间艺术和非物质文化遗产是一方水土独特的产物，是地域文化的重要组成部分。《长江文化潮》在介绍湖北省民间艺术及非物质文化遗产的相关内容时，并没有花费大量精力去对其形成、演变、艺术特点、制作工艺等做过多的刻画，而是将视角聚焦到与其紧密相连的文化传承人身上，从而带动电视观众对其认同和思考。例如，老河口木版年画是一种历史悠久的民间艺术，2011 年被列入国家非物质文化遗产名录。《陈以文和他的木版年画》这

① 吴佳.省级卫视文化节目的现状分析及思考[J].新闻世界，2010(12)：58-59.

期节目从老河口木版年画传承的视角出发，记录了陈氏家族为坚守和传承这份手艺所做出的贡献，向电视观众展示了这门古老艺术的独特魅力，也启发人们对非物质文化遗产传承与保护进行思考。此外，老河口丝弦、通城花鼓戏、恩施土家摆手舞和汉绣等艺术，观众们也都是通过其表演艺人和传承人来展现的。

2. 说“文化事”，显文化建设活力

湖北是一个有着深厚文化底蕴的大省，湖北的文化活动一直相当活跃。《长江文化潮》在“拍文化人”的同时，也注重“说文化事”，对湖北省文化建设中有价值的文化活动及其成果进行报道。例如，《微镜头看大生活》这期节目报道了以“美丽中国梦”为主题的首届中国·武汉微电影大赛的开幕、演员选拔、颁奖等相关情况，并详细介绍了获奖作品《月湖琴声》。观众通过节目了解了微电影，领略了“知音文化”的魅力，也对武汉微电影行业的未来发展寄予厚望。又如，《一县一品结硕果》介绍了“一县一品”文化品牌创建活动，向观众展示了三峡民俗文化博物产业园的打造、秭归等地名人文化节的创建、当阳手工布鞋等民间文化和技艺的市场化探索等一系列成果。各类“文化事”的及时报道彰显了湖北省文化建设的活力，弘扬了时代精神，也使得《长江文化潮》节目在文化性之外还具有了一定的新闻性，增强了节目的吸引力。

三、把握时节，时令文化大餐引发共鸣

观众的需求是多样的，也是多变的。在一年当中的不同时间，人们会有不同的关注焦点、不同的聊天话题。为了吸引观众的视线，《长江文化潮》节目注意把握时节，围绕不同的时间点寻找能引起人们共鸣的话题。

节日是一年当中的特殊日子，具有很强的群众性。无论是传统节日还是现代纪念日，都蕴含着深厚的人文精神，承载着丰富的民族情感。生活在不同地域的人们也有着不同的节日习俗，节日是地域民俗文化艺术的最佳表现时机。开播一年多来，《长江文化潮》围绕各种节日组织内容，为观众们带来了节日文化大餐。例如，2014 年春节前一期的《长江文化潮》的节目内容为《陈以文和他的木版年画》，年画是一种农历新年期间张贴的传统装饰物，对老河口木版年画的介绍和迎新年的气氛正好吻合，而且节目中有个环节就是教观众们怎样选年画，为人们准备年货提供了直接的参考。大年初八播出的

《鄂西生态跨年之旅》带领观众体验神农架国际滑雪场的冰雪魅力，向观众介绍了当地百姓家里制作的火烧馍、坨坨肉、懒豆腐等特色美食。正月十五播出的《利川灯歌龙船调》介绍了经典民歌《龙船调》的来源，展示了"灯歌"这种新春佳节时的传统民间文艺表演形式，让电视观众感受到土家族浓郁的年味。此外，在端午节期间展示屈原故里的端午风情，建军节期间传播军营文化，在春节来临前介绍武汉本土的贺岁大剧等，都是合乎时节的节目安排。

除了在节日期间传播节目民俗和节日文化，《长江文化潮》还注意在其他特殊时间段围绕人们关注的话题进行选材。比如，每年的大学生毕业是人们关注的话题，而武汉是一所高校云集的城市，2014 年毕业季，《大戏筑梦正有时》将镜头对准武汉大学艺术学院一群毕业生的毕业大戏，展现了年轻人追寻梦想的激情与艰辛。

合乎时节的选题，贴近人们的文化心理和期待，加强了节目与生活的联系，更容易得到观众的认同。

四、紧跟时代，时尚文化的本土呈现

文化不是静止不变的，随着时代的发展，总会出现一些新鲜、时尚的文化事物和文化现象。毫无疑问，新鲜时尚的东西总是更能激起人们的兴趣。文化节目如果能吸纳和融合时尚元素，就更容易赢得观众特别是年轻观众的认同。在这一点上，《长江文化潮》也做出了积极尝试。

例如，"真人图书馆"是 2000 年起源于丹麦哥本哈根的一种文化形态。"真人图书"就是把每个人的生活经历本身当成一本图书，而拥有不同人生经历的人聚在一起进行面对面的沟通、交流，就可以完成对"图书"的阅读。真人图书馆在 2009 首次进入中国，因其新颖性、趣味性和公益性受到人们的关注和好评，2012 年全国多个城市开始陆续尝试举办"真人图书"活动。但是"真人图书"活动是一项新潮的文化活动，普通民众对其了解并不多甚至没有听过。2014 年 6 月，《长江文化潮》走进了湖北美术学院的探路者青年旅社，对那里正在举行的"真人图书"活动进行了报道，让电视观众通过影像的方式对这项文化活动有更直观的认识和更深刻的感受。

此外，在近年来"汉服风"劲吹全国之际，《穿"汉服"的年轻人》这期节目将镜头对准武汉纺织大学楚风"汉服"社的同学们，让湖北的观众看到了身边的汉服及汉文化痴迷者，大家在倍感亲切之余也对这群年轻人的坚持与梦想有了更多的理解。

紧跟时代发展，将文化领域内的时尚潮流与本土情况相结合，既扩大了受众的文化视野，满足了他们的好奇心，又在一定程度上避免了纯文化节目容易带来的刻板、沉闷之感，展现出敏锐的文化洞察力。

五、多种交流方式结合，轻松与厚重并存

电视文化节目不是严肃的文化课堂，也不是专业的学术研究平台，大多数观众们在收看节目之时，主要还是希望得到消遣和愉悦，同时吸收到一定的文化养分。如何把丰富的文化素材精彩地呈现给电视观众？电视文化节目既不能脱离群众来进行灌输，又不能以低级庸俗来取悦受众。《长江文化潮》将多种节目形式和交流方式灵活地结合在一起，在轻松与厚重之间适度游走。

《长江文化潮》节目每期约长 15 分钟，其中大部分内容通过电视短片来呈现，电视短片具有很强的叙事性和综述性，能在较短的时间内对所要报道的人和事进行较为完整的概述，并能利用影音资料进行补充说明。而节目的开头和结尾一般采用演播室播报的方式。演播室布置得简洁大方，有一定的文化氛围。在演播室中，主持人采取站立或行走的方式播报，其仪态举止显得知性、稳重。演播室播报内容短而精炼，主要是对当期节目进行综述，包括相关背景介绍、对文化现象的意义解读以及对未来发展的思考，具有一定的深度。

除了画外音解说和演播室的叙述，《长江文化潮》经常让观众和主持人一起走进活动现场，来自现场的交流令节目更显灵动、亲切。比如首期节目《铁血红安铸春秋》中，主持人走进电视剧《铁血红安》拍摄时的服装间打探新服装如何做出血淋淋的效果，走上红安将军影视城的城墙揭示泡沫墙砖的把戏。主持人在现场的看、触摸和询问，让观众对电视剧的拍摄有了更多的了解，满足了大家的好奇心。《黄梅故里戏韵长》中，主持人在排练现场穿上戏服化好妆，上台和老师一起学唱黄梅戏经典曲目《女驸马》，其戏曲表演才华让观众们眼前一亮。《梦想邂逅昙华林》中，主持人走进文化街区昙华林的多家店铺，体验其特色商品和服务，观众们也仿佛身临其境。主持人的现场访谈、讲述及体验令节目鲜活、生动，给受众带来极强的参与感，拉近了节目和

观众之间的距离，增强了传播效果。

总之，《长江文化潮》节目立意高远、内容丰富、表现形式创新，虽然还有些不足之处需要改进，但其展示了湖北卫视独特的人文气韵，在表现和传承湖北地域文化方面做出的有益探索值得肯定和借鉴。

（原文载于《视听》，2015 年第 10 期）

方言词语在报刊中的应用现状与对策分析
——以湖北《楚天金报》为例

高　娟

引　言

报刊中的新闻是以印刷形式正式发行的书面文体，在一般情况下，报刊中的新闻需要使用书面语。方言词语是具有俗语性质的口头语言，并不适合出现在正式文体中。这一矛盾就决定了方言词语一般不会出现在报刊新闻中。但是报刊新闻中也有贴近生活实事的新闻，方言词语偶尔也能出现在正式文体中用以增强语言的表达效果，这就使得方言具有出现在报刊新闻中的可能性。

一、方言词语在报刊中的应用现状及成因

本文以湖北地区较有影响力的《楚天金报》为语料来源，搜集了《楚天金报》2015 年 1 月 1 日至 2015 年 12 月 31 日所有报刊新闻中的方言词语，除去重复的内容，共整理出方言语料 87 条。从词类、短语的角度划分如下：

（1）名词：伢、爹爹、婆婆、尖板眼、下家、刁角、病秧子、夜游神、婆娘、（看）稀奇、门道、尖子（生）、媳妇；

（2）动词：诓、趴、噘、撩、栽、搞、扎、岔（气）、别（车）、逮、撂、开张、捉、飙；

（3）形容词：俏、嗨、岔、扎实、稀烂、苕、湿嗒嗒、刁、歪、闲、（喝）大；

（4）副词：蛮、冇、莫；

（5）量词：（个/斤）把、车皮、坨；

（6）语气词：哒、撒、喽；

（7）代词：么样、么办；

（8）短语：香馍馍、玩不转、走俏、装苕、扯皮、（不）信邪、闹眼子、老油条、

掉链子、撂挑子、铆起来(搞)、抢得吼、带一脚、吊胃口、撒手、掉得大、搓板路、抖狠、散摊子、顺走、挑土、窝心、放倒、开窍、歇口气、闲工夫、不经穿、对路、挖墙脚、捞一把、赶场子、搭白、扎心、摆一脚。

从搜集的语料我们可以看出,方言词语的使用量在报刊新闻中所占比重非常小且大多出现在新闻标题中,这是符合语言运用的规则的。"量少"是由方言词语的俗语性和报刊新闻的文体特征之间的矛盾所决定的;"大多出现在新闻标题中"是为了增强语言表达的效果,吸引人的注意力。一方面,新闻标题就像文章的眼睛,本身就十分重要。俗话说的"吃瓜先吃皮,读报先读题""题好文一半",都表明新闻标题在新闻传播中的重要作用。① 另一方面,新闻标题的重要性决定了方言词语存在的一定价值,方言词语具有通俗、幽默的语言表达效果,用在以普通话为基调的新闻标题中格外引人注目。因此,方言词语更适合用在新闻标题中而不是文章中。

报刊新闻中的方言词语种类多种多样,其中词类以名词的数量居多。名词用来表示"人或事物的名称"②,在普通话词类中所占的比重较大。简而言之,名词的基数较大,不管是在普通话中还是在方言中,表现都是一致的。方言词语中的名词除了具有指称人或事物这一基本性质之外,还可以表达词语内含的情感色彩,这是普通话词汇所不具备的。例如:

(1) 火车站平均每天走失两个伢。

(2) 5 只大闸蟹放倒六旬爹爹。

(3) 待拆旧房突发大火 街坊抬出空巢婆婆。

(4) 200 级台阶写满"婆娘我错了"。

(5) 新馆内有哪些"尖板眼"。

将方言词语中用来表示称呼的词语"伢""爹爹""婆婆"与普通话中相应的词汇"小孩""老人(男性)""老人(女性)"进行比较,前者的内涵更加丰富。"伢""爹爹""婆婆"除了指称年龄和性别之外,还带有亲昵的感情色彩。"婆娘"一词在武汉方言中有两种意思:一是对妻子的贱称;二是对已婚妇女的贬称。③ "婆娘"除了表示性别的本质特征外,还带有贬义的感情色彩。"尖板眼"在武汉方言中表示"奇特的事"④,一个名词性的方言词语兼有"形容词+

---

① 宫海洋.新闻标题的语境特点与制作技巧[J].现代传播(中国传媒大学学报),2012,34(12):165-166.

② 黄伯荣,廖序东.现代汉语(下册)[M].增订5版.北京:高等教育出版社,2011.

③ 李荣.武汉方言词典[M].南京:江苏教育出版社,1995.

④ 李荣.武汉方言词典[M].南京:江苏教育出版社,1995.

名词"的短语功能，内涵要比普通话词汇更加丰富。这些方言词语也是《楚天金报》新闻标题中出现频率相对较高的方言词语。"伢""爹爹""婆婆"这些方言词语大多出现在生活新闻中，与相应的普通话词汇意义十分相近而且具有亲昵的感情色彩，贴近人们的日常生活，人们特别是湖北地区的人们在理解上不会产生任何障碍。因此，在地方报刊生活新闻中频繁地使用这些方言词语不会有问题。"尖板眼"这个方言词语在《楚天金报》中出现过10次，全部用在科技新闻标题中，用来表示出现的"新奇事物"，它所表达的意义和语言使用环境都合适，用在地方报刊新闻标题中，能够吸引人的眼球，同时能够在一定程度上增强语言的表达效果。

除词类以外，短语在报刊新闻中所占的比重最大。究其原因，主要有以下几点：一是方言词语的使用环境相对固定，常以整体形式出现。如"扯皮""闹眼子""掉链子""带一脚""抖狠"等"动词＋名词"的短语形式，在人们的长期的使用过程中逐渐凝固成固定的语言形式——词。因为这些短语的意义是由整个词组连缀表意，即"扯皮≠扯＋皮""闹眼子≠闹＋眼子""带一脚≠带＋一脚"等，它们在意义上已成为一个整体。二是短语的表达效果强于词。从搜集的语料来看，报刊新闻中的短语通常以"动词＋形容词/名词"的形式呈现，如"搭白""铆起来搞""搓板路""抢得吼"等。"抢得吼"是动补短语，动词"抢"用来表示动作，"吼"用来补充说明动作的程度，与普通话中的动补短语相比，补语"吼"更加形象生动。"搓板路"是定中短语，中心词由名词"路"充当，"搓板"是名词做定语，修饰限定中心语。与普通话中的定中结构相比，"搓板"更加形象鲜明地形容"路"的"颠簸""破损"程度。因此，在报刊新闻中使用方言短语更加生动传神。

二、报刊新闻中使用方言词语存在的问题及对策

方言词语的俗语性的特点和报刊新闻的文体特征之间的本质矛盾决定了方言词语的使用仍存在很大的局限性。简而言之，我们在报刊新闻写作时使用方言词语一定要严谨，不可随意用之。

（一）方言词语的书写形式

方言词语的选择一定要选用标准形式，这是语言工作者必须具备的基本素质之一。以《楚天金报》中武汉方言高频词汇"伢"为例，在所有出现"伢"的

新闻中,"伢"都是被用来表示"小孩"的意思。有一例比较特殊:

与狗天天"零距离"活虫"潜伏"小丫眼中。

这个新闻标题中采用的是"丫"字。《武汉方言词典》中对"伢"的解释为"小孩"的意思,"丫"字只出现在"丫头"这个词语中,因此,我们可以认为此例是作者在写作时产生的失误。随着方言研究的逐步深入,方言词语与普通话词汇一样也有了音、形、义的标准形式。新闻写作者在使用方言词语时不要根据自己的语感随意书写,特别是母语为非本地方言的新闻写作者,使用方言词语时一定要查阅相关语料,这类错误其实很容易避免。

(二) 方言词语的选用

方言词语的选择需谨慎。一是非本地方言词语的选择。《楚天金报》中的方言词语除了湖北本地方言外,还有一些非本地方言词语,如"咋""啥""咱"等。例如:

(1) 不同贪官咋会有一样的忏悔。

(2) "美国学生也很辛苦"能说明啥。

(3) 请先告诉咱 酒为啥要加金箔。

例(1)至例(3)中这些原本属于北方方言的词汇在《楚天金报》中的使用频率比较高,但是并不影响读者对标题或者文章的理解,这是因为这些方言词语由于其超高的使用频率已经被普通话吸收,成为普通话不可分割的一部分。又或者说,普通话的词汇本身是以北方话为基础方言发展而来的。因此,具有全民性特征的非本地方言可以出现在报刊新闻中。

二是本地方言词语的选择。《楚天金报》是面向湖北省内所有地区而发行的报纸,因此,选择的本地方言词语必须是湖北大部分地区的人所熟知的词语,否则会造成理解上的困难。例如:

刚出狱就想"捞一把"不料被民警"包饺子"

例中"包饺子"是指"被团团围住,像包饺子一样被围剿、被制服"。笔者虽然出生在湖北并且在武汉生活十几年,但是乍一看标题还不能肯定它的意义,直到把全部新闻内容看完才能确定。同时,笔者查阅了《武汉方言词典》《新华方言词典》等,均不见"包饺子"一词。对以武汉方言为母语的人进行口语调查,他们大多表示"听说过、大概知道意思,不怎么说"。由此可见,"包饺子"一词在湖北方言中出现的频率很低,很少被使用。在报刊新闻中使用罕见的方言词语,会对读者的理解产生一定的障碍,这类方言词语不应该出现在新闻写作中。

（三）方言词语的符号

方言词语中标点符号的运用不可随意，特别是引号的使用。从搜集的语料来看，报刊新闻中方言词语的引号使用情况比较混乱：一些方言词语在使用时不加引号，如“伢、爹爹、个把、斤把、么样”等；一些方言词语在使用时加引号，如“尖板眼、带一脚、散摊子、刁角”等；还有一些方言词语在使用时有时加引号有时又不加引号。例如：

（1）中秋聚餐喝大了 结石发作疼趴了

（2）麻将桌上鏖战三晚 男子突发心梗“趴”了

《中华人民共和国国家标准标点符号用法》规定引号的用法有以下几种：“行文中直接引用的话；标明具有特殊含义的词语；用于需要着重论述的对象；引号里面还要用引号时，外面一层用双引号，里面一层用单引号。”依据这一标准，一般在使用具有特殊含义的方言词语时才需要用引号，我们用《楚天金报》中的几个例子来进行说明：

（1）安防展上的“尖板眼”

（2）校园拍片 学生摄影师打定制牌成“香馍馍”

（3）城管电瓶车为扫墓老人“带一脚”

（4）骑士要“散摊子”吧

（5）爱车停小区门口轮胎被划“岔”了气

（6）武汉中小学校服近一成“不经穿”

例（1）至例（4）中的方言词语可以加引号。“尖板眼”是武汉方言中的特色词汇；“香馍馍”一词是在武汉方言“馍馍（馒头）”的基础上引申出来的、内含比喻义的方言词语，这里加引号用来表示特殊的含义；“带一脚（停一下/免费顺带一程）”“散摊子（解散）”这两个方言词语都含有一定的比喻成分，加引号可以用来表示特殊含义无异议。例（5）和例（6）中方言词语不需要加引号。“岔气（漏气）”“不经穿（不耐穿）”这两个方言词语没有特殊的含义，只是在方言中换用了说法而已。

三、报刊新闻中使用方言词语需要注意的事项

通过对《楚天金报》2015年全年报刊新闻中的方言语料进行分析，本文简要归纳出在报刊新闻写作特别是在报刊新闻标题的写作中，使用方言词语需

要注意的几点：

(1) 方言词语不能较多地出现在新闻写作或者新闻标题中。大范围地出现方言词语会影响读者对新闻内容或标题的理解，少量出现方言词语可以吸引读者的注意力，增强语言的表现力。

(2) 报刊新闻中的方言词语要使用标准形式，不可随意使用。规范的语言形式有助于阅读，也体现了新闻写作者的语言素养。

(3) 选用的方言词语需具备地区全民性、高频性、可理解性等基本特征。在新闻写作中，只有使用这样的方言词语才能达到应有的语言效果。

(4) 报刊新闻中标点符号的使用要有据可依，特别是方言词语是否加引号这一问题，写作者不能任意为之。具有特殊意义，如内含比喻意义的方言词语可以加引号，仅是普通话改写的方言词语不需要加引号。

（原文载于《新闻与写作》，2016 年第 8 期）

方言类电视节目传播生命力探析

宋　驰
指导教师:周敏

一、我国的方言概述

(一)方言的定义

“古书之多隐,未必昔人故欲难晓,或世异语变,或方言不同。”①“移家南渡久,童稚解方言。”②“五更市买何曾绝?四远方言总不同。”③方言是语言的地方变体,是跟标准语有区别的、只通行于一个地区的话。方言会因为不同的地域、习俗、年龄、阶层而不同。

(二)方言的成因

方言的形成主要有两个原因:一个是白文异读,一个是移民。方言是的某个语言的变体。使用某种方言主要取决于使用者的籍贯。

语言作为社会交流的必要工具,随着人类历史发展而发展,并呈现出统一性和区域性。中国是一个历史悠久的国家,它的统一性可以追溯到人文始祖黄帝和炎帝时期。文字的统一在秦始皇时期就已经完成。由于汉字的表意不标音,每个字的读音是需要独立标定的,从字形上基本看不出读音。作为汉语的书面表现形式的汉字,它的发音在各个地方各不相同。同时,虽然词语的发音古今有别,但是汉字的书写方式是一样的,在客观上也便于沟通古今。加上自从秦始皇统一文字以来,政府法令、经典著作、圣人学说等都用统一的汉字记载,人们不敢轻易地改动其中的句子,这就导致了汉语在书写形式上和表达意义上不得不受到统一性的影响和制约。由于各个地区的人

① (晋)葛洪:《抱朴子·钧世》。
② (唐)皇甫冉:《同诸公有怀绝句》。
③ (明)唐寅:《阊门即事》。

以地区语言的某字发音去替代时，发音也就会有所区别，所以同样的汉字出现了不同的发音，即产生了所谓的“方言”。

方言的概念实际上包含三个意思：①语音方面，其他地方的人难以听懂；②土语或方言词；③因地区居民性质不同而异。① 历史上的改朝换代、战争、自然灾害等因素导致的大量迁徙，也是方言形成的一个重要原因。

（三）方言的分类

在生产力不发达的时期，人口增长、疆域扩大、经济和政治上不能保持统一时、自然灾害，导致人们大量迁徙。接着，通过各个地区的人民沟通、融合、稳定生活，原本固有的语言成分改变、消失或同化，呈现出各个地区的特殊口语——方言。

根据《汉语方言大词典》的分类，我国主要有八个大方言区，即把汉语方言分为：北方话、吴语、湘语、赣语、闽北话、闽南话、客家话、粤语。

二、我国方言类电视节目的溯源和现状

（一）我国方言类电视节目的溯源

1. 我国方言类作品

清朝同治十年（1871 年）基督教会用上海方言撰写的宗教刊物《圣书新报》，是我国最早出现的方言类作品。近几年，方言类电视节目赢得了许多电视观众的喜爱，取得了较高的收视率，并引起众多专家学者的关注。②

2. 我国方言类相声

相声艺术家马三立先生在 20 世纪 80 年代用唐山话和天津话表演，方言相声开始被大众所接受。方言给相声、小品等作品增加了幽默元素和亲切感。

3. 我国方言类影视剧

由于经济和发展的因素，粤语电影是我国最早的方言电影。早在 1933 年，香港就用粤语拍摄了第一部电影《白金龙》。内地方言电影最早出现的是 20 世纪 60 年代四川方言电影《抓壮丁》。国内影响较大的方言电影是张艺谋

---

① 袁家骅，等．汉语方言概要[M]．北京：语文出版社，2001：31．

② 黄杰．我国方言类电视节目传播生命力研究[D]．开封：河南大学，2011．

在1992年以陕西方言拍摄的《秋菊打官司》。从早期的方言电视剧《傻儿师长》到近些年的方言电影《疯狂的石头》，反映出方言影视作品在影视界的影响力。

4. 我国方言类歌曲

粤语歌曲是我国方言类歌曲的典型代表，其中黄家驹的《光辉岁月》《真的爱你》《海阔天空》，陈奕迅的《浮夸》《最佳损友》等粤语歌曲都脍炙人口。内地方言类歌曲的代表有曾经红遍大江南北的《东北人都是活雷锋》，现在的"四川麻辣味"的《明天不上班》、"青岛海鲜味"的《挖蛤蜊》和"羊肉泡馍味"的《今天我疯了》。原被定性为"小众"的方言歌曲受到全国听众的热捧，方言歌曲以幽默诙谐的内容和朗朗上口的歌词成为红遍网络的"口水歌"。

5. 我国方言类新闻

我国最早的方言类新闻是杭州西湖明珠频道2004年开播的《阿六头说新闻》，该节目用本地方言说新闻。在这之后，各地电视台也开始发展彰显地域特色的方言新闻，绍兴《师爷说新闻》、南京电视台《听我韶韶》和苏州的《天天山海经》等一些电视台纷纷打造自己的方言类电视节目的品牌。

（二）我国方言类电视节目的现状

方言电视节目自出现后便迅速红遍大江南北。各地区媒体定位所在地区的观众，推出自己所在地区方言的电视节目，其中以下六个地区发展状态较好。

1. 长江三角洲地区方言类节目

长江三角洲地区方言类节目以苏州电视台的《苏阿姨谈家常》、无锡电视台的《阿福聊斋》和南通电视台的《总而言之》等节目为代表。

2. 四川、湖南的方言节目

湖南电视台的《一家老小向前冲》《故事会》是方言节目的典型代表，著名主持人汪涵、马克等主持人也会时常爆出各地方言，以调节节目气氛。

3. 湖北地区的武汉方言电视节目

湖北电视台最早推出的武汉方言栏目是《经视故事会》，节目一经推出就赢得了武汉广大电视观众的欢迎，此后武汉电视台相继推出《阿星笑长开讲》《经视一锅鲜》以及方言情景剧《江城一家亲》，也赢得了较高的收视率。

4. 山东的方言节目

山东电视台主要有齐鲁电视台推出的方言新闻电视节目《拉呱》和以拉家常方式讲述的方言新闻《有么说么》。

5. 河南的方言节目

河南电视台的方言节目主要是关注民生的方言新闻，例如河南电视台新农村频道的《村长开汇》、安阳电视台的《老郭说报》。

6. 陕西的方言节目

陕西都市青春频道讲述平民生活的方言节目《都市碎戏》，展现最真实的平民生活，受到了当地观众的欢迎，同时为陕西电视台带来了良好的社会效益和经济效益，开辟了陕西电视市场的一片新天地。

三、我国方言类电视节目的生命力

在当前激烈的电视媒体竞争，大手笔、大资金砸入的电视节目的冲击下，为何地方台的方言类电视节目能在此环境中兴起，并且走向兴盛？从对我国的方言电视节目的分析中我们可以发现，它与以下几点是分不开的。

（一）电视媒体之间的激烈竞争

在社会改革的背景下，市场经济日益完善，电视媒体更多的是以盈利为主，而盈利的主要方式是拉广告赞助，广告投资商看重电视媒体的收视率，这就促使各电视媒体之间的竞争。在国内各地方媒体无法与央视比拟的情况下，地方媒体只能结合自身优势，采用方言的形式来更好地吸引受众，从而获得可观的收视率，提高经济效益。

（二）方言类电视节目的形式新颖

传统的节目一直是以普通话一本正经地说教方式为主，方言则以明显区别于普通话的语言表达方式，在一定程度上满足了受众希望看到内容丰富、形式新颖、贴近本土、贴近生活的节目需求。与时俱进、开拓创新，媒体亦是如此。

（三）方言类电视节目的特色

方言类电视节目定位本地区域，在节目的取材内容上贴近本地受众生活，在节目的播报形式上亲近本地受众心理，充分发挥电视节目的本地特色。方言类电视节目形式新颖，给观众新鲜感，从而使方言电视节目取得较高的收视率，并由此成为一种成功的电视节目形式。

（四）方言类电视节目承载当地文化

“百里而异习，千里而殊俗。”①方言形成的最主要的因素是当地的文化，文化对方言有着关键的作用。方言的形成承载着当地的人文情感。从目前主要的方言类电视节目类型中我们不难看出，只有受众喜欢，方言类电视节目才能更好地发展，受众需要比普通话电视节目更丰富、更生动，更能体现本地区域文化魅力的电视节目。

（五）方言类电视节目满足受众的心理需求

“美不美家乡水，亲不亲故乡人。”方言电视节目本身就与当地人们的生活息息相关，它所传递的内容也贴近当地群众的生活，将发生在身边的事用方言展现给当地群众，满足受众的心理需求。

四、方言类电视节目传播形式、效果和实质

电视节目的传播需要媒介。传播手段是指传递新闻的方式，又称新闻传播工具或媒介。② 当各大电视台想方设法地以特殊的传播形式吸引收视群众的目光时，方言类电视节目也不甘示弱。

（一）方言类电视节目的传播形式

1. 方言类新闻

在杭州西湖明珠频道于 2004 推出《阿六头说新闻》和《我和你说》两档以方言说新闻的节目后，一时间全国上下电视台纷纷效仿，荧屏上方言声响成一片，好不热闹。方言类新闻是电视新闻“本土化”的产物，主要关注的是“老百姓自己的事”“身边的事”。如武汉地区的《经视一锅鲜》是湖北经视于 2010 年 5 月全新推出的一档午间电视杂志栏目，节目由喜子、小可共同主持，节目内容以新闻资讯为主，主持人用幽默、搞笑的风格告诉观众发生在世界各地新鲜事和稀奇事，让观众以愉快的心情了解新闻。方言新闻以主持人平民化的形象、熟悉的方言言语和大众化的播报方式，轻松随意地用平民视角来评

① （东汉）班固.《汉书—王吉纪》,《前汉书》,公元 80 年。

② 黄旦.新闻传播学[M].杭州：浙江大学出版社，1997:31.

述民生。方言新闻内容都是当地人身边的小事、怪事、新鲜事，使用本地的方言，有利于拉近主持人与观众的距离。方言新闻方式更活泼，观众也更乐意接受，从而提高了收视率。

2. 方言类电影

越来越多的非正式场合或节目使用方言来拉近彼此的关系，方言甚至成为调动气氛的一种手段，各地掀起了“方言热”。近几年方言电影纷纷呈现，其精彩程度令人惊叹。国外动画片《猫和老鼠》就有四川话、陕西话、天津话等版本。由宁浩导演，郭涛、徐峥、黄渤等主演的《疯狂的石头》更是大量地采用各地方言，其中，老包（郭涛饰）讲的是重庆话，道哥（刘桦饰）讲的是保定话，黑皮（黄渤饰）讲的是青岛话，大盗麦克（连晋饰）讲的是香港话，四眼助理（王迅饰）讲的是成都话等，这些方言的汇聚使用无疑是高明的，它在吸引观众眼球的同时，还能让南北方观众都能听到自己的家乡口音，并且对异地口音产生兴趣，无形中形成了观众效应，建立了大规模的口碑营销。《疯狂的石头》的独特魅力是节目将方言汇聚使用，这是其成功的关键因素之一，并且在表现人物形象上具有很重要的作用。运用方言可以体现电影角色的精神气质和情绪变化，而普通话在这方面的表现力就有着明显的不足。方言不仅有拉近节目与观众的距离的作用，还能使他们获得心理上的满足，在情感表达的时候，方言可以看作是最原生态也是最初的表达方式。因此，具有地方特色的方言更容易让观众喜闻乐见，更容易理解话语中所蕴含的意义。方言的使用能拉近观众与剧中人物的距离，产生观众“入戏”的效果，并产生共鸣，也就让观众产生了对节目的认可，提高了收视率。①

3. 方言类电视剧

我国最早的方言电视剧是于1982年播放的宋学斌的作品《人与人不同》，剧中人物主要使用四川方言。之后的《傻儿师长》是真正广泛被国内观众认可和喜欢的方言电视剧。而现在的方言电视剧更是一改往日的单一路线，采取多地域方言的融汇使用，如《武林外传》《龙门镖局》和《炊事班的故事》等，都给人留下了深刻的印象。多地域方言汇聚使用，让我国各地的观众在感受到自己家乡方言的亲切感的同时，还对其他地方的方言充满新奇感，满足并能吸引更多的观众群体。方言类电视剧对地域文化进行深度挖掘、传承和弘扬，具有幽默、活泼、新鲜等特点，具有浓厚的“平民情怀”，使人耳目一新，从

① 黄伟.电影《疯狂的石头》之语言魅力[J].电影文学，2014(9)：85-86.

而激起观众收看方言电视剧的好奇心。这些优点使得方言类电视剧的发展势不可挡。

4. 方言类广告

为了唤起消费者的购买欲望并促成购买行为，广告创意层出不穷，其中就包括方言广告的使用。不同区域有着不一样的风土人情，方言广告只有与当地风土人情相适应，才能吸引广告受众。方言广告要在不影响受众理解广告所含意思的前提下，起到其他广告形式所不能达到的广告效果，这样更易于受到方言区消费者的欢迎。四川餐饮界广告中经常用的“巴实”、广东服装界广告中的“靓”和湖北地区评价质量的“扎实”等就是典型的例子。

5. 方言类歌曲

除了粤语歌曲外，“四川麻辣味”的《明天不上班》、“青岛海鲜味”的《挖蛤蜊》和“羊肉泡馍味”的《今天我疯了》也令评委和网友听后大呼过瘾。原被定性为“小众”的方言歌曲受到全国听众热捧，这一现象着实引人思考。“一听你这布鲁斯，羊肉泡馍味迎面而来”，著名音乐人刘欢的一句点评，火了西安大叔老钱和他的《今天我疯了》。在刘欢看来，这首“陕味布鲁斯”活脱脱地唱出了一个大陕西。正如中国社会科学院语言研究所副研究员唐正大所说，方言歌曲是与当地方言、民俗、文化生活绑定的歌唱形式，凸显着地域特色，携带着丰富的地域信息。四川师范大学文学院教授苗笑武指出，当代人个性意识的增强刺激了方言歌曲的创作，文化环境的开放与包容、听众对地域文化的理解与欣赏，培育了方言歌曲生存的土壤。正因如此，无论是“羊肉泡馍”还是“蛤蜊”，都可能为全国听众所喜爱。方言类歌曲走红，不仅在于它勾起听者的故乡情，还在于它唱出了听者的心里话，并且听歌也能学方言。[①]

6. 方言类娱乐节目

CSM《中国电视综艺及娱乐节目市场报告（2006—2007）》指出：自 2001 年中国加入 WTO 之后，综艺娱乐节目的发展就被置身于国际化视野之下，许多成功的综艺娱乐节目都是模仿国外成功节目格式的产物。但在这样大的形势下，地方媒体用具有鲜明特征的方言类节目大获成功，成为地方台对抗中央台的利器。具有鲜明地域特点和诙谐幽默表现力的方言类娱乐节目迅速走红，如经典的湖南台《越策越开心》和四川台的《开心 21》等，方言类娱乐节目充分地利用地方语言的特色、纯娱乐性质的定位来迎合观众目前的收视

---

① 方言“好歌曲”走红 被评担负传递文化的使命，中国新闻网 2014-03-25.

需求，内容的创新、主持人的魅力与节目的编排迅速提高了受众的收视率，这也是方言类娱乐节目发展成功的重要因素。

（二）方言类电视节目的传播效果

传播的效果即电视收视率，这是媒体最关注的，方言电视节目自从诞生以来就一直受老百姓的喜爱，如湖南的《越策越开心》、重庆的《生活麻辣烫》等。传播的方言电视节目，无论是在生活言语的接近性上还是在语境的熟悉感上，都对该地域的观众都有深刻的亲和力的影响，方言电视节目用当地人自己熟悉的言语来讲述、演绎，拉近了和观众的距离。在满屏皆是“大众化”的电视节目的背景下，观众更愿意看到贴近自己、贴近生活的方言电视节目。因为拥有数量可观的受众群体，方言类电视节目的传播效果也愈加出众。

（三）方言类电视节目的传播实质——“小众化”“窄播化”

小众化传播，对应的就是窄播化的受众群，这就是开办方言栏目的地区都不是讲普通话的区域的原因，例如吴语方言区、闽南语方言区、粤语方言区等地方的人不习惯说普通话，不少人不太听得懂普通话，自然而然地对自己使用的语言有一种亲近感。简而言之，方言类电视节目小众化和窄播化，是以特定的信息对特定的受众群进行传播的。这也就造就了“点对点、一对一”的受众时代。这也就是现在方言类电视节目的主要传播实质。

五、进一步提升我国方言类节目传播的生命力

（一）存在问题

方言类电视节目自诞生以来就一直备受人们的关注和争议。方言类电视节目主要存在内在和外在两个方面的问题，这些问题在部分情况下限制了方言类电视节目的传播。

1. 内在问题

1）方言类电视节目的局限性

(1) 区域语言上的制约。

方言传播的局限性在于方言使用区域的局限性，方言类电视节目并不能像普通话节目那样大范围推广，最主要的体现是在传播过程中，受众的语言

接受障碍。方言类电视节目发展比较活跃的地区基本上是精神文化深厚和经济发达的区域。方言类电视节目在定位上是为了吸引该地区的受众收看，却在不经意间形成了更深层次的语言阻隔，方言类电视节目中有许多话是地方俚语，不同的地区有不同的意思。例如，湖北地区的地方俚语"好贼呀"主要是"聪明、伶俐和机智"的意思，而在别的区域就可能被误认为是骂人的贬义词；东北地区的方言"那窝子"在口语中比较随意地指"地方"，在其他省市可能会让人误以为东北人觉得他们那边是小地方。方言类电视节目只能在定位的区域内播放，并不适合大范围的播出，这是方言类电视节目具有局限性的主要原因。

（2）观众选择受限。

由于它定位于满足本地区域受众的需求和播出的局限性，方言类电视节目的受众群必然只能是本区域的观众，只有熟知本区域方言文化的受众才会对这类方言电视节目产生兴趣，也就是说，不了解此类方言的人就不太可能会接受这类节目，从而形成阻碍，导致当地人看着欢喜而异地人不知所云的现象。此外，方言类电视节目的传播范围主要在本地，本地人在收看方言类电视节目时会无形中增加优越感，而不使用本地方言的人在收看此类电视节目时则更多地感受到语言方面的距离感、抵触感。在本地人增加优越感和外地人感受到距离感、抵触感的情况下，方言类节目可能会加大语言交流的隔阂，阻碍本地文化与外界交流的进步与发展。

2）对于收视人群的阶层重视程度

现在大部分的方言类电视节目内容以单一地区为主，大多选取本地演员和专业演员，比如武汉方言电视剧《杠上开花》，讲述的是城市中的一些平民或者小资群体的日常生活内容，他们的本色演出很容易让非此阶层的受众感到不适应。这类的方言类电视节目在拍摄时就已经间接性地将其他阶层的受众排挤在外了，即便使用纯正的方言，也无法使非此阶层的受众从心理上产生强烈认同感，甚至还会引起其他阶层的反感。

3）部分方言类电视节目内容上的失误

（1）方言类电视节目的内容零碎。

方言定位本土，这就决定它的素材取自本土或者适合本土，这样也就出现一个素材的局限性和不足性的问题，在无法选取宏达主题素材或迎合观众喜好的情况下，节目便会出现零散杂乱情况。不管是何种方言类电视节目，如果不避免零碎的内容，那么反映更多的就是"市井化的调味品"，也就无法承载地域文化特色，迟早会衰落。

(2) 方言类电视节目的文化缺失。

方言类电视节目之所以能遍地开花，主要是因为其包含观众乐于接受的轻松与愉快的内容，在这样的大形势中，许多方言类电视节目的质量就有待考量了。例如，当前比较火的一款方言类节目《阿星笑长开讲》的主持人阿星，其早年作品《爆笑眼子王》当中时常夹杂许多口语粗话；四川方言《明天不上班》中的台词也包含大量的“老子”。当庸俗成为“搞笑”的卖点时，俗文化就会产生一些不良的影响，难以融入主流文化当中。给观众带来轻松和愉快的节目并不意味着以低级趣味来博取眼球，方言文化才是主要卖点。

(3) 方言类电视节目偏于小气和俗气。

从目前的方言类电视节目的内容上来看，方言类电视节目虽然很贴近生活，但眼界不够开阔、不够大气。方言类电视节目虽然有较高的收视率，铸就的却是精细与小气的品质。语言的发展需要空间，方言交流和传播只能适应于方言区域。方言类电视节目中的一些词汇是难登大雅之堂的，如果没有把握好分寸便会产生不良的影响。

2. 外在问题

方言类节目与国家推广的普通话相矛盾。国家以法律的形式规定普通话为国内主要的交流的规范语言，而方言中含有大量的不规范语言，大量使用方言会影响普通话的推广。在浙江、广东、香港等地，本地方言占据主导地位，如果再推广方言就会严重影响普通话的发展和推广。

(二) 方言类电视节目问题的解决对策

1. 取材多样、定位准确

方言类电视节目要结合自身的优点，在素材上有准确定位的同时还需要有取材风格的多样性，在传递生活中的亲情、友情、爱情同时还应关注社会各个阶层和各个年龄段的需求。要在不同的时间段播放不同层次、不同年龄段适合观看的方言节目。在立足本地的同时也要兼顾非本地人群，考虑在该地的异乡人的感受，在方言类电视节目的屏幕下方可以加入普通话字幕来帮助他们了解本地方言，获取他们的认同感和关注感。这些有效的措施既方便当地所有人的观看，又传播了本地方言，还扩大了收视率。只有这样，方言类电视节目才会发展得越来越好。

2. 增加节目的文化意识

没有精神文化的方言类电视节目即便能让受众感到轻松和愉快，也只是文化缺失的低级趣味，方言类节目可以通俗但不能低俗，一味低级趣味去搞笑的节目是没有长久生命力的。方言类电视节目的内容在满足受众精神需求的同时，还应当承载着当地文化，起到教化人们的作用。

3. 把握方言使用的“俗”，发扬正能量

在方言类电视节目中使用方言时，要注意用词，不能为了发扬当地“俗”文化而把低俗、恶俗的词语带入其中。方言类电视节目要发扬方言的通俗，杜绝庸俗、低俗、恶俗。

4. 走“品牌路线”

当前，方言节目虽然遍地开花、一片欣欣向荣，却存在着“电视节目的同质化和低质量与电视观众的多元化和高品位需求不相适应”①问题。这对于方言电视节目的发展是非常不利的。在诸多的方言节目中，能被大家所认可、熟知的节目并不多。要将方言类节目做大做强、让大家都认可，就必须要走“品牌路线”。“品牌路线”的方言类节目主题明确、对象精准、收视率稳定，以湖南的《越策越开心》为例，它是为了娱乐、幽默、轻松，不仅在固定的时间播出，还有固定的收视人群。这有利于当地方言文化的传播和方言类电视节目的发展。

5. 普通话和方言类电视节目相互促进

普通话作为国家规范交流语言，其地位是不可改变的，方言类电视节目在发扬多元文化、语言魅力时，要与普通话相结合，平衡普通话节目与方言类电视节目在内容上的比重，这不仅能让受众感受到轻松欢乐，体会到精神文化，还能促进普通话的推广。节目在以方言发音的同时，其字幕需要以普通话为准，这样做不仅可以帮助受众理解意思，还能促进两种语言的协调发展。

当然，有些地方的方言电视节目创办人员可能已经意识到这些问题的存在，尽管想对方言类电视节目的内容进行修改，也进行过一些尝试，但由于整档栏目的定位限制，最后雷声大雨点小，虎头蛇尾地收场了。

（三）方言类电视节目传播生命力的提升

方言是文化的标签，是传承的载体，是人们对传统民间文化的依恋，人们对本地方言都有一种难舍的情怀。所以方言类电视节目往后的发展形式，必然是成为生活当中重要的精神寄托。

方言电视节目是一种新兴的节目形式，其传播的生命力在未来需要做到

① 李新民. 中国电视大趋势[M]. 北京：华夏出版社，2006：3.

以下几点：

（1）要充分借助本土优势，取材多样，定位精准。本着立足本地文化、关注本地生活的原则，更具人文关怀地考虑外地观众或非本土居民的信息需求，以满足本土和其他语言受众群的需要。

（2）充分满足观众的娱乐和信息需求，这样才能使方言电视节目有一个稳固的发展基础。

（3）摆脱“低俗”“庸俗”，走向“通俗”。方言电视节目作为主要在本地播放的节目，应重视弘扬地域文化，教育民众，为本地观众服务。对于一些庸俗、过分娱乐化的题材，方言电视节目应予以舍弃。

（4）坚持“内容为王”，走“品牌路线”。结合自身的本地化特点，树立方言类电视节目的精品品牌。只有提高自身特色品牌的价值，产生更大的社会影响力，才能保持方言类电视节目的生机和活力，实现长久发展。

（5）充分发挥其优势，不断提高其节目质量和文化内涵，以承载和传播文化为主要方向，取得更多的收视群体，既要符合相应的制度规范，又要充分发挥方言节目的特色，实现更多的市场效益。

六、结　语

在深化改革的当代社会，人们总是生活在激烈的竞争当中，经历各种“跟风热”“迷茫感”“陌生感”“恐惧感”等，早已躁动不安的内心渴望一份“慢生活”。这里的“慢”，并非速度上的绝对慢，而是一种意境，一种回归自然、轻松和谐的意境。[①] 因此，人们迫切需要一种“归属感”。方言是文化的标签，是传承的载体，是人们对传统民间文化的依恋，人们对本地方言都有一种难舍的情怀。因此，方言类电视节目推陈出新，必然能成为当地人生活当中的精神寄托。

方言电视节目是一种新兴的节目形式，具有很大的发展空间。一方面，方言类电视节目的出现，使电视节目形式更加精彩丰富，也让观众感受到了更多的乐趣；另一方面，方言电视节目如何摆脱本地化方面的局限性，充分发挥其优势，不断提升其节目质量和文化内涵，以承载和传播文化为主要方向，

① 慢生活是相对于当前社会匆匆忙忙、纷纷扰扰的快节奏生活而言的另一种生活方式，自1989年在意大利出现后，便风靡世界。

取得更多的收视群体，也是方言电视节目现在以及未来需要一直面对的问题。在方言的运用中不能与国家所推广的普通话相违背，这就要求方言类电视节目既要符合相应的制度规范，又要充分发挥方言节目的特色，实现更多的市场效益。这向方言电视节目的制作提出了一个不小的难题，它所面临的将是政策和市场双重风险的考验。

方言类电视节目的兴起和不断壮大说明它自身的发展前景广阔，我们不能用太过统一的标准来衡量它本身。方言类电视节目不仅要起到吸引受众、关注民生、娱乐大众的作用，还要发挥承载文化传播的作用；既不能为推广普通话而完全限制方言类电视节目的发展，也不可只看重其经济效益而任其发展。对于这样的新兴事物，我们需要秉持一种客观的态度，对大众传媒中的普通话和方言的地位进行正确把握、合理引导与结合，在质量上严格把关，杜绝低俗、庸俗、恶俗的内容的传播，处理好方言类电视节目与本土及非本土受众的关系，努力地朝良性发展。传播节目内容需要承载当地文化、特色，蕴含一定的价值导向和审美取向，蕴含一定的社会责任和教育功能，保证其能正确地引导受众的价值观，这是方言类电视节目当前最主要的任务，也是未来生命力的基础。

参考文献

[1] 袁家骅，等. 汉语方言概要[M]. 北京：语文出版社，2001.

[2] 刘燕. 方言电视节目现象的传播学解读[J]. 山东视听（山东省广播电视学校学报），2005(10).

[3] 余佳. 方言电视节目勃兴与完善[J]. 新闻前哨，2005(10).

[4] 侯精一. 现代汉语方言概论[M]. 上海：上海教育出版社，2002.

[5] 黄旦. 新闻传播学[M]. 杭州：浙江大学出版社，1997.

[6] 黄伯荣，廖序东. 现代汉语（增订四版）[M]. 北京：高等教育出版社，2007.

[7] 钱曾怡. 汉语方言研究的方法与实践[M]. 北京：商务印书馆，2009.

[8] 李新民. 中国电视大趋势[M]. 北京：华夏出版社，2006.

[9] 李如龙. 汉语方言学[M]. 北京：高等教育出版社，2007.

[10] 游汝杰. 汉语方言学导论[M]. 上海：上海教育出版社，1992.

[11] 陈虹. 节目主持人传播[M]. 上海：复旦大学出版社，2007.

[12] 项梦冰，曹晖. 汉语方言地理学[M]. 北京：中国文史出版社，2005.

[13] 詹伯慧.汉语方言及方言调查[M].广州:暨南大学出版社,2000.
[14] 崔保国.媒介变革与社会发展[M].南京:南京师范大学出版社,1999.
[15] 梁磊.汉语中和调的跨方言研究[M].天津:南开大学出版社,2008.
[16] 中国语言学会《中国现代语言学家传略》编写组.中国现代语言学家传略[M].石家庄:河北教育出版社,2004.
[17] 吕荣洁.方言电视节目兴起的原因、发展趋势及反思[J].东南传播,2008(5).
[18] 李凤辉.语言传播人文精神的阙失与重构[D].北京:中国传媒大学出版社,2006.
[19] 付建文.呵护语言的家园——媒体方言传播热潮解读[D].武汉:华中师范大学,2007.
[20] 刘炳占.电视方言新闻节目的兴起与发展[J].东京文学,2009(3).
[21] 林新明.方言广告的语体功能分析[J].商场现代化,2008(18).

方言电视节目的兴起与发展策略

郭　明　泽
指导教师：周敏

一、方言电视节目的兴起

（一）方言节电视节目的发轫

据悉，方言电视节目最早是在广东地区发轫，源于广东地区的粤语节目。从语言学的角度看，广东的方言最复杂，最有开辟方言节目的必要。易中天在《读城记》里提到："广州话虽然被称作'白话'，然而一点也不'白'，反倒可能是中国最难懂的方言。"而方言作为一种艺术表现形式登上"大雅之堂"，最初产生于戏曲的舞台。因此，广东、广西和闽南一带的粤剧大放异彩，促进了方言电视节目的萌芽。粤剧表演采用广东方言，所以深受港澳同胞的喜爱。改革开放后，广东因经济飞速发展而成为我国经济发展最快的地区。对外开放也加速了广东经济的发展。人们为改革开放带来的经济腾飞感到兴奋和喜悦，也欣然接受广州、深圳等地的新事物。大墨镜、喇叭裤伴着粤语歌曲风靡全国，年轻人热衷于唱粤语歌曲，粤语电视剧等节目也在各大电视台播出。粤语节目的风靡使得方言这一艺术形式逐渐成为一种全新的流行趋势。在20世纪70年代中期，广东地区的观众就能收看到香港的电视节目。改革开放之后，广电总局又陆续批准了8个境外电视频道，其中翡翠、本港、明珠台是粤语频道。据统计，收看香港粤语电视节目的广东省份的受众在1999年的巅峰时期达到了市场份额的72.5%。这些数据足以证明广东人对于粤语节目的偏爱程度。新中国成立以后，全国推广普通话，而广东是最难攻克的堡垒。粤方言自成体系的独特性、在港澳通行的特殊性，使它获得了除普通话之外最独特的文化地位。20世纪五六十年代，全国的电影都用普通话版，只存在粤语版一个方言版。广东人以利用这个独特的文化资源，顺应着历史潮流，在全国的电视节目中率先开办了讲粤语的方言节目，并且一炮走红。

(二) 方言电视节目产生的原因

20世纪70年代，全国只有中央和省市两级的30多家电视台。它们的节目只能覆盖省会以上城市。出于政治原因，全国的传播媒介高度统一化，节目类型单调且匮乏，统一采用“口号式”的模式。报纸、广播上的新闻都采用新华社的通稿，地方性新闻也都采用“新华体”。那时几乎分不出地域性，全国上下的报道内容几乎一致，带着“毛主席语录”式的党性色彩。

强调全国的统一，强调“步调一致才能得胜利”，强调“全国一盘棋”“十几亿中国人民用同一个声音说话”。为了确保能“听到党中央的声音”，广播电视节目当然只能采用统一的普通话。普通话即以北京语音为基础音，以北方方言为基础方言，以典范的现代白话文著作为语法规范的语言。20世纪30年代瞿秋白提出普通话的定义，并与茅盾就普通话的实际所指展开争论。在进行了大众语运动、白话文运动和国语运动之后，北京语音作为全中国的“国语”，其地位得到确立并巩固下来。这足以证明它的地位不可动摇。新中国成立以后，全国上下开展了推广普通话的活动，普通话在全国逐渐得到普及。而方言自古流传，是地域性的特色。尽管当时讲方言的人数不少，但是在大众媒体等公共领域，方言是不可能出现的。

那么，方言电视节目是怎样登上历史舞台的呢？方言电视节目的出现绝非偶然，它有着多方面的原因。从政治层面上来说，改革开放之后，全国人民的思想得到了解放，他们不用把任何语言和行为都上升到政治高度。方言只作为一种语言形式而存在，与表达的思想并不相关，所以它是可以与普通话并存的。从经济层面上来说，在改革开放的背景下，政府出台了一系列政策，南方经济开始崛起，全国人员流动性增大，这导致了普通话与方言的融合。从文化层面上来说，我国是个多民族、多语言的国家，方言是不可磨灭的历史产物。随着时代的发展、教育的普及，我国的文化氛围形成了“百花齐放”的局面，媒体的发展与壮大使得受众开始追求更加丰富的内容与形式。因此，话剧电影和广播电视都先后开始尝试方言。方言节目就这样登上了中国电视节目的舞台。

方言电视节目是媒体发展壮大的产物，是电视节目竞争的结果。随着历史的演变与推进，方言电视节目越办越多，是什么原因奠定了它在电视节目发展史上不可磨灭的地位呢？首先，它的存在来源于媒体间的相互竞争。一是电视频道之间的竞争以及同一个频道内不同栏目的竞争，二是电视台与同类媒体间的竞争，如网络、报纸杂志等。总的来说，为了寻求更好的发展，吸引受众眼球，电视节目越办越多，种类多样化的电视节目点缀着我们的生活。这就使得电视节目间的竞争越来越激烈，此时方言电视节目的出现无疑是电视应对各方面竞争的有利方式。其次，从受众自身上说，开办方言电视节目也是迎合了受众自身的需求。人们不再满足单一的节目样式，而是寻求更加丰富的视觉享受，这就要求传统电视节目另辟蹊径，在原有节目的基础上进行改革和创新，增添节目类型，不拘泥于单一的节目样式，只有这样才能满足受众越来越丰富的"口味"。这也是促进我国电视事业发展的动力与契机。

（三）方言节目的基本类型

电视媒体作为中国目前最为重要的媒介之一，在民众日常生活中占有非常重要的地位。如今全国已经开办了不少方言节目，几乎每个省份都推出了该省方言的电视节目。方言电视节目的类型十分多样，如趣味谈话类节目、电视小短剧等。此类节目以一般民众的生活故事为内容，以富有区域特色的方言为载体，短小精炼，一般每集 15 到 30 分钟不等，如重庆电视台卫星频道的《雾都夜话》、湖南电视台经济频道的《一家老小向前冲》、湖北广播电视总台经济频道的《经视故事会》、四川电视台旅游文化频道的《串串香》、苏州电视台社会经济频道的《故事会》、南京电视台的《南京麻辣烫》等。据不完全统计，中国电视观众平均每天看新闻的时间是 28 分钟，其中就包括用方言播报的新闻节目。在电视台播报的新闻内容中，本地新闻的地位日趋重要，现在在《新闻联播》播出前，很多地方台都播报自己本省的新闻内容，还有不少栏目使用方言播新闻。如福建东南《闽南语新闻》、广东珠江频道《正午报道》、杭州电视台西湖明珠频道《阿六头说新闻》、宁波电视台新闻频道《来发讲啥西》、湖北广播电视总台经济频道《阿星"笑"长开讲》、成都电视台经济频道《道听途说》等。另外，在区域电视媒体中，方言在影视剧和动画片中的应用也在逐渐增多。2004 年由李保田主演的《王保长新篇》就取得了不错的收视成绩。2004 年初出现的各种方言版动画片在全国各地也取得了巨大的反响。《猫和老鼠》《卓别林系列》等都出现了四川方言版、东北方言版、上海方言版等各种版本。电影《手机》中引用了四川方言"做人要厚道"，《寻枪》中使用了贵州方言，这些方言电影都获得了观众的好评。2006 年热播的电视剧《武林外传》里几名主角就是用不同地区的几种方言来达到喜剧的效果，突破了收视率，成为那几年最热门的内地喜剧。近年来，电视媒体还出现了用方言重新改编配音的影视剧和国外动画片的新变种，为电视媒体注入了新鲜血液。

方言节目开始得到观众的认可，越来越多的人开始接受并喜欢上方言节目。其中，杭州电视台西湖明珠频道的《阿六头说新闻》就是一个成功的典型。《阿六头说新闻》于2004年元旦创办，主持人用杭州地方方言作为播报语言，新闻内容多是杭州当日内发生的市井新闻，内容与百姓生活息息相关，贴近群众，讲评尖锐犀利，播报形式新颖且多样化，还将表演、rap（说唱）融入播报中。就是这样一个“搞怪”的方言栏目，在开播之后其收视率节节攀升。在开播第五周，它就挤进收视榜前十，在开播后仅仅三个月就出现在收视率排行榜首。据经过调查，其日最高收视率高达到18%，7月月平均收视率超过10%，创下了杭州地区当时的收视新高。它在同时段杭州地区播出的其他省市的节目中也牢牢地站稳了脚跟，以29%的收视份额成为该时段最高。它以高收视率得到了社会大众的广泛关注，形成了强烈反响。这一系列的数据就是观众对于方言节目最大的认可。

当然，《阿六头说新闻》的成功绝不是偶然。20世纪80年代，电视新闻关注最多的是这三件事：英阿马岛之战、中东战争和黛安娜王妃的新生王子。电视新闻会对哪个事件更为关注，究竟选择哪个新闻事件才会是民众最感兴趣的呢？丹·拉瑟认为，报道王太子的新闻会是人们关注的新闻。这就是著名的“后院篱笆”原则，即“贴近实际、贴近生活、贴近群众”，做到这“三贴近”就能引起受众对新闻的关注。《阿六头说新闻》就切切实实地做到了这几点。一个成功的电视节目受到观众的喜爱，它的原因是多方面的。《阿六头说新闻》这个节目播报的新闻内容讲求及时性，趣味性。内容都贴近群众生活，有故事、有情节的发展，容易吸引受众的眼球。凭借对地方突发新闻事件地点的接近，能够对突发事件作第一时间的反应。播报内容十分讲求细节，用情感来打动观众，走“感情牌”。《阿六头说新闻》还常常播报一些来自民间的奇闻趣事，成为观众茶余饭后津津乐道的谈资。《阿六头说新闻》作为地域新闻节目的代表，自然也非常强调这四个基本点。

就方言电视节目本身的魅力上来说，地方电视台更熟悉本地民生民情，而新闻就需要在新闻节目内容中体现内容本土化的特征。对于国家大事，观众可以通过中央电视台的各大频道进行了解。当今是新兴媒体的世界，国外或者世界性的新闻，人们可以通过网络渠道获得。而开发地方本土新闻，是地方电视台应坚守的。地方电视台开办方言电视节目，要想让这档节目受到观众的喜爱，想要让这档节目收视率不断提高，就要让收看这档节目成为当地市民每天不可缺少的生活内容。例如湖北经视的《阿星笑长开讲》，节目播出的时间是每天下午七点半，这正是一家人吃完晚饭开始收看电视节目的时间，这时走进武汉的大街小巷都能听见阿星的声音，这就说明这档节目成为市民生活关注同城新闻不可缺少的部分。节目要成为陪伴观众的良师益友，就应该将人文意识融入进节目中。一句温暖的问候，提醒观众由于天气变化及时增减衣物，节假日注意交通安全等，如果节目组将这些日常讯息甚至像朋友间的问候加进节目中，足以让观众体会到节目组的暖心，也瞬间增进了和观众之间的距离。《阿六头说新闻》节目也坚持着正确的舆论导向，几乎每条新闻内容都能体现这一点。该节目不仅播报日常新闻内容，更关注社会公益、公民道德等。诸多原因造就了今日的《阿六头说新闻》，使它受到大量电视观众的喜爱，各地方电视台都纷纷推出了效仿《阿六头说新闻》的本地节目。

二、方言电视节目发展的利与弊

（一）方言电视节目发展的利

前面我们讲述了方言电视节目是如何让登上历史舞台的，能在电视事业发展史上站稳脚跟，就一定有它发展的有益之处。

1. 保护了地域文化的多样性

方言是地域文化无法背离的文化纽带。地方媒体推出方言电视节目，从某种程度上来说就是对地方文化的认同，并且用媒介传播出去。方言是一种语言文化，开办方言电视节目不仅保护了当地的语言文化，也保护了个体文化和村落文化，从而保护了地方文化的多样性，地方文化也通过媒体的传播得到了传播。

2. 宣扬民族特色

从民族特色上来说，我国有56个民族，共有80多种语言。一种语言的传承都是要经历几百上千年的历史。因此，方言已经作为一项非物质文化遗产而保留下来。方言因地域各有不同，方言电视节目展现了各地区不同的语言文化，更宣扬了各地的民族特色，它是精神世界的产物。

3. 为电视事业做贡献

从现实意义上来看，方言新闻的火爆、收视率的一路攀升，使得节目成为一块“香饽饽”而被各大广告客户相中，并心甘情愿地掏了腰包。以《闲事婆和事佬》为例，节目在播出前的片头会报出“本节目有×××赞助播出”的字样，每个赞助品牌的播报也都是以方言的形式来展示。据了解，收看此类方言节目的主要受众群集在中老年人，他们一般都有较强的购买力。对于广告客户来说，在这些节目中投放广告，宣传自己，针对性很强，有利于自身的品牌树造和产品销售。因此，方言节目的广告量是比较大的，这无论是从频率还是数量上都可以看出，它也为电视台的创收提供了很好的保障。

（二）方言电视节目发展的弊

所有事物都具有两面性，方言电视节目的发展虽然具有进步意义，在一定程度上也出现令人担忧的地方。方言节目的火爆也引来了传播界的争议。2005年广电总局发布“各级广播影视播出机构不得擅自开办使用方言播出的节目”。黄金时间晚上7点到9点，电视台不得播出方言类节目，在播出的方言类节目中，应当加上汉字字幕。广电总局为此颁布了专门的文件。各级广播电台、电视台的新闻综合频道不能播出方言类电视节目；广播电视新闻类节目不允许使用地方方言作为新闻的规范播报语言；市级广播电台、电视台开办方言类节目，总数不得超过2档，同一频道方言类节目的数量不超过1档；各地方电视台每天播出方言类节目的时间不得超过半小时；广播电视台在6:30到7:30之间以及在11:00到13:00之间，电视台在晚上7点至9点之间不得安排播出方言类节目。方言类节目在内容和时间上被限制。

1. 阻滞了普通话的发展

在全国推广普通话的今天，方言电视节目的发展对普通话的推广有一定阻滞作用。邢培仁老师认为方言节目应该叫停，他认为方言节目违背了《国家通用语言文字法》[①]，消解了大众媒体的语言示范功能，对普通话的推广起了反作用。广播电视新闻作为大众传播媒介，在语言文字规范方面起着示范作用，方言电视节目的发展因此受到制约。“雅言”的传播和普通话的普及，才是当下最应该贯彻落实的。

2. 造成地域分割，缩小电视受众群

随着城市化进程的加快，人员流动性也随之加大。电视节目是民众现在获得信息最主要的途径之一，当方言节目兴起，外来人员无法与本地人拥有同等接收信息的权利。如何能让外地的观众收看方言节目？外地朋友收看的目的是要了解当地，因而看字幕对他们来说显得非常重要。然而，从方言新闻的播出情况来看，结果不容乐观。比如，温州话是公认的比较难懂的方言，为方言配上字幕非常有必要。但就笔者了解和观察，节目的字幕配置还

① 《中华人民共和国国家通用语言文字法》：由中华人民共和国第九届全国人民代表大会常务委员会第十八次会议于2000年10月31日修订通过，现予公布，自2001年1月1日起施行。

有很大改善空间。比如《闲事婆和事佬》,采访内容配了字幕,配音也添加了字幕,但两位主持人的对话是没有字幕的,连贯性不强,对外地观众造成困扰,这也很难拓宽收视群。相比而言,《阿六头说新闻》《我和你说》《金伯伯管闲事》等节目的字幕都可以做到比较统一、比较连贯,但是在有些方言和普通话表达的差异性上又暴露出许多问题。在表达同一个意思时,方言和普通话会分别用到不同的语言、不同的语言组织方式,因而在把方言转化为普通话时,尤其要注意到"翻译"工作。有些制作人员为了简化工作,直接将普通话硬套上去,俚语的表达和普通话的表达还是有很大差别的。这样一来,容易造成传播歧视、地域分割。此外,外地观众看不懂方言节目,势必会从其他媒介如报纸、网络等获取信息。这在一定程度上削弱了电视媒体的竞争力,缩小了方言电视节目的受众群。

三、方言电视节目发展的策略

(一)保证方言节目的兴办与普通话的推广并行不悖

在大肆推广普通话的今天,方言电视节目想要取得更长远的发展空间,在媒体竞争日趋激烈的形势下站稳脚跟,就必须处理好方言与普通话之间的关系。其实,方言与普通话之间是有着很深的渊源关系。众所周知,方言的历史十分悠久,经历了漫长的演变过程而逐渐形成。普通话的形成也是有很长的一段历史的,几乎和方言的发展是同步的。早在汉代,就有了洛阳雅语之称,到了元代,演变为大都话,明代则为南京话,到了共和国时期,朱文熊[①]前辈在1906年第一次提出了"普通话"这个概念。笔者认为,方言是普通话的基础,因为有了复杂难辨的方言,人们才会想到要用一种共同都能理解的语言来沟通。例如,浙江属于吴方言区,而吴方言下又分太湖片、台州片、瓯江片等。例如,"找东西"的"找"字,方言有"寻""拣""挑"等。许多作家在写作时也经常会使用有特色的方言词语呢,如"敲竹杠""出洋相""小儿科""像煞有介事"等。因此,普通话不应该是将方言的范围缩小,而是要主动地去吸收各地方言中好的、有用的词语。

---

① 朱文熊(1883—1961):汉语文字改革的先驱。

由此可见，方言和普通话其实是相互促进、共同发展的。陆谷孙[①]教授还说过："我到美国，看他们好的电视剧，语言很精彩，有近一半词语听不懂，其中大多是他们的方言俚语。"所以普通话与方言的关系不是像有些人认为的那样：一个要长，一个要消，是一种"你死我活"的关系，相反，它们应该是一种互补双赢的关系。推广普及普通话有利于我国各民族之间的往来与交流，同时对增强中华民族的凝聚力起到了积极的作用。地方方言隶属于地方文化中的语言文化，是中华文化的重要组成部分，也是中华文明传承至今的见证。保护方言的传播和推广普通话一样，都是以增强中华民族的凝聚力、有力承载中国文化为目的，二者的传播是并行不悖的。当然，普通话的地位无可替代，我们还是要把推广普通话放在首位。而电视节目作为公共媒体，推广普通话的任务义不容辞。贴近老百姓生活的方言电视节目也不应该叫停。

（二）方言电视节目要摆脱"俗"的帽子

"俗"是粗俗的意思。随着方言电视节目的热播，出现了很多方言版本的动画片，如《猫和老鼠》。动画片的受众普遍都是儿童，而原本大人和小孩都能看懂的《猫和老鼠》在方言版本中加入了很多不必要的对白，其中不乏一些粗俗的地方方言，比如四川方言版的《猫和老鼠》里就出现了一些"老子""龟儿子"等不雅词汇。这样对孩子的文明教育起到了反作用。当庸俗变成"搞笑"的时候，方言节目就变味了。文明用语、规范用字，不仅是普通话要遵循的，在方言节目中更应该有所体现。只有拒绝粗俗方言俚语的出现才能有利于方言电视节目的传播与发展。

还有的"俗"是"小气、俗气"的意思。方言电视节目的受众多为当地市民，地域的局限性也缩小了方言电视节目的受众范围。并不能因为受众为特定人群而降低节目质量。主持人有时为了给节目增加宣传的噱头，把握不好方言的"度"，使观众有矫揉造作之感，让人觉得十分俗气。据调查，观看方言类电视节目的受众大多是当地的中老年人，这造成了收视人群不均衡的状况。因此，方言电视节目要针对不同年龄层，对应不同的节目板块。哪些板块适合中老年人，什么样的板块适合年轻人，都要有所规划。例如，中老年朋友侧重于播报与生活息息相关的内容，如政府最新出台的政策、健康方面的科普知识、天气预报等。而年轻人则讲求播报的趣味性、娱乐性和故事性。

① 陆谷孙：复旦大学外国语言文学学院教授，主编《英汉大辞典》。

用幽默诙谐的语言营造轻松的节目氛围，是吸引年轻观众的法宝。就故事性举例，如武汉方言的“经视故事会”就吸引了很多年轻人。它不仅描述了我们常说的家长里短，更是以一个个完整鲜明的小故事向观众表现了人性、亲情、友情、爱情。这些带有故事性的情节也是年轻人喜欢看的。方言节目只有做到“小而精”，提升节目质量，针对不同受众设计不同的节目板块，与时俱进，才能拜托摆脱“俗”的帽子。

（三）重视方言节目的内容

一个电视节目的成功与节目的内容息息相关。因此，丰富节目内容至关重要。当今社会很多的方言节目为了吸引受众，偏爱选用一些车祸、自杀、家庭纠纷等来作为节目的题材。虽然这些题材是人们所喜欢的，也是最贴近民生的，但是除了这些现实性题材以外，社会中还有很多值得人们关注的问题，如当地的文化等。通过电视方言节目的教化功能向观众传达一种正面的信息，可以提高节目的品位，增强节目质感。节目制作人和节目策划人要把好关，在兼顾新闻性的前提下，拓宽报道题材，传播的内容要积极向上，不论何时何地都要符合节目的准则，给观众传递正确以及正面的信息。

一个强大的制作团队和主持团队也是必不可少的。主持人不仅需要“形象好，气质佳”，还需要丰富的理论知识和实践经验。主持人要具有深厚的地域文化底蕴和驾驭方言的能力，在节目中起到点睛的作用。主持人个人的人格魅力也会吸引不少受众。节目恰如其分地体现当地的民俗民风，语言精炼亲切，摒除一切粗俗的方言字句，有良好的语言素养，这样就会受到观众的喜爱。

方言电视节目的受众不只是当地民众，要想拓宽受众面，方便更多人们收看方言节目，就要在制作方言节目的后期加上字幕，以此减少外来人群观看的难度。在一些方言节目中，还可以运用普通话做一些简单的旁白，向人们介绍一下短剧或者新闻中的环境、背景等。

方言节目要想获得良好的收视率，还要在节目形式上加以创新，只有不断丰富节目形式，才能吸引更多年龄层和不同文化层的受众。例如，广东卫视的《外地媳妇本地郎》是一个情景喜剧，湖南卫视的《越策越开心》是一档综艺节目，二者属于两种不同形式的节目，它们都办得相当成功，称得上电视方言节目的典范。在此基础上，我们还应该进一步丰富和完善方言节目，使它的形式更加多元化。例如，开播探索节目、反转剧、音乐节目等。以探索节目为例，常见的有《discovery》《动物世界》《国宝档案》等，它们因其准确定位成为深受观众喜爱的纪实节目。在方言节目中以探索节目的形式出现的还非常少,其实每个地方电视台都可以根据当地的文化特色来开办方言节目,把当地最有特色的东西呈现给更多人。还可以把这种节目进行发散,结合一些知识问答,通过游戏、爱心传递等来丰富节目内容,提升方言节目的品位,使节目更有意义。每个地区都有属于自己古老的文化,文化的传承除了语言交流,还可以通过音乐来传达。一档独具地方特色的音乐节目其实是很必要的,它可以陶冶人们的情操,让老一辈的人们回味、让年轻人了解自己家乡的曲调,这样的音乐节目可以做成纯粹的欣赏节目,也可以在其中插入教学片段,丰富节目内容。这样的节目形式,可以使方言节目减少了"俗气",增添了"雅"的成分。由此可见,目前的方言节目形式是较少的,如果恰当地结合当地的文化特色来开拓思路,那么方言节目的形式就能增多,并达到"雅俗共赏"的目的。

(四)讲求方言的纯正发音

纯正的普通话借鉴了唱歌时的发声方法并对它进行改造,所以说普通话时声音有饱满圆润之感,语言风格清晰而简洁。到20世纪50年代,普通话具有艺术韵味的语言风格已经确立。而方言节目的播出都是区域性的,各地方言差异大,无法根据方言特点做出一致的研究和改造,所以主持人大多是凭着感觉或是根据当地地方戏剧发音寻求技巧,发音方法各有偏差,很难有规范的语言范本。方言主持是更生活化的语言,它无须苛求普通话的艺术意蕴,但追求自然流畅、清晰简洁,这是所有电视节目主持人所追求的。因此,用方言主持电视节目,在方言的语言艺术上也要追求正确的方言发音方法。无论是普通话的大众节目还是方言电视节目,都应该给观众完美的视听享受。

四、结　　语

我国方言历史悠久,方言早就作为语言艺术,成为语言文化里不可缺少的一部分。它可以运用到戏曲、评书中去,也可以融入电视节目中。在大力推广普通话的今天,方言依旧是值得我们传承和保护的一门语言艺术。开办方言电视节目,在文化意义上有着不可忽视的作用。方言节目的兴起亦顺应了历史潮流,是历史发展的产物。随着电视事业的发展,媒体竞争日益加大,电视节目形态得到改变,创新改革电视节目成为传统媒体生存下去的途径。

开办方言电视节目,吸引了受众的目光,增强了媒体竞争力,促进了电视事业的发展。在文化领域和电视业的发展领域,方言电视节目有着自身的力量和作用,是值得我们探讨和研究的。

参考文献

[1] 牛光夏.方言广播电视节目兴起原因及存在状态探析[J].齐鲁艺苑,2006(2).

[2] 李小寅,王秒秒.也谈方言电视节目[J].当代电视,2006(6).

[3] 俞虹,金姗姗.直面方言播报主持[J].现代传播,2005(1).

[4] 蔡敏.四川方言电视节目探索[J].当代电视,2004(11).

[5] 中国传媒大学新闻传播学部.文史要览[M].北京:中国传媒大学出版社,2006.

[6] 张凤铸,等.中国当代广播电视文艺学[M].北京:中国传媒大学出版社,2004.

[7] 蔡文婷.方言类电视节目的现状分析[J].新闻窗,2011(6).

[8] 彭吉象.艺术学概论[M].北京:北京大学出版社,2006.

[9] 郭庆光.传播学教程[M].北京:中国人民大学出版社,1999.

[10] 威尔伯·施拉姆,等.传播学概论[M].北京:北京大学出版社,2007.

[11] 贾毅.岭南文化与粤语电视节目[M].新闻爱好者月刊,2011(4).

[12] 俞一群.电视方言节目传播策略浅析[J].江南论坛,2007(11).

方言节目的品牌化传播与建设

李 超 焱

指导教师:周敏

引 言

我国经济的发展,促进我国电视媒体的日益改革、纵深化发展。传媒市场竞争激烈,推动着我国传媒向分众化、窄播化发展。在市场状态的催生下,方言节目诞生并成迅猛趋势发展。在全国范围内不同表现形式的方言节目发展起来,出现了如《超生游击队》火爆春晚的方言小品,湖南的《越策越开心》等小有名气的方言综艺节目,杭州的《阿六头说新闻》获得全国百佳栏目荣誉的方言新闻节目,方言节目不断得到丰富与发展。

方言节目以其独特的地域文化色彩,为节目增添了深厚的文化内涵,向观众展示了各具特色的风俗背景,以其亲民的表现形式,展现了老百姓的日常生活场景,拉近了电视传媒与受众的距离。从情感方面来看,方言节目是对本土文化的一种认同,是对本土情感的直接表达,观众对方言节目的关注也是对本土文化的自我认同。因此,方言节目具有凝聚民心、宣传和保护地域文化的重要作用。

虽然方言节目在传媒的激烈竞争中获得一席之地,并取得了不错的成果,但是随着方言节目的泛滥式发展传播,其问题也越来越多,其竞争也越来越激烈,方言节目的品牌化建设与传播变得越来越重要。本文首先通过对方言节目的简单界定及对方言节目产生、发展、传播的简单分析,初步了解这一独特性表现形式的节目;再通过分析方言节目的发展现状,了解其发展成果与发展过程中的争议;进一步分析其发展中的问题,引出方言节目品牌化传播与建设的必要性,以及其有利因素与不利因素分析;最后给出方言品牌化传播与建设的相关建议,探究其发展方向。

从理论意义上来说,笔者希望本文的研究能为方言节目的传播与发展提供相关的理论依据;从现实的角度来说,笔者希望本文研究能帮助方言节目更好、更科学、更高效地建设其独特的品牌文化，提升核心竞争力。

一、方言节目的产生与发展

（一）概念界定

方言节目是指以节目所在地的独特语言为表达形式的节目。本文主要研究的是以方言为表达形式、以广播电视媒体为平台、以区域性观众为目标用户、以所在地为目标市场的电视方言节目。方言节目与其他电视节目的主要不同点表现在，它的语言表达形式是方言而非普通话，因而很大程度地压缩了市场传播范围。

方言节目一般包括方言影视剧、方言新闻、方言电视栏目剧、方言综合类节目（如方言脱口秀节目、方言服务节目、方言访谈节目等）、方言小品等几种表现形式。近年来，随着方言电视节目的成功发展，方言成为作品"本土化"的重要标志。

（二）方言节目的产生与发展

1. 方言节目的起源

电视方言节目产生于20世纪80年代我国南方地区的广东省、福建省。一方面，由于这些地区的岭南文化和闽南客家文化根深蒂固，方言的适应范围广且影响力大，普通话难以得到普及，这些地区是我国的强势方言区。另一方面，受地理位置的影响，如福建省临近以台湾地区，广东省是港澳地区的链接桥梁，而港澳台地区主要以粤语和闽南语为主，考虑到传播需要，加强内地与港澳台的交流与沟通，方言节目应运而生。

2. 方言节目发展传播的原因

1）我国语言文字规范化程度低，普通话普及度不高

调查数据显示，虽然目前我国大中城市80％以上的市民使用普通话进行交流，90％的城市市民希望通过学习来规范自己的普通话，但是不得不承认，在我国的广大农村地区，仍有40％～50％民众不能够使用普通话进行顺畅交流，其中还包括部分公务员、教师、窗口工作人员、青少年。在我国少数地区，该问题表现得更加明显，新疆、西藏地区有70％的民众不能使用普通话交流，而云南和贵州地区甚至有70％～80％的民众不能使用普通话进行交流与沟

通。而在我国的各小城市也普遍存在着普通话普及面窄、使用率低的情况。我国离全国普及普通话的目标的实现还有很长的路要走。在我国语言使用情况的现状下，方言节目产生并得到发展。

2）媒介竞争的结果

我国的电视媒体竞争是一种按级别划分形成的倒金字塔，央视作为金字塔的最顶端，拥有最好的平台与资源，省级卫视做的战略选择都会面临央视的挑战，市级等地区电视台更是无力抗衡。央视媒体与省级媒体争夺资源，省级媒体与该省城市地区媒体争夺资源，如央视新闻联播的许多资源来自省级媒体，各省的新闻联播资源也大多来自所辖的城市地区电视台。因此，方言节目成为处于媒介生态底层的各市级与其次级的地方媒体在层层挤压中的突破口，也是各省级卫视与央视抗衡的突破点。央视的全国定位与其媒体责任决定了它必须使用普通话这一国家法定语言作为传播语言，地方媒体的定位就能逃脱央视的势力范围，寻找一线生机。发展方言节目不仅有着地域传播的便利性，还可以减少竞争对手的威胁，提高收视率，还可以保护地域文化、传承方言。因此，方言节目是地方媒体在纵向媒介竞争中的一个突破口，各大省级电视台、地方媒体纷纷开展方言节目，促进了方言节目的迅速发展与传播。

3. 方言节目的发展现状

1）方言节目的传播形式与表现

随着方言节目的传播与发展，其表现形式也逐渐多样化，主要有以下五种：方言影视剧、方言新闻、方言电视栏目剧、方言综合类节目（主要包括方言脱口秀节目、方言服务节目、方言访谈节目等）、方言小品。

（1）方言影视剧。语言障碍导致方言影视剧的观众数量受到限制、地域覆盖面较窄，所以在商业竞争中的方言影视剧的竞争力相对较小，且主要集中在粤语和北方方言这两大区域。

因为我国使用北方方言的人口达到7.1亿人次，占汉语总人口的73%，且普通话是在北方方言的基础上发展起来的，大部分中国人口都能大致听懂北方方言，所以以北方方言为语言表达形式的影视剧传播较为广泛。而粤语在全世界的使用人口约1.2亿，加之伴随着香港的回归，TVB[①] 的发展，以周

① 电视广播有限公司(Television Broadcasts Limited)，简称TVB，于1967年11月19日由利孝和、祁德尊、邵逸夫等人创办并正式开业。由于它是香港首间获得免费无线电视牌照的电视台，故一般被称为“香港无线电视台”或“无线”“三色台”，也是世界第一大华语商营电视台。

润发为代表的赌场类型、以成龙为代表的功夫类型、以周星驰为代表的喜剧类型的电影以及港式独特的警匪影视剧在内地热播，受到广大影视迷的追捧，不仅促进了香港影视业的发展，还带动了粤语的传播。

（2）方言新闻。方言新闻从传统的民生新闻发展而来，兼具民生新闻的“老百姓是新闻主角与焦距点”的理念与方言传播的双重特点。将新闻受众面进一步缩小至特定方言区域的百姓。

（3）方言电视栏目剧。方言电视栏目剧的主要特点体现在，它的故事题材来源于老百姓生活中的真人真事，与生活息息相关，内容贴近老百姓的日常生活，用老百姓最熟悉的语言演绎，增强了节目的亲切感与真实感，拉近了节目、电视媒体与观众的距离。

（4）方言综合类节目。这一类节目表现形式多样，品种繁多，这种节目没有特定的主题，也没有限制范围，更没有条条框框的节目制度束缚，主要是通过挖掘方言文化的幽默特质，用方言来解构节目素材，为观众营造轻松愉快的氛围，缓解生活压力，大受生活在重压下的现代人士所喜爱。

2）方言节目的发展成果

经过多年的发展与传播，方言节目可谓是百花齐放，争奇斗艳，硕果累累。简单来说主要有以下几个方面的代表。

（1）广播电台节目。如上海广播电台的《谈天说地阿富根》、云南电台的《吃转云南》，四川宜宾电台《吃在宜宾》等。

（2）方言综艺节目。如湖南经济电视台的《越策越开心》、宁波电视台的《来发讲啥西》、山西电视台的《老西儿谝吧》、山东电视台的《三仙八卦不夜天》等。

（3）方言电视栏目剧。如湖南经济电视台的《一家老小向前冲》、上海电视台的《老娘舅和儿孙们》、四川电视台的《天府龙门阵》《经济麻辣烫》等。

（4）方言新闻。如杭州电视台西湖频道的《阿六头说新闻》《我和你说》、绍兴电视台的《师爷说新闻》、温州电视台的《百晓讲新闻》、湖北电视台的《何祚欢周末说事》、泉州电视台的《方言报道》、汕尾电视台的《方言新闻》、成都电视台的《阿聪读报》等。

（5）方言电视剧。如《孽债》《创世纪》《使徒行者》《流金岁月》《马大帅》《东北一家人》《雷霆扫毒》等。

（6）方言电影。如《英雄本色》《古惑仔》《无间道》《赌神》等。

（7）方言小品。如《过河》《换大米》《功夫》《超生游击队》等。

3）方言节目传播的争议性

对于方言节目的泛滥式发展，褒贬不一。

对方言节目传播的赞成观点主要有：方言新闻更贴近生活、贴近群众、贴近实际，是平民化、低视角的百姓新闻；方言节目是地方媒体竞争的有利突破口，有利于地方媒体的发展，促进媒体发展形式创新、媒体元素创新，也有利于媒体多元化的发展；方言节目更好地保留了地域文化特色，可以传承方言，保护地域文化，促进中华民族多民族多文化的交流发展；湖南电视台更是用恩格斯[①]的“只有民族的才是世界的”经典名言，打出“只有地方的才是全国的”口号，发展其方言节目。

反对方主要是从我国法律、媒体在语言文字规范化的责任视角来批驳的。他们认为，方言节目没有尽到语言文字规范化的责任，没有做好正确使用语言文字的示范作用，不利于普通话的推广普及与社会的文明进步；不同的方言节目传播不利于不同民族间的文化交流，易造成文化垄断；方言节目是对其他地域民众的不尊重，对国家与民族的不认同；方言节目阻碍了传媒的发展进程，不利于地方传媒的全国性发展，不利于地方传媒的国际化进程，阻碍了地方传媒的规模化发展。

从方言节目的发展现状来看，一方面，方言节目的产生有它的缘由，它的发展促进了地域文化的传播与发展，丰富了人们的日常娱乐生活，提高了地方传媒的发展活力；另一方面，它也在一定程度上不利于民族文化间的交流与沟通，阻碍了民族文化的融合发展，方言节目的不规范化发展也会给社会带来负面影响。虽然国家法律对大众传媒有明确的规定，但是方言节目传播也不能简单地以是否违法来界定，更不能简单粗暴地强行禁止或者放任自流，这都是不对的，我们应正确引导，规范其发展。

二、方言节目的品牌化传播与建设分析

品牌化经营是指经营者建立自身品牌，便于经营管理，稳定客户群，帮助产品市场细分与定位。品牌化经营有利于强化品牌形象，增加销售，提高竞争力。品牌化传播与建设是品牌化经营的准备工作之一，品牌建设主要是指

① 弗里德里希·冯·恩格斯（Friedrich Von Engels，1820 年 11 月 28 日—1895 年 8 月 5 日），德国思想家、哲学家、革命家、教育家，全世界无产阶级和劳动人民的伟大导师，马克思主义创始人之一。

对品牌的设计、宣传、维护工作。品牌传播主要是指选择公关、广告、销售等传播方式将品牌推广，建立品牌形象。

（一）方言品牌化传播与建设的有利因素分析

1. 本土化需求大

我国使用北方方言的人口达到 7.1 亿人次，占使汉语的总人口的 73%，粤语在全世界的使用人口近约 1.2 亿。新疆、西藏地区有 70%的民众不能使用普通话交流，而云南和贵州地区甚至有 70%～80%的民众不能使用普通话进行交流与沟通。根据 2012 年国家统计局的调查统计结果，我国居住在乡村的人口总数为 64222 万人，占总人口的 47.42%，而这部分乡村人口大多使用方言进行交流。以上数字不仅证明了我国方言使用人口多，也证明了方言节目的市场需求。因为这部分使用方言的群众对其本土文化的认同度高，对方言的使用与语言魅力的理解较普通话更高，因而方言节目对于这部分人群来说，有着更高的亲切感与熟悉度，能够更好地被接受。

2. 本土传播阻力小

方言节目对当地居民来说，不只是一个简单的电视节目，还是一种当地文化的认同与心理认同，是地方情感维系的重要纽带。地域文化通过方言节目得到很好的表达与传播，有助于当地的文化传承，也能够让外界更好地了解当地的发展情况，了解当地的文化特色，了解当地的地理人文，从而对当地的文化与经济建设有积极的促进作用，为当地居民谋福利。方言节目的品牌化传播与建设能够得到当地居民的理解与支持，其推广的阻力较小。

3. 市场竞争的需要

在竞争市场时代，市场规律决定着投资与回报情况，对于电视节目而言，收视率是衡量其好坏的最直接表现。因电视节目收视率与广告接收量呈正相关的关系，广告直接影响经济效益的好坏，而经济效益又决定着节目乃至媒体的生存与发展状况。在市场生态规律下，节目只有质量好才能生存下来。根据我国方言节目的发展现状来看，方言节目发展区域面广。经济基础决定上层建筑建设，方言节目的发展也与当地的经济发展状况相联系，区域经济发展的不平衡，导致了方言节目的发展也呈现不同状态。要想不被生态链淘汰，就必须有足够的竞争力，因此，方言节目的品牌化建设与传播变得越来越重要。

4. 方言节目规范化发展需要

方言节目作为快餐经济发展下的快餐文化[①]，虽然迅速发展，但其质量与规模参差不齐。在方言的实际运用中，很多语言与词汇是难登大雅之堂的，有的方言词汇甚至是很粗俗的，对于这样的方言传播，会给青少年的成长与语言运用带来不良影响。而方言的运用也是良莠不齐的，有的主持人为了增加噱头，在使用方言时往往没有分寸，还使方言新闻失去了它本有的真实感。因此，为了减少上述相关负面影响，要规范主持人的方言语言规范，保留方言的独有特色的同时，剔除庸俗低级词汇，使方言节目规范化发展，这些在方言节目品牌化传播与建设过程中能得到很好的实现。

5. 市场长远化发展需要

市场也遵循自然发展规律，优胜劣汰。方言节目的品牌化传播与建设有利于方言节目的品牌化发展，方言节目的品牌化发展有利于帮助电视节目建立完善的管理体系，有助于电视节目管理者的经营管理，帮助方言节目确定合适的细分市场与合适的市场定位，更精准地帮助方言节目树立品牌形象，通过合适的渠道拉近观众群与电视节目的距离，从而更好地获得稳定观众群体，保证收视率，提高竞争力。方言节目通过品牌化传播与建设能够帮助方言节目克服现在发展过程中的弊端与劣势，更好的品牌形象能够更好地获得市场的理解，更易被市场接受，也能够通过品牌创新来增添方言节目的活力，促进方言节目更好更长远的发展。

（二）方言品牌化传播与建设的不利因素分析

1. 布局广，资源难以整合

我国地域辽阔，各地区各民族使用的语言不尽相同，方言节目的发展布局从南到北，从东到西，各地区不同的方言催生不同的方言节目。即使是同一个城市，其地方方言也不尽相同，这就导致地方方言节目与当地城市方言节目所使用的方言也不尽相同。而各地区经济发展也有很大的差异，导致各地区的方言节目可利用资源也有很大的差异。如何对资源进行有力的整合，建立一个科学的发展模式，搭建完善的传播渠道，方言节目中的语言文字规范化成为方言节目品牌化传播与建设过程中的难点。

---

① 快餐文化就是只求速度不求内涵的一种现象，比如看名著只看精简版，想学东西只想报速成班。快餐文化是人们生活节奏加快的产物，是人们对名利过多追逐的产物，是人们只求其名不求其实的表现。快餐文化只能填饱肚子，但没有太多的营养，吃多了反而会坏了身子，食之无味，弃之不惜。

2. 与国家语言发展动态相违背

1982 年第五届全国人民代表大会第五次会通过《中华人民共和国宪法》，其中“国家推广全国通用的普通话”的条文成为推广普通话的最根本的法律依据和保障，标志着我国普通话推行进入法律保护阶段。2000 年 10 月首次正式公布关于语言文字的法律《中华人民共和国国家通用语言文字法》，标志着我国语言使用步入规范化发展轨道。伴随着我国经济的快速发展，城市规模的不断扩大，城市人口不断增加，城市间的交互化发展程度加大，语言的融合化发展加快。教育的发展也促进了我国人才的空前化发展，新一代国民的综合素质不断得到提高，使用普通话的频率加快，对方言的使用逐渐变少。因此，在普通话发展的大趋势下，方言节目的发展有着与语言发展动态相违背的趋势，给方言节目的传播与建设增加困难。

3. 方言节目内容局限性

内容是电视节目的核心，内容的缺失将会使节目的传播受到很大的局限。方言只是方言节目的一种外在的表现形式，一个方言节目的成功，不仅在于特色方言的运用，还在于对作品的内涵的挖掘，地方文化的艺术表现以及对百姓生活的真实化再现。

伴随着方言节目的发展，方言电视剧、方言新闻、方言小品等多种表现形式先后出现，方言节目的小众化以及内容、言辞等方面的使用，使得部分方言节目难登大雅之堂。方言节目的目标客户是广大的地方群众，主要涉及百姓的日常生活，因而其题材具有一定的局限性，题材的限定使得其内容具有一定的局限性。

4. 方言节目跨区域发展困难

方言节目以独特的当地方言为语言表达形式，以当地的区域文化为背景，以当地老百姓的生活为题材，以当地的群众为目标市场，这就注定了方言节目发展的区域局限性、跨区域发展的困难性，阻碍了其品牌传播。

方言节目有着独特的交流功能，交流功能的发挥直接影响着方言节目的传播，然而，区域性方言作为方言节目的语言表达方式，已经成为交流的阻碍。中国地大物博，方言也因地区的不同而各不相同，南方方言与北方方言有着较大的差别，汉族语言与少数民族语言有着较大差别，市级方言与县级方言也有着差别，因而方言节目对当地人来说，有着独特的亲切感，他们能够很好地理解方言节目所表达的想法，但是对该方言区域外的人来说，很难理解方言节目所要表达的内容，其传播效果要大打折扣。因此，用方言作为表达形式的时候就已经阻碍了各方言节目的传播，将其传播范围局限于某一地区,方言节目的跨区域发展很困难,这对于品牌化传播提出了更高的要求。

三、方言节目的品牌化传播与建设的策略

(一) 树立品牌化传播与建设的意识

市场营销之父科特勒[①]曾说,品牌是一个名称、标记、符号、术语、设计的运用或是其组合运用。它是指品牌中的文化特质积淀和品牌经营所涉及的一切文化现象,包括它们代表的情感属性、个性形象、文化传统、利益认知等的总和。对方言节目的品牌化建设来说,方言节目的名称、节目宣传片与宣传用语、节目主持人、节目台本台词、节目涉及的内容、节目的播出时间与平台等,都是与品牌化建设息息相关的重要元素,是节目与其他节目相区别的重要标志。从以上节目制作的重要元素入手,建立品牌识别体系,打造特色化品牌,提升品牌价值,提高节目竞争力。

(二) 以观众需求为中心

要树立方言节目的品牌形象,必须以观众为中心,满足观众的需求,从而实现最大程度吸引受众的发展目的。在现在大数据发展时代,方言节目的发展也可以通过线上数据的收集与统计来分析了解观众需求喜好,以便在制作节目时,能够准确地将观众喜好通过特定的方式展现给观众,让观众在收看节目后成为节目的忠实粉丝,从而稳定收视率,形成品牌效应,吸引广告投入,提高节目经济效益。经济效益的提高又意味着拥有更多的资源,提高节目发展质量,更易做出满足观众需求的节目,进入良性循环发展圈,保证方言节目的生存与长远发展。

(三) 提高方言节目质量

一个好的品牌是以一个好的产品为前提的,同理,一个好的方言节目的品牌化也必须在一个好的节目基础上传播与建设。观众最终关注的不是一

① 科特勒作为现代营销学之父,具有芝加哥大学经济学硕士和麻省理工学院的经济学博士、哈佛大学博士后、苏黎世大学等其他8所大学的荣誉博士学位。同时也是许多美国和外国大公司在营销战略和计划、营销组织、整合营销上的顾问。

个节目的口号有多么响亮，它的成本耗费多少，也不是它的外包装有多么漂亮，观众更关注的是一个节目内容的好坏、节目质量的高低、节目主持人的专业素养的优劣。对于方言节目而言，观众更加关注节目的质量是否健康，是否能真的在使人愉悦的同时不失水准。方言节目虽然形式多样，数量也多，但是存在着很多方言节目的使用词汇难登大雅之堂，有的主持人为了制造节目效果使用不雅的词汇，带来一种不伦不类感等问题，不仅影响着观众的观看感受，还对青少年的健康发展有着负面影响。因而在方言节目的品牌化建设过程中，必须注重节目内容的健康性、主持人言辞的规范性，在保留方言的独有特色的同时，剔除庸俗低级词汇，使方言节目规范化发展。

（四）加强节目创新、建立特色化品牌

近几年方言节目呈上升发展趋势，但是从目前的发展情况来看，方言节目在形式上同质化严重，对节目的整体创新不够。比如成都电视台的《阿聪读报》只是简单地将凤凰卫视的《有报天天读》克隆成了四川方言版，再如，在动画片《猫和老鼠》云南话版本火爆后，全国出现了四川话、上海话、陕西话、东北话等众多跟风版本，这些都只是换汤不换药，其本质并没有得到改变，并不是实质的节目创新。因此，跟风的与克隆的产品不能很好地吸引观众眼球。方言节目作为重要的区域文化载体，其节目创新很重要。节目的形式创新可以增加感染力与吸引力；内容创新可以增加节目活力。加强各方言节目的交流，借鉴优势方言节目的发展优点与经验，增强创新能力。节目的创新能避免品牌同质化发展，建立特色品牌。

（五）整合资源，多渠道发展

伴随着方言节目的发展，各方言节目所在的区域文化也得到传播，加强文化资源的交流与整合，有利于增加节目内容丰富性。随着自有媒体、新媒体、大众媒体的快速发展，社会观众接触的渠道也逐渐拓宽，各渠道之间的资源优势有差异，所面对的观众群体也有差异。加强渠道资源的整合，精准定位受众，拓宽传播渠道与平台，有利于拓宽方言节目的传播面。加强单个方言节目的影响力，在一定程度上有助于方言节目打破地域局限性，间接地促进文化经济交流。

四、结　　语

方言节目以其独特的地域文化色彩为节目增添了深厚的文化内涵，向观众展示了各具特色的风俗背景，以其亲民的表现形式，展现了老百姓的日常生活场景，拉近了电视传媒与受众的距离。但是方言节目要实现品牌化传播，任重而道远。我国幅员辽阔，方言节目的区域局限性明显。方言节目要实现品牌化传播与发展，就要提高节目质量，创新节目内容，打造特色化的品牌。只有这样，方言节目才能在日益激烈的媒体节目竞争中实现自身的良好发展。

参考文献

[1] 周振鹤，游汝杰. 方言与中国文化[M]. 2版. 上海：上海人民出版社，2006.

[2] 陈正荣. 中国城市电视台发展报告[M]. 北京：中国传媒大学出版社，2007.

[3] 欧阳友权，柏定国. 中国文化品牌报告[M]. 北京：中国市场出版社，2007.

[4] 魏江南. 优秀电视节目解析[M]. 北京：中国传媒大学出版社，2007.

[5] 许晋. 方言电视节目主持人的类型归属与生存策略[J]. 河南广播电视大学学报，2007，20(3).

[6] 王宁. 方言新闻传播的特质分析及其优化策略探微[J]. 湖南大众传媒职业技术学院学报，2007，7(1).

[7] 刘昊元. 方言类广播电视节目兴起和发展的原因探析[J]. 文教资料，2007(22).

[8] 张鹏. 地方台节目主持人的语言规范化问题探析[J]. 文教资料，2007(34).

[9] 陈竹. 奇妙的传播语言：方言——浅谈节目主持人使用方言[J]. 企业家天地，2006(3).

[10] 张莉，张君昌. 中国电视十佳新闻栏目[M]. 北京：新华出版社，2004.

[11] 王甜甜.浅析方言类新闻节目的优劣与发展策略——以山东齐鲁频道的《拉呱》节目为例[J].电影评介,2012(6).

[12] 刘燕.方言电视节目现象的传播学解读[J].山东视听,2005(10).

[13] 中国广播电视协会.品牌打造与节目创新[M].北京:中国广播电视出版社,2007.

浅析方言电视新闻节目

秦 皇 儿

指导教师：王蔚岚

引 言

根据《现代汉语》对我国语言的划分，我国的语言可以分为普通话和地方话。普通话即现代标准汉语、中文。它以北京语音为标准音，以北方话为基础方言，以典范的现代白话文著作为语法规范。[1] 它是通行于中国内地、中国香港、中国澳门、中国台湾及海外华人华侨间的共通语言。地方话也就是笔者所提及的方言。

方言是语言的变体。根据性质，方言可以分为地域方言和社会方言。在我国方言主要是以地域方言为主，是某一地区，或者某一民族大众所掌握和使用的语言。我国方言主要分为七类：北方方言、吴方言、闽方言、粤方言、湘方言、赣方言和客家方言。

在《汉语方言概要》一书中，袁家骅指出："方言就是共同语的继承，一种方言具有和其他方言不同的语言特征，但是在历史时期则往往从属于当时的民族的统一标准。"[2]

在我国，方言最早大约出现在周朝，它被称为殊方异语。我们也可以理解为，凡是不属于规范或标准的语言即为方言。在历史的发展过程中，方言的概念逐渐完善，它包含三层含义：一是方言是同一种语言在不同地方的变体，特别是在语音方面，往往会让其他地方的人觉得很难听懂；二是方言不是书面的特殊口语，而是不够文雅的土语；三是方言在词汇、语音、语法各方面互有异同，一个语言往往有两个或两个以上的方言，不管是在任何地方，方言都会因当地居民的身份、学历、年龄等的不同而不同。

---

① 黄伯荣，廖序东. 现代汉语[M]. 5版. 北京：高等教育出版社，2011：1.

② 袁家烨，等. 汉语方言概要[M]. 北京：文字改革出版社，1983.

“五四运动”及白话文运动之后，我国开始大力推广普通话。1982 年的《中华人民共和国宪法》明确规定了“全面推广全国通用的普通话”，方言的使用变得越来越少。但是全面推广普通话并不是意味着要消灭方言，目前中国许多人在公众场合讲普通话，但在自己的家乡等地方则讲方言，形成了“双语现象”。

与普通话相比，方言具有以下特征：第一，方言具有明显的传承性。方言是在历史长河中不断发展和积淀下来的，拥有许多地方文化的精髓，并在特定的地域内传播和推广。方言和普通话一样，也是信息的载体，方言在社会发展过程中进行信息的传播，得到了很好的传承。第二，方言具有非凡的文化魅力。各地的方言虽各不相同，但都简洁、明了、生动、形象。在一些地方文化中，方言占据独特的很高的地位，因为方言也是一门艺术，拥有独特的语言魅力，是对当地文化的一种体现。第三，方言具有良好的服务性。方言具有地域性和社会性两大性质。人是属于社会动物，具有社会属性，在一定的社会群体中进行活动。人在社会活动过程中只有通过交流才能传播和接受各种信息，而语言是各种信息的载体，方言作为语言的一种，也可以作为信息的载体。方言产生于地域之内，在人们之间进行传播，来源于人们也作用于人们，与人们的生活、工作等息息相关，密不可分。

一、喧嚣的方言电视浪潮

1958 年我国开始在全国推行普通话，让普通话成为我国的官方用语。电台、广播、电视等媒体都是普通话一统天下。在传媒技术高度发达的今天，标准化已经渗透我们现实生活的每一个角落。普通话被披上一层神圣不可侵犯的外衣，这就使得方言在日渐狭小的地域，通过有限的渠道传播和使用。从文化环境角度看来，方言的生存空间似乎日益狭窄和艰难。

但是，自 20 世纪 90 年代以来，在电影、电视、互联网等众多信息传播媒介中，方言作品突然勃兴，成为一个引人注目的文化现象。方言作品以强有力的姿态、以多种类型形式挺进电视，并显示出强大的生命力。各种形式的方言电视节目如同雨后春笋般在各个地方电视台涌现出来，“方言表述”成为提高收视率的一大法宝。《傻儿师长》《山城棒棒军》《东北人都是活雷锋》等方言电视剧精品层出不穷。重庆卫视的《雾都夜话》带动了川方言节目潮，杭州电视台西湖明珠频道的《阿六头说新闻》开创江浙方言播报新闻之先河。

广东台下属的“广东卫视”“珠江频道”“体育频道”“公共频道”4个台中，除了“广东卫视”外，其余3台均是粤语频道。2004年7月28日启播的广东南方电视台粤语卫星频道，是全国唯一获准上星的地方方言电视频道。

中国广播电视总局曾宣称，广播影视业迅速发展，使一些播音员、主持人、演员、编辑、记者来不及接受严格的系统化训练，此外，外来文化和一些不良语言文字的使用，致使电视电台节目的普通话水准下降，方言土语泛滥，“群众意见很大”。于是，广电总局三令五申，整顿方言节目。2004年甚至发布禁令，禁止译制片使用任何形式的方言。但是21世纪还是有《阿六头说新闻》《生活麻辣烫》《哼天》《阿星笑长开讲》等方言电视节目出现在荧幕上。

在众多方言电视栏目中，笔者最关注的还是方言电视新闻。因为它不仅是对传统新闻形式上的一种创新，更是一种具有地方特色的民生文化。

二、从语言方面看方言电视新闻

（一）什么是方言电视新闻？

在《方言作品传播技巧浅析》一文中，关于方言电视节目有如下解释：方言电视节目可以理解为，近年以来我国陆续出现的以某个地方方言为主要语言，借助电视、广播、互联网等各种传播媒介，用音影、图像等模式进行传播的电视作品。[①] 它是对传统的普通话节目的创新，由于方言的地域性以及内容贴近百姓，它受到百姓的广泛喜爱。

方言电视新闻是方言电视节目的一种，方言新闻节目的独特之处在于“方言”。方言新闻节目就是以方言的形式来播报新闻的一种节目形态，通过方言载体、以故事化的方式，将新闻内容与文化对接，成为本土文化的传播方式和展示舞台。方言电视新闻所关注的内容大多是与民生有关的，以平民的视角出发来选择新闻内容，并且将新闻语言进一步口语化、通俗化、生活化，以“说”新闻的方式贴近受众，使受众在轻松愉快的气氛中获取信息。

2004年元旦，杭州西湖明珠频道开播《阿六头说新闻》，节目一改往日播音员正襟危坐的姿势，用本地方言“说”新闻，给人耳目一新的感觉，并获得可

① 段莉，卢家银.方言作品传播技巧浅析[J].东南传媒，2006(3)：60-62.

观的收视率。于是，各地电视台以民生新闻为旗帜，彰显地域特色的方言新闻乍起。一时间，原本“字正腔圆”的播音腔变成了“南腔北调”，方言也从此进入主流媒体。随着《阿六头说新闻》的热播以及收视率的拔高，各地也相继出现了具有本地特色的方言电视新闻，山东齐鲁台的《拉呱》、绍兴电视台的《师爷说新闻》、成都电视台的《东说西说》、湖北经视的《哼天》等。

（二）方言电视新闻的出现

1. 政策方面

1958年我国开始施行“推广普通话”（下文简称为“推普”）活动，各地政府将“推普”和方言对立，将“推普”的政绩和“方言人口下降”直接挂钩，电台、广播、电视等媒体都是普通话来一统天下。2000年颁布的《国家通用语言文字法》将普通话提高到无人撼动的神圣地位，“推广普通话”是各级国家机关、广电媒体、教育机构的责任和义务。国家公务人员只有在确实需要的时候，才能使用方言。明令禁止方言教育（特区除外），禁止方言媒体（要省级以上广电部门特批），规定干涉他人使用普通话是违法行为，要受到惩处。而反过来，“推普”突出的个人和组织，则受到奖励。[①] 2004年甚至发布禁令，禁止译制片使用任何形式的方言。

但是我国还是对方言进行出于政治考量的选择性“利用”。个别城市因为在本地人群多，而且外来人口大部分也是相似语言背景的话，“推普”力度就比较小。山东、河南、四川等地方言因为同属北方方言，口头交流障碍相对小，因此，地方政府“推普”力度就很低，甚至不觉得有“推普”的必要。

2. 文化方面

我国是一个多民族国家，地大物博，民族多样，这就造就了文化的多样性。对于各地区来说，方言是地方文化的最直接的体现。方言具有地域性和传承性，方言的传播能让民众对这种地域文化产生很强烈的归属感和认同感。媒介使用方言播报新闻的节目，是对方言的承认，在一定程度上传承与发展了该方言所在地的本土文化。

方言新闻节目保留了当地的文化传统和生活习俗，为外来人员了解本地、了解本土文化提供了一个窗口和平台。此外，方言新闻节目的存在有助于方言从强势语言的挤压下摆脱出来，避免本土文化上的同化，保持了它的

---

① 《国家通用语言文字法》，2000年。

相对独立性。因此，方言新闻节目的播出与存在，对于一个多民族并强调文化的多元化的国家来说，相当重要。

3. 新闻发展方面

由于“推普”政策的实施，我国传统的新闻节目都是由普通话进行播报的。我国的传统新闻节目大都政策性较强，宣传的都是国家发表的主流意识，走的是高端大气的路线，内容多为政治、经济、军事等类的“硬新闻”，报道角度也很宽泛。这些新闻虽说与受众有关，但是与普通受众并没有直接的关联，所以就与普通受众产生了一层隔膜。而方言电视新闻则多报道民生新闻，也就是和普通民众密切相关的社会新闻——“软新闻”。这些新闻与传统的政治、经济等不相同，而是以生活在我们身边的社会大众为新闻主角，以广大民众为受众的新闻，是实实在在与我们生活相关、对我们生活产生影响的内容。因此，这些新闻更能引起普通社会大众的兴趣，从而促进其更好地传播。方言新闻更多地为受众考虑，从普通受众的角度出发，用普通百姓的思想观念和标准审视新闻，判断新闻的价值，引起社会大众的共鸣，得到普通老百姓的支持，从而弥补了新闻发展的不足，在原有的基础上进行了创新。

4. 受众方面

威尔伯·施拉姆在他的《传播学概论——媒介信息与人》一书中提到，要懂得传播学，应首先了解人与人怎样建立关系，怎样互相影响。交流就是互相沟通，使用方言无疑是迅速缩短主持人与受众心理距离的最佳途径。

随着传媒业的不断发展，可供受众选择的信息逐渐增多，受众的喜好就直接变成了节目能否存在的参考标准。受众的细分已经变得毋庸置疑了。具有鲜明的地域特色的方言电视节目，就像是一道“特色菜”，不仅给尝惯了“大众菜”的受众提供了风味独特的大餐，还带来了精神上的愉悦。和严肃、生硬的普通话相比，方言更加有趣、生动、形象。因此，方言电视节目包含了更多的幽默诙谐和娱乐成分。为了更好地贴近受众，方言电视新闻就出现了。

5. 媒体方面

新闻向来被称为时代感应的“神经”，在如今竞争日益激烈的传媒业中，新闻节目的竞争更是高潮迭起。如何满足受众日益增长的需求，更有效地播报新闻，提高新闻传播效果的质量和品位，成为新闻竞争的焦点。而方言新闻的出现，是全国各级电视台在过于激烈的市场竞争环境中自觉寻找出路和生存空间的必然结果。方言新闻节目以特殊的播报形式——“说新闻”，大范围地吸引了受众的眼球。亲切又有趣的新闻播报与编排，使方言新闻节目从民生新闻行列里脱颖而出。方言新闻是地方电视台在表述方式上本地化的成功尝试，因其在新闻的内容到形式上都体现出与本土民生息息相关的特色，再加上得天独厚的话语优势，使方言电视新闻节目受到了当地观众的喜爱。

三、从节目方面看方言电视新闻

（一）方言电视新闻——民生新闻

方言电视新闻的主要播报内容是与普通社会大众的生活息息相关的，也可以理解为民生新闻，即方言电视新闻是以民生新闻的形式表现出来的。随着胡锦涛同志在科学发展观中明确提出以人为本的观点，民生新闻就在中国火热发展、逐渐兴盛起来了。习近平总书记也提倡发展以人为本。因此，民生新闻的发展有非常强大、非常优越的政治背景。

民生新闻作为近几年来一种全新的新闻传播现象，业界和学界对其还没有一个特定概念，众说纷纭尚无定论。但是大体上民生新闻是指从普通社会大众的生活中采集新闻素材，并且以通俗轻松的方式及时地将与民众密切相关的新闻“说”给广大受众的新闻。它以人为本，以民为主。

2002 年 1 月 1 日江苏电视台城市频道推出一档新闻栏目《南京零距离》，收视率节节攀高，自此民生新闻在全国各个电视台蜂拥而起，一时呈现出民生新闻“风景这边独好”的景象。如同山东卫视齐鲁频道《拉呱》节目所倡导的那样，“你们的小事就是我们的大事”，民生新闻栏目切实以老百姓的日常生活为出发点。

在民生新闻热后，方言新闻节目开始走红，成为万众瞩目的焦点。而在方言电视新闻中最受欢迎的是民生类新闻节目，方言民生类新闻呈如火如荼之势，例如《阿六头说新闻》《阿星笑长开讲》《�天》《师爷说新闻》等。

民生新闻与方言新闻是一个包含关系，民生新闻是大概念，方言新闻是包含在其中的一个小概念。方言新闻属于民生新闻的范畴，也关注老百姓身边的事，注重贴近本地人的生活。民生新闻所讲求的是贴近，方言就是一种在表达方式上的贴近。

（二）中国电视语态的改变

几十年以来，电视追求权威、大气，而人们同样习惯性地认为“权威”和“大气”来源于播音员“庄严”的语气和新闻稿的宏大、抽象的用词，字正腔圆中丝毫不带宣讲者的态度，居高临下的语态中保持着一种既定的距离感。这样的播报方式成为电视新闻的模式。模式是有用的，但也是有害的，限定的思维让人不由自主地成为习惯，不会逾越，也不敢逾越。[①] 因此，中国电视要进行改革。

中国电视近十年来的改革取得了巨大成功，现如今我国电视发展欣欣向荣，其中最为成功的当属电视语态的变化。从1993年开始，我国电视新闻改革与电视观众的新的“说话方式”，即新的电视叙述方式。比如：叙述态度应该是真诚平和的，叙述内容应该是观众关心和真实的，叙述技巧应该是有过程和悬念的，叙述效果应该是有真实感和吸引人的。[②] 从20世纪90年代开始，中国电视就力争打破陈规，争求前卫。20世纪90年代中国电视向大众传媒本质的回归，最显著的特征之一就是它的平民化。它比任何时候都注重考虑大众的接受心理，尊重大众的审美趣味。

电视语态逐渐转向平和、真诚，逐渐以观众的关心为主，因此，方言电视新闻应运而生了。方言电视新闻的语态与传统的严肃刻板大相径庭，方言电视新闻以“说”新闻的方式将受众身边的感兴趣的事表达出来，更加贴近生活，也正好符合了电视语态的改革。

四、方言电视新闻的特征

（一）方言的地域性

方言代表了一个地区的文化，对地域文化具有传承性，所以方言电视新闻也具有地域性，并且方言电视新闻给本土文化创造了发展平台。主持人用纯正的地方方言对新闻进行解说，凸显了地域化的浓烈气息。因此，受众在接受理解媒体信息的时候不可避免地带有对本土文化强烈的依附感、归属感和认同感。节目的地域化在媒介和受众之间架起了共通的意义空间，使得新闻信息能够更本真、更容易被受众所接受和理解。而传统的电视新闻以普通话为语言，并没有明显的地域划分。因为我国进行“推普”政策，在全国范围内实行普通话，所以普通话涵盖的地域很广泛，在不同的地方并没有很大的

① 孙玉胜. 十年——从改变电视的语态开始[M]. 北京：人民文学出版社，2012.

② 孙玉胜. 十年——从改变电视的语态开始[M]. 北京：人民文学出版社，2012.

差别，但是方言是一个地区特有的文化，所以具有浓厚的地域性。

（二）节目内容的贴近性

传统电视新闻节目主要传播的内容是经济、政治等大事件，与普通大众之间有一定的隔膜。方言电视新闻是一民生新闻为主要形式的，而民生新闻主要播报的是与普通社会大众息息相关的内容，都是从大众民生角度出发的，是为了人民大众服务的。它所选取的内容是普通观众感兴趣的，符合大众观念和标准的。从生活出发，在百姓生活范围内进行传播，并且突出了当地的地域特色。主要都是本土的民生事件——家长里短、孩子教育、邻里纠纷、青少年犯罪等与大众生活密不可分的。因此，方言电视新闻在内容上更具有贴近性。

（三）传播的小众化

小众化也称窄播，是“把要传播的信息（不一定是特定的信息）利用有针对性的媒介传播给特定用户的传播方式。小众化传播，对应的是较窄的受众群体，它锁定特定的目标受众进行传播”，它是传播媒介在日益激烈的竞争情况下所做出的选择。

方言新闻节目在开播时就存在小众化的问题，节目只限定在那些能听懂方言的受众，新闻覆盖面比较有限。方言新闻节目在锁定受众群体之后，积极运用方言新闻的播报来形成方言文化空间和文化语境，潜移默化地影响当地民众对地方语言的认可和接受，同时，对那些不懂当地方言的人来说，可以增长他们对当地方言知识，领会到更多的方言新闻的乐趣和文化内涵，有利于弱化外来人员的疏离感，增强归属感，更好地融入生活。

（四）主持方式的平民化

电视新闻在主持上与传统电视新闻的有很大的不同，方言电视新闻是“说”新闻，用轻松、幽默、诙谐的语言将新闻以一种聊天的方式说出来，大胆地把表演、说唱等多种艺术手段运用于新闻播报，不是传统新闻播报的正襟危坐，庄严地播报新闻。

方言电视新闻具有随意播报的独特优势，主持人在轻松调侃中披露新闻现实，以平民的视角评述民生。在方言新闻节目中，新闻的主角永远是平民百姓，素材几乎都是源自老百姓日常生活和体验的原生事件。节目的方方面面都考虑到老百姓的喜好，以平易近人的方式，用平民化的语言说平民新闻。

它的平民化主要体现在新闻内容的平民化、节目形态和节目包装的平民化、主持人的平民化等。而传统电视新闻的主持人一直是用庄严、大气的形象示人，在无形之中就拉开了与受众的距离。

五、方言电视新闻的问题分析

（一）方言电视新闻的弊端

1. 不利于普通话的发展

国家广电总局在2005年9月发文予以规范，《中国广播电视播音员主持人自律公约》中规定，以推广普及普通话、规范使用通用语言文字、维护祖国语言和文字的纯洁性为己任，自觉发挥示范作用。除特殊需要外，一律使用普通话，不模仿地域音及其表达方式，不使用对规范语言有损害的口音、语调、粗俗语言、俚语、行话。不滥用方言词语、文言词语、简略语或生造词语。[①] 虽然只是公约，然而却明显地表露了国家对方言新闻播报方式的否定态度。

自我国语言文字规范化工作开展以来，大众传媒媒介就肩负语言示范的历史使命，长期使用标准语进行信息传播，促进全国上下对规范语言的使用。但方言新闻节目的开设，使方言在开始进入大众传媒的传播语境中，便不可避免地受到规范语言的过渡和校正。同时，方言新闻节目又反作用于规范性的语言，使人们忽视规范性的语言，不利于规范性的语言的发展。

2. 方言的地域性与传媒的大众性相悖

方言“作为一个特定区域内的话语表达方式，只能在可以了解该语言和该文化的范围内使用，一旦超出这个范围，就容易让人误解，得出截然不同甚至完全相反的结论”[②]。由此可见，方言类新闻节目的播出与使用，只能存在于一个只使用该方言的区域内。这样，方言播报的新闻类节目在更大范围内的推广就会受到限制和阻碍。方言新闻节目在内容上的选择，大多是关乎当地普通民众的民生类新闻，对于一些严肃的政治类、重大经济性新闻等，则理所当然地采用普通话而非方言播报。

---

① 《中国广播电视播音员主持人自律公约》，2005年9月。

② 沈育霞. 电视方言新闻的市场与文化分析[D]. 西安：西北大学，2005.

电视作为大众传媒，是面向社会大众的，而方言电视新闻则是小众化传播，也就是所谓的"窄播"。方言电视新闻的地域性也决定了它不可能大面积推广。随着市场经济的发展，城市人口的流动性越来越大，各地区的人们融汇交流，带来了文化上和语言上的交流。电视作为大众传媒，是面向广大受众的，而方言电视新闻则主要面向使用该方言的人，这就会造成文化歧视，从而导致外来人员的心理创伤。以语言的障碍人为地设置起一道文化交流的屏障，它的实质绝不是在保护和发展地方文化，而恰恰是对地方文化活力的扼杀。① 它将不利于来自不同地方的人员进行交流与融合，更不利于不同文化的相互借鉴、共同发展，进而严重地阻碍了本地文化的发展进步。

3. 形式大于内容，造成传媒的"三俗"

自从《阿六头说新闻》火热之后，各地的方言电视新闻如雨后春笋般出现，在节目中大肆使用方言已经成为一种热门现象，各种方言词汇也就顺势产生，特别是一些粗俗、不堪入耳的方言词汇，也在电视中出现。但是电视毕竟是一个大众媒介，面向广大受众时就应该慎重。利用方言"说"新闻是一种创新的形式，需要用幽默、风趣、无厘头的语言来吸引受众，拉近与受众的距离，但幽默、轻松并不代表浮夸和粗俗。

现如今的方言节目中经常会出现粗俗不雅的词汇，甚至有些无下限的行为和对话。似乎方言已经成为保护色，在方言的保护之下，节目就可以肆无忌惮。但实际上，节目不光要注重方言电视新闻的形式，更要注重其内容，一个好的节目是靠内容来吸引观众的。我们要杜绝电视节目中的粗俗、媚俗和庸俗。

4. 传播的局限性

方言电视新闻将传播对象局限于本地老居民，新闻传播的方言门槛甚至不能覆盖既有的行政区划，新进居民以及城市中的流动人群更是被排斥在外。报道的题材局限在市井新闻、家长里短，缺乏对大民生的关注，对宏观的经济、文化和社会问题的考量。并且传播形式过分娱乐化，或者干脆以纯粹的娱乐形式进行新闻的传播和解读。

---

① 邵培仁，李雯. 新闻"本土化"≠"本地话"[EB/OL]. [2004-10-29]http://www.people.com.cn/GB/14677/21966/36358/2952283.html.

(二) 方言电视新闻问题的对策

1. 处理好与普通话的关系

推广普通话是国家法规的基本要求，广播电视又是推广普通话的重要宣传阵地。因此，要考虑如何在宣传普通话的平台做好方言节目，在弘扬主旋律的同时，使节目更加多样化。要正确处理好普通话的主导性与语言表达多元化的关系。

2. 拓宽报道题材，提升节目质量

当前方言新闻节目大多是以民生新闻为主，题材较为狭窄。为了迎合观众的猎奇心理，节目制作者在新闻内容的选择上，多是生活资讯，对于公共事务涉及不多，而时政性新闻甚至几乎没有。节目制作者不妨跳出这一选题桎梏，拓宽报道题材，不仅关心百姓身边的小事，也关心国际民生的大事。如果这样做，节目的内容就会变得丰富而有价值。

要有好的收视率，节目的质量很重要。要以民众的视角选择内容，走平民化的道路。除了内容，形式也不容忽视。节目应该根据市场定位和受众定位，确立节目的形态、风格、内容和包装，加强品牌宣传和节目互动力度，培养个性，树立形象。提升节目质量，创新也很重要。在节目的形式创新过程中，其内容同样不可小视。单纯依靠语言形式的表现力是远远不够的，我们只有重视节目内容的深入研究，才可能保持其长久的生命力。

3. 注意贴近性，坚持以民生为本

方言是地域性的语言，是地域文化的一种象征和载体，所以方言新闻节目就应该贴近老百姓的日常起居，体现民众对当地本土文化的认同感和归属感。因此，方言新闻节目要报道百姓需要的信息，做百姓喜欢的新闻，贴近百姓生活，时刻以民生为本，做好新闻节目。

方言新闻节目要坚持“三贴近”原则，“三贴近”原则是胡锦涛同志为新闻从业人员提出的重要要求。三贴近原则，即贴近实际、贴近生活、贴近群众。坚持“三贴近”就是要解放思想，实事求是，紧跟时代步伐，把握时代主流，要融入生活、服务生活、引导生活，想群众之所想，急群众之所急，办群众之所盼。也只有这样，才能使节目始终以民生为本，办人们喜欢的节目。

4. 加强对主持人的培养

电视台之间的竞争，是电视节目质量的竞争，归根到底是人才的竞争。而节目主持人作为组成节目元素的一部分，是影响节目质量的一个很重要的因素。

（1）主持人的语言要规范。在语音、词汇、语法等方面，主持人应规范使用。因为只有做到规范，方言区的人们才能听懂主持人所说的内容。

（2）主持时要用口语。口语具有亲切自然、简洁明快、通俗平易、更加生活化的优点。需要注意的是，不能把粗俗不堪的词语带进电视新闻的播报中去。要根据广播电视语言的要求，对口语进行提炼加工，使它具有较强逻辑性、优美、流畅等特点。

（3）要亲切交流，言之有物，心中有情。主持语言是生活化的语言，但又不是纯生活语言，主持人说话时让人听起来顺畅、自然、富有交流感。

（4）主持人的语言要有个性。或儒雅大气，或机智诙谐，或活泼清纯，或稳重老练。总之，只有异彩纷呈、彰显个性，才能满足受众的需求。

六、总　　结

方言不是万能的，电视新闻既可以用普通话来进行播报，也可以用方言来进行。虽然方言电视新闻是一种创新，但它不是一劳永逸的，特别是它自身的局限性，让它在全球化的今天无法大面积地推广，因为方言毕竟是一个地域的文化的体现，只适合本地之间的文化交流，因此，媒介不能只依靠方言来打开市场空间。对于一档节目，观众之所以喜欢它，是因为它内容好、质量高，虽然形式、技巧很重要，但是节目内容占首要地位的。

方言新闻仍然任重而道远，尽管我们可以看到方言新闻节目有着很多传统新闻节目无可比拟的优势，也有自己的比较忠诚的受众，但从目前看，用方言播报新闻的节目形式在其发展前景上也有很多必须突破的瓶颈和障碍。虽然它有其他新闻所不具有的特点和优势，但我们仍然要看到方言新闻发展的瓶颈和障碍。

用方言来进行新闻播报一定要掌握好度，用合理、正确的态度去发展，而不是一味盲从，只注重形式。只有把握好度，用合理正确的态度去发展，方言电视新闻才能在传媒市场中打造属于自己的市场空间。

参考文献

［1］黄柏荣，廖序东．现代汉语［M］．北京：高等教育出版社，2002.
［2］袁家烨，等．汉语方言概要［M］．北京：文字改革出版社，1983.

[3] 邵培仁，李雯．新闻“本土化”≠“本地话”[EB/OL]．[2004-10] http://www.people.com.cn/GB/14677/21966/36358/2952283.html.

[4] 邵培仁，李雯．语言是桥也是墙——对方言广播电视新闻节目的疑虑与拷问[J]．杭州师范大学学报（社会科学版），2004(5).

[5] 邵培仁．传播学[M]．北京：高等教育出版社，2000.

[6] 沈育霞．电视方言新闻的市场与文化分析[D]．西安：西北大学，2005.

[7] 刘虹．电视民生新闻的特点及发展趋势[J]．沈阳农业大学学报（社会科学版），2011，13(1).

[8] 韩晨婷．方言播新闻利弊剖析[J]．新闻前哨，2010(5).

[9] 孙玉胜．十年——从改变电视的语态开始[M]．北京：人民文学出版社，2012.

[10] 黄良奇．穿唐装 执折扇 说新闻 仪天下——对电视新闻采用方言播报的思考[J]．新闻界，2006(1).

[11] 石拓．论电视新闻节目的方言化趋势[J]．黄河科技大学学报，2010，12(2).

[12] 朱军．方言类电视新闻节目研究[D]．天津：天津师范大学，2008.

[13] 蔡之国．评话艺术与方言电视新闻[J]．现代视听，2008(2).

[14] 赵玉明，王福顺．广播电视辞典[M]．北京：北京广播学院出版社，1999.

[15] 安艺．方言电视节目热探析[J]．新闻前哨，2008(8).

[16] 段莉，卢家银．方言作品传播技巧浅析[J]．东南传媒，2006(3).

[17] 威尔伯·施拉姆．传播学概论：媒介信息与人[M]．北京：北京大学出版社，2007.

后记

Postscrip

湖北方言文化研究中心成立以来，中心专职研究员和兼职研究员紧紧围绕湖北方言比较研究、湖北方言与湖北文艺传承创新研究、湖北方言文化资源与湖北文化传播研究三大方向开展研究。《湖北方言文化传播研究》（第一辑）作为“楚风汉韵文库”学术品牌的具体内容，专门就2015年的研究论文汇集出版，不包括2015年出版的专著介绍。

本中心的研究得到了著名的方言学家，华中师范大学语言与语言教育研究中心主任汪国胜教授的指导与支持。本中心每年对外招标基地开放基金课题，汪国胜教授从课题立项评审，到课题结项评审，全程参与，严格把关每一项课题的立项与结项。本中心的研究还得到了武汉大学涂险峰教授、华中科技大学何锡章教授、华中师范大学胡亚敏教授、湖北大学刘川鄂教授的指导与支持。

《湖北方言文化传播研究》（第一辑）得以正式出版，要感谢本中心专职研究员兼中心秘书方艳副教授的辛勤努力。她收集本中心2015年的研究成果，不断整理，从最初的50多万字，压缩至现在的40万字左右，统一格式，整理编排。

同时，感谢华中科技大学出版社所有为此书的出版付出辛苦和努力的老师们，感谢周晓方、杨玲老师的精心策划，感谢唐诗灵编辑的辛勤付出。

盛银花

2017年12月20日